阅读　你的生活

忧郁的热带

TRISTES TROPIQUES

[法] 克洛德·列维-斯特劳斯 / 著
Claude Lévi-Strauss
王志明 / 译

中国人民大学出版社
·北京·

出版说明

《忧郁的热带》作为法国国宝级人类学家列维-斯特劳斯最具代表性的作品，在被译介至中国之后，广泛受到读者们的欢迎与喜爱。在距离本书首次出版近70年的今天，我们郑重推出《忧郁的热带》的全新修订文字版，修订之后的新译文更为准确、流畅、优美，希望为诸位读者带来美好的阅读体验。

本书根据 Jonathan Cape Limited 一九七三年英译本，参酌 Librairie Plon（Paris）一九五五年法文原版译出。

本书脚注中标示为“原注”者为法文版原文，“英译注”为英译本所加，“译注”为中文译者撰写，其余则为校订增补。

修订过程蒙法文译者陈文瑶协助，特此致谢。

我们诚挚地邀请各位读者，跟随列维-斯特劳斯的脚步，探访丛林深处的原始部落，与那里的文明来一场体验独特、引发思考、激荡智慧的美妙相遇。

Contents

目　录

第五部 卡都卫欧族

第六部 波洛洛族

第七部 南比夸拉族

第八部 图皮-卡瓦希普族

第九部 归返

第一部

结束旅行

出发

我讨厌旅行，我恨探险家。然而，我现在打算讲述我自己的探险经历。话说回来，我是考虑了很长一段时间以后，才终于决定这样做的。我离开巴西已经十五年了，在这十五年里，我好几次计划开始进行这项工作，但每次都因为某种羞辱与厌恶之情而无法动笔。每次我都自问：为什么要不厌其烦地把这些无足轻重的情境、这些没有什么重大意义的事件，巨细靡遗地记录下来呢？人类学者的专业中应该不包含任何探险的成分。探险只是人类学者工作过程中无可避免的障碍之一，只会使人类学者平白失

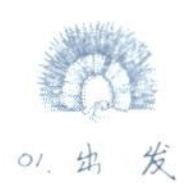

去几个星期甚至几个月的有效工作时间；有时候因为找不着报道人而浪费好几个小时；有时候因为饥饿、疲倦或生病而白费时光；另外还有在原始森林深处生活所无可避免的，像服兵役那样非进行不可的，一千零一种烦人而又不做不行的杂事，平白消耗光阴，毫无收获……单是和我们所要研究的对象接触，就必须花掉这么多时间和精力，这并没有使我们的专业增添任何价值，反而应该被视为障碍。

报道人（informant），意指执行田野调查时的访谈对象。严格来说，报道人应该长期在当地定居、能使用当地的主要语言或方言，而且能够提供关于当地的资料。

我们到那么远的地方去所欲追寻的真理，只有在把那真理本身与追寻过程里的废料区分开来以后，才能显出其价值。为了能花几天或几个小时的时间，去记录一则仍未为人所知的神话、一条新的婚姻规则，或者一份完整的氏族名称表，我们可能必须赔上半年的光阴在旅行、受苦和令人难以忍受的寂寞上。然后，再拿起笔来记录下列这类无用的回忆与微不足道的往事：“早上五点半，我们进入累西腓港（Recife），海鸥鸣声不绝，一队载满热带水果的小船绕行于我们的船只四周。”这样做，值得吗？

我自己觉得，这类描述居然相当受欢迎、有市场，真是一件难以理解的事情。描绘亚马孙河流域、中国西藏、非洲的旅游书籍、探险记录和摄影集充斥书店，每一本都强烈地想吸引读者的注意，结果却使读者无法评估这些书籍里面的证据是否有价值。看这类书籍的读者，其评断能力非但没有因这些著作而觉醒，反而要求多来一点这类精神食粮，然后狼吞虎咽一番。现在，探险已成为一种生意。探险者并不像一般所想的那样，辛勤工作努力英美制长度单位，1英里约等于1609米。

多年去发现一些前所未知的事实；现在的探险不过是跑一堆路、拍一大堆幻灯片或纪录片，最好都是彩色的，以便吸引一批观众，在某个大厅中展示几天。对观众而言，探险者确实跑了两万多英里路这件事，似乎就把他那一大堆其实待在家里也可抄袭到的老生常谈和平淡闲话，都神奇地变成有重大意义的启示录了。

从这类有图为证的演讲里，从这类旅游书籍里，我们到底学到了什么呢？我们学到的是：需要几个旅行箱；船上的狗如何胡来；在东拉西扯的小插曲里面夹进一些老掉牙的、几乎是过去五十年内出版的每一本教科书都提过的知识片段；这些陈旧的零碎知识还被厚颜地（其厚颜的程度，却也正和观众的天真无知程度相吻合）当成真确的证据，甚至是原创性发现来献宝。当然有些例外，每个时期也都有一些真正的旅行者，目前大受读者欢迎的作者中就有一两位。但是我的目的不是谴责骗子，也不是去赞美真诚者；我的目的是了解法国特有的某种社会与道德现象。这种现象，在法国也是最近才出现的。

在二十多年前，人们很少旅行，普莱耶尔音乐厅（Salle Pleyel）之类的演讲厅也不像现在这样，每个星期总有五六次让人在那里讲述旅游故事。那时候的巴黎只有一个昏暗冰冷、年久失修的小戏院供人进行这类活动。那戏院位于植物园角落的一栋古老建筑物里面。博物馆之友协会（Société des Amis du Musée）当时每个星期都在那里举办自然科学演讲会，也许现在还持续着。

那戏院有一架放映机，装着亮度不足的灯泡，把不太清楚的

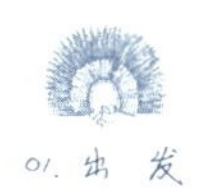

影像投射在过大的银幕上，演讲者再怎么努力，都很难看清楚影像的轮廓，听众则简直无法分辨那究竟是画面上的影像还是墙上的污迹。过了公告开讲时间半小时之后，演讲者仍然在绝望地想会不会有人来听演讲。每次演讲会都有几名固定听众，散坐在座位上。每次在演讲者几乎绝望的时候，演讲厅内就会跑进一大堆小孩子、小孩子的妈妈或保姆，把半个厅坐满。他们有的是要换换环境，有的只是要避一避室外的灰尘与噪声。演讲者便向这群由蠢朽的灵魂和无法安静的小孩子组成的听众公开他宝贵的记忆。这些记忆是他经过多少努力，以及细心、辛勤的工作而得来的成果。他的记忆受到此时此地的阴冷影响，就在半明半暗中说话的时候，他可以感觉到，那些记忆一件一件离他而去，一件一件掉落，犹如卵石跌落古井底部一般。

这就是人类学者归来的景象，只是比出发时的仪式又更惨淡一些。法美委员会（Comité France-Amérique）在目前改名为富兰克林·罗斯福大道的那条路上的一栋房子里为人类学者饯行，那栋房子平时没人住，请来办外烩的人会提前两个小时去把炉子、盘子等摆好，并且赶忙抽风让空气流通，但席间仍然弥漫着霉腐的味道。

大家在这里都是第一次见面。我们既不习惯这种严肃的场合，也不习惯这里处处尘埃且无聊无趣。我们围着房间中央的小圆桌坐定，房间很大，时间又不多，只够打扫出这一小块设席之处。我们是一群刚开始在各省城中学教书的年轻教师，或许应该感谢乔治·杜马的突发奇想，将我们从潮湿、偏远、阴冷，弥漫

乔治·杜马（Georges Dumas，1866—1946），法国医师、心理学家，研究领域为“情绪问题”。

着朗姆酒、陈年炉灰和霉旧地下室气味的宿舍，一下子移到赤道海洋与豪华邮轮上去。而且，正如旅行者的宿命一般，我们当时不免编织出来的虚幻想象，注定都和日后的种种经历没有什么相似之处。

在乔治·杜马撰写他那两册《论心理学》（*Traité de Psychologie*）期间，我是他的学生。每个星期一次——我记不清是星期四还是星期天早晨了——一群哲学系学生在圣安妮医院里的某个房间碰面，正对着窗户的那面墙上，挂满心理病患五彩缤纷的画作。置身于那房间，让人觉得已经处于某种特殊的异国情调之中。讲台上是杜马强健精瘦的身躯，上面顶着一颗凹凸不平的头颅，好像一大块浸在海底太久而褪色了的树根一样，苍白的肤色使他的脸与刷子般的白短发和四处蹿长的白山羊胡呈现一致的调性。这块长满根根须须的"怪异漂流物"，却因漆黑如炭的眼珠的闪动而一下子变得充满人味。那对眼珠使整颗头颅的白色更显突出。他穿的服装重复着这种黑白对比：穿浆烫过的白衬衫，领子往下翻，戴着黑色宽边帽，系着松松的黑色蝴蝶结，加上黑色西装。他的课堂演讲没什么了不得的内容，他也从不做任何课前准备。他自己很清楚，光靠他那富于表情的嘴唇，以及不时浮现的微笑，还有最重要的，他那抑扬顿挫且有磁性的嗓音，就足以迷住听众了。他的声音可也真是奇特而魔力十足，不仅带着他老家朗格多克（Languedoc）一带的口音，并且，在这种方言性特征之外，还带着一种富于音乐性的古老的法语腔调；他的声音与脸孔搭配起来，一起呈现出同样强烈的质朴和敏锐这两种感觉，这是一种典型的十六世纪人文主义者风格。十六世纪的人文主义者既

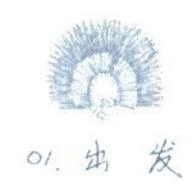

是医生，又是哲学家，杜马不论在外形上还是在心灵上，都是他们的继承者。

上课的第二个钟头，有时候是第三个钟头，被用来展示各种心理病患。有些肢体异常灵活的表演者，在这些展示课上做非常特殊的演出；有些是被关多年的病患，早已习惯于此类展示与表演，知道自己在这种场合里该干什么，他们会表现应有的病征，或者做某种程度的抗拒举动，好让管理他们的人有机会表演驯服技巧。观众其实并非完全不知实情，不过仍然心甘情愿地欣赏种种技巧纯熟的展示与表演。

如果某个学生得到大师的青睐，大师就会让那个学生单独访问一名病患。有一天早上，我独自访问一位身穿羊毛衣服的老妇人，她认为自己就像一尾被密封在冰块中间的烂透的沙丁鱼，虽然外表看起来完好无缺，但只要外面的保护层开始溶化，就会支离破碎。我遇上野蛮的印第安人时的所有经历，都不会比那天早上更可怕。

乔治·杜马是科学家，他喜欢恶作剧，而且善于提出各种以“批判的实证主义”来统辖的综合性观念，但是在我看来，他的实证主义并不高明。他是个极高贵的人，多年以后我看见了关于这一点的明证。那是在第二次世界大战结束后不久，乔治·杜马回到他出生的莱迪尼昂村（Lédignan）过着退休生活，当时他已几乎全盲，还特地写了一封审慎真诚的信给我，目的只是明确地向那些在当时的政治风潮中首先被迫害的人表达关怀之意。

我一直遗憾没能在他年轻的时候就认识他。他年轻的时候，征服者(conquistador)，源自西班牙语，意指十五至十七世纪抵达美洲、大洋洲、亚洲等地区，并建立殖民地的西班牙及葡萄牙探险家、军人。乔治·杜马出生的朗格多克地区位于法国南部，早在罗马帝国时代就深受罗马文化影响，在十六世纪时成为新教活动重心。

肤色深得像“征服者”。他对于十九世纪心理学理论所发展出来的种种科学研究的可能性充满热情，打算对新世界展开精神层面的征服。他对巴西社会可说是一见钟情，这是难以理解的奇特现象，两种相当基本的、四百年以来都没有什么改变的欧洲成分结合在一起：一种成分来自法国南部的新教家庭，另一种成分则来自资产阶级极度雅致而稍嫌颓废的生活——由于受到巴西热带环境的影响而步调缓慢。当这两种成分相遇时，一下子就看出彼此的亲近关系——两者几乎合而为一。乔治·杜马的错误是他从来都不曾明白这种结合的本质非常陈腐，早已不适合这个时代，在整个巴西社会里，会被乔治·杜马的魅力打动的就只有那些大地主阶级。大地主阶级当权了一小段时间，使他们误信自己代表真正的巴西。他们逐渐把资本转移到一部分由外资掌控的工业投资上去，同时想经由城市的议会制度来取得某种意识形态上的保护。被我们的学生充满恨意地称为 gran fino（上层阶级）的正是这些大地主阶级。我们的学生有的是新移民，有的是本地小地主的后代，这些小地主当时被全球贸易的波动弄得几近破产。

最吊诡的是，乔治·杜马一生中最伟大的成就是创办了圣保罗大学，这所大学让出身贫寒的学生得以提升社会地位，担任公务员或管理职位。我们的大学计划最终帮助巴西形成了一个新精英群体，而他们在某种程度上厌恶我们，其中一部分原因是，杜

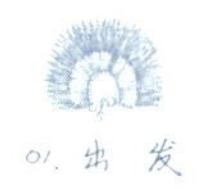

马拒绝承认这群秀异分子其实是“我们创造出来的最有价值的事物”这个事实——法国外交部（Quai d’Orsay）也采取跟他一样的观点——即使这个新精英群体企图推翻封建地主，事实仍是如此。那些封建地主让我们得以来到巴西，但是他们这样做的原因是想借此披上文化的外衣，同时也因为我们可以为他们提供娱乐。

在法美委员会的晚宴上，无论是我的同事、我自己还是我们的太太，都完全不知道我们在巴西社会的演进过程中将要扮演的非自愿性的角色。我们那时候都忙着相互观察，努力避免在社交场合闹笑话。乔治·杜马警告过我们，我们必须有所准备，准备过一种和我们的新老板同样的生活，换句话说，我们也要成为汽车俱乐部的会员，要经常光顾跑马场和赌场。那种生活对习惯于年收入只有两万六千法郎的年轻教师来说，是异乎寻常、不可思议的。由于愿意出国工作的人太少，因此我们的薪水都增为之前的三倍，但即使如此，那种生活也是不可思议的。

“最重要的是，”杜马告诉我们，“要注意服装。”他接着告诉我们，有一家在巴黎中央市场（Les Halles）附近的服饰店，叫作“在珍内特的十字架上”（À La Croix de Jeannette），在那里不用花多少钱就能买到合适的服装。他说这些话的语气天真无邪，令人感动；他说，在他念医学院的那段年轻时光，他常在那里买到很合适的服饰。

在船上

无论如何，我们这个小群体从来也没想到，往后四五年，自己居然成为海运公司航行于法国与南美之间的客货两用轮头等舱的全部乘客，鲜有例外。当时我们可以选这条路线上唯一一艘豪华客轮的二等舱，或者没那么高级的船只的头等舱。一心往上爬的人会选择豪华客轮的二等舱，自己垫一些钱，目的是期望能在船上和外交大使之类的人物打打交道，以谋得某些不见得能兑现的好处。其他人则搭乘客货两用轮，航程比豪华客轮多六天，而且会停靠好几个港口。

不过，搭乘客货两用轮的人在船上几乎都唯我独尊。这艘用货船改装的客轮，本来预备容纳一百至一百五十名乘客，但那时候常常是我们八至十个人享用船上的一切设备，甲板、小房间、休息室和餐室几乎没有其他人。这是二十年前的事情，我真希望那时候我能真正领会我们所享受到的特权与豪奢。

整个航程有十九天之久，在这段时间内，由于人少，船上所有的空间几乎完全成为我们自己的王国，整条船就像是跟着我们移动的领地。航行两三趟以后，我们已完全习惯海上生活，能叫出船上每个优秀的马赛船员的名字。他们留八字胡，穿鞋底坚固的皮鞋，端鸡肉和比目鱼给我们吃的时候，全身都是大蒜味。船上供餐的分量，像是为讽刺作家拉伯雷（François Rabelais）笔下的巨人准备的，再加上我们人那么少，使食物显得非常多。

一种文明的结束是另一种文明的开始，我们现在的世界忽然让人领会到，或许我们的世界正是由于人口太多而变得太小——这些无须多说的现实对我而言，并不是因为看到那些表格、统计数字与革命才深深体会到的，就在几个星期前，我对这些现实有真正切身的感受；离开巴西十五年之后，我想用老方法搭船重访巴西，借以重温逝去的青春时光，我打电话询问购票事宜，回答是我必须在四个月以前预订舱位。

我本来以为欧洲与南美洲之间既然已有客机飞来飞去，那么乘船旅行的客人一定很少，顶多只有一两个怪人罢了，怎知“某种新成分一旦被引进，就必然会取代旧成分”这种看法纯属幻想。海洋并没有因为航空事业发展突飞猛进而变得较为平静，就像遥远的蔚蓝海岸地区盖了一堆新房子并不会让巴黎近郊稍微恢复其乡村景观一样。

我很快就放弃了这次乘船计划，在一九三〇年代令人难忘的航行与这次迅速流产的计划之间，我曾在一九四一年乘船远航过一次。那次航行的经验对于未来的世界深具象征意义，不过当时我并没有意识到这一点。在德法停战之后，由于罗维和梅特罗对我的人类学著作表现出极大的兴趣，加上在美国的一些亲戚热心奔走，洛克菲勒基金会便将我列入“援救沦陷于德军占领区可能受迫害的学者计划”里，邀请我去纽约的社会研究新学院（The New School for Social Research）任职。问题是我怎么去纽约。

我第一个念头是告诉当局，我预备回巴西继续战前的研究工作。当时的巴西大使馆位于维希市某栋建筑物的一楼，非常拥挤，我去那里重新申请签证，亲眼看见了一幕短短的悲剧上演。巴西大使是索萨-丹塔斯（Luis de Souza-Dantas），我和他相当熟，但即使我和他完全不认识，他大概也会照样办理。大使拿起官印，正要盖在护照上面，他身旁的一名顾问却冰冷而有礼地提醒他，按照新规定他已无权用印了。那只手僵停于半空中数秒之久，大使用一种焦急、请求的眼神看着顾问，想试着说服顾问，请他把头转开，装作什么都没看到，好让大使将悬在半

罗伯特·哈利·罗维（Robert Harry Lowie，1883—1957），澳大利亚裔美国人类学家，专长为研究北美洲印第安人。

阿尔弗雷德·梅特罗（Alfred Métraux，1902—1963），瑞士人类学家，一九四一年时在美国加利福尼亚大学伯克利分校任教。

维希市（Vichy），法国被德国占领期间的傀儡政权政府所在地。

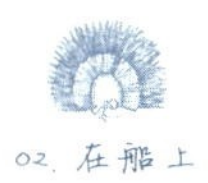

空的官印盖下去，这样即使我没办法真的进入巴西，也至少可以离开法国。然而一点用也没有，顾问坚定地盯着大使的手，那只手最终落在桌上的文件旁边。我无法取得签证，大使把护照还给我，带着一种无奈、深沉、痛苦的歉然之情。

在法军败退的时候（一九四〇年），我自军中退下来，住在离蒙彼利埃（Montpellier）不远的塞文山脉（Cevennes）附近。回到那里以后，我开始打听是否有办法从马赛港离开法国。根据港口一带的传言，有艘船很快就要驶向马提尼克岛（Martinique）。我一个码头一个码头地问，一间小办公室问完又到另一间，终于打听到了即将启航的那艘船属于海运公司，就是以前曾替法国的“巴西大学援助计划”提供多年可靠服务的那家公司。一九四一年二月一个刮着冰冷寒风的日子里，我在一间没有暖气、几乎歇业的小办公室中，见到了该公司的一名工作人员，他正是以前负责代表公司不时与我们联系的人。他表示是有这么一艘船没错，而且很快就要启航，不过我却绝对不能搭乘。为什么呢？他觉得其中的原因并非我所能了解，他也难以解释，只能说现在一切都和以前不一样了。现在的情况又是怎样呢？现在的这趟航程将会又漫长又难挨，他无法想象我可以待在那艘船上。原来他还一直把我当成负责宣传法国文化的非正式外交人员。

事实上，我早就觉得自己不久将会被丢进集中营，在那之前的两年里，有一年我是在原始森林中度过的，另外一年则是在一场混乱的撤退过程中，由一个据点转移到另外一个据点，从马其诺防线经过萨尔特（Sarthe）、科雷兹（Corréze）、阿韦龙

（Aveyron），一直撤退到贝济耶（Béziers）。在这期间，我搭过运牛车，在羊槽中睡过觉，因此，我觉得这名工作人员的顾虑是多余的。我可以想象自己又在大海上漫游，和几个冒险进行暗盘交易的海员分享简单的食物，分担辛劳的工作，在甲板上睡觉，由于日子漫长空虚而变得对海洋有一种可敬的亲密感。

我终于拿到一张保罗－勒梅勒船长号（Capitaine Paul-Lemerle）的船票，但真正的情况等到上船的那天我才明白。两列手执轻机枪、头戴钢盔的机动保安队（gardes mobiles）把整个码头围封起来，阻止登船的乘客接触送行的亲友，粗鲁地打断人们的道别，随口施加侮辱。我们就在两列机动保安队的监视之下登船。这次启航一点都不像是孤独的远行，而像是递解囚犯。我们的遭遇已够奇怪，但更令我吃惊的是乘客的数目。三百五十个人挤在一艘小汽船上，船上只有两间小客房，客房里总共只有七个铺位。其中一间给三位妇女住，另外一间给四位男士住，我是其中之一。我能分到一个铺位，全得归功于 M.B.（我在此感谢他），他无法容忍以前他船上头等舱的乘客现在居然被像牲畜一样载运。其他的乘客，男人、女人和小孩全都挤进通舱，船上的木匠临时搭建了一些铺位，上头铺着草席，既无灯光也缺空气。四位享有特权的男士里面有一位是奥地利金属商人；第二位是年轻的 béké（意即有钱的混血儿），战争使他与故乡马提尼克岛断绝了音信，他觉得该受到优待，原因很简单，整船乘客中就只有他一个人既不会被怀疑是犹太人，也不会被怀疑是外国人，更不会被怀疑是无政府主义者；第三位是非常特别的北非人，他强调其目的是去纽约待几天（这个说法非常怪异，因为搭这艘船到纽约得

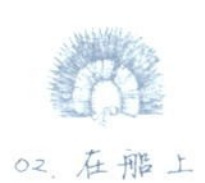

花三个月时间），他的皮箱里面有一幅德加（Degas）的画。这个人和我一样是纯粹的犹太人，然而他似乎和沿途所有的殖民地、保护地的警察、侦探、宪兵和安全人员都很熟悉，很处得来——其中的原因对我而言一直是个解不开的谜。

安德烈·布勒东和维克托·塞尔日属于那种被宪兵称为流氓无赖的人。布勒东在一团乱的船舱里显得非常格格不入，经常在所剩无几的空间里踱来踱去。他身穿厚厚的外套，看起来像头蓝色的熊。在这趟仿佛永无止境的航行途中，我们交换了不少封信，因此发展出相当持久的友谊，在那些信中，我们讨论了美学上的美与绝对原创性之间的关系。

安德烈·布勒东（André Breton，1896—1966），法国作家、诗人，于一九二四年发表《超现实主义宣言》。

维克托·塞尔日（Victor Serge，1890—1947），俄罗斯作家、革命家。

至于塞尔日，他以前曾是列宁身边的人，这样特殊的身份使我觉得不容易和他亲近。而塞尔日从外表上看起来像个拘谨的老处女，我再怎么样也难以把想象中列宁的同志塞尔日与眼前这个人联结起来。他脸部轮廓非常细致，胡子刮得精光，口音明净，举止轻缓，整个人有种无性别的特质，这种无性别的特质我后来在缅甸边境的佛教僧侣身上再次看见，这种特质与在法国被认为革命分子应有的那种极度阳刚、显现超人活力的形象天差地远。我对这种现象的解释是，由于文化样式（cultural types）都是建立在非常简单的对比上面的，因此在每个社会中都可发现的类似的文化样式，在不同的社会中却被用来完成很不一样的社会功能。塞尔日这种类型可以在俄罗斯扮演革命分子的角色，但如果换一个社会环境，可能就得扮演另一种角色。如果可以运用某种分类格式，把每个社会里面如何利用类似的人物样式去完成不同的社会功能加以分类排比，建立起一套近似的模式来，那么跨社会的交流会变得容易得多。与其依照职业的性质来安排会议——医生与医生开会、教师与教师开会、工业家与工业家开会——我们不如采取其他的安排方式，可以发现个别人与他们所扮演的社会角色之间其实有更细腻的关系。

除了乘客以外，那艘船还载了一批黑货。在地中海和非洲西岸，我们耗掉很多时间躲在不同的港口里，显然是为了躲避英国海军的检查。躲在港口里的时候，持法国护照的乘客有时可以上岸，其他人则得待在船上有限的空间里干等。由于天气热，而且愈接近赤道愈热，船上的乘客再也无法老是待在船舱底下，于是甲板慢慢地变成了餐厅、卧室、婴儿房、洗澡间和日光浴场。但是最难忍受的恐怕是军中所说的“卫生安排”。船员沿着甲板两旁的栏杆各搭起两间小木房，既无窗户也无通风设备，靠海的那两间给女士使用，靠岸的那两间给男士使用。一间小木房里面装了几个淋浴用的水龙头，但只在早晨供水；另一间小木房里面有个粗制滥造的木槽，四周包着锌板，直通入海，功用很明显。我们这些讨厌人群、讨厌跟别人一起蹲厕所的人只好一大早就起床。由于船摇晃得相当厉害，蹲也蹲不稳，于是，在航行途中，喜爱整洁的乘客开始互相比赛谁起得早，慢慢变成只有能在凌晨三点左右起床的人才可以享受一些隐私权；到最后，简直连上床睡觉都不可能。淋浴的情形也差不多，只是时间晚了两个钟头左右。淋浴的最大问题倒不是如何保有一些隐私，而是在供水不足的情况下，如何挤进人群找到一个空位。由于洗澡的人太多，水

龙头的水好像一下子就变成了水蒸气，根本淋不到人身上。无论是上厕所还是洗澡，每个人都想越快大功告成越好，因为那些不通风的小木房是由未处理过的、含树脂的杉木板钉成的，一旦灌进脏水、尿和海上的空气以后，便开始在阳光照射之下发酵，形成一种温温甜甜、令人头晕恶心的怪味。这种味道再和其他味道混在一起，很快就使人无法忍受，特别是浪大的时候。

在海上航行了一个月以后，我们终于在半夜看见了法兰西堡上面的灯塔。当看见灯塔的时候，我们最盼望期待的却不是一顿大餐或是一张铺有床单的好床可以舒舒服服睡一觉。所有曾经体验过所谓文明享受的人，过去四个星期以来所忍受的最大痛苦并非饥饿、疲倦、睡眠不足、过分拥挤等等，而是被迫变得又脏又臭，再加上热，使脏臭变得更无法忍受。有些乘客是年轻漂亮的女人，她们和其他乘客已开始眉来眼去，某种情感也渐渐滋长；她们只是出于一时的善意，接受了那些男士的注意和关怀，这有点像是累积负债一般。对她们来说，在最后道别之前以最美丽的姿态现身，并不仅仅是为了卖弄风骚：把自己弄得干净漂亮可以说是把旧账做个了结，还掉这笔债，证明一下基本上她们确实当得起旅途中所得到的注目。当时每一声出自肺腑的喊叫，喊的并不是传统的海上故事所描述的“陆地！陆地！”，而是“可以洗澡，终于可以洗澡，明天终于可以洗澡了！”。这种喊叫除了带着一点可笑的做作成分以外，也带有某种病态成分，几乎每个人都这样喊。喊叫的同时，每个人都急急忙忙找出最后一块肥皂、最后一条干净的毛巾或最后一件干净的上衣，这些全都是特意为这个重大时刻预留的。

但是，这个“水疗法”的美梦，是把经历了四百年殖民统治的法兰西堡所拥有的文明设施想象得过分乐观了，事实上法兰西堡的浴室非常有限。更严重的是，船上的乘客很快就发现，和他们靠岸之后的遭遇相比，那艘又脏又臭又挤的船简直变成了一处富于田园风味的避难所。我们上岸后，马上就落入了一群患有集体心理疾病的士兵手中，如果当时我这个人类学家不是忙着绞尽脑汁好避掉灾难的话，他们的病症倒是非常值得忍着苦难去仔细研究。

大部分法国人体验了这一场奇怪又可笑的战争，但是几乎无法找到任何形容词来恰当地描述马提尼克岛的驻军在这场战争里的经历，他们只有一项任务：看守法兰西银行的金块。这项任务逐渐变成一场噩梦，喝太多潘趣酒（punch）只是促成这场噩梦的因素之一而已，另外还有更难察觉但同样重要的因素，包括他们孤悬海外的处境。他们与法国的城镇相隔如此遥远，加上此地充斥着海盗故事的历史传统，让他们轻而易举就可把古老故事里戴金耳环的独脚海盗替换成北美洲派来的间谍，或者负有秘密任务的德国潜水艇。结果是，某种亢奋情绪把大部分人弄得张皇失措，虽然事实上这里并没有发生任何战事——因为根本就看不见任何敌人的影子。连当地的原住民在言谈之间也流露出同样的心理状态，只是稍微平淡无奇一些。他们经常挂在嘴边的话是：“没有鳕鱼了，这个岛完蛋了！”有些人则认为希特勒就是耶稣基督本人再度降世来惩罚白种人，因为他们两千年来都不遵从其教导。

在法德停战之后，岛上的下级军官非但没有加入自由法国那

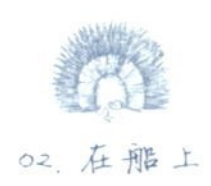

一边，反而觉得他们与维希政府之间没有任何冲突。他们打算保持中立，他们的身体和精神状态，如果说以前曾经够资格参与战斗的话，几个月折腾下来，也早已无法作战了。他们病态的脑袋想着：把近在眼前的美国人当作敌人，用来代替那远在天边非常抽象的真正敌人德国人，这倒是相当妥帖稳当的。何况，真的有两艘美国战舰不停地在港外巡弋。

法国驻军里有个聪明的副司令官，他经常在船上吃午餐，而他的上司则故意激起下属怨恨盎格鲁－撒克逊人的情绪。他们需要找些敌人来发泄其侵略性，那种侵略性已酝酿了好几个月之久，他们需要找些替死鬼来把法国吃败仗的账全算上。他们觉得法国吃败仗并非自己的责任，因为他们没有参与任何战事；但他们又总是觉得有罪恶感（其实他们自己正好代表一种典型——一种不关心、虚妄与幻想的极端典型；这种不关心、虚妄与幻想本身，正是法国战败的一部分原因）。就这个观点来看，我们搭乘的这艘船正好载来一批最适当的人选，好像维希政府准许我们这艘船开往马提尼克岛，目的就是给岛上的这些绅士们送来一船代罪羔羊似的。

岛上的驻军穿着赤道军服、戴着钢盔、配备了枪支，在船长室中一个接一个地审问我们。他们的目的似乎不是做入境审查，而是痛骂我们每个人一顿来出气，我们只有听的份。非法国籍乘客都被归入敌人一类；法国籍乘客没有资格当敌人，不过都因“背弃自己的国家”这种懦夫行为而挨骂。这些士兵骂别人懦夫、背弃自己的国家等等，实在是非常矛盾；他们自己打从战争爆发以来，就一直活在门罗主义的保护之下。

至于洗澡，就提都不必提了。他们决定把所有乘客都关在海湾一角某个叫作“拉札累”（Le Lazaret）的军营里面，只有三个人获准自由上岸：一个是有钱的混血儿，因为他自成一类；一个是那位神秘的突尼斯人，他有特殊的证件；最后一个是我，因为船长和我是老朋友，他曾是我在战前经常搭的那艘船上的大副，这里的掌权者看在船长的面子上，特准我自由登岸。

西印度群岛

法兰西堡在下午两点是个死城。在城中间有座约瑟芬（Joséphine Tascher de la Pagerie，后来又称 Joséphine de Beauharnais）的铜像，由于无人照看，颜色发绿。铜像附近是市场，种了不少椰子树，长满野草，还有一些很难相信真有人会住在里面的破旧简陋小屋。在一家没有客人的旅馆订了房间以后，那个突尼斯人和我仍对早上被士兵盘问的事心有余悸，马上跳进一辆出租汽车，直奔拉札累营区。我们要赶快去安慰船上的伙伴，特别是其中两位年轻的德国女人，她们在船上的时候曾暗示我们，一旦她们能把自己洗干净，马上就会背叛她们的丈夫。就此观点来看，拉札累的一切只增添了我们的失望之情。

当我们坐的老福特车用一挡吃力地往陡坡上爬的时候，我很愉快地发现好多种以前在亚马孙河流域时相当熟悉的蔬菜，不过在此地的名称和在亚马孙一带的名称不太一样：在亚马孙一带称为 fruta do condé 的蔬菜，在此地叫作 caimite（这种蔬菜外形像朝鲜蓟或小菠萝，味道像梨）；在巴西称 graviol 的，在此地称为 corrosol；mammão 叫作 papaya；mangabeira 则叫作 sapotille（俗称人参果）；等等。我一边高兴地看着这些我曾经很熟悉的蔬果，一边想着刚发生过的令人痛苦的一幕，试着把那痛苦的一幕和其他类似的经历联结起来。

对船上同行的乘客而言，他们以前的生活大体平静无波，现在一下被卷入这种大冒险似的旅程里面，他们遭受到的那种愚蠢与嫉妒、怨恨的混合，似乎是一种他们听都没听说过的、非常特别的、极度异常的现象。事实上，他们把这种现象对他们自己产生的切身影响，以及对虐待他们的人的影响，看成似乎是一种人类历史上从来没有过的大灾难。但我自己倒是看过这世界上的一些现象，此前几年也曾亲历过一些不寻常的经验，因此这种现象对我而言并不算完全陌生。我知道当代人类由于人口数量暴增，所要面对的问题也愈来愈复杂，再加上交通与通信工具快速改进，当代人类似乎对愈来愈多的物质与知识交流愈来愈容易过敏，结果就是类似于我们早上经历过的痛苦经验慢慢地流淌出来。在马提尼克岛这个法国殖民地，战争与战败所带来的唯一后果，只是加速推进这种普遍的过程罢了。战争与战败只是一种促成持久性感

染的媒介，而感染本身并不会自地球上消失。某个地方的感染状况也许会被暂时压制，但感染在其他地方会重新出现。一旦社会人群所拥有的空间开始紧缩，愚蠢、怨恨与易于受骗便会像脓疮一样长出来，马提尼克岛的经历并不是我所碰到的第一次。

就在不久前，即战争爆发之前几个月，在从巴西返回法国途中，我路过巴伊亚州的萨尔瓦多城，在那里的上城区闲逛、看教堂。那地方据说共有三百六十五个教堂，象征一年里的每一天，按照每一个不同的日子和不同的季节，而各有特殊的风格和内部装饰。我完全沉醉于拍摄每栋建筑的细节，从一个教堂转到另一个教堂，一群半裸的黑皮肤小孩跟在后面，不停地求我："给我们照一张相！给我们照一张相！"他们宁可要我替他们照一张他们永远看不到的照片，也不向我讨铜板，我最后被这种动人的求乞方式软化，答应替他们照张相。照完相以后，我往前走了不到一百米，一只手突然按住我的肩膀，两名便衣巡检人员一直尾随我，观察我的行动，现在他们告诉我，我刚刚做了一项对巴西不友好的举动；他们说，我拍的那张照片如果被拿去欧洲的话，可能会被人认为"巴西确实存在黑皮肤的人"这种说法并非毫无根据，而且，更可被用来证明巴伊亚州的街头流浪儿童的确没有鞋子穿。他们将我逮捕，还好拘留的时间很短，因为我要搭的船很快就要启航。

巴伊亚州（Bahia），巴西东部的一个州，萨尔瓦多城（Salvador）为其首府。

我搭的那艘船给我带来了接二连三的厄运：启航之前几天我就有过类似的遭遇，当时我们还停泊在桑托斯港（Santos）。我刚踏上甲板，一位穿着整齐制服的巴西海军司令官便带着两名荷枪上刺刀的海军陆战队士兵，把我监禁在我的小舱房里面。我花了四五个钟头才弄清楚是怎么回事。前一年我在法国的巴西探险队工作，根据协议，探险队收集的一切物质资料，都得由法国与巴西双方分享。探险队的所有工作都受巴西国家博物馆监督，博物馆立刻通知全国所有港口，如果发现我企图携带弓箭、羽毛头饰等物品离开巴西，而且数量超出法国应该被分配到的那一份的话，就要不惜一切代价立刻把我拘禁起来。可是，在探险结束以后，巴西国家博物馆改变了主意，决定把巴西该分得的那份送给圣保罗的一个科学机构；然后他们通知我，该给法国的那一份改由桑托斯港出口，而不是里约热内卢港。可是，他们忘了一年前曾做过不同的决定。没有收到最新命令的桑托斯港官员，根据过时的指示把我当罪犯拘禁起来，那些早先发布指示的人早已忘掉他们曾发出过指示，可是负责执行该项指示的人依然记得要照章行事。

阿纳托尔·法朗士（Anatole France，1844—1924），法国作家，一九二一年获得诺贝尔文学奖。

还好，当时每个巴西官员的内心仍然有潜在的无政府主义思想，原因是伏尔泰和法朗士著作思想的片段曾经遍布巴西森林最深处，成为其民族思想的一部分（有一次在内陆，有个兴奋的老人对我大喊：“哦，先生，你是法国人！哦！法兰西！阿纳托尔！阿纳托尔！”并用双臂拥抱我，这是他第一次见到法国人）。基于过去的经验，我知道，在表面上一定要尽量表示对巴西这个国家的尊重，也特别要对海军军官表示敬意；但我也知道，同时必须提出一些切中要害的质疑。这样做果然有效。心怀恐惧担忧了几个钟头以后（由于我准备离开巴西不再回去，因此我把我的书、私人物品和收集来的民族学资料全部装了

箱，我真怕启航的时候那些东西会被留置在码头上），我亲自用严正的语气向那位官员说明了整件事的来龙去脉，那位官员允许我把行李运走，并说他做出这个明智的决定，是为了使他的国家不被牵扯进国际争端中而受辱。

我敢采取这么大胆的行动，可能是受到另一次经历的影响。两个月前我被迫在玻利维亚南部的一个大村庄转机，和韦拉尔医师（Dr. J. A. Vellard）在那里待了好几天，这期间发生了一件事，使南美洲警察显得非常可笑。在一九三八年搭飞机旅行的情况和现在很不一样，在南美洲的偏远地区，文明发展曾跳跃省略好几个阶段，飞机很快就被当地人当作地区性的公共汽车来使用。以前那里并没有公路，人们得花好几天时间骑马或走山路才能抵达市集。现在他们搭飞机只要花几分钟时间（不过飞机常常一误点就误上好几天），就能随意运送母鸡和鸭子。乘客常常被迫蹲在家畜中间，整架小飞机挤满了赤脚的农民、动物，以及其他因太重或太大而不方便在丛林山路上搬运的行李和货物。

在候机的时候，我们无事可做，便在街上闲逛。整个村庄的街道在雨季中变得泥泞，因此每隔一段距离就铺上一块大石板，专门供行人走路之用，汽车根本无法通过这种街道。一名巡逻人员发现了我和韦拉尔医师这两张生面孔，马上逮捕了我们，并将我们拘禁起来，直到我们能说清楚为何出现在那里以后才放行。我们被关在一栋有老式豪华家具的房子里面，那栋房子原本是某位前省长的官邸，四周墙壁上贴着镶板，镶板前有不少书架，全都有玻璃门，书架上排满厚厚的精装书，整栋

在巴西帝国时期（1822—1889），最大的地方行政区称为“省”，省的最高行政长官为省长（provincial governor）。

房子充满书香气氛。唯一和书无关的，是一个玻璃告示柜，里头摆着一张告示，字体很精美，刻在铜板上面。告示的内容可以直译如下："严厉警告，绝对不准从档案中撕纸张来做任何特别用途或卫生用途。任何违反者必受惩罚。"

我在马提尼克岛的待遇有所提升，我坦白承认这部分归功于一位桥梁公路管理局（Ponts et Chaussées）高官的照顾。这位身居高位的官员外表冷淡难以亲近，不过他内心真正的想法和一般官僚体系中的人很不一样。而另外一部分原因，则是我常常去拜访一家宗教性报纸的办事处，某个天主教派——教派的名称我已忘记——的神父们在那里收藏了好几柜子考古遗物，时间远溯到印第安人时期；我把闲暇时间用来编制那些遗物的目录清册。

有一天我走进巡回法庭，正好碰上一场审判在进行；这是我第一次，也是到目前为止最后一次到法庭观看审判。被告是一名农民，他在和人争吵时一气之下把对方的耳朵咬下一块。被告、原告和证人都滔滔不绝地用方言发表他们的证词；在法庭上讲方言显得非常新鲜诡异，他们的证词都由翻译译成法语提供给庭上的三位法官。法官们都穿着有皮革镶边的红色法袍，式样奇特的袍子在湿重的空气中已失去光泽，挂在法官身上好像是沾满血迹的绷带，法官们都热得受不了。他们只花了五分钟时间就给那名坏脾气的农民判了八年有期徒刑。一个人的命运居然就这么随随便便地在这么短的时间里被决定，让我十分惊奇，我没有办法让自己相信刚才目睹的一切确实发生过。一直到今天，没有一个梦——无论它多么怪异，多么不可思议——让我觉得比这一幕审判更难以置信。

马提尼克岛的海军当局和当地的商人意见不合，这是和我同船的乘客最终获释的原因。海军当局把他们视为间谍或叛徒，当地的商人则认为把这批人关在拉札累营区会使当地平白遭受经济损失（虽然乘客们被关起来后并没享受到免费食宿）。最后商人的观点获胜，于是每个乘客便有了两个星期的时间可以自由自在地把最后一张法国钞票花掉。不过，乘客的行动仍然在警察的严密监视之下，特别是女乘客，被诱惑、挑逗、鼓励与报复所织成的网紧紧缠绕。岛上的多米尼加大使馆满是申请签证的人，一大堆谣言传说有船要来拯救我们脱离苦海。小村庄的商人们对大镇上的商家有那么多生意感到嫉妒，于是他们要求分配一些逃难者给他们，这就使情况大为改观了。结果是与我同船的乘客被迫在内陆的一个村子里面度过一天，然后换另一个村子。我不必和他们一起到处迁徙，不过有一次我和其他人一道去他们在佩莱山（Mont Pelé）山脚的新住处，这让我有机会——感谢做此安排的警察——在岛上走了几趟令人难忘的路，路上的景观远比南美洲大陆更具古典异国情调。那山好似深色的枝状玛瑙，被一片闪着银光的黑沙滩围绕，山谷中弥漫着乳白色的雾气，可以感觉到——倾听湿气滴落的声音，用耳朵而非眼睛去感受——那些大片、柔软、多毛的羊齿植物叶子，从活化石一般的树干上伸出来。

到那时为止，我的遭遇可以说比其他乘客好得多，不过我仍然深受一个问题的困扰。现在我必须谈谈那个问题，因为要写这本书就得先把那个问题解决才行，而解决那个问题却并非易事。我唯一的财产是一箱和田野工作有关的文件，其中包括语言学和工艺技术的索引卡片、旅行日志、人类学笔记、地图、图表和照相底片，还有几千页报告。这箱可疑的东西是靠职业走私者才得以运出法国的，同意运这些东西的走私者也冒了相当大的风险。一到马提尼克岛，我们所受的待遇使我马上决定，不论是海关人员、警察还是海军情报官员，都绝对不能让他们看到这箱子里面的文件。他们只要看到，就一定会把这些文件当作某种密码指令（特别是那些方言的笔记），或是防卫工事的图样，或是入侵计划（地图、素描和照片）。我坚决主张我的旅行箱只是过境马提尼克岛，因此那个箱子可以维持密封，存放于海关的储藏室。他们稍后告诉我，如果要直接转运那个箱子，我就必须搭乘外国籍船只离开（即使是这样妥协的结果，我也花了不少力气才争取到）。如果我打算搭乘法国籍船只多马勒号（D'Aumale）前往纽约（它完全就像艘幽灵船，我的同伴们等这艘船足足等了一个月，它才终于在一个美好的早晨现身，全船刚刷了新的油漆，好像是来自另一个世纪的巨大玩具），我的箱子就得先正式报关进入马提尼克岛，才能再运出去。我无法接受这种条件，因此我搭乘了一艘白得不可思议的瑞典香蕉船离开，其目的地是波多黎各（美属自治领地）。船上只有八名乘客，航程四天，我几乎回到了以前的快乐时光。船上安静得几乎像是我独自渡海，我尽情享受了这个难得的机会。

在领教了法国警察以后，我还得领教美国警察。在波多黎各登岸以后，我发现两件事：在我们离开马赛以后的两个月时间内，美国移民法已经修改，我身上携带的社会研究新学院的公文已无法满足新规定的要求；然后，更糟糕的是，在马提尼克岛时我便担忧我的那些人类学文件会被警察找麻烦，于是采取了一些

防范措施，而美国警察则完全证实了我的担忧。继我在法兰西堡被怀疑是被美国收买的犹太共济会分子之后，美国警察认为我很可能是维希政府的密使，甚至可能是德国派来的。我立刻发电报给社会研究新学院，要他们设法让我符合新的移民法。我一边等着社会研究新学院的回音，一边等美国联邦调查局派遣能阅读法文的专家过来（要知道，我的笔记内容有四分之三并不是用法文，而是用一种几乎无人通晓的巴西中部方言记录的，真不知道要等多久才能找到适合的专家）。在等待的时候，移民局把我拘留在一家简陋的西班牙式旅馆里面，费用由船只公司支付，每天只有炖牛肉和鹰嘴豆可吃，两名脏兮兮、胡子都没刮干净的当地警察轮流日夜看守我的房门。

有天晚上，和我同乘一艘船到波多黎各的戈尔德施密特，在旅馆的院子里向我解释原子弹的原理，还透露各强权国家正在进行科学竞赛（此时是一九四一年五月），赢得竞赛的一方将是战争的胜利者。他后来成为法国原子能委员会的主管之一。

贝特朗·戈尔德施密特（Bertrand Goldschmidt，1912—2002），法国研发原子弹的第一批成员之一，参与创办了法国原子能委员会。

过了几天，我的旅伴们全都解决了他们的问题，出发前往纽约。我自己一个人留在圣胡安，身旁跟着两个警察。他们在我的要求之下，答应随时跟我去三个我可以去的地方：法国领事馆、银行和移民办事处。如果想到其他地方去，我就必须先得到特别许可。有一天我获准到大学一趟，跟着去的那个警察很识趣地留在校门外等我，以免让我觉得受到侮辱。他和他的同伴都觉得无聊，所以有时他们会故意忽略

圣胡安（San Juan），波多黎各首府。

雅克·苏斯戴尔（Jacques Soustelle，1912—1990），法国人类学家，第二次世界大战时支持戴高乐发起的“自由法国运动”。

规定，主动允许我带他们去看电影。在登船前两天我终于重获自由，可以在岛上到处看看。陪我一起走的是法国领事贝勒（M. Christian Belle），但最令人吃惊的是，他也是研究美洲印第安人的专家。在那种地方、那样的时刻碰见他，实属奇遇，他告诉了我一大堆在南美洲海岸航行的亲身经历。不久之前，报纸报道苏斯戴尔正在西印度群岛一带游说当地的法国人，呼吁他们支持戴高乐，那天他抵达波多黎各岛，我在取得当局特别允许之后，才和苏斯戴尔见了一面。

因此，波多黎各是我和美国的第一次接触。我第一次闻到汽车烤漆受热后散发出来的味道，第一次闻到冬青树（法国人把冬青树称为“加拿大茶”，thé du Canada）的味道。这两种完全不同的味道可以说是美式生活享受的两个极端，一端是车子，另一端是洗手间，其他东西例如收音机、糖果、牙膏等等则列在两者之间。在日常用品店里工作的女店员，穿着水仙花白的制服，棕色头发。我试着去猜测，顶着面具一样的妆容的她们到底在想些什么。我第一次察觉到典型美国小城镇的一些特色，也是在波多黎各，不过是从大安的列斯群岛（Greater Antilles Islands）这个特殊的角度观察到的。那里的建筑物都相当脆弱，而且都争着要达成某种惹人注意的效果，结果是使得整个城镇很像一开始是为了举办世界博览会而搭建的临时性建筑物，现在却变成永久使用。不过，就波多黎各而言，这里会让人觉得是世界博览会中的西班牙展览区。

旅行途中的种种意外事件，经常会引发这类可以做出多元解释的暧昧不明。由于我最初几个星期的美国经验是在波多黎各获得的，因此日后我便经常“在西班牙发现美国”。就像几年以后，由于我是在孟加拉国的达卡市第一次参观英国式的大学校园的——校园里全是新哥特式建筑——因此我到今天为止，仍把牛津大学看成是印度，只不过这个“印度”成功地征服了泥泞、发霉以及四处蔓生的植物罢了。

我在圣胡安待了三个星期以后，联邦调查局的人终于来了。我立刻赶去海关打开行李箱，那是一个严肃的时刻。一位彬彬有礼的年轻人走上前，随意抽出一张索引卡。他把眼睛眯起来，凶悍地转过身来对我说：“是用德文写的！”原来那张索引卡上记载的是一本由德国学者施泰嫩所写的经典著作：《巴西中部的原住民》(*Unter den Naturvolkern Zentral-Brasiliens*，一八九四年于柏林出版)。他是研究马托格罗索州(Mato Grosso)中心地带的一位人类学前辈，研究成绩相当不错，年代也相当早。我向联邦调查局的年轻人把事情解释清楚，他一下子就明白了，此后他对我行李箱中的东西再也提不起任何兴趣。一切都没有问题，都 OK；我可以进入美国本土；我可以自由行动。

卡尔·冯·登·施泰嫩(Karl von den Steinen, 1855—1929)，德国医学家、民族学家、探险家，出版过几部重要的人类学作品。

好了，该停笔了，像这样的插曲总是不断重演，刚刚所说的这些是在战时发生的，我从前曾提过的那些则是战前的经历；如果说起我最近几年在亚洲的旅行，那么还可以再加上一些最新的事例。如果这类事情发生在今天的话，我的这位好心的联邦调查局探员可能就不会这么容易感到满意了，这世界已经变得愈来愈难呼吸。

追寻权力

有件无关紧要的小插曲一直停留在我的记忆之中。它像个征兆，犹如某些极端重大变异的预示，透露出一点可疑的味道或风向。

为了能够深入巴西内陆长期考察，我决定辞掉圣保罗大学的教职，因此比其他同事早几个星期从法国出发返回巴西。这是四年以来第一次整艘船上只有我一个人是学院教师。很巧，那班船也是第一次有一大堆乘客；其中有些是外国商人，不过大多数是要前往巴拉圭的一整个法国军事代表团。他们的存在使船上的气氛完全变了，原本我非常熟悉的航程，变得跟以前完全不一样

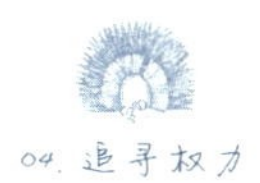

了。军官和军官太太们把穿越大西洋看成是前往殖民地探险；换句话说，他们把为一支人数不多的军队担任顾问这件事，看成是去占领一个被征服的国家。为了做好充分准备——至少在心理上——他们把甲板变成了阅兵场，船上的文明乘客则被他们视为土著，我们完全不晓得如何躲开他们的喧哗与自以为是的行为，他们把船上的工作人员都弄得坐立不安。然而，这个代表团的主管本人的态度与他的下属有极大差别；他和他太太都非常有礼貌，很会替别人着想。有一天，他们跑到我为了躲避吵闹而选中的一个偏僻角落找我，问些我过去的研究工作以及我此行的目的等等问题。同时，他们还成功地间接让我了解到，事实上他们也只是毫无权力而又头脑清楚的旁观者。他们两人的言语和思想与其他军官形成异常强烈的对比，使我觉得其中一定暗藏某些隐情；三四年之后，我偶然在报纸上看到这位军官的名字，便又想起这次意外碰面交谈的事，我了解到他个人的处境的确充满矛盾。

那或许是我第一次明白一些后来在世界其他地方再度发生的、同样令人沮丧的事件所蕴含的意义。旅行这个塞满各种梦幻似的许诺的魔法箱子再也无法提供什么尚未被玷污的珍宝了，兴奋过度而四处蔓延的文明，已经永远而彻底地摧毁了大海的沉默。热带的香料、人类原始的活力，都已经被意义不明的文明事业破坏掉了，它斫伤了我们的热切期待，使我们注定只能获得一些千疮百孔的回忆。

波利尼西亚群岛被水泥覆盖成了停泊在南海中的“航空母舰”，整个亚洲愈来愈像都市边缘的脏乱地区，非洲到处可见仓促搭建的小城镇，早在美洲和美拉尼西亚群岛的丛林被实际侵入摧残之前，上空飞来飞去的军用飞机与民航客机已经夺走它们原始的静谧。在这样的情况下，所谓旅行可以让人们“远离现实”这个说法，除了迫使我们亲眼见证人类历史中更不幸的那一面之外，还有其他意义吗？我们“伟大”的西方文明，在创造出这许多我们正在享受的神奇事物的同时，也无可避免地引发了相应的弊病。西方世界最为人所称道的成就是“秩序”与“和谐”，像是用没人搞得懂的复杂结构建立起来的化工厂，但为了产生这“秩序”与“和谐”，必须排放出一大堆有毒的副产品，而这些东西正在污染整个地球。当我们出发去进行世界旅行的时候，第一眼看到的，就是我们自己的垃圾被丢在人类的脸上。

因此，我可以理解为什么那些旅游书籍里的种种假象会这么受人热爱。那些作品书写着一些事实上早已不存在的幻象，为何那些幻象被认为还应该存在呢？因为唯有如此，我们才有可能不必承认过去两万年里发生的悲剧已无法挽回。我们已经无能为力了，文明已不再是只在肥沃土地上的一两个受到保护的角落里被精心培育的稀有柔弱花朵。这肥沃土地因为养分充足而曾经长满各式各样的植物，那些植物四处生长，看似具有威胁性，却能给我们的文明花朵带来多样性及新生命。现在早已不是如此，人类选择只留下一种植物，跟种甜菜一样大批大批地“量产”文明，从此以后，人类只有这一种东西可以“吃”。

巴西红木（brasil），可制造红色染料，“巴西”的名称即由此得来。

在以前，为了从印度或美洲带回一些像巴西红木之类今日看来没有什么价值的东西，人们得冒着丧失生命的危险，这在现在看起来相当可

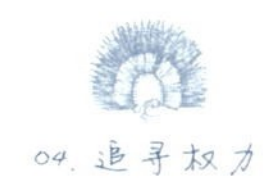

笑。胡椒也是那个时代不顾性命才能取得的东西之一。在法国亨利四世时期，胡椒非常流行，宫女把它放在随身携带的糖果盒中，像吃糖果那样吃它。这些东西在感官上所引发的奇异感，温暖了视觉、刺激了味觉，给一个向来不曾自觉枯燥乏味的文明带来一大堆新的感性经验。我们甚至可以因此说，经过一道双重反复的程序，现代的马可·波罗从同样的地方带回种种“道德的香料味精”，当我们的社会愈来愈觉得自己正在持续向下沉沦时，也就愈来愈觉得需要这些道德刺激品，而今日的马可·波罗带回来的是照片、书籍和旅行故事。

我觉得还有一个更为重要的类似之处。无论是有意还是无意，现代的香料味精等调味品都是加工过的。这当然并不是说今日的调味品只是纯粹心理层面的而已，而是指不论讲故事的人再怎样诚实，他都无法提供真实的东西，因为已经不可能再有真正的旅行故事了。为了使我们可以接受，旅行的记忆都得经过整理筛选；在最诚实无欺的作者身上，这种过程是在无意识层面上进行的，他们用现成的套语和既存的成见来表现、取代真实的经验。举例来说，有一次我打开一本旅游图书，里面描述某一个部族是野蛮人，还保留着某些原始习俗，然后用几章的篇幅粗枝大叶地胡乱描述一番；可是我在当学生的时候就曾花好几个星期的时间阅读专业人类学者对那个部族所做的研究，有些是最新的报告，有些是五十年以前在那个部族还没因为接触白人而患上传染病，结果死得所剩无几、成为一群无根游魂时所做的调查。另外还有某个部族聚落，据说是一名年轻的旅行者首度发现的，他只花了四十八小时就做完了他的研究；但事实上，那个年轻人所看到的（这一点非常重要）却是一个被迫迁出他们原来的定居地，搬到一个临时栖身处的部落，那个年轻人却天真地误以为那里是该部落的祖居地。还有，通常他们都刻意省略不谈自己是怎样接触到某个部族的，以免泄露出原来早已有教会与那个部族维持联系达二十年之久，或者当地的汽艇可以直接驶入该部族居住区的心脏地带这类事实。不过，有经验的人可以从照片中的一些小细节发现一些端倪，因为摄影者并不是每次都成功地避免把所谓“第一次被发现的部族”用来煮东西的生锈汽油罐拍进照片里面。

像前述这些空洞的“发现”，以及人们居然那么轻易地就肯相信乃至鼓励这一类发现，甚至少数值得赞赏的案例，在某种程度上，使浪费在这类事情上的精力得到少许补偿（那些精力可以说是加倍地浪费掉了，因为其结果只能使其所欲掩盖的颓败进一步扩大）——所有这一切都表示，无论是作者还是读者大众，都具有强烈的心理动机，研究原始民族的某些制度有助于了解这些动机。“了解原始民族”成为时髦的事情，使人类学得到很多有害无益的合作与帮助。人类学本身倒是有助于了解和厘清这种时髦风尚的本质。

在北美洲的很多部落里面，年轻人如何通过成年礼考验，通常深深地影响到他们的社会地位。有些年轻人不带任何食物，独自乘着独木舟在水中漂流；有些年轻人则独自跑上山，去面对严寒、大雨和野兽。有时候他们一连好几天、好几个星期，甚至好几个月都没好好吃东西，或只吃粗劣的食物，或长期禁食，甚至使用催吐剂使自己的身体变得更虚弱。一切行为都被视为与另外一个世界沟通的手段。他们浸在冰冷的水里很长一段时间；故意

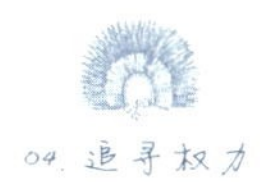

砍断几个手指关节；或者把削尖的木头插入他们的背肌，木头的另一端绑上绳子，绳子的另一端绑着重物，然后他们拖着那重物走路，目的是把筋膜划破。他们即使不采取上述极端手段，至少也会不断地做些毫无意义的工作，把自己弄得筋疲力尽：有时候是把身上的毛一根一根地拔掉，有时候是把松树枝上的针叶一根一根地拔下，不然就是在一块大石头上打洞。

进行这些历练，会使他们进入一种心智恍惚、身体虚弱、精神不稳的状态，他们希望借此可以和超自然世界沟通。他们相信，某种神奇的动物会被他们所受的强烈痛苦和他们的祷词感动，不得不在他们眼前出现；显现在眼前的异象，使他们明白他们日后的守护灵是谁，他们可以依照守护灵的名字取名，由此得到特殊的能力，并据此决定他们能享受的特权，决定他们在自己社群中的地位。

我们是不是能够因此得出结论：这些土著认为现实社会不能提供给他们任何东西？无论是制度还是习惯，对他们来说都好像是一种一再重复的过程，机会、运气或能力在其中似乎毫无作用。他们可能觉得唯一能改变命运的手段就是冒险进入那些危险重重的地区，社会规范在那里完全失去意义，社群的需求和保护性规划也不具有任何作用；亲身前往平常的、有秩序的生活之边缘，进入身体能力无法承受的区域，接受最极限的身体与精神折磨。处于这种不稳定的边缘地带，一方面是冒着走过头以致永远回不来的危险，另一方面则可能从环绕在有组织的社会四周的那些庞大且尚未被利用的力量里面，取得自己可以利用的部分。敢豁出一切的人有可能因此取得力量，从而可以修改除此以外无法改变的社会秩序。

不过，这种解释可能还是太肤浅了，因为在北美洲平原或高原上的印第安人社会里，个人信仰并没有和集体规训有太大出入。整套辩证过程都源于整个社群集体的习俗与哲学，个人的信念是从群体中学来的，信仰守护灵本身就是一种群体现象，是社会群体本身教育其成员，使他们相信，在社会秩序的架构里面，他们唯一的希望是努力去试着采取一种荒谬的、几乎是绝望的办法来脱离该秩序。

在当代法国社会，在读者大众与“探险家们”之间，上述追求权力的现象相当风行。我们的青年男女同样也能自由地去追求打从孩提时代起整个社会从四面八方向他们展示的种种刺激，他们也可以用各种不同的方式来逃避当代文明加在他们身上的种种规范。逃避的方法有时是往上移动——去爬山，有时是往下移动——进入地下空间，有时是平面移动——去遥远的国家旅行。还有，他们所追求的可能是心灵上或道德上的极端，比如有些人故意让自己陷入一些困境，其严重程度，以目前的知识水平来看，让人几乎不可能活得下去。

社会对这类冒险行动能否带来任何可被称为理性的结果完全漠不关心。他们既不是在从事科学新发现，也不是在创造诗篇或文学。他们的举动所产生的具体成果非常有限。唯一重要的是他们这样做的过程本身，而非这样做可能有的什么目标。就像前述的北美洲土著那样，年轻人离开他自己的社群几个星期或几个月，以便使自己亲历某种极端的情境（这样做的人有时候是完全诚实的，有时候则是小心翼翼、相当做作的，不过土著社会也一

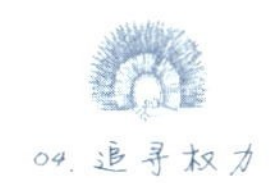

样，两种类型都存在），然后回来的时候就拥有了某种力量，其表现方式是写文章登上报纸，或写些畅销书，或在挤满人的演讲厅公开演讲。这种现象所具有的魔术性质可以从社会的自我欺骗中看出来，可以解释所有这一类现象。最重要的事实是，只要和这些野蛮民族稍加接触，就可使一个旅行者变得与众不同。而寒冷的高山、深陷的洞穴或难以进入的森林都是可以得到高贵、有益的启示的宝贵地点。所有这些，在不同的意义上，都是我们自己社会的敌人。我们的社会在快要毁灭这些野蛮民族的时候就假装他们具有珍贵的性质，可是在他们真的有能力成为对手的时候，却又对他们充满恐惧与厌恶。亚马孙森林里面的野蛮人是敏感而无力抵抗的牺牲者，他们是被机械化文明逮住的可怜的一群，我甚至可以告诉我自己，我所能做的只不过是去了解正在毁灭他们的命运的真相，但是我不会被那种比印第安人的魔法更站不住脚的魔法迷惑——在深感好奇的大众面前展示彩色照片。土著的面具已被摧毁无遗，只剩下彩色照片。或许社会大众误以为通过这类照片可以了解野蛮人的可爱之处。把野蛮生活消灭掉还不满足，甚至浑然不知野蛮生活已被消灭掉的事实，读者大众还觉得需要热切地用历史早已抹掉的人和社会的残影来喂饱历史的怀旧食人主义。

身为这类“探险”的老前辈，我会不会是唯一一个除了一把灰烬以外什么也没带回来的人呢？会不会是唯一一个戳破这类旅行空想的人呢？像神话中的印第安人那样，我走到地球允许我去到的最远处，当我抵达大地的尽头时，我询问那里的人、看见那里的动物和其他东西，所得到的却是同样的失望：“他笔直地站立着，痛苦地哭泣、祈祷、号叫，但是还是听不到什么神秘的声音。他睡觉的时候，也并没有被带往有各种神秘动物的庙堂。他已完全确定：没有任何人会赋予他任何力量、权力……”

库亚巴（Cuiabá），巴西马托格罗索州的首府。

乌巴图巴（Ubatuba），位于巴西圣保罗州的一个滨海市镇。

拉合尔（Lahore），位于巴基斯坦的城镇。

以前的传教士经常说，梦是野蛮人的神，但对我而言，梦却永远无法捕捉，像水银一样滑出我的手掌。不过，还是可能有一些闪亮的晶体散落于某些地方。比如在库亚巴，那是个出产过很多金块的地方；或是在乌巴图巴，它目前是个无人的港口，但两百年前的西班牙大船曾经持续不断地从那里满载离去；或是在阿拉伯沙漠的上空，泛出像珍珠贝那样的紫绿色光泽；或是在美洲；或是在亚洲；或是在新西兰的沙岸；或是在玻利维亚高原；或是在缅甸边境。我可以随手挑出一个仍然带有浓厚神奇色彩的地名：拉合尔。

拉合尔机场位于毫无特色的城市外围，出了机场就是看不到尽头的大道，大道两旁列着树和别墅；旅馆是被围起来的一整排一模一样的独栋房子，一楼的门像马厩门一样并置排列，让我想起诺曼底一带的种马繁殖场；从每道门走进去都是一模一样的公寓式隔间，前面是客厅，后面是浴室，卧房在中间。两英里长的大道尽头是个省城常见的广场，更多的大道在这个广场交会，还有几家店铺——药铺、照相馆、书店、钟表店。我觉得，在这样空旷而缺乏意义的空间之中，我不可能看见我想寻找的东西。

真正的老拉合尔到哪里去了呢？它远在这个规划很差、早已破败的城市外围的另一边，为了去到那里，我得穿过两英里长的

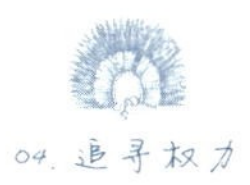

市集。在市集里面，有人利用机械锯把厚如锡板的金片切开，用来制造廉价的首饰，还有小铺子在卖化妆品、成药和进口塑料制品。后来我终于走进一些幽暗的小巷，我经常得将身体贴紧墙壁，好让手推车通过，有时则是让路给一群被染成蓝紫色的绵羊或体型庞大的水牛（每头大约有乳牛的三倍大，有时候会温柔地挤到人身边）。这大概就是真正的老拉合尔吧？我看到的那些年久失修、破败不堪的木造结构，是不是就是我所要寻找的真正的拉合尔呢？那些木雕上的雷纹、雕工的精细处，被胡乱牵拉的电线遮住，很难欣赏。那些电线缠来绕去，像是遍布这整个旧城镇的蜘蛛网。

有时候会有一幅意象、一种回声，似乎从过去冒出来，在小小几平方米的空间里短暂停留一两秒钟：小巷里的金匠、银匠工作时所发出的清脆声音，像是有一千只小手臂的精灵心不在焉地敲击木琴。穿过这些小巷以后，我马上又置身于宽广的大街路网里。这些大街横穿过一批五百多年的老房子。那些老房子在最近发生的暴乱里遭到了极大的破坏，不过它们在过去就常常遭到破坏，坏了再修，一次又一次，因此看起来好像是一堆年代古老得不得了、难以形容的破旧建筑层层叠叠。我四处观看这些景象，所做的正是一个空间考古学家的本分工作——锲而不舍地想从残片遗物中重新发现早已不存在的地方色彩，不过这种努力是徒劳无功的。

一旦产生了这种念头，幻想便开始一步一步地布下它的陷阱。我开始希望自己能活在还能够做“真正的旅行”的时代里，能够真正看到还没被破坏、被污染、被弄乱的奇观异景的原始面貌；我希望自己是贝尼耶，是塔韦尼耶，是马努奇……我希望自己能像他们那样旅行，而不是像我现在这样。这类想法一旦开始出现，便可以无止境地延伸下去：在哪个时代去看印度最好？什么时候是研究巴西原始部族的最佳时机——可以得到最单纯的满足、可以看见他们还没有被污染、破坏的景象？到底是在十八世纪与布干维尔同时抵达里约热内卢比较好呢，还是在十六世纪和列维、特维同行比较好？每提早五年，我就能够多挽救一种习俗、多了解一项祭仪或一种信仰。但是我很熟悉这些相关的人类学记录文献，我明白，如果我活在一个世纪之前，就无法获得这许多可用来增进知识的材料与研究方法。因此我便陷入了一个圈圈里，无法逃脱：不同的人类社会之间愈不容易交流，就愈能减少因接触而引起的相互污染，但这同时会剥夺让不同社会的人相互了解与欣赏对方优点的机会，也就无法了解多样化的意义。

简而言之，我只有两种选择：可以像古代的旅行者那样，有机会亲见

弗朗索瓦·贝尼耶（François Bernier, 1620—1688），法国医师暨旅行家，曾用十二年时间进行东方之旅，到过埃及、阿拉伯半岛、中东、印度等地区。

让-巴蒂斯特·塔韦尼耶（Jean-Baptiste Tavernier, 1605—1689），法国珠宝商人暨旅行家，多次前往中亚及印度从事商业旅行，撰有几部畅销的游记作品。

尼科罗·马努奇（Niccolao Manucci, 1639—1717），意大利旅行家，曾经在莫卧儿帝国的宫廷里工作，写下了对此帝国非常详尽的记载。

路易斯·安东尼·布干维尔（Louis Antoine de Bougainville, 1729—1811），法国海军军官，在一七六六年至一七六九年之间完成了法国人的第一次环球航行。

让·德·列维（Jean de Lery, 1536—1613），法国牧师暨探险家，一五七八年前往巴西，撰写了详尽的航行探险记录。

安德烈·德·特维（André de Thevet, 1516—1590），法国神父暨探险家，游历过埃及、中东及印度等地，亦曾前往巴西，采集了许多动植物及民族学标本。

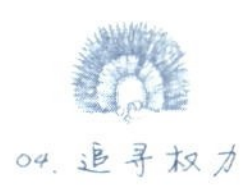

种种奇观异象，却几乎看不出那些现象的意义，甚至对那些现象深感厌恶、加以鄙视；不然就做个现代的旅行者，到处追寻已不存在的真实的种种遗痕。但无论选哪一种，我都只会是失败者，而且输得很惨，比最初看起来还惨。当我抱怨永远只能看到昔日真实的一些残影时，却可能对目前正在形成的真实毫无知觉，因为我还没培养出足以理解它的能力。几百年以后，就在现在这个地点，会有另外一个旅行者，他绝望的程度和现在的我不相上下，为那些我看见了却没能看懂的现象的消失而深深哀悼。我深受两难困境之扰：看得到的一切都令我大为反感，同时不断地责怪自己没能看到更多本应看得到的现象。

在很长一段时间里，我都对这样的两难困境感到无力，但我觉得这池浑水正开始沉淀。困惑现在逐渐消散，精巧的结构愈发清晰。因为，随着时间过去，“遗忘／忽略”反复筛洗我的记忆，除了磨耗它之外，从记忆片段中浮现出来的深层结构，让我获得了较为稳固的立足点，看到了较为清晰的模式。一种秩序取代了另外一种秩序。我与我所凝视的目标之间被断崖深峡隔开，时间这个摧毁大师开始工作，形成一堆堆破砖碎石。锐角被磨平，既有层序完全瓦解：不同的时间和不同的空间交会碰撞、交错折叠或者翻滚转换，就像老化的星球地震时撼动地层使其错位；有些在遥远的过去意义不明的小细节，现在凸耸如山峰；在我过往经验中建立的阶序也都消解无踪，一些看起来毫不相关的，发生在不同地方、不同时期的事件，一一从眼前滑过，突然间就形成了像是创造者精心设计出来的某种结构，超出了我过去的想象弗朗索瓦·勒内·德·夏多布里昂（François René de Chateaubriand，1768—1848），法国作家、政治家、外交家、法兰西学院院士。这段文字取自他的《美洲与意大利之旅》（*Voyages en Amérique et en Italie*）十二月十一日条下所记。

“每一个人，”夏多布里昂写道，“身上都系着一个世界，由他所见过、爱过的一切所组成的世界，即使他看起来是在另外一个不同的世界里旅行、生活，他仍然不停地回到与他相系的那个世界去。”时间以想象不到的方式拉开了我与生命之间的裂隙。我过去曾在世界各地四处追寻，可是当时并不了解其意义，也无法看清其精髓，必须经过这二十年之久的沉淀筛洗，我才能够建立起与这些早期经历的联结，将两个世界联系起来。

第二部

行脚小注

Tristes Tropiques

Part 2

回 顾

塞莱斯坦·布格莱（Célestin Bouglé, 1870—1940），法国哲学家，一九三五年担任巴黎高等师范学院院长。

一九三四年秋天的某个星期天，早上九点钟的一通电话决定了我一生的职业。打电话的人是布格莱，当时他是巴黎高等师范学院副院长。过去几年，他看起来对我印象不错，不过保持着一定的距离，因为我并不是巴黎高等师范学院毕业的——即使我是，也并不属于他非常热心为之安排升迁机会的小圈子。一定是他想不出有其他更合适的人，才会打电话给我，因为他单刀直入：

“你是不是还想要研究人类学？”我的回答是：“是，毫无疑问，我想。”“那么你就去申请到圣保罗大学教社会学课程。圣保罗市周边到处都是印第安人，你可以利用周末去研究他们。不过，你必须在今天中午以前给乔治·杜马一个肯定的答复。”

巴西乃至南美洲在当时对我并无多大意义。不过我现在仍记得非常清楚，当我听到这个意想不到的提议时脑中浮现的画面。我想象着一幅和我所在的社会完全相反的异国景象，“对跖点”（位于地球直径两端的点）这个词对我而言，有比其字面含义更丰富也更天真的意义。如果有人告诉我，在地球相对的两端所发现的同类动物或植物有相同的外表的话，我一定会觉得非常奇怪。我想象中的每一只动物、每一棵树或每一株草都非常不同，热带地区一眼就可看得出其热带的特色。在我的想象中，巴西的意思就是一大堆歪七扭八的棕榈树丛里藏着造型古怪的亭子和寺庙，我认为那里的空气充满焚烧香料所散发出来的气味。这种嗅觉上的幻想应该是因为在潜意识里我知道 Brésil（巴西）和 gresiller（燃烧时的嘶嘶声）的发音非常接近，一直到现在我每次想到巴西的时候，最先想到的还是焚烧中的香料。

事后考察的结果是，这些想象的意象并不见得那么随意。我后来学到，在日常观察中无法看出任何情境的真相，而要在一种有耐心的、一步一步慢慢来的蒸馏萃取过程中去寻找。譬如语音上的类似使我想到香料这个事实，可能鼓励我这么做：当我还无法清楚地解释某个象征的时候，便自然而然地运用双关语作为解释工具。探险不应该是单纯在形式上走过一段很长的距离，而应该是一种深入的研究：一段一闪即逝的小插曲，一小片地表景象，或是一句不经意听到的话语，可能就是了解及诠释整个区域的唯一关键所在，如果缺少这个关键，整个区域可能就永远不具备任何意义。

布格莱当时所说的“到处都是印第安人”这句话，给我带来了其他的问题。我想他是被墨西哥城或特古西加尔巴城（Tegucigalpa）误导了，误以为圣保罗像它们一样是个土著城镇，或至少城镇周边住满土著。布格莱是哲学家，曾写过一本书叫作《印度的种姓制度》（*The Caste System in India*）。他从来没想过是不是最好先去印度一趟，亲眼看看那里的真实情况（这本著作的一九二七年版序文里面写着“事件变易不居，制度永远长存”这样的豪语），他不认为土著人民的生存条件本身会对人类学研究有重大的影响。更重要的是，大家都知道他并非唯一对此毫不关心的官方社会学家；事实上，像他这样的例子今天还存在。

无论如何，当时我自己也非常无知，便相信了那些可以很方便地纳入自己计划的幻想，特别是连乔治·杜马自己对这个问题也并没有清楚的概念。在土著社会还没有完全被消灭的时候，杜马曾到过巴西南部，更重要的是，那时候他喜欢和独裁者、封建地主和文化艺术赞助者厮混，但这类人并不能就这个问题给他任何启示。

因此，当玛格丽特带我去参加午餐会的时候，我大吃一惊。我在午餐会上听到派驻巴黎的巴西大使发表官方观点：“印第安人？哎呀！亲爱的先生，他们在几年前就全都不见了。这是我

维克托·玛格丽特（Victor Margueritte，1866—1942），法国小说家。

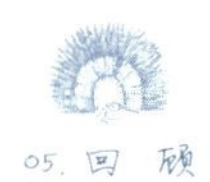

国历史上很悲哀、很可耻的一段。但是十六世纪的葡萄牙殖民者是一群贪婪残忍的人。他们具有那个时代常见的野蛮性，这实在也怪不得他们。他们把印第安人抓来，绑在炮口上，然后轰成碎片。印第安人就这样不见了。社会学家可以在巴西发现很多非常有趣的事情。但是印第安人嘛，忘掉算了，你一个也看不到……”

现在我回想起这段话，觉得实在不可思议，即使是出自一九三四年的上层统治阶级口中，也还是不可思议。当时巴西的精英分子容不得任何人提起印第安人或是巴西内陆的原始情况（令人欣慰的是，现在已有所改变了），不过他们倒是肯承认，有时甚至会自己说出来，他们的长相之所以带些异国情调，是因为他们的曾祖母可能有印第安人血统。不过他们绝对不愿意承认他们的长相之所以有些奇特是因为有黑人血统。在葡萄牙帝国统治的时代，这些精英分子的祖先们倒是觉得有黑人血统并不是什么需要掩饰的事情。以巴西驻法大使索萨－丹塔斯来说，他毫无疑问拥有印第安人血统，并很可能也以此为傲。但他是旅居海外的巴西人，而且在十几岁的时候就来到了法国，早已忘记了他自己国家的真实面貌。在他的记忆里，真相早已为一种盛行的官方理想化看法所取代。在他还记得的一些细节里面，我想他喜欢贬薄十六世纪的巴西人，以免触及他父母那一代的男人最喜欢的某种娱乐活动，尽管或许他年轻的时候也进行过那种娱乐活动。那种娱乐活动是到医院去收集天花患者的衣服，然后把这些带有天花病毒的衣服和其他礼物一起放在印第安人经常走过的小径上。这种娱乐活动的“成果”是相当可观的：一九一八年版地图上的圣保罗州，面积和法国差不多，其中三分之二的区域被标示为“只住着印第安人的未知地带”；等到一九三五年我去圣保罗州的时候，除了少数几户印第安人会在星期天跑到桑托斯海滩去卖所谓的特产以外，那附近连一个印第安人也没有。值得庆幸的是，虽然一九三五年的圣保罗州几乎看不到印第安人，但是再往内陆走个三千公里，还可以找到一些。

在结束关于这段时期的追忆以前，我必须暂停一下，再眷恋地望一望那个我曾经利用机会窥探过一下的世界。由于玛格丽特的关系，我才得以认识那个世界（就是他介绍我与巴西大使馆的人认识）。我还是学生的时候，曾替他工作过一段时间，日后我们也一直维持着友谊。我那时的工作是负责出版他的一本书《人类的祖国》（*La Patrie Humaine*），工作内容包括替他将亲笔签名本送给一百多位巴黎名人（他坚持送书的时候必须说是大师所赠）；此外，我还得写新闻稿、向书评撰写人建议有哪些片段或许他们可以用得上；等等。我一直对他记忆鲜明，不仅因为他对我总是非常客气有礼，还因为他本人和他的著作所形成的矛盾对比（这种事情最容易给我留下难以磨灭的印象）。他的作品看起来既天真又粗糙，虽然其中也含有相当温厚的情感。最值得回忆的却是他这个人本身。他的脸孔具有哥特式天使雕像常见的那种女性的阴柔迷人和细致之感，一举一动又带有本能的高贵性，这就使他的缺点——爱慕虚荣是其中之一——不致令人厌恶或诧异，因为这些缺点似乎都变成了他特殊的性情与智识能力的一些表征。

他的住所是一间老式的中产阶级公寓，非常宽敞，位于巴黎第十七区，现在他仍住在那里。他的眼睛几乎看不见东西了，他

太太非常辛苦地照顾着他。年龄使他太太那一度被称赞为“豪爽”的个性变成丑陋与易怒（身体上的特征与道德上的特征，只有在年轻时才会被相互混淆）。

他很少见客，因为他相信没有年轻人能欣赏他的长处，也因为他曾被官方圈子抛弃过。但最主要的原因是，他把自己的架子抬得那么高，以至于觉得愈来愈难找到可以沟通的人。我一直无法确定，这到底是自然而然的结果还是他刻意选择这么做。他和少数几个人共同创立了一个国际杰出人士联盟，只有五六个成员，其中包括凯泽林、莱蒙特、罗兰，我想爱因斯坦也曾加入过一段时间。这个联盟的基本功能是，当每个成员每次出版一本书的时候，散居世界各地的其他盟友便马上称誉那本著作为“人类天才的最高表现之一”。

但是最令人感动的地方，是玛格丽特想独自肩负起整个法国文学遗产重担时所表现出来的那份天真。他那文学世家的出身对这项抱负相当有帮助：他母亲是马拉美的表姊妹，因此他装模作样时可以用不少掌故和回忆做后盾。他提起左拉、龚古尔、巴尔扎克和雨果的时候，好像他们是他的叔叔伯伯或祖父辈，而且都把遗产交给他保管似的。当他很不耐烦地大声说“他们说我的

赫尔曼·格拉夫·凯泽林（Hermann Graf Keyserling，1880—1946），斯拉夫裔德国哲学家。

弗拉迪斯拉夫·莱蒙特（Wladyslaw Reymont，1868—1925），波兰小说家，一九二四年诺贝尔文学奖得主。

罗曼·罗兰（Romain Rolland，1866—1944），法国作家、乐评家，一九一五年诺贝尔文学奖得主。

斯特芳·马拉美（Stéphane Mallarmé，1842—1898），法国诗人、文学评论家。

作品没有风格，巴尔扎克呢？他有什么风格？”的时候，人家会以为眼前这人是帝王世家后裔，好像他在展现他祖先那有名的热情奔放的脾气，以便为自己的错误开脱似的。凡人似乎应该把那些脾气看作被官方认可的、对当代历史的一些大变动的解释，而不只是一些个人的特征，因此也就应该很高兴能够看到那样的脾气还可在一个活生生的人身上出现。比他更有才华的作家不在少数，不过，他们很少能够像他那样自然而然地对自己的职业怀有这样贵族式的想法。

一个人类学家的成长

我念哲学，并不是因为我真的喜欢哲学，而是因为能借以参加法国中学教师资格鉴定考试，而当时选修过的其他科目我都不喜欢。在高中的最后一年念哲学班，也就是最高级班时，我有点倾向于某种理性主义一元论（rationalistic monism），觉得自己能够支持这种理论并为之辩护；因此我非常用功，想进到罗德里格斯任教的那一个班，当时他被誉为“进步分子”。不过

古斯塔夫·罗德里格斯（Gustave Rodrigues，1871—1940），法国哲学家。

亨利·柏格森（Henri Bergson，1859—1941），法国哲学家，一九二七年诺贝尔文学奖得主。

他所教的哲学也只不过是柏格森主义和新康德主义的某种混合罢了，令我大失所望。他非常热切地宣讲那些枯燥无味的教条观点，整堂课激动得手舞足蹈，我从来没有看过这么天真的信念和这么贫乏的知识能力结合在一起，蔚为奇观。当一九四〇年德军进入巴黎时，他自杀了。

在他的课堂上，我第一次学到，任何问题，不论多么微不足道或严肃重大，都可以用同样的方法解决，这种方法就是把对那个问题的两种传统看法对立起来。第一种看法利用常识作为支持的证据；然后用第二种看法来否定第一种看法；接着，证明以上两种看法都不够完整，并提出第三种看法说明前面两种看法的不足之处；最后，借着搬弄名词，将两种看法变成同一个现实的两个互补面——形式与内容、容器与内容物、存在与外表、延续与断裂、本质与存在等等。这样的学术答辩很快就变成纯粹的搬弄文字，靠的是一点使用双关语的能力，用双关语取代思考；谐音、相似音、暧昧歧异逐渐成为聪明机巧地翻弄知识的基础，这样的知识翻弄被认为是良好的哲学推论的标记。

我在巴黎大学念五年书的收获，也就是学到了这类“头脑体操”的技巧。这种“头脑体操”的危险性是显而易见的：首先，维持智识平衡的技巧是如此简单，可以适用于任何问题。为了准备考试——法国中学教师资格鉴定笔试和超级折磨人的口试（包括先准备几个小时，然后随机抽题接受口试）——我和同学们设想出各种奇奇怪怪、非常不可思议的题目。我有自信，只要给我十分钟时间准备，我就能够对公共汽车与有轨电车的优劣比较发

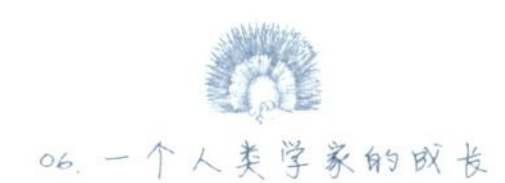

表长达一小时的演讲，而且这演讲词会具备完整的辩论架构。这种方法不但是一把万能钥匙，还使人相信，只要做些细微的调整，思想上一切丰富的可能性就全都可以简化成一种几乎相同的模式。这有如将所有音乐都化约成单一旋律，只要乐师了解那个旋律可以用高音部或低音部演奏就好。由此观点来看，我们的哲学训练使我们的智力获得锻炼，却使我们的心灵枯竭。

“真正的知识增长”与“知识架构复杂化”被混淆，我觉得这样还会产生更严重的危机。我们被要求去得到一种动态的综合结论，方法是从最不完备的理论入手，一步步直到推导出最微妙精细的理论为止；但在这样做的同时，由于我们的老师都沉迷于历史性的研究方法，因此我们还得解释后者如何由前者演变而来。基本上，这样的体系并不是要发现什么是真什么是假，而是要了解人类如何慢慢克服一些矛盾。哲学不是科学研究的仆人与帮手，而只是意识对意识自身所做的某种美学上的沉思。哲学被认为是经过几个世纪的演进，随着解决平衡和论证的问题、发展更细密的逻辑，构建出愈来愈高深宏大的结构。哲学技巧的完美程度，或是内在的连贯性程度，被视为其有效与否的判断标准。哲学教学有点像是某种艺术史教学法：宣称后起的哥特艺术一定优于较早期的罗马艺术；就哥特艺术本身而言，又认为后期的火焰哥特要比原始哥特更加完善；但在做此宣称的同时，却根本不提美或不美的问题。记号与记号所指涉的对象没有发生任何关系，因为根本没有任何指涉对象存在。专业技巧取代了真理。经过几年这样的训练后，我发现自己仍衷心相信少许单纯的信念，和我十五岁时几乎一致。或许我已经更加了解这些智识工具的不足之处——在我需要用到的时候，它们至少还有些工具性价值——而现在的我既不再有被这些工具的内在复杂性误导的危险，也不会沉迷于这些工具的完美精巧而忘掉它们实际的用途。

不过，我怀疑我之所以那么快决定放弃哲学而改学人类学，可能是因为还有一些更私人性的理由使我对哲学感到厌恶，从而寻求一种逃避之道。我在蒙德马桑（Mont-de-Marsan）的中学愉快地教过一年书，一边教一边准备教材，接着我被调到拉昂（Laon）。到了拉昂之后，学期一开始，我就痛苦地发现，从此以后我得一辈子重复教同样内容的课程。我的心灵组成中有一项特质——无疑是一种弱点——就是我很难对同一个题目专心两次。一般来说，中学教师资格鉴定考试被看作一种非人的折磨，任何人一旦通过了，只要他愿意，就可以一辈子安安稳稳过日子。对我而言，情形正好相反。我第一次参加考试就顺利通过，是同年考生中年纪最轻的，而且，准备那些原理、理论、假设等等，并没有使我觉得筋疲力尽。我的折磨来得比较晚：教了一年书以后，我发现自己根本没有办法再上台讲课，除非每年都让我教新的课程。当我必须为学生进行口试的时候，这问题变得更加尴尬：由于题目是随机抽出的，因此我完全不能确定考生到底应该怎样回答才算正确，似乎连最笨的学生都能把该说的答案全都完整说出来。好像只因为我曾用心地思考过这些题目，它们就这样从我眼前消失不见了。

我现在时常这么想，人类学之所以会吸引我，是因为人类学研究的文明与我自己特殊的思考方式之间有一种结构上的共通之处，而我自己（当时）并未觉察到。我没有兴趣明智地在同一块

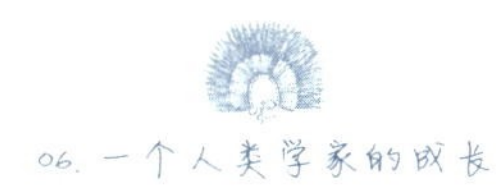

土地上年复一年地耕耘收获、收获耕耘。我的智力是新石器时代式的，犹如原始的烧垦农业，不时在未曾探索过的地方放火，使那些土地得到养分，从而收获一些作物，然后迁移到别的地区去，把燃烧过的大地抛在身后。不过，在那时，我还没能自我觉察到这种较深层的动机。我当时对人类学一无所知，从来没上过人类学的课。当弗雷泽爵士最后一次——我想大概是在一九二八年吧——来巴黎大学发表重要的演讲时，我虽然知道这件事，但从来没有想过要去听。

詹姆斯·乔治·弗雷泽爵士（Sir James George Frazer, 1854—1941），苏格兰人类学家。

不过，我从很小的时候开始就有搜集异国珍奇特产的嗜好。但那只不过是一种古董收藏者式的兴趣，收集的对象全看我能买得起什么而定。到了十几岁的时候，我仍然不晓得将来到底想做什么。克雷松是最早教我哲学的老师之一，也是第一个建议我该学什么的人。他说学法律最适合我的性情。我想起他的时候，心中充满感激，因为他那错误的建议里面有一部分是对的。

安德烈·克雷松（André Cresson, 1869—1950），法国哲学家。

由于他的建议，我放弃了巴黎高等师范学院的考试，注册成为法律系学生，同时准备高中哲学科教师资格考试，因为这样子最轻松。法律系的教学方式为一种奇怪的宿命所笼罩：在精神上，当时的法学和神学很接近；但是，由于当时开始实行的一些改革，法学又渐渐地和新闻学接近。结果便使法学陷于两者之间，看起来无法给自己找到一个兼具“坚定”与“客观”的基础——要坚定就失去客观，要客观就无法那么坚定。法学家本身是社会科学家的研究对象之一，我觉得这就像一只动物试着魔术幻灯（Magic Lantern），发明于十七世纪，是投影机、幻灯机、电影放映机的前身。有一则相关典故是“猴子与幻灯机”的故事，比喻遗漏关键，导致他人不知所云：一只跟着主人表演的猴子，趁着主人不在，召集了一堆动物来看免费秀。它把幻灯机摆好，先是讲了一段冗长的开场白，接着煞有介事地操作机器，并口沫横飞地描述场景，但是现场没有任何动物看得出任何端倪，大家窃窃私语，眼前仍只有一片漆黑，因为猴子根本就忘了把幻灯机打开（专职法文译者陈文瑶提供）。

向动物学家解释如何操作魔术幻灯一样。很幸运的是，在那时候，只要花几个星期的时间把那些教科书背熟就可以通过考试。法律课所教的东西没有什么内容，但更令我厌恶的是那些学法律的学生。我不晓得现在的情况是否仍然一样，但在一九二八年前后的一年级新生可以被分成两类，甚至可以说是两个不同的种族：一种学法律和医学，另一种学人文和科学。

无论“外向”与“内向”这样的词是多么乏味，用这两个词来形容这两种不同的学生倒是非常合适。外向学生年轻（纯粹是习惯上用来指称某个年龄阶段的那种意思）、吵闹、富侵略进取性、急着展现自己（即使用最粗俗的方式也无所谓）、在政治上倾向于当时的极右派；内向学生过分早熟、彬彬有礼、害羞、通常是左派，他们的目标是获得自己亟欲加入的成人社会阶层的认可。

很容易就可以解释为何存在这种对比。外向学生念书的目的是进入专门的职业领域，他们的行为是在庆祝自己从高中解放出来，而且已在社会功能结构中取得了某种位置。他们处于高中学生那种尚未分殊化的身份与将来要从事的专门工作之间的过渡时期，这种过渡时期使他们觉得置身于边缘情境，可以享受两种身份所能享有的一切特权。

文科和理科学生的普遍出路——教书、研究及其他杂七杂八

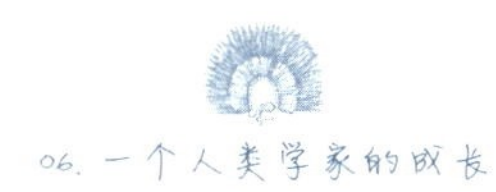

的工作——在性质上与法科、医科学生相当不同。选择文理科的学生并没有告别童年，相反的是，他们设法留在那里。教书是使成年人能一直留在学校里面的唯一职业。文理科的学生有个特征，就是倾向于拒绝群体生活的要求，某种像修士一样的倾向促使他们暂时或永远地躲入研究工作，全心全力保存和传播那些不受时间流逝影响的人类遗产。对于未来的学者和研究者而言，他们的目的只能用宇宙的尺度来衡量，如果认为他们做出选择就是给了某种承诺的话，就大错特错了。即使他们认为这里头有所承诺，也并不意味着他们接受某个特定位置以及认可这位置的职责，不意味着他们接受这个承诺为个人带来的机遇和风险。他们并非处于某个“职业领域”内部，而是站在外部立场做出论断，好像他们并非其中的一分子那样。他们的承诺事实上只是他们持续拒绝承诺的某种特殊形式。从这个观点看来，教书和做研究不能与专门职业训练相互混淆。教书和做研究的伟大和不幸，在于它可以是避难所或者传教站。

一边是专门职业，另一边是意义不明确的、既可以是传教站也可以是避难所的活动（通常两者兼具，但总会偏向其中一边），人类学则处在非常特殊的位置，属于这个对比中的后者里面最极端的一种。人类学家自己是人类的一分子，可是他想从一个非常高远的角度去研究和评断人类，那个角度必须高远到足以使他忽视个别社会、个别文明之特殊情况的程度。他必须在长期与自身族群隔绝的环境下生活和工作，历经如此彻底而剧烈的环境改变，使他染上一种长久不愈的无根性；最后，他变得感到无处可以为家，在心理上已成为残废。人类学像数学或音乐一样，是极少数真正与生俱来的天职之一，即使从来没人教导过，也可以在自己身上发现它。

除了这些独特的特质和社会的看法以外，另外还有一些纯然属于智识本质方面的诱因。一九二〇到一九三〇那十年间，心理分析理论开始在法国流行。心理分析理论让我觉得，我们学来的在建构哲学论述和教导学生时所用的“静态的对立”（static oppositions）——理性／反理性、智识／情感、逻辑／非逻辑——都只不过是一种不必要的智识游戏罢了。首先，在理性之上存在着一个更重要也更实在的范畴，就是“意义”，它是理性这个范畴的最高存在模式，但是我们的老师们却提都不提它，无疑是因为他们对柏格森的《论意识的直接材料》（*Essai sur les Données Immédiates de la Conscience*）较感兴趣，甚于索绪尔的《普通语言学教程》（*Cours de Linguistique Générale*）。其次，弗洛伊德的著作使我明白，“对立”并不以我们在哲学课上所学的那种方式存在，因为正是那些表面上看起来最情绪性的行为、最不理性的做法、所谓原始思维的表现等等，才是最有意义的。扬弃柏格森式的信仰，扬弃那种混淆了“存在与事物”（beings and things）的循环论证方式，我得出以下结论：存在与事物都可以维持各自的价值而不必失去其清晰的轮廓——那轮廓不仅界定了存在与事物之间的相互关系，也使它们各自具备可被辨认了解的结构。知识的基础既不是弃绝一切关系，也不是以物易物；知识实际上只是选取那些

费尔迪南·德·索绪尔（Ferdinand de Saussure，1857—1913），瑞士语言学家，被视为“符号学”之父。

西格蒙得·弗洛伊德（Sigmund Freud，1856—1939），奥地利心理学家、精神分析学家。

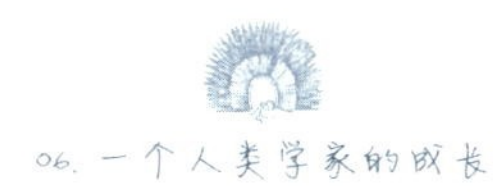

真正的面向性质，也就是选取那些和我的思想本身的性质吻合的性质特征。原因并非像新康德学派所宣称的那样——我的思考会对所思之物产生无法避免的影响，而是因为我的思想本身也是事物之一。思想既然是这个世界的一部分，也就具有这个世界所具备的本质属性。

我和同代人经历过类似的智识成长过程，不过我的经历还有一点不一样，这是因为我自小就对地质学怀有浓厚兴趣。我最宝贵的回忆之一，并不是那些到巴西中部一个前所未知的区域去探险的经历，而是在朗格多克地区的石灰岩高原上远足的经历，远足的目的是找寻两种不同地层之间的接触线。那种经历和随意散步或到处看看很不一样，那是一种追寻，对不明就里的旁观者而言可能毫无意义，而我认为那就是智识本身，包含其中所牵涉的一切困难和所能提供的一切快乐。

列维-斯特劳斯在此将“深层的、古远持久的地质现象”和“表面的、随时变动的地理现象”区分开来。

每一处地景乍看之下都似乎杂乱无章，每个人都可以自由赋予它任何自己想要的意义。但是，在农耕的影响、地理上的无规律性、从史前时代开始至今变化多端的地表高低起伏之上，有着无疑是在上述各种现象之先的、支配并可以充分解释那些现象的“最宏大的意义”（the most majestic meaning of all）。在我今天只能看到一片荒原的地方，这里的一条浅淡模糊的线纹，或者是在形状与质地上有着几乎难以察觉的差异的岩石碎片，都是以前曾有两个海洋先后存在于此的证据。我无视一切障碍——陡峭的悬崖、山崩、灌木丛或耕地——也不管什么道路与藩篱，一心追寻远古岁月凝结遗留的痕迹。我的行动看似毫无意义可言，但是这样固执己见的唯一目的，就是重新寻觅“总意义”（master meaning）。虽然总意义可能模糊不易理解，但是相对于总意义而言，其他意义都只是某种局部或扭曲的转换。

奇迹有时候的确会出现。譬如，当你忽然发现，在一个隐蔽的缝隙两边，居然并生着两种不同种属的绿色植物，靠得非常之近，而每一种都选择了最适合自己的土壤；或者是，你可以同时在岩石上发现两个菊石的遗痕，看到它们微妙而不对称的回纹，这些回纹以它们自己的方式证明了两个化石之间存在着长达几万年的时间距离，在这种时候，时间与空间合而为一：此刻仍然存活着的多样性与不同的年代相重叠，并且加以保存延续。思想和情感进入某种新的维度，在这里头，每一滴汗，每一个肌肉动作，每一次呼吸，全都成为过往历史的象征，当我的心神领悟到此中意义时，历史发展的过程就在我体内重现了。我觉得自己沉浸于更浓烈的智识里，最终，不同的世纪、相隔遥远的地方，都以同一种声音呼应对话。

当我开始熟悉弗洛伊德的理论时，我很自然地把他的理论看作“应用地质学方法来分析个人”。不论是地质学还是心理分析，研究者起初都觉得自己面对的是完全无法了解的现象，为了挖掘、掌握某个非常复杂的现象之成因，研究者必须具备极度细腻的特质，像是敏感、直觉和鉴别力等等。除此之外，从那些看似无法理解的一团现象里找出来的秩序，既不会是临时权宜性的，也不会是偶然任意性的。地质学家和心理分析家所研究的历史很相似，而与历史学家所研究的历史不同。前两者是要具体呈现

物质世界或心灵世界的某些基本特征的历时性，比活人画还要更进一步。我认为“猜字游戏”（charades）更能简明地比喻那样的过程：解读每一个手势或动作，犹如确切的永恒真实在时间过程中呈现——在心灵层面重现——但是在别的领域中则如法律般明确。在所有的这类情境中，对美学的渴望被唤醒，直接引导我们获得知识。

活人画（tableau vivant），由活人装扮呈现的静态画面，里面的人物不动也不说话。

我十七岁那年，有一次在度假时认识了一位年轻的比利时社会主义者——现在是比利时驻外大使，他引导我认识了马克思主义。马克思是一位伟大的思想家，更令我快乐的是，阅读他的作品，使我第一次接触到从康德到黑格尔这条哲学研究的思想进路——我接触到了一个全新的世界。从那时候开始，我对马克思的钦佩始终不变，每当我要考虑一个新的社会学问题时，几乎都要先重读几页《路易·波拿巴的雾月十八日》（*The 18th Brumaire of Louis Bonaparte*）或是《政治经济学批判》（*Critique of Political Economy*）。附带一提的是，马克思的著作的质量和他是否准确地预言了某些特定的历史发展进程完全没有关系。他延续了卢梭的思想，证明了社会科学的基础并非建立在各类事件之上，正如物理学的基础并非建立在感官所能觉察到的材料之上。做研究的目的，是建造一个模型，研究其性质，研究在实验室的条件下会产生哪些不同的反应，以便日后能以观察所得的结果来解释经验世界里实际发生的事情——后者可能和预测的情况非常不同。我觉得马克思已经很清楚地证明了这

译注：雾月为法国共和历的第二个月，大致从公历十月二十二日开始，直到十一月二十日结束。

一点。

在现实的另一个层面上，我觉得马克思主义的方法和地质学、心理分析（此处专指弗洛伊德式的心理分析）的方法相同。这三门学问都阐明了“理解”就是把一种“事实”化约成另外一种“事实”，阐明了“真实的事实”常常不是最显而易见的，阐明了真理的本质早已存在于它小心翼翼维持的不可捉摸性里头。这三门学问都要面对同一个问题，就是“感觉与理性之间的关系”这个问题，而三者的目标也都一样：达到一种“超理性主义”（super-rationalism），把感觉与理性整合起来，同时又不使两者失去各自原有的一切特质。

因此我反对当时刚出现的形而上学新潮流。我反对现象学的理由是它企图假设“经验与事实之间是连续不断的”。我同意真实可以涵盖经验、解释经验，但是我从上述三个灵感源泉学到，这两者之间的转换是非延续性的、断裂处处的过程；我也学到，为了掌握事实，必须先将经验排斥在外，稍后再把经验重新整合进一个不带任何感性（sentimentality）成分的客观综合里。至于那些最终变成“存在主义”的知识活动，我不觉得它们可以算是一种合理的思考形式，原因是存在主义过度纵容对于“主观性”（subjectivity）的种种幻想。把个人的焦虑提升为严肃的哲学问题，太容易导向一种“女店员式的形而上学”，这种东西或许可以拿来跟不了解哲学的人聊聊，但是这样做非常危险：在科学发展到可以完全取代哲学之前，哲学仍有其任务，而存在主义带有

列维-斯特劳斯后来也没有清楚解释过什么是“女店员式的形而上学”（shop-girl metaphysics），从上下文来看，可能是指耽溺于个人处境问题、似乎人人都能说上两句的廉价思考。

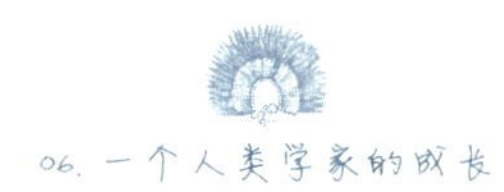

容许人们随便看待哲学的任务的危险。哲学的任务是了解存在与它自身的关系，而不是了解存在与我自己的关系。现象学与存在主义并没有消灭形而上学，而只是提供了两条逃避形而上学的诡辩途径。

马克思主义与心理分析都是“人的科学”，前者以社会整体为研究对象，后者则研究个别的人；地质学是“物质科学”，但是它的研究方法与研究目标会结出历史的果实。人类学在它们之间开创其研究领域：因为人类的存在——人类学认为人类的唯一限制是空间因素——为地质史意义下的地球所经历的种种变化赋予新的意义，而此意义是无数社会（有如地质作用的无名力量），以及无数个人（心理分析的对象）累积无数个世代持续不断运作的结果。人类学带给我智识上的满足，它将世界的历史和我自己的历史这两个极端联结起来，同时显示出两者共通的动力。人类学以研究人类为目标，使我得以免除疑虑，因为人类学研究的不是某个单一文明特有的事物——那些特殊事物在外来观察者的注视下都会化为乌有、不复存在——而是不同人群之间的差异与变化，因此对全人类都深具意义。最后，人类学满足了我前面提过的那种永远在跃动、深具侵略性的个性，因为人类学确实提供给我一堆取之不竭的研究材料——习俗、礼仪和制度样式之繁多，永远研究不完。人类学使我的个性与生活实现了和谐。

情形既如上述，而我居然对人类学的讯息一直置若罔闻，看起来是件相当奇怪的事。其实在我还在学校中浑浑噩噩的那几年里，法国最重要的社会学家的著作便早已不停地向我传播这个讯息。然而，一直等到一九三三年至一九三四年间，我才如获天启般地理解了这个讯息。那是因为我偶然读到了罗维所写的《初民社会》(*Primitive Society*)一书，它在当时已不是什么新书。此书对我的启发，不是从书中摘取一些观念，然后立刻把那些观念变成哲学思考。这本书描述了罗维在原始社会的亲身经历，并且借由亲身参与涉入，指出那些经历的意义所在。这本书使我的心灵得以逃出那种眼光短浅的、土耳其浴似的氛围，在那种氛围里面，我的心灵被对哲学思考的反复练习囚禁，一旦进入自由的天地，就顿时觉得新鲜而充满活力。像城市居民迁移到山上一样，我沉醉于辽阔的空间中，惊讶地审视环绕四周的财富、各式各样的事物。

我就此开始接触英美人类学，并保持密切而持久的关系。起先是通过书本的远距离接触，接着则是亲身投入，结果引来严重的误解。首先是在巴西时，圣保罗大学里的教授期待我加入他们的行列，讲授他们偏好的涂尔干式社会学。他们有此偏好有两个主要的理由，一方面是实证主义的传统在南美洲仍然深具活力，另一方面是他们想为温和的自由主义提供哲学基础——寡头政权通常正是采用温和的自由主义来作为攻击人权的武器的。抵达巴西时，正是我公开反叛涂尔干，并且反对把社会学用于任何形而上学用途的时候，那时我正努力扩展自己的视野，对再去建造“监狱”的围墙毫无兴趣。从此之后，我常常被人批评过度尊崇英美思想，甚至已经奴化了，这种批评完全是胡说八道。事实上，目前我可能比其他任何人都更忠于涂尔干社会学的传统，法国以外的人对这一点都非常清楚。另外，我乐意宣称对我造成影

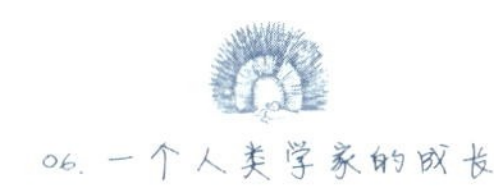

响的美国学者是罗维、克罗伯和博厄斯，他们的思想与早已过时的詹姆斯学派或杜威学派的美国哲学之间，我认为相差十万八千里；与目前被称为“逻辑实证论”（logical positivism）的哲学之间的差异，也最少是十万八千里。这三个人有的在欧洲出生，有的在欧洲接受学术训练，有的受教于欧洲教授，他们代表着很不一样的思想。他们代表一种知识层面上的“综合”（synthesis），反映出四个世纪之前哥伦布抵达美洲以后才得以出现的种种综合：把一种可靠的科学方法与新世界所提供的独特实验领域结合起来的综合。他们三个人从事人类学研究时，不但可以利用当时最好的图书馆设施，而且可以很容易就走出他们任教的大学去研究土著社会，就像我们可以很方便就去到巴斯克（Basque）地区或蔚蓝海岸一带那样。我在这里称赞的不是一个知识传统，而是一种历史情境。能够实地去研究那些尚未被认真研究过的社会——而且是保存得相当完好、一切破坏才刚刚开始的社会——一定具有异乎寻常的方便和优点。让我说个小插曲来表明我的意思。某个加利福尼亚州的原始部落，整族被屠杀，只剩下一个印第安人奇迹般地活了下来。他在几个稍大的城镇附近生活了好多年，没有引起任何人的注意。他仍然敲打石片制造狩

艾尔弗雷德·路易斯·克罗伯（Alfred Louis Kroeber，1876—1960），美国人类学家。

弗朗茨·博厄斯（Franz Boas，1858—1942），德裔美国人类学家、语言学家，被视为美国人类学之父。

威廉·詹姆斯（William James，1842—1910），美国哲学家、心理学家，实用主义先驱者之一。

约翰·杜威（John Dewey，1859—1952），美国哲学家、教育家，实用主义的代表性人物。

哥伦布横渡大西洋，使欧洲旧世界与美洲新世界的人群、物种、制度等等事物相遇、综合，而这三位人类学家则提出了知识的综合。

猎用的箭镞，可是动物逐渐消失了。有一天，有人在某个城郊边缘发现了这个印第安人，他全身赤裸，即将饿死。后来，这个印第安人到加利福尼亚大学当了打杂工人，安详地度过了余生。

日落

事实上，正是这样过于深长的思量，让我在一九三四年二月的某个早晨搭上从马赛前往桑托斯的船只。除此之外还有无数次的启航，全都在我的记忆中混成一体，只有少数几件事比较特殊：法国南部的冬天充满某种很不一样的欢愉气氛；天空的颜色淡蓝，比平常更难捉摸，空气凛冽刺人，那是一种超出耐受力的刺激，犹如极渴的时候大口吞下冰镇的气泡饮料。与此形成对照的，是港口边温度过高的船只的走道上弥漫着的强烈味道，那是海洋的味道、船上厨房煮东西的味道和新油漆味的混合。我也记得在夜里感到的满足和平静，甚至可以说是一种安详的幸福感。朦胧中意识到的引擎声、海水拍打船壳的声音，带来了这样的幸福感，好像移动本身就创造出某种在本质上比静止更完美的平静；的确，某些在夜里忽然察觉到船已停靠在某个港口而惊醒的时候，静止不动反而带来不安全、不舒服的感觉。渐渐习惯并被视为自然而然的情况，一旦有所变动，就总是令人感到不安。

这些航班沿途停靠很多港口。航程中第一个星期的白天几乎全都花在岸边装货卸货，到了晚上船才启航。每天早上醒过来，会发现船已停靠在下一个港口：巴塞罗那—塔拉戈纳—瓦伦西亚—阿利坎特—马拉加，有时会绕去加的斯（或者走另一条航线：阿尔及尔—奥兰—直布罗陀），再经由卡萨布兰卡前往达喀尔，从这里开始直接横渡大西洋。有时候直驶里约热内卢和桑托斯港，偶尔会在航程末段慢慢循着海岸航行，沿途停靠巴西的累西腓、巴伊亚、维多利亚等港口。一路上空气渐渐变得温暖，西班牙的山脉渐渐消失于地平线之下；顺着非洲海岸，沿岸一带地势太低，到处都是沼泽，很难直接看见陆地，连续好几天看到的都是海市蜃楼奇观，像小丘或海崖。整个经验正好与“航行”相反——我们所搭的船不再是一种交通工具，而是一个居住的地方、一个家，在它前面是一座转动的世界舞台，这舞台在每一天早上暂停转动，让我们看到一幅全新的布景。

巴塞罗那（Barcelona）、塔拉戈纳（Tarragona）、瓦伦西亚（Valencia）、阿利坎特（Alicante）、马拉加（Málaga）、加的斯（Cadiz）、阿尔及尔（Alger）、奥兰（Oran）、直布罗陀（Gibraltar）、卡萨布兰卡（Casablanca）、达喀尔（Dakar），均为港口名。

累西腓（Recife）与维多利亚（Victoria）为港口名；另一处应该是指巴伊亚州的萨尔瓦多（Salvador）。

不过，当时我还不懂人类学的研究观点与方

法，无法充分利用这些好机会。在那以后我学习到，对某个城镇、地区或文化这样匆匆一瞥，可以有效地训练观察力——因为停留的时间很短暂，所以不得不尽力集中精神。极为短暂的观察有时候甚至可以让人捕捉到一些特质，那是在其他情况下即使经过很长时间也无法看到的。但是当时我觉得（人文以外的）其他现象更为迷人。带着生手的天真，我每天都站在空荡荡的甲板上，兴奋地望着那条我从来没有见过的宽广的地平线，花上好几分钟的时间极目四望，观看日出日落的完整过程，犹如大自然巨变之起始、发展与结束。如果我能找到一种语言来重现那些现象——如此千变万化又难以描述的现象——如果我有能力向别人说明一个永远不会以同样的阶段与顺序再度出现的独特现象，那么——当时我是这么想的——我能够一口气发现我这一行最深的秘密：不论我从事人类学研究的时候会遇到如何奇特怪异的经历，我都还是可以向每一个人说明白它们的意义和重要性。

经过这么多年以后，我怀疑自己能否再有这种如蒙恩典的感觉。我还有机会重新体验那样的悸动时刻吗？那时候我手捧笔记本，记下每一秒钟所看见的景象，期望有助于将那些变动不居、一再更新的形态凝结记载下来。我现在还是深深执着于这种尝试，还是经常发现自己的手仍然在这么做。

船上记事

科学家把黎明与黄昏看成同一种现象，古希腊人也这么想。在他们的文字里，黎明与黄昏都用同一个字来表示，只是在字前加个形容词来表明是指早晨还是傍晚。这种混淆充分显示出他们的主要兴趣是理论性的玄想，同时也暴露出他们倾向于忽略事物的具体形象。在某个特定的时刻里，地球当然很可能摆荡于阳光所照及的地方与阳光所照射不到的地方或阳光将再度照射到的地方之间，这种摆荡的动作本身是个无法分割的运动。然而事实上，任何两种现象的差异，都没有白天与夜晚的差异大。黎明是前奏曲，黄昏则是序曲，后者出现于结尾而非开头，犹如老式歌剧。黎明时太阳的状态预示了即将到来的天气：如果会下雨的话，那么阳光是黯淡微弱的；如果会放晴的话，阳光则是玫瑰色、轻浅澄澈的。但黎明只是一日气象的起始，宣示了将会下雨还是放晴，并不保证一整天都是如此。黄昏则是另外一回事。黄昏是一场完整的演出，开场、中段和结尾全部具备。黄昏奇观似乎重演了过去十二个钟头内发生过的争斗、胜利及失败，只是规模小了一点，速度也放慢了一些。这就是人们比较在意黄昏而较少留心黎明的理由。黎明只是在温度计或晴雨计所显示的状况之外提供补充讯息；在比较原始的社会中，黎明则是为月亮圆缺、鸟类飞翔或潮汐涨落做补充。黄昏则把笼罩人类身体的风、寒、热、雨等等联结成神秘的结构，使人的精神提升。人类意识的运作方式也可从这些稀疏的星群排列中看出端倪。当天空开始因日落而现出瑰丽色彩的时候（法国的剧院习惯在即将开演时敲三响，但有些剧院以突然亮起脚灯表示即将开演），农夫在乡间小路上驻足，渔夫任由船只漂浮，原始人则坐在相对失色的篝火旁眯着眼凝望。回忆往事是人类的重要乐趣之一，但是如果真正依照记忆照本宣科什么都重新来过的话，很少有人愿意再经历一次他们津津乐道的那些疲倦与痛苦。记忆是生命——不过是另外一种性质的生命——本身。因此，当太阳落向平滑如镜的水面，好像

天上的某个小气鬼终于降下施舍时，或者是当如圆盘的落日使山峰显现轮廓，犹如带有锯齿边的坚韧叶片时，人最能够在倏忽即逝的冥想幻觉中接受那些幽暗力量、雾气、闪电等等之启示，接受那些他整天暗自感到在体内交战不已的力量之启示。

因此，人类灵魂内部一定进行过非常罪恶的争战，不然的话，外表上发生的那些平淡无奇的事情，应该不会引起如此壮观激烈的大气层的展览才对。整天都没有发生什么值得记的事情。快下午四点的时候——也就是太阳开始失去清晰的外表轮廓，但仍然维持住亮度的时候，一片金色的光使所有东西变得模糊，这片金色光芒好像是为了遮掩某种准备工作而故意聚集起来似的——门多查号改变航向。海潮微微涨起，使船只轻轻摇动，每摇动一次，都使人觉得更热一点，不过船改变航向时所行走的弧度很难察觉得到，人们很容易就会把航向的改变误以为只是正常的摇晃程度稍微增加而已。事实上，没有人注意到航向已改变。在大海中航行，从A航行到B，应该是最接近纯粹几何学式的位移了。没有风景可以告诉人们已经沿着纬度线慢慢走了多远，或已穿过等温线、已越过等雨线。在陆地上移动个五十公里，有时候就好像到了另外一个星球，但是在大海中即使移动五千公里，景观也没什么改变，至少在没有经验的人看来如此。不必忧虑行程，不必管航向，对弧形地平线后面那片看不见的陆地不具任何知识，像这一类的问题都不会骚扰到乘客的心思。他们似乎觉得自己是被关在某个狭窄的空间几天的时间，目的是越过特定的距离，因此可以替他们的特权赎罪——他们的特权是从地球的一端被运到另外一端，而一点都不必动用自己的四肢。不过即使他们想动用四肢也有困难。他们都变得虚弱，因为他们上午睡觉，用餐漫不经心，吃东西早已不能带来感官的享受，而只是一种消磨时间的方式，每顿饭只要能吃上一大段时间，就可以填充一下空虚的日子。

更重要的是，没有任何人做任何努力。人们当然知道在那个大盒子底下是船的引擎，有人在那里工作，使引擎继续转动。但船上的职员不让任何乘客去探望，乘客也没想去看他们；船上的职员不想告诉乘客任何事情，乘客也没有什么话要对船上的职员说。人们只能在船上懒散地踱来踱去，有的船员在通风器上刷些新油漆，几个穿蓝色工作服的人在头等舱的走廊上推着一块湿布，湿布轻轻地打着生锈的船身所发出的声音隐约可闻。

下午四点五十分的时候，西边似乎被一个复杂的结构充满。那个结构的底部呈完整的水平状，像海洋一样。那个复杂的结构好像经由某种无法理解的运动从海中分裂开来，一层厚厚的看不见的水晶体插入大海和那个结构中间，把两者分隔开来。在那个结构的顶端，挂入天空深处的方向，好像是反向的地心引力所造成的，是飘摇摆动的鹰架、膨胀的金字塔和空虚的泡沫，被云朵所构成的框架夹住不动，但这些东西看起来不像云彩，这些东西的外表光滑，有球根状的突起，好像镶上金属雕刻过的木头那样。这个混乱一团的庞然大物把太阳遮盖起来，颜色相当暗、相当突出，只有几处地方显得明亮，在其顶端可以看见一道道火舌升起。在天空的更高处，许多斑驳的金黄线条慢慢地变成漫不经心扭绞在一块儿的曲线，本身似乎不属于任何物质，只是纯粹的光线而已。

往北边的地平线望去，看见的是主结构变得愈来愈狭窄，在四散的雪片中往上升，在这些后面，在很远的地方，慢慢出现一条粗

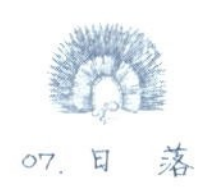

线，顶端火红；最接近仍然看不到的太阳的那一边，阳光使这些残留的结构显出比较明显的边线。北边更远处，各种不同的形状渐渐消失，只剩下一条色带，黯淡平直，溶入海中。

在南边，那条色带重新出现，四周围满石板状云，好像天文上的石柱群（dolmens）似的，立在支持它们的那一大片结构的冒烟顶端上。完全背对着太阳，直接看着东边，可以看见两团云体重叠，云体的两端向外延伸，看起来好像突出于光线之外，因为阳光在其后面，照亮了整片小丘状的、膨胀的、稀薄的堡垒，闪闪发光，好像珍珠，闪着粉红、紫色和银色的光。

在另一面——西边，在天上那些星罗棋布的暗礁背后，太阳缓慢前行。在太阳往下坠的每个不同阶段中，一两缕阳光会刺穿那黑暗的结构，或者会沿着一条路线射出来，在光线出现的时候，把阻碍物切成一堆圆圈形的片片，大小不同、亮度各异。有时候，阳光会缩回去，好像拳头紧握起来那样，又好像云制的手套只愿容许一两根坚硬发亮的手指出现那样。有时候，一只灼热的章鱼会从蒸汽的洞穴跑出来，然后又重新缩回去。

日落有两个不同的阶段。首先，太阳好像建筑师。然后（当太阳光只是反射光，而非直射光的时候），太阳变成画家。太阳一从地平线消失，光马上转弱，形成的视平面每一秒钟都更为复杂。白天的光线对透视构成妨碍，但在白天与黑夜的交界地带，可以形成天赐的奇幻建筑。黑暗一降临，一切又都平淡无奇，好像某些色彩美妙的日本玩具一样。

日落的第一阶段开始的准确时间是五点四十五分。太阳已低垂，但还没触到地平线。太阳在云体结构底部出现的那一刹那，光芒如蛋黄溅射般照在仍然与之相连接的云体上。短暂的光芒四射之后紧接着就是收束：太阳四周变得黯淡，在海平面与云体底端之间的空间，一整片迷蒙的山脉出现，一下子闪闪发亮不可名状，一下子阴暗而棱角嶙峋。与此同时，本来平坦稀薄的云体变得浑厚汹涌。那些坚实黑暗的形体缓慢地移来动去，背景是一片宽广火红地带慢慢地从地平线往天空的方向延伸，色彩缤纷的阶段于焉开始。夜晚的庞大结构慢慢消失。在白天里占据西边天空的庞然大物看起来好像是一块金属，其背后照着亮光，先是金黄，然后是朱红，最后是桃红。已经变形最后终于要消失的云体，开始被那亮光熔解、灼烧，被一群鬼火牵引上升。

天际突然出现许多雾霭，组成种种网络。这雾霭好像以各种方式——海平面的、倾斜的、垂直的甚至漩涡的——散往各方。太阳光慢慢减弱的时候（好像小提琴的弓从不同的角度移动、接触不同的弦一样），每个雾霭网络轮着爆炸成五颜六色的彩带，那些彩带几乎可以说是每个个别雾霭网络专有的，但同时又完全是任意随机的。在个别雾霭网络刚出现的时候，其轮廓清晰、明确、脆而易碎，好像玻璃丝那样；然后其慢慢消解——好像是因为暴露于一个充满火焰的天空，热度太高，颜色慢慢黯淡，也就失去了本来的个性，往外延伸，愈来愈稀薄，最后终于消失。在一个雾霭网络消失的同时，另外一个刚刚形成的雾霭网络出现。到最后只剩下模糊的蓝色互相撞击，就像是不同颜色、不同浓度的液体，被一层一层地倒进一个透明的碗里，虽然看起来层次分明，却慢慢地混合起来。

然后就很难再继续观察远方天空中的景观了，那些景观似乎每隔几分钟甚至几秒钟就重复出现。太阳在西边刚碰到地平线的时

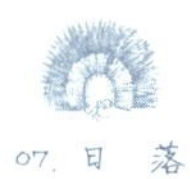

候，在东边很高的天空中，突然出现以前看不到的云层，有红紫色的斑点。所能看到的云层很快扩大，出现新的细节和色调，然后很快地又暗掉，从右到左地黯淡下去，好像有人拿着抹布慢慢坚定地将之抹掉。几分钟以后，清澄的天空重新出现于云层的堡垒之上。天空转为紫色，云堡则渐呈灰白色。

在太阳所在的那个方向，一块新的色带从原先的那色带背后出现，原先的色带则变得好似一块均匀而模糊的水泥。新出现的色带散出火光。当它的光彩开始暗下去的时候，留在天空深处的斑驳效果——到目前为止仍未开演——现在开始渐渐扩大。天空的底部渐成金黄，四处迸发；天空的顶部本来一直闪闪发光，现在变成棕色、紫色。同时，好像是那些斑驳纹迹被放在显微镜下面看那样：可以看见它们原来是由数不尽的微小光丝组成的，那些光丝像骨架一般支撑着天空。

现在，太阳直射出来的光线已完全消失。天空剩下一片粉红与黄色：虾红、鲑红、亚麻黄、草黄。然后可以看到这些丰郁的颜色也开始消逝。天空的景观又重新以各种白色、蓝色、绿色再创造一遍。然而地平线还是有些角落享受着自己的无法持久但却独立自在的生命。在左边，一片本来看不见的面纱突然出现，像是几种神秘的绿色的随意混合；颜色渐渐转红，再由深艳的红色逐渐转为暗红、紫红、炭黑，最后，整片面纱变成只不过是一张粗糙的纸张上面的一块炭黑的斑记罢了。在其后面，天空呈高山植物的黄绿色，那条色带则仍然漆黑，轮廓完整清晰。西边的天空中，细小水平状的金黄线条仍然闪闪发光，但北边则夜晚已经降临：那些小丘状的堡垒变成像被石灰抹过的天空底下一些白色的突起而已。

白天消逝、夜晚来临所经历的这样一系列几乎完全相同但又无法预测的过程，是最神秘的事情。没有任何事情比这个更为神秘。它让标记很突然地在天空出现，充满焦灼、不确定性。没有人可以预测任何一个特别的夜晚会采取什么样的形式降临。经由某些不可理解的炼金术，每种颜色都成功地变成其互补色，而我们知道，画家如果想取得同样的效果，就必须使用一瓶新颜料，并把颜料挤到他的调色盘上面。对夜晚而言，它可以调出来的颜色无穷无尽，夜晚只是一个虚幻的奇观之开始：天空由粉红变成绿色，但是其真正原因只不过是某些云彩在我没注意到的时候变成鲜红，对比之下，使天空看起来像是绿色的，虽然天空的颜色一定也是粉红，只不过色调太浅，无法和新出现的非常强烈浓厚的颜色相抗衡罢了。不过天空颜色的转变并没引起我的注意，因为由金黄变成红色比由粉红变成绿色更不会引人惊讶。结果是，夜晚好像就偷偷摸摸地来了。

于是，夜晚便开始用金黄与紫红的负色来取代原来由金黄与紫红所形成的景观，温暖的色调被白色与灰色取代。夜晚的照相底片上面慢慢出现大海上的海景，一幕庞大无比的云彩银幕，出现于大海的上空，慢慢地消失，变成两座平行的半岛，一个平坦的沙滩海岸有时会在一个摇摆不定的低垂的平面上出现，其箭头射入海中。白天的最后几道光芒从一个斜度很大的角度射到云朵的箭头状尖端上面，使之非常突出、清楚，好像坚固的岩石一般，使整个幻象变得更为可观。这些云朵看起来就像用光亮与阴影雕塑出来的那样，好像太阳已经不能把它闪闪发光的雕刻刀用在斑岩、花岗岩上面，而只能在薄弱、雾气一样的东西上面雕刻，不过即使是在衰败下落的时候，太阳仍然维持它原有的风格。

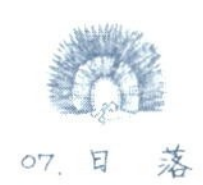

天空慢慢变得不那么拥挤塞满，在那一片海岸景观般的云彩后面，可以看见海滩、珊瑚礁、成群的小岛屿、沙堆等慢慢成形，全都被宁静的天空之海淹没，天空之海在渐渐消逝的云朵形成的庞然大物上面撒上无数的峡湾与内陆湖泊。由于环绕着那些云朵箭镞的天空看起来像海洋，由于海洋通常反映天空的颜色，天空的景观就成为某个遥远的地面景观的再现，太阳在那个遥远的地方会再下落一次。此外，只要看一下天空底下的真正的海洋，整个海市蜃楼的幻象就即刻消失：海洋既不是正午时一片灼热的平面，也不是晚餐后所出现的那种美妙、缓缓动荡着的平面。光线，现在几乎是水平照射的，只把正对着它的那一面的海浪侧面照亮，其他的则在阴影之中。海水因此显得非常突出，阴影清晰浓厚，好像用金属材料打制出来的那样。所有的透明性全部消失。

然后，经由一个很平常，但又一直无法觉察得到的急速的转变，夜晚又变成白天。一切全部改变。靠近地平线的天空一片漆黑，再往上一点则呈病黄色，最高的地方一片蓝色，马上就要出现的白天把残留的一些云朵逼得四散逃窜。这些云朵很快就成为一些空虚易败的影子，好像布景里的房屋，灯光一熄，马上显露出它们急就章、临时性的脆弱本质，使人可以看清楚它们所创造出来的幻象，并非它们自己有何可观，而只不过是灯光、视线玩出来的魔术罢了。不久以前，它们还鲜活生动，每时每刻变化无穷；现在则凝结在一个痛苦的、无法改变的形式里面，在天空里面，当天空渐渐转暗的时候，它们会很快与天空难以区分。

第三部

新世界

赤道无风带

在塞内加尔的达喀尔，我们向旧世界道别。在看见佛得角群岛（Cape Verde）之前，我们抵达了事关人类命运的北纬七度线。一四九八年哥伦布如果继续往前直航的话，就会发现巴西；但他在此改变航向，因此在两个星期以后，奇迹般地于特立尼达岛（Trinidad）和委内瑞拉海边靠岸。

我们渐渐接近昔日航海者极度恐惧的赤道无风带，南北两半球各自的风系都吹不进这片海域，所有的帆都下垂了好几个星期之久，没有一丝风吹动它们。空气凝滞，使人觉得是被关在一个

封闭的空间里面，而非置身大海。深色的云朵，没有风去扰乱其平衡，只受到地心引力的影响慢慢地解体，仿佛坠落在海面上。如果这些云朵不是那么沉滞的话，它们那迤逦的尾端就可能会在光亮如镜的海面上留下痕迹。看不见太阳在哪里，天空是墨水般的青黑色，光线间接投射在海面上，显得海面比天空更明亮，泛着一种油质的、不刺眼的光泽。空气与水的明暗对比整个倒反过来，如果将眼前的景观上下颠倒，让天空与海洋调换位置，就会是较常见的海上景观。光线比较暗，各种自然要素比较沉静，使地平线看起来比较近，偶尔可以看见地平线上有海龙卷懒散地移动着，好像一些模糊的短圆柱，使海面与阴霾天空之间的距离显得更短。在这上下两个平面的夹缝中，船只急切地向前航行，好像如果不赶快利用这一段短短的时间逃走，就会被压碎似的。海龙卷有时会扑向船只，狂暴的气流改变着自己的形状，夺占船上的所有空间，用它潮湿的鞭鞘抽打甲板。越过船身之后，海龙卷又恢复了先前所见的形状，呼啸声随之平息。

海上看不到任何生命的迹象。前方原本有海豚黑色的背脊起伏，比船首激起的水花泡沫更稳定、更有节奏，现在它们已优雅地引着海浪的白色波峰撤退了，地平线不再被海豚喷出的水柱划开，海水也不再那么蓝。成群的船蛸不见了，不再能看见它们纤柔的紫粉色腕膜外展如帆。当我们去到深邃汪洋的彼岸时，昔日航海家见过的神奇景象是不是依然在那里欢迎我们到来呢？近代航海者行经这片尚未被探索过的海域时，他们所想的并不是“发现新世界”，而是印证远古的历史，他们坚信亚

船蛸是一种远洋章鱼，在热带及亚热带的海水表层活动，学名为Argonauta argo。

亚当（Adam），《圣经·旧约·创世记》里的人物；尤利西斯（Ulysses），希腊罗马神话中的人物，曾参加特洛伊战争，亦称为奥德修斯（Odysseus）。

当与尤利西斯确实存在过。当哥伦布第一次横越大西洋抵达西印度群岛时，他或许曾以为自己看见了印度，不过，他更确信的是自己再次发现了人间天堂。从那时到现在，四百年过去了，新世界隔绝于旧世界长达一两万年的巨大时间断裂仍然无法完全弥合。有些东西还留着，不过是以另一种方式存在。我很快就了解到，虽然南美洲不再是什么人类堕落之前的伊甸园——得益于这里神秘的氛围——但是它依然具体展现着某种黄金时代，对有钱人来说尤其如此。南美洲得天独厚的区域犹如积雪在阳光下消融，至今只残留可贵的一小片；同时，只有享有特殊恩宠的少数人可以进入这一小片区域，也因此让它变质了：以前是永恒的，现在成为历史的；以前是形而上学的，现在变成社会学的。哥伦布瞥见的人间天堂还是会继续存在，同时也会变质，变成富人豪奢生活的禁脔。

赤道无风带上方青黑如墨的天空、郁闷无比的空气，并不仅表示赤道就在眼前，也具体呈现出两个不同的世界开始正面接触的道德氛围。在新旧世界之间这一片毫不快乐的海洋，还有平静无比的天气——其唯一目的似乎是让邪恶势力获得重整旗鼓的喘息空间，生出新的力量——是两个极端相异的地区之间的最后一道神秘的界限。这两个地区各自的条件、状态使它们如此不同，那些首先意识到其中巨大差异的人因此无法相信两边的居民是同样的人类。一整块几乎没人碰过的大陆，突然暴露于一群已经无法满足于自己的大陆的贪得无厌者面前，人世间的一切都被这“第二次原罪”弄得天翻地覆，上帝、道德、

律法……无一能免于质疑。所有事物都以一致并且矛盾的形式呈现，证明了那些事物真的存在，却同时瓦解了它们的意义：伊甸园、黄金时代、青春之泉、亚特兰蒂斯、赫斯珀里得斯、神佑群屿……人类发现它们真的存在；但是对于天启、救赎、习惯与法律这些东西的看法，却受到新世界里更纯洁、更快乐的种族的挑战（这群人当然并不真的更纯洁或更快乐，这种错觉来自深植于我们心中的愧疚感）。人类从来没有经受过如此重大的考验，而且这种经验绝不会发生第二次——除非有一天我们发现另一个星球上住着会思考的生物。我们至少在某个方面比昔日的航海者更有利：我们知道新旧世界之间的距离是有限的，两个世界可以相互往来，而昔日的航海者则充满恐惧，怕自己一直往前航行的结果是落入虚空之中。

赫斯珀里得斯（Hesperides）是希腊神话中看守位于极西之地，属于女神赫拉的金苹果圣园的仙女。

神佑群屿（Islands of the Blessed），古希腊传说中的至福之地，被神选中的人可以在此过着幸福的日子。

伊斯帕尼奥拉岛（La Isla Española），又称为“西班牙岛”。

有一些事件可以让我们理解十六世纪那些探险先驱所面对的必然的、普遍的、无从逃避的困境。在以前被称为伊斯帕尼奥拉岛的地方，即今日的海地（Haiti）与圣多明各（Santo Domingo），当地原住民在一四九二年的总人数约为十万人，一个世纪以后，其人口锐减到只剩两百人，有些人死于天花及其他疾病，但更多人死于对欧洲文明的恐惧与厌恶。当时一个接一个的调查委员会被派往该地，分析其原住民的本质：如果他们真的是人类的话，那么他们会不会是《旧约》里所说的“失踪的以色列部族”的后裔呢？他们会不会是骑大象去到那里的蒙古人呢？或者会不会是马多克王子在几个世纪以前带去当地的苏格兰人呢？他们到底一直都是异教徒，还是失去了信仰的天主教徒？哪些是接受过圣多马（Saint Thomas）洗礼的人？他们真的是人类，还是只是一些古怪可怕的生物或野兽呢？西班牙君主斐迪南五世的态度即如此，他在一五一二年将整批白人女奴运到西印度群岛，唯一的目的是防止西班牙男人与原住民妇女通婚，因为原住民“完全不算是理性的生物”。当拉斯·卡萨斯提议禁止强迫劳动时，殖民者的响应与其说是愤愤不平，倒不如说是难以置信。“那么，”殖民者大喊，“我们是不是连运输用的动物都不能驱使？”

在当时派遣的调查团里面，最有名也有名得很有道理的是由天主教圣哲罗姆修会（Order of Saint Jerome）修士组成的那一个调查团。那一个调查团值得一提的原因有二：一是他们诚实谨慎的态度，这种态度在一五一七年以后的殖民扩张活动中再也看不到了；二是它反映了那个时代的人的心态。他们的调查过程很像某种心理社会学计划，用最现代的研究设计方法，要求殖民者回答一系列问题。这次研究的目的是想发现，依据他们的意见，这些印第安人到底能不能像卡斯蒂利（Castilla，西班牙中部地区）的农夫那样有能力独立生活。这个调查团所得到的结论都是

马多克王子（Prince Madoc）是民间传说中在一一七〇年就航行到美洲的威尔士王族。

这里指的是赞助哥伦布横越大西洋的天主教徒斐迪南二世（Femando II，1452—1516），当时的西班牙帝国由几个王国组成，他在不同的王国里有不同的称号：阿拉贡国王斐迪南二世、卡斯蒂利国王斐迪南五世、西西里国王斐迪南二世、那不勒斯国王斐迪南三世。

巴托洛梅·德·拉斯·卡萨斯（Bartolomé de las Casas，1474/1484—1566），十六世纪西班牙多明我会教士，致力于保护西班牙帝国统治下的美洲印第安人，控诉虐待他们的西班牙殖民者。

否定的。“在不得已的时候，或许这些印第安人的孙子辈的后代可以独立生活，但是，目前他们的能力实在太差，说不定他们的孙子辈独立生活都有问题。他们一见到西班牙人就逃走，没有报酬就不肯工作。他们反常的程度到了无缘无故把自己所有的东西平白送给别人的地步。他们甚至拒绝驱逐被西班牙人割掉耳朵的族人。”他们得出一致的结论如下：“把这些印第安人都变成人类的奴隶，好过听任他们像野兽一样自由自在……”

又过了几年以后，有关巴西土著的信息增加了一些，使以上结论更为有力，奥尔蒂斯（Ortiz）在一五二五年向皇家印第安事务最高会议（Royal and Supreme Council of the Indies）演讲时说：“他们吃人肉，毫无任何公义的形式；他们赤身裸体、吃跳蚤、吃蜘蛛、吃幼虫……他们没有胡子，如果脸上偶尔长些毛，便迫不及待把它们拔个精光。”

根据奥维耶多（Oviedo）的证词，同一个时期在附近的另一个岛屿（波多黎各），印第安人把白人抓来活活淹死。淹死以后几个星期之内，印第安人派警卫看守那些尸体，目的是看看这些白人的尸体会不会腐烂。比较一下这两种截然不同的研究方法，可得到两个结论：白人相信社会科学，印第安人则相信自然科学；白人认为印第安人是野兽，印第安人则怀疑白人是神。这两种态度所表现出的无知程度大致相等，不过印第安人的行为显然表现出更高的人性尊严。

欠缺融会贯通这些知识的能力，说明了他们值得怜悯的鉴别力。早期的探险家对他们所看到的一切事情都觉得大惑不解。皮埃尔·达伊在那

皮埃尔·达伊（Pierre d'Ailly，1351—1420）。

皮埃尔·马蒂尔·达安吉拉(Pierre Martyr d'Anghiera，1457—1526)，出生于意大利的西班牙人，曾被任命为负责西班牙美洲殖民地的行政官员。

本《世界的影像》(*Image of the World*)中，提到一个新发现的异常快乐的种群，称为“幸福族”(gens beatissima)，这个种群由小黑人、巨型生物和无头人组成。**皮埃尔·马蒂尔·达安吉拉**则引述过各种怪异的动物：长得像鳄鱼的蛇、牛身象鼻的动物、牛头四脚的鱼(背部像龟壳，上面有数以千计的疣)，还有吃人的提布龙(tyburons)怪兽。但是，这些所谓的怪物，只不过是巨蟒、貘、海牛或河马以及鲨鱼罢了(鲨鱼的葡萄牙文是 Tubarão，即“tyburons”)。但是，在其他方面，一些事情看起来相当神秘却又被视为自然而然的。哥伦布解释为什么他会突然改变航向，从而没能到达巴西。他在正式的报告中提到了一些极不可能出现的情况，那些情况从他报告以后一直到现在都没再发生过，而且在一个永远湿气极重的地区很不可能发生。他报告说，一阵焚烧似的热气使人无法检视船舱，水箱和葡萄酒箱都因此爆炸，谷物储藏室突然燃烧，腊肉和干肉被烤了一个星期之久，阳光异常强烈，船员以为自己将被活活炙死。在那个时代，任何事情都有可能发生，无疑就像今天我们可以相信有飞碟！

我们现在航行所经过的地点，差不多就是当年哥伦布看到美人鱼的地方。事实上，他是在加勒比海附近看到的，也就是第一次航行快到尾声的时候，其实在亚马孙河入海口以外的地方也可以看到它们。哥伦布写道：“三条美人鱼把身体露出水面，看起来虽然没有图片所画的那么美，但它们的圆脸毫无疑问是人脸。”海牛的头是圆形的，乳房在身体前面；母海牛喂奶的时候，会用

前肢把小海牛紧紧抱在胸前，因此将母海牛看成美人鱼一点都不奇怪。特别是那个时候，人们将棉花树描述并画成“绵羊树”，也就是一棵不长水果却长绵羊的树，挂在树上的那些绵羊，背上的毛都长到可以剪毛的程度。

同样，拉伯雷在他的《巨人传》第四册里面，很可能是根据一些去过西印度群岛的航海家所说的故事，而对今日人类学家称为亲属制度（kinship system）的现象大肆嘲讽。他依据一些欠缺根据的资料任意发挥，因为事实上很难找到什么亲属制度会让老头子称小女孩为“父亲”。在前述的所有例子里面，十六世纪的思想缺少某种比知识更重要的要素：一种科学思想不可或缺的要素。十六世纪的人很难体会宇宙的和谐安排；就像一个农民可以看到意大利绘画或非洲雕刻的外在表征，却无法从美学层面体会其中深具意义的和谐性，因此既不可能分辨出**波提切利**真迹与伪作之间的区别，也看不出**帕胡因**雕像与廉价垃圾之间的差别。美人鱼和绵羊树所代表的不仅是某种客观事实上的误认——在智识上，这些例子应该算是缺乏鉴别力的明证——而且表现的是一种心智上的缺陷。当时的探险家们虽然在其他方面很有天分，也表现出相当的教养，可是却缺乏观察能力。然而这些缺点并不构成谴责他们的充分理由，相反，我们应该为他们在带有如许缺陷的情况下仍能取得那么多成果而尊敬他们。

桑德罗·波提切利（Sandro Botticelli，1445—1510），文艺复兴早期的佛罗伦萨艺术家。

帕胡因人（Pahouin，Pamue，Pangwe），又称芳人（Fang），分布于非洲中西部。

由欧洲启程开往北美洲或南美洲的船只的甲板，是能让我们埃内斯特·勒南（Ernest Renan，1823—1892）法国哲学家、作家，专研中东古代语言及文明。

这些现代人在此祈愿的“万神殿”，比勒南在雅典见到的那座更好。我们无法再像勒南那样只崇拜一个小区域文明里冰冷苍白的女神；航海者、探险家和新世界的征服者，让太空时代之前最彻底的探险之门在人类面前开启了。在这些英雄之外，另一群人承担了开启这扇门的后果；我的思绪移向那些残存至今的幸存者，他们是最后的防卫者，承担着如此光荣却又残酷的责任——让这扇探险之门维持敞开。我指的是印第安人，他们的事例，经由蒙田、卢梭、伏尔泰和狄德罗等人的著作，实质上充实了我在学校所接受的教育的内容。休伦人（Hurons）、易洛魁人（Iroquois）、加勒比人（Caraibes）和图皮人（Tupis）——现在我就要去面对他们！

哥伦布看到的第一片闪闪发光的，他误以为是海岸的东西，事实上是一种在日落与月升之间的空当产卵的海生闪光虫。他在那种距离还不可能见到陆地。不过，在那个在甲板上度过的失眠之夜里，我在等待美洲现身时所看到的，确实是陆地上的亮光。

卡博迪圣阿戈斯蒂尼奥（Cabo de Santo Agostinho），巴西伯南布哥州的一处港口。

在那前一天，我们就意识到已经抵达新世界了，虽然实际上还看不到；船转向南，沿着卡博迪圣阿戈斯蒂尼奥到里约热内卢之间的海岸线平行航行，但我们离陆地还太远，最少要再过两天，才算真的接近美洲海岸。也不是因为大型海鸟——叫声尖锐的热带鸟类或是凶暴的海燕，它们会高速飞行攻击塘鹅，强迫塘鹅把猎获物吐出来——出现而让我们以为航程已接近终点。由于这些海鸟经常飞离海岸很远，哥伦布就曾因这个误会而付出了相

当的代价：他以为已经成功渡过大海了，而事实上他的船才驶到大西洋中间而已。至于飞鱼——它们用尾巴拍打水面，胸鳍外伸展开，飞向空中，好像一片蓝色镜面上到处闪烁的银点——近几天已经愈来愈少见了。

愈来愈接近新世界的旅行者对这个状况的感觉，和“巴西”这个字眼在巴黎所引起的种种联想，可说是南辕北辙。这种感觉很难向不曾亲身经历过的人描述。

首先，几个星期以来闻惯了的大海气味似乎不再那样自由流动，那气味好像被一堵看不见的墙挡住，无法再吸引旅行者的注意力。旅行者转而注意到另一种性质相当不同的气味，他无法根据以往的经验来定义或描述这气味：有点像森林中的轻风与温室的气息不断交替，是植物界最基本的原质，带有一种特别的新鲜性，其浓度高到几乎要导致味觉中毒，又像是一段段强有力乐曲的最后一个音符，被特别突出地演奏出来，目的好像是把各种水果味的香气所组成的章节，既分离开来，又融合在一起。一个人如果曾经先在某间巴西乡下酒馆里吸过那种卷成绳状的黑色甜味烟卷，再把脸埋进一颗刚剖开的热带红椒里去，就可以了解上述感觉。这种烟卷用烟叶制成：先让烟叶发酵，再卷成几米长的绳卷。这些相当接近的味道混合起来，可以使人体认到曾经独自保有其秘密长达数千年之久的那个美洲。

但是，当第二天下午四点，新世界终于在地平线出现的时候，那巨大而厚重的景象看起来跟它的气味是相称的。长达两天两夜的时间，一片硕大无朋的海崖清晰可见，但看起来庞大并非因为它很高，而是因为它不断重复同样的形态，很难辨识出个别崖壁的起点和终点，只能看见一连串陡峭的崖壁联结成连绵的锁链。这些海崖的光滑石壁突出海面几百米，形成各种奇异的形状。类似的景观有时候可以在沙滩上被海浪冲坏的沙堡残骸上看见，但是没有人会相信这类景观居然能以如此庞大的规模存在，至少在我们居住的星球上似乎不可能。

“巨大”是美洲给人的特有的印象，而且随处可见，无论是城镇还是乡野。我在巴西沿岸感觉到这一点，在巴西中部高原上也感觉到这一点。在玻利维亚的安第斯山脉，在科罗拉多一带的落基山脉，在里约热内卢的郊区，在芝加哥郊外或在纽约的街道上，我都可以感觉到这种“巨大”的印象。不论在何处，都同样有力；任何一个特定的景观都会让人想起其他的景观，街道就是街道，山脉就是山脉，河川就是河川。之所以产生这种异样、陌生的感觉，是因为人和周边景物的尺寸相差太大，以至于完全不可能共享某种度量标准。等到一个人渐渐习惯美洲以后，就会不知不觉地做出各种调整，使人与环境之间重新建立某种正常的对应关系；人本身几乎觉察不到自己做了这种调整，其过程就像飞机降落时会使人心里微微一震那样，只能勉强感觉到一点点。但是两个不同的世界原本就缺乏共享度量标准这件事，影响到我们所有的判断，同时加以扭曲。那些坚持说纽约很丑的人，只不过是一种感官错觉的受害者而已。他们还没学会用另一种尺度去衡量新世界，依然把纽约当作一个城镇，因此大肆批评纽约的街道、公园、纪念建筑。当然，从客观上来看，纽约是个城镇，但是具有欧洲式感受力的人却使用欧洲景观的尺度去观察纽约，那是一种很不合适的尺度。事实上，美洲景观所呈现的是一种比欧洲更为庞大宽广的体系，我们完全缺乏可与之相比拟的事物。纽约的美和它是一个城镇毫无关系。只要我们放弃既有的观念，马上就可领略到，纽约的美在于它把城镇完全转化为人工景观，不再适用一般的城镇规则，唯一重要的价值在于那些灯光所映衬出来的富丽如天鹅绒的性质、远方建筑物轮廓的明确清晰、摩天大楼之间令人惊叹的险峻绝壁，以及严肃阴郁的楼间“谷地”，其中点缀着五颜六色的车子，像花朵一般。

做了以上陈述以后，再回过头来描述里约热内卢，使我觉得相当尴尬。人们经常称赞里约热内卢很美，但我却无法动心。其中的原因实在也很不容易说明白。我觉得里约热内卢这个城市与其周边环境的比例是失衡的。塔糖山（The Sugar Loaf Mountain）、科尔科瓦杜山（Corcovado），以及其他备受赞誉的自然景观，在一名正要进入海湾的旅行者眼中，像是一张缺牙少齿的嘴巴里凌乱凸起的牙根——这些凸起的部分经常被厚重的热带雾气笼罩着——这些山太小，跟无比辽阔的地平线一点儿都不协调。如果想观赏海湾，那么最好从陆地这一侧的高处往下看。俯瞰海湾时所见的景观正好和在纽约时给人的感觉相反——在里约热内卢，大自然本身看起来好像是一片尚未完工的建筑工地。

科尔科瓦杜山上竖立着一座巨大的耶稣基督雕像，因此又称为耶稣山。

同时，单凭眼睛所能见到的景观，根本无法看出里约热内卢海湾有多辽阔。船行的速度缓慢，必须小心避过海湾里面的大小岛屿，从长满树木的山坡上忽然吹下来的气息和凉快的感觉，使人早早感到好像已经具体接触到花卉及岩石，虽然实际上还看不见它们，旅行者预先体味到了这片大陆的特性。这使人又想起哥伦布的描述："树很高，好像碰到了天顶；如果我没弄错的话，这些树终年不会落叶；我曾在十一月的时候看见这些树的叶子新鲜油绿得像是西班牙五月的树叶；有些树甚至正在开花，有些则结着果实……一转身，到处都听得见夜莺的歌声，同时有数千种不同的鸟为其伴唱。"这就是美洲。这块大陆造成一个无法逃避的巨大影响。它的存在，由里约热内卢海湾雾蒙蒙的地平线在黄昏时刻生趣盎然的种种活动迹象组合而成。但是，对一个新来者而言，那些活动、形状和亮光并不代表某个省份、村庄与城镇，也不代表某个森林、草原、河谷与景观；它们也不表现出生活于其中的人们的活动与工作，那些人相互之间是陌生的，因为他们都各自局限于自己的家族与职业之中。整个景观构成了一个既殊异又综合的整体，环绕在人四周的，并不是无数的个别生命与事物，而是一个浑然一体的、令人惊叹的存在：新世界。

瓜纳巴拉湾

里约热内卢港的海湾直伸入城市“心脏”，船靠岸的地方，一侧是市中心区，另一侧就像传说中被海浪全部吞没的伊苏城一样。从某个意义上来说，这是事实，因为第一个殖民据点只是个堡垒，位于一个多岩石的小岛上，船只靠岸前必定会经过这个岛。这个岛的名称源于建立据点者的名字：

伊苏城（Ys），英国和法国都有“沉没城市”的传说，在法国的版本里称之为“Ville d' Ys”，位于布列塔尼半岛上。

科利尼堡（Fort Coligny）。

尼科拉斯·迪朗·德·维莱加格农（Nicolas Durand de Villegaignon，1510—1571），法国海军将领，在巴西建立了第一个法国殖民地。该殖民地后来被葡萄牙人夺走。

维莱加格农。我沿着里奥布朗库大道（Avenida Rio Branco）行走，这一带原来是图皮南巴族（Tupinambá）印第安人的村庄，而现在我口袋里装的是列维的著作——人类学者的《圣经》。

列维差不多就是在三百七十八年前的今天抵达此地的。另有十个日内瓦人与他同行，都是新教徒。他们是应维莱加格农之邀而来的。维莱加格农在瓜纳巴拉湾（Guanabara Bay）住了不到一年就改信新教。他以前和列维是同学。维莱加格农是个很奇特的人，他尝试过各种职业，也曾经历各式各样的恋爱。他不仅和土耳其人、阿拉伯人、意大利人、苏格兰人打过仗（将苏格兰女王玛丽·斯图亚特掳去嫁给弗朗西斯二世的人，就是维莱加格农），也和英格兰人打过仗；他曾在马耳他（Malta）和阿尔及尔（Algiers）打仗，也参加过意大利战争中的塞利索尔之战（Battle of Cerisole）。他后来的主要兴趣似乎是军事建筑，那时候他充满冒险的一生似乎快到尾声。对军事建筑这一行业的失望，使他决定前往巴西定居。但是到巴西以后，他的一切构想还是脱离不了他流浪成性、无法止息的本性，充满野心。他到巴西的主要目的，本来是去建立一个殖民地，但同时他也一定要设法自己建立一个王国。他的首要目标是为正在法国饱受迫害的新教徒提供一处避难所。维莱加格农是受过洗的天主教徒，但思想上可能是自由派。他取得了科利尼和洛林地区（Lorraine）的红衣主教的支持，为他将要建立的殖民地四处招兵买马，对象包括

加斯帕尔·德·科利尼（Gaspard de Coligny，1519—1572），法国军人、政治家，胡格诺派的重要人物。

天主教徒与新教徒在内；有时候他则在公开场合招募流氓、游勇及逃跑的奴隶。最后，在一五五五年七月十二日，他招募到了六百个人，让他们登上两艘船。船上的成员五花八门，来自社会的各种角落，甚至包括刚出狱的人，这些人就是维莱加格农招募到的拓荒者。不过，他忽略了两件事：女人和补给品。这两艘船启航时出了不少差错，两度被迫返回迪耶普港（Dieppe），最终在八月十四日成功出发；不过，很快又碰上其他问题。非洲西北岸的加那利群岛（Canary Islands）爆发战事，水源受到污染，引发坏血病。维莱加格农的船于十一月十日在瓜纳巴拉湾靠岸。在那个时候，法国人与葡萄牙人为了取得土著支持，已经竞争多年。

当年法国在巴西海岸享有的特殊地位，有不少值得注意之处。法国势力最晚在十六世纪初就已抵达此地，当时派出了几支探险征服队，其中最著名的是一五〇三年由戈纳维尔率领的那一支。戈纳维尔在那次探险结束后，从巴西带回一个印第安人女婿。几乎是同一时期，卡布拉尔在一五〇〇年发现圣克鲁斯岛（Santa Cruz del Islote）。不过，我们或许应该把时间再提前一些——早在十二世纪的时候，就有人将某个出产红木染料的神秘大陆称为“巴西”（Brésil），并且小心守护这个秘密。此外，还有 ananas（菠萝）、manioc（木薯）、tamandua（小食蚁兽）、tapir（貘）、jaguar（美洲豹）、sagouin（狨猴）、agouti（刺豚鼠）、ara（南美大鹦鹉）、caïman

坏血病，即维生素C缺乏症。

戈纳维尔（Binot Paulmier de Gonneville），生卒年不详，十六世纪初法国航海探险家，曾经被人们遗忘，直到十七、十八世纪才又被人提起。

佩德罗·阿尔瓦雷斯·卡布拉尔（Pedro Álvares Cabral，1467—1520），葡萄牙航海家。

让·库赞(Jean Cousin),十五世纪法国航海家,据说在一四八八年就发现了新世界。

马丁·阿隆索·平松(Martín Alonso Pinzón,1441—1493),在哥伦布首航中担任平塔号船长。

维森特·亚涅斯·平松(Vicente Yáñez Pinzón,1462—1514),在哥伦布首航中担任尼娜号船长。

汉斯·施塔登(Hans Staden,1525—1579),出生于汉堡,受过良好的教育,一五四七年从诺曼底登船前往新世界探险,一五五二年落入食人族手中,直到一五五五年才返回。

(凯门鳄)、toucan(南美巨嘴鸟)、coatii(南美浣熊)、acajou(桃花心木)……这些法文名词都直接源于各种印第安方言,而非由西班牙语或葡萄牙语转化而来,因此,迪耶普人传统上认为第一个发现巴西的人是库赞——他立刻就用“巴西”为这片土地命名,比哥伦布首航还早四年——这或许也有几分真实性。库赞的船员中有个人姓平松(Pinzón)。当哥伦布住在帕洛斯-德拉弗龙特拉镇(Palos-de la Frontera)几乎要放弃航行计划时,就是平松家族的一员鼓励了哥伦布,使他重燃希望,继续推行计划。在哥伦布首次航行时,担任平塔号(La Pinta)船长的是另一位平松,每次哥伦布考虑是否必须改变航程时,都先和平松商量。另外,在哥伦布放弃了南向路线因而没有发现巴西的第二年,又一位平松首先抵达巴西海岸,成为被正式承认的发现巴西的第一人,他抵达的地点是卡博迪圣阿戈斯蒂尼奥。不过这个问题将永远得不到令人满意的答案,因为迪耶普港保存的航海记录都在十七世纪消失了,包括库赞的航行记录,消失的原因是英国人炮轰所引起的一场大火。不过,从抵达巴西大地的那一刻开始,我便禁不住想起四百年前那些令人难以置信的事件和悲剧性的意外,那是当时法国人与印第安人之间亲密关系的见证:来自诺曼底的通译,在巴西和土著过着一模一样的生活,娶印第安人为妻,变成食人族;可怜的施塔登,

有好几年生活在惊恐里，觉得自己随时可能被活活吃掉，可是每次都走运活了下来。有一次他想借他那跟伊比利亚半岛人非常不一样的红色胡须冒充法国人，以免被吃掉，可是勾尼昂王（King Quoniam Bebe）告诉他："我已逮过五个葡萄牙人，全都吃掉了，他们都想冒充法国人，全都在撒谎！"法国人与印第安人之间一定早有某种持续性的关系存在。一五三一年，当那艘拉佩勒琳号（La Pélerine）返回法国时，除了载回三千张豹皮和三百只不同属的猴子之外，还带回了六百只"已懂得几句法语"的鹦鹉。

维莱加格农把科利尼堡建在海湾正中央的一个岛上。不仅筑堡工人是印第安人，给殖民者提供食物的也是印第安人。不过，印第安人很快就对这种有去无回的供应关系感到不耐，因此他们放弃自己的村落，集体逃走。其后，饥荒与疾病成为堡垒中的家常便饭。维莱加格农开始露出他专横的本性，当罪犯集体反抗的时候，他便实施集体屠杀。堡垒中的传染病很快就传进大陆，少数仍然忠心的印第安人都被感染了，造成八百人死亡。

维莱加格农当时正受困于某种精神危机，不太关心人世的俗务。由于长期和新教徒共处，他改信新教，于是请求加尔文教派些传教士到巴西去教他有关新教信仰的事情。因此，一五五六年，加尔文教派出一支探险队，列维就是这支队伍的成员。

从此刻开始，历史的发展异常曲折，但很奇怪的是，到现在为止居然还没有小说家或电影编剧善加利用这段事迹。一小群法国人，为了逃避宗教纷争，为了建立一个天主教徒与新教徒可以在自由宽容的政府管辖之下共存的新社区，历尽艰险，最后却发现他们抵达的地方陌生得像另外一个星球。他们不仅对当地的地理环境一无所知，也对当地的土著一无所知；他们没有办法栽种植物来养活自己；他们身染各类病痛（包括传染病），一切生活所需都必须仰赖一个语言不通且充满敌意的社会来供给；他们知道自己已陷入自造的罗网之中。天主教徒和新教徒都企图说服对方改宗，他们不把精力用于求生，而是一连几个星期都在讨论下列问题："最后的晚餐"的真义到底是什么？奉献用的葡萄酒是不是应该先掺水？圣餐与洗礼都会引发极为激烈冗长的争辩，争辩完毕以后，维莱加格农有时候被说服改宗，有时候又回归他原来所信的天主教。

事情闹得不可开交，最后维莱加格农决定派使者去欧洲请教加尔文，要求他仲裁那些引起争论的问题。在使者被派出以后，争论变得更加剧烈，维莱加格农开始失去理智。列维留下的记录中写道，他可以从维莱加格农所穿的衣服的颜色推知他的情绪，以及他震怒时可怕的程度。最后，维莱加格农变为反对新教，要把新教徒饿死。新教徒再也不能在岛上的社区中扮演任何角色，便搬到大陆去住，和印第安人结盟。法国人与印第安人之间的那种田园诗一般的关系，促使列维完成了人类学经典著作：《巴西大陆之旅》（*Le Voyage Fait en la Terre du Brésil*）。这个故事的结局甚为悲惨，在受过种种折磨以后，日内瓦人最后搭上了一艘法国船返回欧洲。在回程中，他们不能再像上一次前往巴西的途中那样，仗着装备整齐，可以沿途向遇到的船只"刮油水"——也就是抢劫；船上的人在这次旅程中一直饿着肚子，他们把猴子吃掉，把鹦鹉吃掉。那些鹦鹉非常珍贵，有个印第安妇人是列维的朋友，她要人家用一门大炮来换，才肯交出她的鹦鹉。船上的老鼠被卖到四枚埃居币一只。后来船上断水，最后在一五五八年抵达布列塔尼（Brittany）时，一半的人已经被饿死。

埃居币（écu），法国在一二六六年至一六四一年之间铸造的一种金币。

岛上的殖民社会也开始在恐怖与判处死刑的氛围中解体。岛上的所有人都痛恨维莱加格农，有些人视他为叛徒，有些人视他为叛教者；印第安人很怕他，他自己很怕葡萄牙人。最后他终于放弃了梦想。一五六〇年，在维莱加格农的侄子布瓦·勒·孔特（Bois le Comte）的指挥之下，科利尼堡被葡萄牙人攻陷占领。

我在里约热内卢做的第一件事，就是随意到处走走，企图重新捕捉一些上述古老故事的情调。后来我有机会真正体验到了其中的一部分——国家博物馆为了纪念一名日本学者，在海湾顶端一带筹划了一次考古试掘，我参加了。我们的汽船停靠在多沼泽的海岸，停靠地点附近有一艘弃船，生满了锈。那艘船当然不会是十六世纪的，不过，一艘被弃置的生锈破船，使那片空间增添了不少历史气氛，那艘破船是此地唯一可以替时光飞逝做见证的东西。远方的城镇消失在低垂的云雾与从清早开始就下个不停的细雨中。黑色污泥里有不少螃蟹，热带红树林外形肿大，看不出到底是蓬勃生长还是衰败的迹象。在污泥与红树林后面，可以看见几间孤立小屋的侧影，看不出它们属于哪个时代。再远一点，山坡顶端被白色雾气笼罩。我们刚接近树林，便看到此番前来的目的了——最近有农民在这里的沙砾石坑中发现了一些破陶片。我摸了摸那厚厚的陶片，毫无疑问这是图皮人的作品，因为陶片最外一层的白漆边缘饰以精细的红色和黑色格状纹饰，据说这种纹饰可以迷惑那些到处寻找藏放于瓮中的人体残骸的恶鬼。起先有人告诉我，车子可直接开到这个遗址，因为这里离城镇中心不过五十公里，不过降雨可能会阻断道路，迫使我们停留一个星期之久。这样就使我们与这个忧伤地无法改变的过去更为接近了。列维可能在这些地方待过，消磨那些烦人的等待时光。他可能看过那些动作敏捷的棕色的手，拿着刮刀，沾上黑漆，来创造那些“像格状纹饰的、像同心结的以及其他数以千计的各种可爱图案”。那些正是目前我想从风化了的破陶片背面辨认的图案。

第一次去里约热内卢，感受还是很不同的。那是我生平第一次前往赤道另一边的热带——一个新世界。我当时想：会有什么样的迹象来显示这种转变呢？会听到什么样的新声音来证明此事呢？哪一个我未曾听过的音符会首先进入耳朵呢？我草率的第一印象是：里约热内卢对我而言像一间超大的沙龙（solan）。

我穿着比平时更轻便的衣服，在弯弯曲曲、高低不平、用黑白石子铺成的道路上闲逛。我看见大道两旁又窄又暗的小街道有几点特色：建筑物与道路之间的分界不像欧洲那么明显。无论商店橱窗的装饰如何精致复杂，店面都直接延伸到街道上，使人很难分辨到底身在店内还是店外。街道不仅作为交通之用，也是人们生活的场所。这些街道既繁忙又安详，不仅比欧洲的街道拥挤，也比其维护得更好，终于让我找到了一个比较的标准：从一个半球到另一个半球，从一块大陆、一种气候到另外一个，首先只不过是把欧洲商店橱窗的那层薄薄的玻璃取消。在欧洲，那层玻璃只是以人为的手段来创造同样的效果。我对里约热

内卢的第一印象，是觉得它像露天式的米兰拱廊街、阿姆斯特丹画廊（Galerij）、巴黎的全景廊街（Passage des Panoramas）或圣拉查火车站（Gare Saint-Lazãre）大厅。

译注：埃马努埃莱二世拱廊街（Galleria Vittorio Emanuele II）是位于米兰主教座堂广场北侧的带顶棚拱廊街，两条玻璃拱顶的走廊交汇于中央的八角形空间，其上是玻璃圆顶。

通常，人都把旅行视为空间的转换，但是这种观念还不够完整。旅行不但伴随着空间的转换，同时也伴随着时间与社会阶层结构的转变。任何印象，只有同时与这三个坐标联系起来才显出意义。不过，空间本身即有三个坐标，所以，如果想完整地描述任何旅行经验，就必须同时使用五个坐标。我在巴西一上岸，马上就感觉到了这一点。我已来到大西洋对岸，在赤道的另一边，同时非常接近南回归线。有很多事情足以说明这一点：天气恒常湿热，不必再穿毛衣，房子与街道之间没有明显的分界（我后来发现，这种分界是西方文明的一种常态）。不过我很快就明白，取而代之的是人与丛林的分界；如果是在我们那样完全人文化了的地理景观中，人与丛林之间并没有这样清楚的分界。此外，还有椰子树，新品种的花卉，在咖啡馆前成堆摆放的绿色椰子——椰子被剖成两半，内有甜汁，散发出隐藏着的新鲜味道。

我同时也注意到了其他变化：我以前很贫穷，现在变得富有，首先是因为我的收入状况有所改善，其次则因为当地物产的价格极低。一个菠萝只卖二十苏（sous），一把香蕉卖两法郎；在意大利人开的店里，一只烤好的鸡才卖四法郎，好像儿歌里面的“塔定太太的豪华饭店”（the palace of Dame Tartine）。最后，抵达一个新港口时的那种开放心态，那些使人觉得有义务善加利用的不求自来的机会，形成一种暧昧情况，很容易使人暂时放弃平日的自制，忽然间意气风发，以挥霍为快。当然，情况也有可能恰好相反。法德停战后，我抵达纽约，一文不名，就有这种经验。但是，不论是增加还是减少，不论你的物质状况是改善还是变糟，除非奇迹发生，否则旅行不可能不在这方面带来一些变化。旅行不仅是把我们带往远处，还使我们在社会地位方面上升一些还是降低一些。它使我们的身体换到另一个空间，同时，不论是更好还是更坏，都使我们脱离自己原来的阶级脉络，唯有亲身体验才会知道自己的社会地位发生了什么样意料之外的变化，这变化了的社会地位决定了我们对眼前环境的观感。

当以前的旅行者接触到和他自己的文明极不一样的文明时，那种文明给他的第一印象是一切都极为怪异。过去几个世纪以来，这样的例子变得愈来愈少。无论是到印度还是美国，现代旅行者都觉得惊奇的程度小到连他自己都不愿意承认的地步。现代旅行者可以自由选择的地点只有以下两种差别：那里被欧洲入侵多久了？那里的机械化（西方文明化）程度有多高？说是要追求异国情调，结果只是在追求一个他早已熟悉的发展形态的不同阶段而已。现代旅行者就像是古董爱好者，但由于数量有限，他不得不抛开他所收藏的黑人艺术，降格以求，在他四处旅行时遇到的各地跳蚤市场里，为古怪有趣的旧货讨价还价。

这一类区别，事实上可在每个城镇的中心觉察出来。就像不同的花卉在特定的季节开放一样，一个城镇里的每个区域都带有该区域发展的年代遗痕，显示它发展的最高程度及其衰落的过程。在城镇发展和衰落的形态里面，既有其年代次序，也有

巧合成分。以巴黎为例，玛莱区在十七世纪发展到顶峰，现在已衰落；第九区是较晚“开花”的品种，在第二帝国时代发展到极点，现在则只剩一些破败的建筑，住在这里的是“卑微的昆虫”，在这里可以找到适合他们那些规模有限的活动的场所；第十七区则冻结于它那破产了的豪华富丽之中，好像一株巨型菊花在大限已过之后，仍然高傲地昂着它衰败的头；不久以前，第十六区辉煌灿烂，现在它鲜艳的“花朵”为办公大楼与公寓建筑所掩盖，慢慢变得与其他的巴黎城市边缘地带没什么差别。

Le Marais，意为沼泽，横跨今日的巴黎是第三区与第四区。又译为玛黑区。

当我们比较地理与历史上相差甚远的城镇时，这些年代更迭方面的差异，加上变迁速度的不同，使情况更为复杂。一离开里约热内卢的市中心那种明显的十九世纪末二十世纪初的面貌，马上就看到安静的街道，长长的大道两旁种着棕榈树、芒果树、修剪整齐的红木树，古色古香的别墅各有各的庭院。这些街道和建筑令我想到拿破仑三世时代的尼斯（Nice）或比亚里茨（Biarritz）。后来我看到加尔各答（Calcutta）的住宅区时也有这种感觉。热带地方的城镇，与其说深具异国风味，不如说是过时的风景。这些城镇的植物固然在一定程度上显示了它们的风貌，但是某些建筑上的细节与当地人的生活方式，使旅行者感觉到自己并不是去到遥远的地方，而是在不知不觉中经历了时光倒流。

里约热内卢的建造过程和一般城镇不同。它首先沿着海湾一带平坦的沼泽地修建，然后往内陆发展，从那些环绕着海湾的陡峻山丘之间穿出去，好像扭动着手指钻进一只很紧的手套那样。狭窄的城区沿着花岗岩壁的底部发展，有的长达二三十公里；这些花岗岩壁陡到长不出植物；偶尔会在一个突出的岩角上或一个深邃的岩罅里长出一片树林，虽然离城镇如此之近，但由于人无法抵达该处，那些树林成为真正的处女地。飞越这些凉爽深邃的狭长地带的时候，会觉得好像已经碰到了那些树枝，飞机在青翠葱郁的织锦间滑行，然后降落地面。虽然里约热内卢附近到处都是山，但这座城市对这些山简直不屑一顾，一部分原因是山顶缺水。在这方面，里约热内卢和孟加拉国湾的吉大港（Chittagong）正好相反。在吉大港，那些圆锥形的小山丘耸立于多沼泽的平原上，绿茵中可见到橙色的泥土闪闪发光，几乎每一座山丘顶端都建有一座孤独的别墅——富人的堡垒，使他可以避开逼人的闷热和沼泽的脏乱。里约热内卢正好相反：那些小圆球状的山顶，由整块如铸铁般的花岗岩构成，在阳光下生成强烈的热气，使峡谷底部循环的空气永远无法上升。也许目前的都市化已把这个问题解决了，不过，在一九三五年，居住地点的高度就标示了社会地位的高低：住得越高的人，社会地位越低，一点儿都错不了。穷人住在高陡山坡上面的贫民窟（favellas）里，当时那里住的是黑人，穿着洗得干干净净的旧衣服，谱出生动的吉他旋律，每逢嘉年华，从山上下来，连人带曲，集体侵入城镇。

城镇不仅依高度而变化，也随距离而变化。当走进那些建筑于两山之间的狭窄城区以后，整个景观便有了郊区的特色。里奥布朗库大道尽头的博塔福古区（Botafogo）仍然是市内的高级城区之一，但是过了佛朗明哥区（Flamengo）以后，人们会以为自己置身于巴黎的讷伊区（Neuilly）。科帕卡瓦纳隧道

（Copacabana Tunnel）附近一带，二十年前很像圣但尼（Saint-Denis）或勒布尔歇（Le Bourget），不过略带一些粗犷的味道，有点像第一次世界大战前的法国郊区。科帕卡瓦纳当时还只是个小小的乡下城镇，有各式各样的手艺行业与小商店，现在已到处都是摩天大楼。

我对里约热内卢的最后印象是在我离开之前不久，我到科尔科瓦杜山山坡上的一家旅馆去拜访几个美国同行。要到那里得搭乘相当简陋的电缆车，轨道建在不稳固的岩石上面，车厢给人的感觉介于修车厂与避难山屋之间，沿途检查站上有虎视眈眈的管理人员，他们看起来又有点像游乐园的招待。我搭乘这种电缆车穿越肮脏多岩石的荒地，有时几乎垂直地爬上悬崖，得到的奖励是在山顶上发现一栋建造于帝国时代的平房建筑，规模不大，墙壁用灰泥与黄土涂过。吃晚餐的地方是一个权充阳台用的平台，从平台望去，看见的是一堆水泥房子、廉价的别墅与其他城市建筑。望向远方，倒是没有这种紊乱景观中常见的工厂烟囱，而有一片闪亮的、丝缎般光滑的热带海洋，海面上挂着一轮硕大无朋的明月。

我走回船上。启航时灯火辉煌闪烁，行进时波浪起伏反射着灯光，我仿佛在巡阅一条海上花街。傍晚时分，一场雷雨，远方的水域闪亮如巨兽之腹。同时，残云遮住了月亮，云被风吹成锯齿、十字架和三角的形状。这些奇形怪状的云朵仿佛自内部发光，在黑色的天空上，看来好像是热带的北极光。在黑烟似的云间空隙，微红的月亮不时部分现身，被遮住，又出现，好像在空中飘浮流过的一盏苦闷的灯笼。

穿越回归线

里约热内卢与桑托斯之间的海岸，深具热带景观那种梦幻般的美。沿岸山脉的最高峰超过两千米，斜斜延伸入海，形成了许多小海湾和岛屿。细沙滩的边缘长着椰子树，或是百花怒放的蓊郁森林。沙滩周边围绕着砂岩或花岗岩，只能从海面这一侧进入。每隔一百英里左右就有一个小港口。港口边那些破败的十八世纪建造的房屋，以前曾经是船主、船长或副总督的豪华宅第，现在则住着渔夫。安格拉－杜斯雷斯（Angra-dos Reis）、乌巴图巴、帕拉蒂（Parati）、圣塞巴斯蒂昂（São Sebastião）和贝

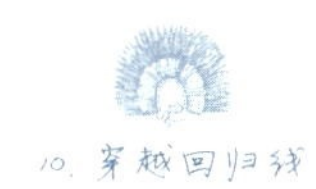

亚镇（Villa Bella），这些地方在巴西王国时代曾经是黄金、钻石、黄玉、贵橄榄石（chrysolites）等珍宝的集散地。那些黄金、宝石从米纳斯吉拉斯州（Minas Gerais）的“总督矿山”（general mines）被挖出来之后，由骡队沿着山脉驮运几个星期，运到集散地。现在重访那些山脊小径，实在很难想象这些小径上的交通曾经那么繁忙，热闹到有人靠捡拾运货牲口沿路掉落的蹄铁即可谋生的程度。

布干维尔曾描述过采矿与运货时的注意事项。黄金被挖掘出来以后，得立刻送到每个矿区设立的“基础交易所”(Foundation Houses）之类的地方，例如莫尔蒂斯河（Rio das Mortes）、萨巴拉（Sabara）或塞鲁（Serro Frio）。在这里，马上先征收皇家税，该归矿主的金子都制成金条，上面注明重量与标号，还有国王的徽记，然后交给矿主。在矿区与港口的中点附近建有一个主仓库，在那里重复检查一遍。那里的军官带着五十个士兵，负责抽取五分之一的税金，每个人、每只载货的牲畜都抽税，税金由国王与负责的军队瓜分。因此，由矿区出发的骡子队经过检查站的时候，都会停下来接受“非常彻底的检查”，这一点儿都不奇怪。

然后，个别商人把金条拿到里约热内卢的铸币厂去换成“半多布隆金币”(half doubloon)，每个半多布隆金币值八西班牙比索（Spanish piastre）。这还得让国王抽取八分之一，充作铸造费。布干维尔写道：“这个铸币厂……是世界上最好的铸币厂之一，有各种设备，用最快的速度铸造。由于黄金从山上运下来所需的时间与葡萄牙开出的船只抵达港口所需的时间相同，因此铸造过程必须迅速，速度快得令人吃惊。”

开采钻石的制度比黄金还严厉。根据布干维尔的描述，签合同的人“必须明确登载发现的每一粒钻石，而且所有钻石都必须交给国王指定的专人。他马上把钻石放进铁箱子，用三道锁锁起来——他锁第一道，总督锁第二道，皇家财产监督官（the provador of the Hacienda Reale）锁第三道。锁好之后，连同开锁的钥匙一起放进另一个铁箱子，加封条，封条上有负责上锁的三人的签名。总督没有权力检查箱子的内容。他的工作是把这个加了封条的箱子放到另外一个坚固的箱子里，并把他自己的官印封条贴在锁上。箱子会被送往里斯本，在国王面前打开，让国王挑他中意的钻石。国王在挑好以后，会依照协议的价格，付钱给签合同的人”。

阿罗巴（Arroba），由葡萄牙人带到巴西使用的重量单位，每一阿罗巴约为十四点八公斤。

曾经这么热闹活跃的地方，曾经在一七六二年一年之内，运输、检查及铸造一百一十九阿罗巴（略多于一吨半）黄金的地方，现在几乎毫无痕迹可寻。那一片海岸又恢复到从前伊甸园似的状态。唯一的遗迹是几座寂寞的豪华房屋——在它们前面曾有无数西班牙大帆船（galleon）停泊过——海湾激起的浪花依然轻轻拍打着屋子的墙壁。人们也许会相信，除了几名从高原下来的赤脚印第安人以外，没有其他人知道这些令人惊奇的森林、无人海湾和险峻岩石的存在。但是，事实上，就在两百年前，这些地方工厂林立，铸炼出现代世界的命运。

在饱食黄金以后，世界开始渴望糖，糖则吞食奴隶。首先是矿业衰退——为了取得炼矿所需的燃料，森林已被毁灭了——接

着奴隶糖业也被放弃了，因为全球市场开始大量需求咖啡。圣保罗和它的港口桑托斯充分反映出这个转变，其财富先是黄色的，接着是白色的，最后变成黑色。桑托斯港在这一连串的变化中成为国际贸易中心之一，但是其景观仍然维持着质朴的美感。我搭乘的船只进港时缓慢地经过海湾内的岛屿群，仿佛置身于一条绿色通道里，一伸手就可摸到植物，这是我第一次感受到的热带印象。里约热内卢的茂盛植物都藏身于山顶难以抵达的隐秘处，而在桑托斯较为质朴的环境中，人们有机会与大自然实质接触。

桑托斯的腹地是一片淹水的平原，上面有不少长着珊瑚礁的小湖和沼泽，数不清的河流穿插其中，还有海峡和运河，其景观恒常被一层珍珠般的雾气笼罩而显得模糊，看起来好像地球本身刚在创世的第一天出现。香蕉园的颜色是人们所能想象得到的最新鲜、最柔和的绿色；我的记忆经常把这种绿色和恒河三角洲上黄麻的绿金色联系在一起，但是这种绿色比黄麻的色调更显眼。相较黄麻的那种明亮华丽的绿金色，蕉园绿的细致柔嫩、不稳定、脆弱感，呈现出万物之始的氛围。车子在香蕉树丛间行驶，香蕉树像是巨大的蔬菜，而非矮小的树木。它的树干充满汁液，蕉叶又大又多又有弹性，上百根“手指”从叶子底下粉红或紫褐色的巨型“莲花”中伸出来。半小时后，车子爬升到海拔八百多米，驶向山脉高处。沿着海岸，随处可见峻峭的斜坡藏护着人迹难至的原始森林，其茂密程度只有往内陆的亚马孙谷地走几千英里见到的森林差堪与之比拟。车子在连“发夹弯”都不足以形容的弯角吃力地轰鸣，道路沿着一条连绵不断的螺旋线往上延伸，路上的雾气令人想起其他地方的高地。我有充足的时间可以观察那些树林，它们全都一层一层地排列着，像博物馆中的标本那样。

这里的森林和西方的森林不一样，最大的区别是树叶与树干之间的明显对比。树叶颜色比较深，它的绿色让人联想到矿物而非植物的色调，特别是玉石和电气石（tourmaline），比较不像翡翠与橄榄石（peridot）。而树干呢，好像是耸立于一片深绿叶子背景前面的白色与灰色的骨架。由于山路离森林边缘太近，我无法观察整座森林，无法把森林当作一个整体来思考，便把注意力集中于细节部分。那些比我在欧洲所见的更为繁茂的植物，其枝干和叶子看起来像是用金属切割成的。它们对自己的形貌充满自信，其外形经得起时间的考验与摧残。在外来者眼中，热带的自然似乎和他们所熟悉的那种自然分属两个截然不同的范畴。热带的自然显示了更高程度的永久性，其存在也更让人无法忽略。就像卢梭所画的异国情调的风景一样，画中每一样活物都是主体，都同等重要。

亨利·朱利安·费利克斯·卢梭（Henri Julien Félix Rousseau，1844—1910），法国后印象派画家，曾担任法国海关官员，因此经常被称为Le Douanier Rousseau。

以前，我也曾有过类似的印象。那是我第一次去普罗旺斯地区度假时发现的，在那之前我都是到诺曼底或布列塔尼一带度假。那些以前我觉得模糊无趣的植物相被另一种植物相取代，每一种植物都似乎具有特别的意义。这种感觉就像是突然被人从一个普通的村落送到一个考古遗址去一样，遗址上的每一块石头，都不仅是一座屋子的一部分，而且是历史的见证。我在多岩石的地面上兴奋地踩来踏去，念出地面上所见的每一丛植物的名字：麝香草（thyme）、牛至（origan）、迷迭香（rosemary）、罗勒（basil）、岩蔷薇（cistus）、月桂（sweet bay）、薰衣草

（lavender）、野草莓（arbouse）、山柑（caper plant）或乳香黄连木（lentisk）。它们中的每一种都是植物王国里的贵族，承担着各自特殊的使命。我意识到它们汁液的浓烈气味是一种更为实在的植物生命形式的证明与理由。普罗旺斯地区的植物以气味向我表明的意义，热带植物则用形态来表明。普罗旺斯的植物世界是气味的、习俗的，它是食用植物和民俗植物的标本库；丛集的热带植物则像是由杰出舞者组成的舞团，所有“舞者”都定格在它们最生动的姿态，像是试图表达它们对生命无所畏惧，除了从地层深处汩汩涌出的泉水之外，没有其他任何事物可以扰动这场静止的芭蕾。

当我们抵达最高点时，景观全然不同；热带的潮湿热气已消失不见，岩石间交错缠绕的藤蔓植物也不见了。刚才在爬升过程中可以欣赏到的从山脚延伸到远方的那一片闪闪发光的辽阔海洋，已经看不见了，取而代之的是在另一个方向的那一大片光秃不平的高原，连绵不断的山脊与山谷罗列于变幻莫测的天空下。一场布列塔尼半岛式的雾雨开始落下。虽然我们离海仍然很近，但我们所在的地方已高出海平面一千米，这片高原就从这个高度开始如阶梯般层层展开，靠海岸这边是最高、最难爬上来的部分，整片巨大的阶地朝着北边的亚马孙盆地缓缓下降，延伸了两千公里远才降到海平面高度。途中只有离海岸五百公里的博图卡图山脉（Serra de Botucatu）和离海岸一千五百公里的马托格罗索高原（Chapada do Mato Grosso）这两处断层破坏了它缓缓下降的地平线，必须穿越这两处地带才能再看见刚才见过的那种攀附在海岸断崖边的原始森林。巴西的最主要地区在大西洋、亚马孙与巴拉圭之间，它是一块由（南方）海岸附近开始慢慢降低高度的桌状台地，像一块长着矮树、被丛林和沼泽围绕的多皱褶的跳板。

侵蚀作用对眼前荒芜的地貌有重大影响，不过人类必须为其中混乱残破的景象负主要责任：首先是清理出一片土地来种植东西，用了几年以后，土壤变得贫瘠，并且被从咖啡树梢落下的雨水冲走，然后人们转移地点，到另一块丰饶的处女地重新种植。在旧世界中，人与土地之间所建立的那种小心翼翼、互相取予的关系，那种经年累月互相调适的关系，从来未曾在新世界出现过。在新世界，土地被虐待、被毁灭。那是一种强取豪夺式的农业，在从一块土地上取走所有可以取走的东西以后，再移到另一块土地去夺取利益。拓荒者抵达、利用的地区被称为"边缘区"是有道理的。他们几乎在清理出一片可供种植的土地的同时，也把那块土地毁了。他们注定只能占有一道不断迁移的地带。这种地带一方面蚀毁原始森林，另一方面留下一片片已丧失价值的土地。像森林火灾一样，这种"农业大火"吞没消化掉它自己赖以存在的东西，这种"农业大火"在一百年的时间之内烧遍了整个圣保罗州（State of São Paulo）。十九世纪中叶的矿工率先"点火"，他们放弃了枯竭的矿区，由东往西迁移。我稍后就在巴拉那河（Rio Paraná）对岸看见了这种"大火"，正碾过一片混乱的被砍下的树干和一些被连根拔起的家庭。

由桑托斯到圣保罗去的道路，穿越过最早经历上述过程的地区之一。它看起来像一个考古遗址，呈现了一种早已过时的农业方式。曾经长满树木的小山和坡地，现在只覆盖着薄薄一层粗硬

的杂草，使其轮廓异常分明。偶尔可以看出那些原本种植咖啡树木的土垄所形成的虚线。在山谷里面，树木再次占领地面，但已不再是高贵的原始森林，而只是 capoeira，也就是再生林，由一片连绵不绝的瘦削树木构成。有时候可看见日本移民的小房子，他们企图用古老的方法使土地复苏，以便种植蔬菜。

欧洲的旅行者面对这种地理景观会感到不安，因为他们无法用习以为常的观念去描述。由于欧洲的地理景观已被人类的需求和欲望驯服，因此我们并不清楚何谓真正的原始自然。这里的原始景观有时看起来充满野性，可能有两种原因：若不是因为我们欧洲人与自然互动时的节奏较为缓慢，就是因为这里的山林情况更复杂，因此人类在几个世纪以来，并没有发展出一套有系统的应对方案，而只是采取种种权宜之计。这些临时方案并未经过深思熟虑，在外来者眼中，它们普遍具备了原始特色的性质——虽然他们的应对方式事实上是由一系列欠缺远见的努力和决定所造成的，却被视为自然景观原始风貌的一部分。

尼科拉斯·普桑（Nicolas Poussin，1594—1665），十七世纪法国重要画家。

但是，即使是欧洲最粗犷的地理景观，也仍然具有某种秩序，以普桑的画作为例，它就曾十分完美地表达出了这种秩序。只要你走进多山的地区，观察旱坡与森林之间的对比；观察森林如何从平原地区开始，一层一层往上升，不同的山坡，由于某些特殊树种数量特别多而呈现出独特的颜色。这种庄严的和谐，只有在美洲旅行过的人才能了解，那并不是自然景观的自然面貌，而是人与地理环境长期互动的结果。人们很天真地赞叹人类自己过去努力所得的成果。

在美洲有人居住的地区——不论是北美洲还是南美洲都一样（不过，安地斯高原、墨西哥和中美洲是例外，那些地方的人口密度较高，人类的劳动也持续不断，较为久远，使其状况和欧洲相近）——只有两种情况：要么自然被完全征服，变成露天工厂而非农业区（西印度群岛的蔗田或美国大农业地带的玉米田，就是露天工厂）。要么就是我以下列举的一些例子所呈现的情况，人在一个地域内居住相当的时间，这时间长到足以把该地毁掉，但又没有长到能够发展出一种缓慢的、持续性的共生关系，使那个地域具有自然人文景观的尊严。像圣保罗的近郊、纽约州、康涅狄格州，甚至是落基山区，我渐渐认识到一种比欧洲更野性的自然景观，那些地区由于人口密度较低，耕作的方式较粗放，其景观却又缺少任何真正的活泼生气，结果是一种受残虐破坏的状态，而不是真正的原始景观。

这些足足有一个省份那样辽阔的地区，目前是一幅残败景象，但以前曾有人居住过，虽然只住了很短一段时间。住了很短一段时间以后，那些人继续迁徙，留在背后的是一片受毁伤的地景，随处可见人类以前活动的遗痕。在这些“战场”上，这些曾有人与陌生的土地搏斗了数十年的战场上，一种千篇一律的植物相正慢慢在一片混乱中重新出现，这些植物很容易使人产生错觉，因为过去那些争斗的模式与记忆，被埋藏在它们伪装出来的无邪外表底下。

圣保罗市

有些人戏谑地将美国定义为一个直接从野蛮进入衰颓的国家，中间没有经过文明阶段，我想这种说法更适合用来描述新世界的城镇。新世界的城镇从新鲜直接进入衰败，中间没有成熟期。有一个巴西女学生第一次到法国，不久后泪眼汪汪地跑来拜访我，她觉得巴黎那些因岁月而显得阴暗的建筑物很脏。她评断城镇的唯一标准，是看它有多明亮、多干净。但是那些纪念性建筑物引起的超越时间的沉思，那些最漂亮的城市所拥有的亘古常新的生命，那些不是单纯为了满足都市生活功能，还能触发沉思与怀想的建筑物，都是美洲城镇所不具备的。新世界的大都市，无论是纽约、芝加哥还是圣保罗（常被人拿来做比较的城市），令我印象深刻的，并不是这些城市都没有什么历史的痕迹；缺乏历史的痕迹，正是这些城市的意义里不可或缺的一部分。不像那些欧洲观光客，如果不能多看到一座十三世纪的天主教堂就满心不高兴。为了理解不同的文明形式，我很乐意去适应一种没有时间维度的系统，但这使我犯了另一种错误：由于这些城镇是新的，它们的存在及其合理性都源于其新鲜性，因此我觉得它们如果不能永远保持新貌就不可原谅。欧洲的城镇历经几个世纪的时光流逝而变得更为迷人，岁月却只会给美洲的城镇带来衰败。理由不只是后者是新建的，还包括当初建造时就准备很快重建，因此建筑简陋随便。在建造新市区时，建造者并没有将它视为整个城市构造不可分割的一部分；新市区太俗丽、太新、太欢乐，更像是大型游乐场里面的摊子，或国际博览会场的展览馆，只建来使用一段短暂的时间。那段时间一过，游乐场关闭，巨型的便宜货开始颓败，外立面装饰逐一剥落，雨水与黑烟留下污秽的痕迹，建筑形式过时，各地的旧建筑在新兴建筑风潮下被拆毁，原先的规划消失无踪。新世界城镇与旧世界城镇之间的对比，并非新城镇与旧城镇之间的对此，而是演化周期很短促的城镇与演化周期很漫长的城镇之间的对比。有些欧洲城镇慢慢地衰落，变得迟钝麻木；新世界的城镇则在一种慢性疾病的长期煎熬之下狂热地活着，它们永远年轻，但从不健康。

我在一九四一年第一次去纽约和芝加哥，在一九三五年第一次去圣保罗，令我印象最深刻的，倒不是这些地方是如此新，而

是这些地方过早地老化。这些城市没有长达十个世纪的历史并不令我吃惊，最令我瞠目结舌的是发现这些城市有很多区域居然已存在五十多年，且破败残迹随处可见而不以为耻。它们唯一能引以为傲的就是它们的年轻——一种转瞬即逝的特质——不论是城镇还是生物都一样。那处是生锈的旧铁、像消防车的红色有轨电车，桃花心木装潢的酒吧里面有擦得闪亮的铜栏杆；无人居住的街道上有砖造仓库，街道垃圾只交给风来清扫；建得像大教堂一样的证券股票交易所与办公大楼底下是几间简陋的教堂；沟渠、吊桥与天桥构成一片交错的峡谷，一大堆阴暗的建筑物耸立其间；城镇越叠越高，因为新建筑就盖在残留的旧建筑上。这就是芝加哥，美洲形象的最佳代表。新世界深以十九世纪八十年代的芝加哥为傲是有道理的；在它不停追逐更新重建的过程中，唯一值得称道的就那么短短五十年的时间，五十年对我们历史悠久的社会来讲太短暂了，但由于它缺乏时间的深度，也就足以提供一个可以对那一闪即逝的青春眷恋不已的机会。

在一九三五年，圣保罗市民很骄傲地说，他们的城市平均一个小时就盖好一栋新房子。那时候他们说的一栋房子，指的是独门独户的房屋；我相信建筑的速度目前仍然一样，不过，现在的一栋房子大概是指整栋公寓或办公大楼了。城市发展的速度太快，要拿到一张准确的地图几乎不可能，得每个星期新印一份修订版才行。有人说，如果你搭出租车去赴约，万一你早几个星期到达约定地点的话，可能会发现建筑商还没把那栋建筑盖好。情况就是如此，但是回想起这些几乎是二十年前发生的事情，就像看一张褪色的照片一样。这些回忆或许有些记录价值；我把这些回忆写下来，就算是给市政府的档案室用吧！

那时候人们都说圣保罗是个丑陋的城市。市中心的建筑物过分虚有其表，过分老式，装饰贫乏而虚假，整栋建筑因结构过于粗糙而显得更糟糕。建筑物上的雕塑和花卉装饰用石膏制成，而非石头，石膏上涂了一层黄色，用以做出古色古香的感觉。整体看来，城镇建筑给人的印象是粗制滥造、千篇一律、颜色混乱，建筑师使用油漆的目的不仅是保护建筑物，而且是遮掩其缺陷。

至于那些石造的建筑，大都是十九世纪九十年代的豪华风格，不过所使用的材料过分厚重；而且这些建筑的装饰较贫乏。其他地方所见的种种装饰图案，那受压抑、被扭曲的形状，让人想起麻风病留下的疮痂。过分花哨的颜色使得阴影更显黑暗，街道太窄，那薄薄的一层空气无法营造氛围，结果使人觉得不够真实，好像在眼前的不是一个城镇，而只是一个有立体感的错觉画，临时搭建起来供电影或舞台剧做背景用。

错觉画（trompe-l'oeil），在二维平面上画出三维空间的视觉效果。

然而我倒从来不认为圣保罗是丑陋的。圣保罗是个野性城镇（wild town），就像几乎所有的美国城镇——唯一的例外是华盛顿那样。华盛顿既不具野性，也未被驯服，只是因被朗方关在辐射状街道所形成的牢笼里而心烦意乱。而圣保罗在那时仍未被驯服。它建在一个向北延伸的台地上面，位于两条小河的交汇之处。这两条小河分别是安罕加保河（Anhangabaú）与塔曼度阿特河（Tamanduatei），两者最后都流入铁特河（Tietê）——巴拉那河的支流之一。圣保罗

译注：皮埃尔·查尔斯·朗方（Pierre Charles L'Enfant，1754—1825），法裔美国人，建筑师、华盛顿的城市规划者。

原先只是印第安人地域里的一个传教据点，早在十六世纪的时候，葡萄牙的耶稣会士就想把原住民聚集起来，将文明的好处介绍给他们。在一九三五年站在面向塔曼度阿特河的山坡上俯视布拉斯（Braz）与佩尼亚（Penha）等工人住宅区，仍然可以看到几条省城的小街道，可以看见长满草的方形广场，四周是些有着瓦顶、白墙、细铁栅窗户的矮房子。广场一侧有一间简朴的小教堂，唯一的装饰是建筑的正立面上端以双层支架撑起的巴洛克式山墙。往北更远的地方，铁特河的银色河水流过许多低洼地，那些沼泽渐渐被改造成城镇，两旁是一系列不规则的郊区建筑。在那后面就是商业中心，其风格仍然维持着一八八九年博览会时候的样子。主教座堂广场（Praca da Sé）像是建筑工地或废墟。还有著名的三角区（Triangle），圣保罗以此区为傲的程度，不亚于芝加哥看待它著名的卢普区（The Loop）。圣保罗的三角区是个商业区，位于迪雷塔街（Direita）、圣本笃街（Sao Bento）与十一月十五日街（Quinzede Novembro）三条街的交会之处。这些街道上到处都是招牌，挤满商人与上班族，他们所穿的深色西装表示遵从欧洲与北美洲的标准，并且他们对此感到相当自豪。他们的城市虽然位于赤道，但处在海拔八百米的高处，这使他们免于热带气候之苦。

圣保罗市一月的雨并不是“从天而降”，而是由四周的湿气凝聚而成，好像到处都是的水蒸气凝结成雨点，急促浓密地落下来。雨滴又好像因为必须穿过与它们成分相近的蒸腾热气而受到阻拦，并不像欧洲的雨那样垂直或斜着落下来，而是像一种苍白的闪烁物，数不清的水珠穿过一层潮湿的空气倾泻而下，好像稀薄的木薯粉汤所形成的小瀑布。雨也不会因为乌云移开而停止；雨停是因为泄掉一定量的水分以后，静止停滞的空气就消去了原来过于饱和的湿气。然后天便放晴，一片片浅蓝出现于淡黄色的云彩之间，先前降下的雨水正如阿尔卑斯山的激泉流过街道。

在台地的最北端，大型的筑路工程正在进行，这是圣若昂大道（Avenida São João）的起点。圣若昂大道是一条几公里长的快速道路，沿着铁特河和往北去的旧路修筑，通往伊图（Ytu）、索罗卡巴（Sorocaba）和坎皮纳斯（Campinas）的种植园。这条路的起点是台地的前端，然后沿着山坡往下，穿越拆毁建筑所形成的废物堆。右侧是直通往车站的弗洛伦西奥-迪阿布雷乌街（Florencio-de Abreu），两旁都是叙利亚摊贩。叙利亚人开的商店为内陆居民提供各种便宜货物。沿路有些安静的店铺，还有些手工艺者在制造马具——皮制马鞍、厚棉织马毯、镶银边的鞍辔，这些手工艺品的销售对象是住在丛林附近的庄园主人和他们的跟班——不过，这还能维持多久呢？这条大道接着绕过一栋摩天大楼——粉红色的马蒂内利大厦（Prédio Martinelli），当时全圣保罗只有这么一栋，且尚未完工。穿过伊丽榭区（Campos Eliseos）——以前是有钱人的住宅区——此处上过漆的木造房屋颓败不堪，花园里面长满尤加利树和芒果树。接着是工人居住的圣伊菲热尼亚区（Santa Ifigênia），其旁边是个风化区，妓女在有阁楼的小屋窗口招揽客人。最后是位于城区边缘的佩尔迪济斯（Perdizes）和阿瓜布兰卡（Água Branca）等中下阶层住宅区，此区的路也还在修筑，要连接到西南方更苍翠、更有贵族气息的帕卡恩布山坡（Pacaembu）。

台地越往南边越高，不算宽的街道逐步上升，在顶端山脊附近与保利斯塔大道（Avenida Paulista）会合，两旁是一些以前算规模庞大的住宅——半个世纪以前住着百万富翁，其建筑风格使人想到赌场附近的酒馆。在最顶端东侧的街道俯视平原，俯视帕卡恩布的新市区，可以看到一栋栋别墅散布于弯弯曲曲的街道两旁，中间点缀着蓝花楹树的紫蓝色花朵，两旁是长满草的小丘和黄褐色的泥土堆。但百万富翁早已离开保利斯塔大道，伴随着城镇扩大的过程，他们跟着搬下去，住进了山南那些街道弯弯曲曲的安静住宅区。他们住的是加利福尼亚风格的大房子，用含云母的水泥盖成，配上锻铁打造的栏杆，远远地坐落于宽广的庭院深处，隐约可见。那些庭院是从附近的矮树林里开辟出来给有钱人建筑华厦用的。

水泥建筑旁边就是放牧乳牛的草地，整个区域像海市蜃楼般突然出现，两旁建有宫殿般的大房子的街道会突然在峡谷前中断。在峡谷里面，在香蕉树与满溢的污泥水流之间有不少竹构泥墙的小房子，房子里面住的是黑人，像里约热内卢那些住在山坡上的居民一样。满溢的污泥水流不仅是他们饮用的水源，也是他们的阴沟。山羊在山坡上奔跑。有一些地段被规划来融合这城市所有的特色，举例来说，在两条通向海边的街道末端，有一座桥横跨安罕加保河的深谷，那也是城镇的主要大道之一。下面有一个英国式的公园，草地上面有雕塑与凉亭；同时也有城镇里面的主要建筑，沿着两片山坡上升，包括埃斯普拉纳达大旅馆、汽车俱乐部、一家负责电力和公共交通的加拿大公司的办公楼。这些建筑造型各异，在一种纠结的混乱中互相瞪视。这些不协调的建筑物，好像一大群哺乳动物在傍晚时分齐集围绕着一处水源，犹豫不动好几分钟的时间，因为它们都被一种比恐惧更为急迫的需求驱策，不得不暂时与敌对的种属混杂在一块儿。动物的演化速度比城市生活的演化速度要慢很多；如果我今天还能看到同样的景象的话，那么我可能会发现杂交的种群已经消失，被一群更具活力、更为同质的摩天大楼种属踩在脚下。摩天大楼坐落于河岸两旁，而河流本身可能都已化为水泥的汽车大道。

住在这种水泥丛林里面，圣保罗市的精英分子就像他们心爱的兰花之类的花卉一般，本质上是一种远比他们自以为的更欠缺活力的充满异国风味的植物。植物学家说热带植物比温带植物更为多样，有时候一种热带植物只存在少数几个个体。当地的上层阶级把这种特殊化倾向推到了极致。

任何社会的大小都是有限制的，而圣保罗能分配给这些精英分子的“有用”角色并不太多。所有适合现代文明的职业、品味与兴趣，都可以在圣保罗找到，不过每一种都以一个人为代表。我们的这些朋友实际上并不是自由自在的个人，而只是一些功能，他们扮演某些角色并不是因为他们本身很重要，而是因为他们就近在身边。他们是天主教徒、自由主义者、拥护波旁王朝的正统主义者、共产主义者等；或者，换一个层面来看，美食家、书籍收藏家、名种狗或名种马爱好者、传统绘画专家、现代绘画专家等；还有地方史专家、超现实主义诗人、音乐家与画家。这些职业都不是因为从业者真正想要更深入了解某一领域的知识而存在；如果有两个人——由于搞不清楚状况或者出于嫉妒而蓄意这么做——居然进入同一个或两个非常相似的领域里，他们唯一

的念头就是把对方毁掉，坚持而且凶狠。然而，邻近的不同领域之间也常会进行文化交流，展示极度的相互尊重，原因是每个人都不仅想维护他自己的专业，而且想把社会学的圆舞曲跳到完美的地步，这种社会学圆舞曲的表演似乎给圣保罗社交圈带来了永无止境的欢乐。

必须承认的是，有些角色的确演绎得异常生动活泼，这得感谢那些得到大笔遗产的富人。他们有天生的吸引力和后天培养的临机应变能力，两者融合起来，使得在圣保罗的客厅里消磨时间成为既令人非常愉快又令人非常失望的休闲活动。不过，由于必须保证每一种社会功能都有人承担，才能使圣保罗这个小天地完善圆满，才能使伟大的文明游戏能继续下去，结果便造成不少矛盾现象：共产主义者事实上可能是当地封建大地主的巨额财产继承人；一个充满道学色彩的社交圈可能会纵容其成员之一——但也只能有一个，因为总得有个前卫诗人——在公共场合带着情妇出现。有些功能只能靠一些人临时权充：犯罪学家是个牙医，他说服警方用下巴骨的石膏模型来取代指纹作为证明身份的方法；一个保皇主义者以毕生之力收集全世界的皇室家具，他的客厅四壁都是盘子，只留下了一些必要的空间放保险柜，保险柜里收藏的是诸位女王的侍女的来信，信中表示她们会多加留意他所寻求的高贵陶瓷。

这种社会层次的特殊化，伴随着对各式各样知识的兴趣。受过相当教育的巴西人会生吞活剥各种指南手册和平庸作品。法国的部长们本来可以明智地设法了解其中的原因，而不是在国外自夸法国无可比拟的优越性。很遗憾的是，即使在那个年代，法国的优越性也并不在于日益衰退的科学创造性，而在于还有很多法国学者仍有能力把一个困难的问题说得浅显易解，但是对于解决那些问题，他们自己的贡献极为有限。在这一点上，南美洲偏好法国，有一部分原因是两者之间有一种默契，这种默契的基础是“两者均有消费者倾向，还会协助对方成为消费者，而不是生产者”。巴西敬佩的法国名人——巴斯特、居礼、涂尔干——都才刚过世没多久，这一点倒是足以构成法国大占巴西便宜的理由，法国为这些好处所付出的利息实在微不足道，可是巴西却更加高兴，因为这些挥霍无度的消费者宁可花钱而不愿投资，法国所做的只不过是使他们免于因为知道自己拥有多少资产而烦恼。

即使只是扮演知识掮客的角色——当时的法国正逐渐沦落为扮演这种角色——法国似乎也干得很吃力，想到这一点不免令人悲从中来。我们法国人在探讨科学与知识时，似乎仍然是十九世纪延续下来的那种心态的奴隶。十九世纪的时候，每个知识领域的范围有限，只要具备传统法国知识分子特质——接受博雅教育，思维敏捷、清晰、有逻辑，再加上良好的文字能力——就能够完全掌握整个知识领域；光凭个人的工作，就足以重新检视整个知识领域，然后提出他自己的新的综合结论。不管喜不喜欢，现代科学与学问都不再容许这种手工艺人式的研究方法了。以前可以靠个别专家替他的整个国家赢取荣耀，现在却得靠整群专家合作才行，而整群专家正是我们缺少的。在这个时代，私人图书馆和私人藏书只能收容某些有特殊意义的书籍，而法国的公立图书馆既狭小又没声誉，也没有研究助理，甚至连给读者坐的椅子都不够，非但无助于研究工作，反而会阻碍研究。简而言之，目前的科学与

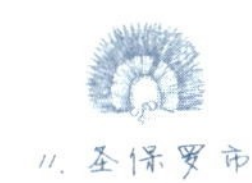

智识创造是一种集体性事业，研究者多半是一些默默无闻的人，而对于从事这种研究工作，我们的准备可以说是严重不足到了极点，我们过分地把注意力放在赞美我们那些老一辈名家轻易获得的成就上。这些老一辈名家的风格无从挑剔，可是他们自己在没有乐谱可以弹奏的情况下，光凭完美的风格还可以再撑多久呢？

一些比较年轻的国家已经得到教训。以巴西为例，它以前也曾经有过一些（不太多）由个人取得的辉煌成就——欧克利德斯·达·库尼亚、奥斯瓦尔多·克鲁斯、查加斯和维拉-洛博斯——一直到最近为止，文化一直是富人的玩意儿。寡头执政者觉得有必要培养一种公民的、俗世的公众意见来制衡教会与军队的传统影响力，他们决定让更多民众享受文化，因此创立了圣保罗大学。

我仍然记得，我初抵巴西参与创立大学的时候，对巴西籍同事的低微地位抱持着同情与厚道的怜悯。看着这些待遇极低的教授不得不另外打零工以求温饱，我为自己属于一个拥有长远文化历史的国家而自豪，在我自己的国家里，专业人员既有安全感又受人尊重。当时我完全没想到，二十年之后，我勤勉的学生们在大学里担任教授，而那些大学里有些部门的教师编制比我们的

欧克利德斯·达·库尼亚（Euclides da Cunha，1866—1909），巴西新闻记者、社会学家、作家。

奥斯瓦尔多·克鲁斯（Oswaldo Cruz，1872—1917），巴西医学家。

卡洛斯·查加斯（Carlos Chagas，1879—1934），巴西医学家。

海托尔·维拉-洛博斯（Heitor Villa-Lobos，1887—1959），巴西作曲家、指挥家、大提琴家。

还多，设备也更好，有完善的图书馆可供使用。如果我们有那种图书馆设备，该是多么令人高兴的事。

不过，这些挤入我们讲堂的年纪不等的男女学生，混合着热情与怀疑的心情，必须补足一大堆课程时数才能真正赶上大学生的水平。他们之中有些是急着取得文凭的年轻人，以便争取需要文凭才能担任的职务；有的已经是律师、工程师和有地位的政治人物，他们觉得自己不久之后就必须和拥有大学学历的人竞争，而他们自己以前并没有明智地把书念完。所有学生都染有一种具破坏性的、自以为深知世故的心态，部分源于早已过时的所谓十九世纪巴黎生活的法国传统，这个传统由几个巴西人带回祖国，他们像极了梅亚克和哈勒维创作的滑稽歌剧里面的人物；但主要的是一种特殊的“社会疏离”的症状，那种社会疏离发生于十九世纪的巴黎，而圣保罗与里约热内卢当时正在以自己的方式重新上演一次——我指的是城乡差距的扩大，城市的发展牺牲了乡村，使得刚刚经历都市化的小区和居民不愿意与粗犷的质朴有任何瓜葛，那种乡村质朴的天真在二十世纪的巴西是以乡下蠢蛋（caipira）为代表的，就像在巴黎上演的通俗喜剧里面以来自阿尔帕容（Arpajon）或夏宏顿努（Charentonneau）地区的人物为代表一样。我还记得一个例子，具体表现了这种颇值得怀疑的幽默。

亨利·梅亚克（Henri Meilhac，1830—1897），卢多维克·哈勒维（Ludovic Halevy，1834—1908），两人都是法国剧作家，长期共同创作。

巴黎市内的圣殿大道（Boulevard du Temple）上剧院林立，且以上演通俗喜剧居多，这些剧院因此又被称为“大道剧院”（theatre du boulevard），同时也成为通俗喜剧的同义词。

圣保罗市中心有很多条街道往外延伸。那些

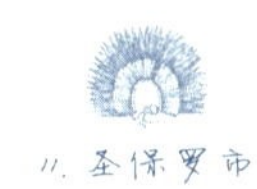

街道长达三四公里，但仍然维持着一种乡村的外观。在其中一条街道中央，意大利移民竖起一尊奥古斯都（Augustus）的雕像。这雕像有真人一般大小，是某个古代大理石雕像的复制品，虽然不见得有什么艺术价值，但在一个没有任何东西足以用来纪念发生于二十世纪以前的任何历史事件的城市里面，有这样一尊雕像总是值得称赞的。然而，圣保罗人觉得，雕像的那只举起来行罗马式敬礼的手臂表示的意义是“这就是卡里多（Carlito）住的地方”。那只敬礼的手所指的方向正是卡洛斯·佩雷拉·德·苏扎（Carlos Pereira de Souza）的住宅所在。他是一个有影响力的政治人物，曾担任过部长。那栋房子是宽敞的平房，用砖与泥建成，外面刷上一层灰色的石灰——二十年下来那层石灰已日渐剥落，房子上面有卷轴形装饰和圆形花窗，显示出殖民地时代的豪华气派。

名叫Carlos的人经常会被亲昵地称为Carlito。

一般人认为奥古斯都穿的是短裤，不过这只能算是半个笑话，因为大多数路过此处的人从来没听说过罗马人的短裙。这类笑话在雕像落成典礼后不久就传开了。在当天下午奥迪翁（Odeon）戏院的两场“豪华”级的放映场次里，那些笑话又被重复多遍，大家一边说一边互拍肩膀，乐不可支。圣保罗的中产阶级创造了每周放映一场票价较贵的电影给他们自己看的惯例，免得接触到那些下层群众。他们借着关于奥古斯都雕像的笑话来报复一下那些竖起雕像的意大利移民。圣保罗的中产阶级认为，都是因为自己太大意，才让那些在半个世纪以前来到巴西街头卖领带的意大利移民，现在居然也有了他们自己的贵族阶级，拥有街道两旁最醒目、奢华的住宅，并且出钱竖起奥古斯都的雕像。

我们的学生想要学习所有的知识，但是不论他们学的是什么，都觉得只有最近、最新的理论才值得熟记。一方面，他们对知识史上过去的伟大成就毫无兴趣，对于那些昔日成就，他们所知道的也仅止于道听途说，因为他们不读原典，永远只对刚出炉的东西兴致勃勃——用烹饪来描述他们也许不如用流行时装来得贴切——他们对观念和理论本身并没有什么兴趣，那只是他们取得声望的工具，最重要的是哪个人抢先听到那些观念和理论。与其他已经知道那些观念和理论的人分享讨论，就好像穿一件别人已穿过的时装赴宴一样，属于相当丢脸的事情。而另一方面，他们又激烈地竞争，阅读一大堆流行杂志、八卦期刊和速成指南，比赛看谁能够最早拥有知识领域的最新说法的垄断权。我和同事们都是经过严格学院训练的人，常被这种现象弄得很尴尬。我们在学生时代被训练成只能对那些完全成熟的观念表示尊重，现在却要面对学生的攻击，他们一方面对过去一无所知，另一方面却又比我们早好几个月获得最新信息。然而，他们尽管对学问并没有兴趣，对方法论毫无概念，可是又觉得博闻多识是他们的责任，结果是，不论写的题材是什么，他们的论文都千篇一律地以人类大历史做开头，从人猿时代讲起，然后引几句柏拉图、亚里士多德和孔德的名言，结尾时再引述一下那些产量多到夸张的作者所说的话。那些浮夸的多产作者的话最受欢迎的原因是它们晦涩难懂，其他人曾经剽窃过其想法的机会很小。

奥古斯特·孔德（Auguste Comte，1798—1857），法国哲学家、社会学家。

这些学生把大学视为十分诱人但有毒的水果，他们没见过世面，大多是穷苦出身，没有任何到欧洲去的希望。上层阶级人士

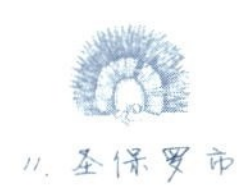

把我们远道请来教导学生，而学生基于下面两个理由深深厌恶上层阶级人士：首先，上层阶级代表精英统治分子；其次，上层阶级自己采取的是一种世界性的生活方式，这种生活方式使他们比那些不得不被困在自己国家里的人占便宜，而这种生活方式同时也使他们与自己国家的生活和期望隔绝。由于我们和上层阶级来往，因此受到怀疑，但我们又是带来知识果实的人，于是学生有时候回避我们，有时候讨好我们，有时候兴致盎然地听我们讲课，有时候则置若罔闻，如聋似哑。教授的影响力，可从跟班学生的数目多寡来衡量。不同的学生群之间，以他们喜爱的教授为名义彼此竞争声望和地位，教授有时成为受益者，有时成为受害者。葡萄牙文的 homenagens 就是向老师表示敬意的仪式，通常以午餐会或茶会的形式举行。这些仪式所费不赀，也因此使之更为感人。教授的地位和他们所专长的学科的声望，在这些仪式中像股票证券一样起起落落，所依据的标准是聚会地点的昂贵程度、与会人数的多寡，以及同意参加聚会的社会名人或官方人物的重要性。由于每个主要国家在圣保罗都有“使馆”——代表该国家的餐馆饮食店，例如英国的茶店、维也纳或巴黎的点心店、德国的啤酒馆等等，因此选择在哪里聚会本身就具有很多微妙的含义。

如果我以前那些可爱的学生里面有人现在是我可敬的同行，并且读到上述几段文字的话，我希望他们不要生气。当我想起他们的时候，照他们的习俗，想到的是他们的教名，那些教名在欧洲人听起来不免怪异，不过从教名种类之繁多来判断，他们的父母毫不迟疑地从人类历史的所有阶段里挖掘出了可爱的名字——Anita、Corina、Zenaida、Lavinia、Thaïs、Gioconda、Gilda、Oneida、Lucilla、Zenith、Cecilia、Egon、Mario-Wagner、Nicanor、Ruy、Livio、James、Azor、Achilles、Decio、Euclides、Milton 等等。在我想起早期那段充满实验性的时光时，一点都没有嘲笑的意思；完全相反，那段时光让我明白，发展程度的时间落差其实不是什么长期稳定的优势。想到那个时候的欧洲，把它和今天的欧洲比较一下，再眼看着这些年轻的巴西人，在几年的时间内就弥补了知识上的大幅差距——这种差距原本被认为会使发展延迟好几十年——我因此渐渐了解社会形成与衰退的道理；我同时也了解到何以教科书上都说巨大的历史变动是无名的力量在难以言明的方式下发生作用的结果，它也可以在某个清澈明朗的时刻，由少数几个有才能的年轻人以充沛活力和坚决信心去推动。

第四部

地球及其居民

城镇与乡野

在圣保罗市居住，想成为“星期天人类学家”是可能的，但倒不是因为在郊区有很多印第安人可供做人类学研究。事实与原先别人告诉我的情报有很大的出入，因为郊区居民大都是叙利亚人和意大利人。最接近圣保罗的一个有点人类学观察价值的地方，是十五公里外的一个落后的村子，住在那里的衣衫褴褛的居民有金色头发和蓝眼珠，这些体质特征泄露出他们是德国人后裔这个事实。十九世纪二十年代，几群德国移民在巴西最不具热带特质的地方定居，住在圣保罗附近的移民已和当地贫穷的农民融

合，无从分辨；再往南一些，在圣卡塔琳娜州（State of Santa Catarina）的小镇，例如茹安维尔（Joinville）和布卢梅瑙（Blumenau）等地方定居的移民，则使这些小镇仍然带有十九世纪的气氛。那些小镇周围长满智利松，镇上房子的屋顶尖而斜，街道都是德国名称，蓄着仁丹胡的老人坐着抽瓷头的长烟斗。

圣保罗附近还有一大堆日本人，但他们很难接近。他们是整批办理入境的移民，由移民公司提供旅费，并保证抵达之后有地方住，然后他们被分配到内陆的农场去。那些农场既是村落也像军营，有学校、工厂、医院、商店和娱乐场所，一切公共设施都齐全。这些移民在那里住了很长一段时间，完全与世隔绝，这种孤立有一半是自愿的，有一半则是整体移民制度鼓励的结果。他们慢慢归还欠移民公司的钱，剩下来的则交移民公司代为保管。移民公司会在很多年后送他们回日本，使他们可在祖先的土地上安享余年，至于那些时间未到即死于疟疾的人，移民公司会负责把遗体运回日本。整个庞大计划组织的重点是使这些移民不觉得他们已经离开日本。但是这样做的理由是不是纯粹基于财务、经济或人道上的考虑，则不无疑问。

想要到“海外移住组合联合会”（Kaigai Iju Kumiai）或“巴西拓殖组合”（Brazil Takahoka Kumiai）等公司的办公室去非常困难；想要到那些农场去看看，或者进入那几乎是另一个世界的，有整套的旅馆、医院、砖窑、锯木厂等等可以使整个殖民区域自给自足的地方，更是难上加难，这证明整个移民计划背后还有更深一层的计划。那个计划产生了两个互相关联的结果：一是在那些经过仔细选择的地点建立完全孤立的移民据点；二是在开垦农业用地的同时，也费心地做一些考古工作，考古工作的目的是强调前哥伦布时期遗址的出土物和日本新石器时代遗物的某些相似处。市中心工人住宅区市场的一些店主是有色人种，或者更正确地说——因为在一个种族如此复杂，而且直到最近都还完全没有任何种族歧视，鼓励各种族群通婚的国家里，“有色人种”这个名词实在没有什么意义——在市场里面可以试着去区分黑白混血的姆拉托人（mesticos）、白人与印第安人混血的卡博克洛人（caboclos），以及黑人与印第安人混血的卡富索人（cafusos）之间的差异。至于他们所卖的货物则风格殊异，毫无混合的迹象：印第安人卖的peneiras（筛子）就是典型的印第安人用来筛木薯粉的筛子，那是用竹子做成的格子花样的手工艺品，周围有一圈竹条。abanico（扇子）也是印第安人的传统手工艺品，这种东西颇值得研究，制作的材料是一片棕榈树叶，把原本分散会透风的叶子编织成一个严密的平面，用力摇动的时候可以扇风，这需要相当的巧思。由于编织扇子的方法很多，棕榈叶也有很多种，因此把不同的编织法与不同的棕榈叶结合起来，可以创造出各式各样的形状，而每一种扇子都代表对同样一个技术问题的不同解决方案。收集这些不同形状的扇子，就等于收集了对同一个技术问题的很多种不同解决方案。

棕榈主要有两种：一种棕榈的小叶片整齐对称地分布于叶干两侧；另一种棕榈的小叶片散开如扇形。第一种棕榈叶有两种编织方法：把所有叶片都折到同一边来编织；或者几片叶子一组分组编织，直角交错，然后把一组的顶端穿插到另外一组的底端，再反过来穿插编织。用这些方法可以编出两大类扇子：翅膀形与

蝴蝶形。蝴蝶形的扇子还可以分成很多种形状，在编织过程中同时使用上述两种方法，最后编织出来的扇子有的像汤匙，有的像球棒，有的像花圈，还有的像一种巨型的扁平发辫。

圣保罗的市场里面还有另外一种很吸引人的东西，即叫作 figa 或 fig 的吊饰。这种东西的形状像一只握拳的手，拇指从食指与中指之间突出来，这是古代地中海地区的一种吉祥象征，其造型代表的很可能是性交动作。在市场里面卖的那些 figa，有的用黑檀木制成，有的做成了银制的小护身符，有的则大如商店招牌，雕刻粗糙，颜色俗艳。我当时住的房子位于圣保罗市的顶端，是二十世纪初罗马流行的建筑样式，墙壁粉刷成褐色。那时候我在天花板上挂了不少 figa，像花环一样有趣。我在进入房子之前要穿过一片素馨花，素馨花之后是一座老式花园，我请屋主在花园的一端种了一棵香蕉树，好让我有身在热带的感觉。几年下来，这棵具有象征性的香蕉树已繁殖成一小片香蕉园，我因此可以收获自己的水果。

figa 这种吉祥物源于非洲，先传入地中海地区，再于十七世纪传入巴西。性交造型象征着富饶和生产。

这个故事源于一首葡萄牙古诗，描述了一艘叫作卡塔瑞内塔号（Nau Catarineta）的船，在一五六五年的航行中迷失方向，食物也耗尽了，必须抽签牺牲船员，此时又遇到恶魔现身诱惑，幸而得到上帝的帮助，最后顺利抵达目的地。

最后，在圣保罗的郊外有些乡野民俗值得观察和记录。五月节庆时，每个村庄都用绿色棕榈做装饰，一切都按照葡萄牙传统方式进行：重演摩尔人与基督徒之间的战役；举办“卡塔瑞内塔号”纪念游行——船用纸板糊成，上面有纸帆；到遥远的教堂去朝圣。那个教区收容了许多麻风病患，在那里到处都可以闻到品卡酒（pinga）的味道——品卡酒也是用甘蔗酿造的，但和朗姆酒很不一样，有时直接喝，有时会兑青柠檬汁喝。在品卡酒的气味中，混血的吟唱者穿着及膝的靴子和廉价的漂亮服饰，带着相当的醉意一边敲鼓一边互相挑战，比赛唱些讽刺歌曲。此外还有一些信仰和迷信，记载下来也相当有趣，例如躺在金戒指上面可以治疗针眼，或是把所有食物都分为不可兼容的两类，一种是热性食物（comida quente），一种是冷性食物（comida fria），吃错了会生病，另外还有其他各种有害的混合——鱼和肉类、芒果和酒类、香蕉和牛奶等等。

不过，在比较内陆的区域，更有趣、更值得注意的不是那些地中海区域传统的残留，而是一个正在成形的社会所喜爱的那些特殊的社会模式。要研究的题目仍然没变，仍然是过去与现在的问题，不过古典人类学研究一直都想用过去来解释现在，而这些地方却是仍然变动不居尚未定型的现在，似乎正在重现欧洲文明演化过程的一些很古远的阶段，就像是墨洛温王朝时代的法国，你可以眼看着遍布大型庄园的乡村里涌现出市镇和城郊来。

墨洛温王朝（Mérovingiens），或称梅罗文加王朝，存续时期为公元五世纪至八世纪。

正在形成中的各种小区与现代的城镇不一样。现代的城镇，其原有的特色都已被抹杀，很难在里面看出其形成过程的特有历史，所有城镇都变得愈来愈相像，只剩下一些行政上的区别。**此地的情形正好相反，每个城镇都可个别加以研究，像植物学家研究植物那样，从其名称、外观与结构，可以看出某个城镇属于人类创造出来加进大自然里的哪一个城镇界里面的哪一科。**

此处借用了生物分类法里的“界、门、纲、目、科、属、种”层级概念。

在十九世纪和二十世纪两个世纪当中，拓荒者所建立的边缘地带慢慢由东往西、由南往北移动。在一八三六年左右，圣保罗州只有北方——也就是里约热内卢与圣保罗市之间那一带——真的有人久住，并且渐渐往此州的中央地区移动。二十年之后，殖民据点开始在东北的摩吉安纳（Mogiana）和保利斯塔（Paulista）一带建立起来；到一八八六年的时候，移民已深入阿拉拉夸拉（Araraquara）、索罗卡巴（Sorocaba）和西北地区。在后面的这些地区，一直到一九三五年左右，人口数量和咖啡产量增加的速度都相当，而在北方那些开发比较久的地区，咖啡减产要比人口减少早上五十年。人口减少的现象直到二十世纪二十年代以后才出现，然而早在一八五四年，就已有很多失去利用价值的咖啡庄园被人遗弃。

这种用后即弃的空间利用方式，和与之相应的历史演化一样无法留下恒久的痕迹。只有那些沿岸的大城镇，例如里约热内卢和圣保罗，其城市扩张的基础稳固，看起来倒退不了：圣保罗的人口在一九〇〇年有二十四万，在一九〇二年有五十八万，在一九二八年有将近一百万，现在则早已超过百万。但是，在内陆地区，另外一种城镇出现又消失；不同的省份在同一时间内有的人口增加，有的人口减少。居民迁来移去，虽总数并不见得增加，但所形成的社会形式却有不同；“城镇化石”与“城镇胚胎”并存供人观察，让人可以在极短的时间里，在人力所及的范围内，研究到种种令人惊讶的演变转型，好像古生物学家比较不同的地质层，便可研究历经数百万年时间的生物演化的不同阶段一般。

一旦离开沿岸一带就必须记住的是，过去一个世纪以来，巴西的变化多而发展少。

在帝国统治时期，整个国家人口稀少，但分布相当平均。沿岸城镇的规模一直不大，内陆城镇则远比现在更具活力。有一个常被人遗忘的历史吊诡：在交通设施欠佳时，愈原始的交通工具愈有优势。在除了骑马以外别无选择的时候，人们可以毫不犹豫地在旅途上花费几个月的时间——而不只是几天或几个星期，可以毫不犹豫地前往只有骡子才去得了的地方探险。当时整个巴西内陆的生活，虽然速度缓慢，但稳定地进行着；河道上有定期航班，一小段一小段地走，整个行程长达几个月；像库亚巴（Cuiaba）与戈亚斯（Goyaz）之间的那条路，虽在一九三五年已被完全遗忘，但在一百年前却交通频繁，骡队来来往往，每一队骡子的数目在五十头到两百头之间。

除了一些最偏远的地区以外，整个巴西中部的那种从二十世纪以来便遭受忽略的情况并非本来就一直如此：这是沿岸地区人口和商业成长所付出的代价，是沿岸地区发展现代式生活的结果。内陆地区由于较难开发，便开始倒退，没有办法依照自己缓慢的脚步往前走。同样，开始使用汽船以后，距离被缩短了，那些曾经闻名世界的沿途停靠港口一一退出舞台。我不得不问，搭乘飞机旅行使我跳过的那些以前会停留的地方，是不是将出现同样的结果？无论如何，幻想机械进步会带来相应补偿也没什么害处：将清静和遗世独立交还给少许地区，以换回这世界被机械进步大举摧毁的隐秘性。

圣保罗州的内陆及其邻近地区，具体而微地说明了上述

这些转变。很多巴西沿海及河岸的城镇最初都是用以维持省区治安的军事要塞性质聚落，它们现在当然都已衰微或者荡然无存：里约热内卢的维多利亚、建筑在一座小岛上的弗洛里亚诺波利斯（Florianopolis）、建在岬角的巴伊亚和福塔莱萨（Fortaleza）、亚马孙河岸的马瑙斯（Manaus）和奥比杜斯（Óbidos），还有马托格罗索州的维拉贝拉（Vila Bela）——在瓜波雷（Guaporé）附近仍可看见它的遗迹，并且不时会有些南比夸拉（Nambikwara）印第安人去住。维拉贝拉以前是个以“丛林队长”闻名的驻军城镇，位于玻利维亚边界，也就是在一四九三年教宗亚历山大六世所画的那条象征性的界线上面，画那条线是为了解决西班牙王室与葡萄牙王室之间的领土争执，而当时新世界仍未被发现。

丛林队长（capitão de mato）负责指挥武装成员进入丛林搜索逮捕逃跑的奴隶。

哥伦布于一四九三年完成第一次航行之后，欧洲各国知道了美洲的存在，新一波殖民地争夺战势必展开。教皇为避免过多争端，于是划定了一条界线，此线以东属葡萄牙，以西属西班牙，这条线也被称为“教皇子午线”。当时美洲的绝大部分地区还没被欧洲人发现，因此这条线其实带有强烈的空想成分。

在北边和西边，仍可看到一些现在已无人居住的矿镇，还有已经颓坏的古迹——十八世纪夸张抢眼的巴洛克式教堂建筑。这些教堂仍然相当华丽可观，与周围的一片废墟形成对比。在矿坑还在被开采的时候，这些城镇充满活力，现在则陷入休止状态，不过在扭曲的圆柱间，每个空隙、每个转角、每一面有卷轴装饰的山墙、每一座披着服饰的雕像，却都似乎很急切地想要保存一些已破落的财富的蛛丝马迹。挖掘地下矿藏所付出的代价是毁坏自然，特别是那些被砍伐来给炼矿炉提供燃料的森林。城镇则像一场大火那样，在消化完其生存所依靠的资源以后，便枯竭败灭了。

圣保罗还令人想起其他历史事件，譬如十六世纪以来耶稣会传教士与庄园主（fazenderos）之间的斗争，两者各自拥护不同的殖民方式。耶稣会传教士在他们所控制的土地范围内，坚决地要把印第安人从其野蛮的生活方式中拉出来，把他们组织成一种受耶稣会控制的公社生活形态。在圣保罗州内的一些边远地区，这类最早期的村落仍可由其名称看出来——**阿尔德亚**或**米邵**等。这些村落规划得相当宽敞，功能安排也有特色：教堂在中央，前面是一个长方形广场，地面的泥土都夯得平坦坚实，现在已长满杂草，广场四周的街道交会处均呈直角，街道两旁以前是土著小茅屋的地方都盖了低矮的房子。

阿尔德亚（Aldeia）和米邵（Missão）在葡萄牙文中意为“村庄”和“使命”。

一方面，那些热带庄园的主人十分嫉妒教会所拥有的世俗势力。教会不但压低庄园主们所能征收的租税，而且迫使他们不能使用奴隶做苦工。他们组成各种惩罚性的征服队，破坏原住民与传教士之间的联系。传教士与庄园主之间的竞争，使巴西的人口结构分布具有一项特质：在最贫瘠的地区，仍保留着从阿尔德亚时代沿袭下来的乡村生活方式；而在那些众人争夺的土质肥沃之地，居民除了依附地主过活以外别无选择，他们住在规格一致的茅草或泥土小屋里，以便庄园主能随时监视。即使是现在，在一些铁路沿线仍然没有任何社区生活存在，每隔一定的距离就建一个车站，按照字母顺序取名——巴尔基纳（Barquina）、费利西达德（Felicidade）、利茂（Limão）、马瑞里亚（Marilia）等等（在一九三五年左右，保利斯大公司已用到 P 这个字母开头的

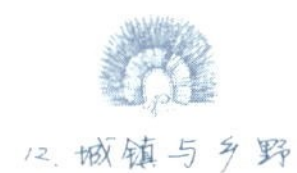

车站名称），整条铁路数百公里之内只在某些被称为“庄”的地方停车——巴纳纳尔庄（Chave Bananal）、孔塞桑庄（Chave Conceiçao）、埃莉萨庄（Chave Elisa）……这类车站就是为庄园服务的，当地住民围绕着庄园居住。

葡萄牙文的chave与英文的key约略同义。

另一方面，有些庄园主为了宗教性的理由，会把土地献给教区，结果这些镇区成为教堂财产，受某个圣人保护。另外一些镇区的创建则是基于世俗的理由：有的庄园主决定成为“人口繁衍者”（povoador，populator），甚至成为“城镇栽培者”（plantador de cidade）。在这类例子中，他们会用自己的名字为城镇命名，如叫作保罗市（Paulopolis）或奥兰迪亚（Orlandia）等等。有时候为了政治上的理由，则以名人作为城镇保护者，取名为普鲁登特总统城（Presidente Prudente）、科内利乌普罗科皮乌或埃皮塔西奥佩索阿……这些城镇的生命周期短促，并且不时更改名字，每次改名都代表城镇发展的一个新阶段。它们刚开始的时候可能只是有个非正式的名称。举例来说，荒野中出产马铃薯的地方会被叫作“马铃薯”（Batatas）；某个地方缺乏燃料用以煮食，或许会被叫作“生豆”（Feijão-Cru）；有的地方被叫作“无盐”（Arro-Sem-Sol），因为在到达那个地方之前可能存货都已用尽。然

普鲁登特·登泽·德·莫拉伊斯·巴罗斯（Prudente José de Morais e Barros，1841—1912），曾任巴西总统。

这个地名用来纪念科内利乌·普罗科皮乌上校（Coronel Cornélio Procópio），他死于一九〇九年。

埃皮塔西奥·佩索阿（Epitácio Pessoa，1865—1942），曾任巴西总统。

后，有一天，某个上校——只要是重要的地主或政治人物就都被称为“上校”（coronel）——想要在他所掌握的那几千亩土地上建立自己的权威，就去招募人员——有时候是雇用，有时候则把一些流浪汉抓来——于是“生豆”就变成了“莱奥波尔迪娜移民镇”（Colônia Leopoldina）或“费尔南多市”。随着时间的流逝，这些因个人野心或一时兴起而凭空创造出来的城镇，可能衰败、消失，剩下来的只不过是一个名字和几间小屋，人口愈来愈少，饱受疟疾和钩虫肆虐之苦。不过，有时候这样建立起来的城镇会生根，发展出某种集体意识，设法忘掉它起初不过是某位人物的玩物或工具而已。从意大利、德国和其他五六个国家刚刚移民来的新人口，也许会觉得需要扎下自己的根，便从字典里重新找一个名字——通常是图皮语的名字，认为这样改了城镇的名字以后，会给城镇带来某种始自前哥伦布时期的悠久形象：塔纳比（Tanabi）、沃图波兰加（Votuporanga）、图庞（Tupã）或艾莫雷（Aymoré）……

亩：市制单位，1亩约等于667平方米。

莱奥波尔迪娜移民镇：这个地名用以纪念莱奥波尔迪娜公主（Princesa Leopoldina，1847—1871）。

费尔南多市：这个地名用来纪念费尔南多·科斯塔（Fernando Costa，1886—1946），他是巴西农业学家、政治家。

河岸城镇则在铁路出现以后步向死亡，不过其遗迹仍偶然可见，作为一个已消失的周期之见证。一开始的时候，河岸上会盖几个小茅草亭子，盖一家小客栈，让乘独木舟的人有地方安心过夜，不会被印第安人偷袭。汽船被引进以后，每隔三十公里左右出现一个柴火港（portos de lenha），以便那些烟囱细窄的船只可以补充所需的木材燃料。最后，在每一段可以航行的河道两端

出现河港，在那些由于急流或瀑布而无法通过的地点，则出现船只搬运站。

在一九三五年的时候，有两种聚落不仅仍然保存着传统的外观，也保有一定程度的生命力。一种是在道路交会处的村落，被称为 pouso；另一种则位于丛林出入口，被称为 boca de sertão。当时货车已开始取代骡队或牛车队等老式的交通工具。货车使用跟骡队或牛车队一样的小径，由于路况很差，几百公里的路程都只能用一挡或二挡行驶，结果行进的速度和载货的牲畜差不多，也得在同样的地方停留，穿着沾满油渍的工作服的司机和一身皮衣的赶牲口者（tropeiros）坐在一起喝酒。

pouso，葡萄牙文，意为“着陆点”“上下车的地方”“码头”。

boca de sertão，葡萄牙文，意为“荒野的出入口”。

那些小径的实际情况和传言大不相同。其起源有很多种，有的是以前货运队走的旧路，用来输出咖啡、甘蔗、酒和糖，并运入盐、米、豆和面粉。这些路的中途，就在丛林密草中间，会设一些“登记站”（registro）：一个木造的马栏，旁边有几间小屋，一名衣冠不整的农民代表某个值得怀疑的权威当局索取过路费。既然有登记站，就表示另外还有一条更为隐秘的小径，专门用来逃避过路费，叫作免税路（estradas francanas）。最后，还有骡子路（estradas muladas）和牛车路（estradas boiadas）。在牛车路上，常可听见那种单调烦人的牛车声，接连不断地响个两三小时，不习惯的人会被弄到发疯，那是牛车慢慢接近时，车轴摩擦车身所发出的声音。这些牛车是古代地中海地区的设计，从史前时代以来就没什么改变，在十六世纪的时候传进巴西。车身很笨重，两旁有藤编护栏，车身直接放在车轴上面，车轴两端连着没有轮毂的轮子。拉这种车的动物，花在克服车轴与车身间的严重摩擦上的力气，要比花在把整辆车子往前拉上的力气还多得多。

此外，那些小径的路面情况，主要是动物、小汽车和卡车沿着大致相同的轨迹随意、重复碾压的结果。人们每次上路的时候都须尽量依据当时的雨势、泥土状态和植物生长情形，找出最方便的路径来走。路上形成了由凹沟和凸坡组成的迷宫，有时候汇集在一起变成一段宽达百米左右的道路，好像是丛林深处突然出现公路，让我想起法国塞文山脉夏季上山放牧时羊群走的山路；有时候又岔开成几条路，通往地平线上的每一个方向，使人无法知道这些米诺斯迷宫般的路线到底选哪一条，才不会在走了三十几公里以后发现迷失于沙地或沼泽荒草里面，白白浪费几个小时，既耗力又危险。在雨季时，这些小径都会变成无法通行的黏糊糊的泥巴河。雨季结束以后，第一辆开进小径的货车会在潮湿的路面上留下凹陷的车辙，这些车辙经过三天的干燥后便坚硬得像水泥一样，随后上路的车子不得不将轮子放进这些凹槽往前开。如果轮距和车底高度正好和第一辆货车一样，那么倒没多大问题。如果轮距一样，可是底盘较低，有时就会发现半路上车子突然悬空，卡在一块突起的小土堆上面，得用鹤嘴锹把土堆铲掉。如果轮距不同，就只能让一边的轮子在凹槽里面，另一边的轮子则在较高的路面上，就这样倾斜着开好几天，随时都有翻车的危险。

原文使用 Ariadne 做比喻，她是希腊神话中的克里特公主，协助忒修斯斩杀了米诺斯迷宫里的牛头怪。

我仍然记得有一次在这种小径上长途旅行的经历。库尔坦为那次旅行牺牲了一辆崭新的福特

勒内·库尔坦（René Courtin，1900—1964），法国经济学家，《世界报》（*Le Monde*）创办人之一。

汽车。莫局埃、库尔坦和我三个人决定开着那辆福特汽车，一直开到不能再往前开的地方去。那次旅行的终点在阿拉瓜亚河（Rio Araguaya）畔的一栋卡拉亚印第安人（Karaja）的小屋前面，离圣保罗一千五百公里。在回程途中，汽车前轮的避震弹簧断掉，引擎直接压在车轴上面。我们就这样开了一百公里，然后请一个村子里面的师傅手工打造了一根铁条，把引擎吊起来，又开了六百公里。但是，让我记忆最深刻的是在一片黑暗中连续开车几个钟头。当时我们心中相当焦急，因为不晓得我们所选的那道车辙是否会害我们走错路。圣保罗州与戈亚斯州的边界一带没什么村落。在黑暗中焦急地开了一段路以后，一个好像镶着许多星星的 pouso 突然出现在眼前。那些星星是电灯泡，由小发电机供电。事实上，发电机的噗噗声在此前几个小时之内早已隐约可闻，不过我们一直无法把它和夜间丛林的其他声音区分开来。那里的小客栈有时候有铁床，有时候有吊床，我们在黎明时分醒来，在城镇热门旅游区——或者说那是个广场——闲逛。那里有房子和店铺，还有很多行商和小贩——零售商、医生、牙医甚至巡回律师。

让·莫局埃（Jean Maugüe，1904—1990），法国哲学家，曾与列维-斯特劳斯一起在圣保罗大学任教。

可以想象这样的城镇在举行市集时的热闹情形。数以百计的农民全家出动从遥远的地方赶来，一趟路要走上好几天，不过这是他们一年一次的机会，可以卖一头小牛、一只骡子、一张貘皮或美洲豹皮，出售几袋玉米、稻米或咖啡，然后买一块棉布，一些盐、灯油和来福枪子弹。

城镇后方是一片高地，上面覆盖着矮树丛，偶尔长出几棵灌木。近年造成的侵蚀——大约是在半个世纪之前开始的森林砍伐——使高原表面出现一些麻子，好像是小心翼翼用凿子凿出来的一样。一两米的高度差别显示出台阶地的起点，也代表刚在形成中的峡谷。有一条溪流，相当宽但不深，比较像是一股溢流的洪水，而不像是有自己河道的溪流。旁边不远处有两三条平行道路穿过几片植被茂密的区块。这些植被茂密的区块环绕着一座瓦顶的房子，褐色的百叶窗支架、红褐色土地的反光，使那座房子用石灰粉刷过的闪闪发光的乳白色墙壁显得更为耀眼。一般人住的屋子后面都有草地，地面上的粗草被家畜啃得很短。那些屋子看起来好像是加了盖的市场，因为屋子前面是没有窗格的大窗户，经常打开。为了即将举行的市集，市集组织者准备了不少饲料，像甘蔗叶或棕榈嫩叶，用草绳一把把捆起来堆放在一起。来赶集的人在一垛垛草料堆之间靠着牛车扎营，那些牛车的车轮周围缀满钉子做装饰。在旅行途中，新编的藤边和用绳子固定的牛皮顶盖就是临时的遮风挡雨设施；当来到市集地点时，则用棕榈叶或白棉布靠着牛车后面搭起帐篷，在露天之中煮米、黑豆和腊肉，没穿衣服的小孩在牛群间嬉戏，牛嚼食着甘蔗叶，柔软的叶杆从牛嘴垂下，好像一道道绿色的水。

几天以后，所有人都走了，赶集的人全都回到丛林里面，留下 pouso 在阳光下打瞌睡。乡野生活只剩下每个星期天有人骑马来到多明戈镇（Villas de Domingo）喧闹一番——这地方在其他日子并不开放——这个两条小径交会的十字路口，只有几栋小房子和一个喝酒的地方。

前线地带

从沿岸地带往北走，会碰上亚马孙河流域连绵不断的森林区边缘；或者往西走，沿路一样是一片延伸到巴拉圭沼泽地的矮树林：同样的景象在巴西内陆一再重复出现。往内陆深入，村落愈来愈少，村落之间的距离愈来愈远。有时候是一大片辽阔的空间，被称为“干净的草原”(campo limpo)；有时候是一片长满矮树丛的地带，被称为“脏草原”(camposujo)；有时候则是被称为cerrado或catinga的两种不同的矮树林。

东北部以catinga居多，cerrado主要分布于戈亚斯州和米纳斯吉拉斯州。

朝着巴拉那州的方向愈往南走，离热带就愈远，火山形成的底层土及其所在的纬度使地理景观和生活方式出现很多变化。在这些地方，既可以看见原住民的聚落，在离文明中心不远的地方，也可以看见最现代化的内陆文明样式。因此，我到巴西以后所做的头几次旅行观察，便选择了巴拉那州北部地区。

巴拉那州与圣保罗州以巴拉那河为界，河岸对面是大片温和潮湿的松柏树林，只要花二十四小时左右就可抵达那里，但它们长得非常茂密，使庄园种植者长久以来望之却步。一直到一九三〇年，这片森林仍然原封不动，只有一小群一小群的印第安人在里面迁移不定，还有几名拓荒先锋——通常是贫困的农民——在里面清出小块土地种玉米。

我到巴西的时候，这地区正开始开发，主要是因为政府划出了三百万亩地给一家英国公司开荒，条件是该公司必须修筑公路和一条铁路。英国人计划把那片土地分割成小块，转卖给东欧和中欧的移民，但保留铁路所有权，认为运输农产品能使铁路维持营运。在一九三五年之前，整个计划进行得还不错，铁路也一步步地深入丛林。一九三〇年初，铁路只有五十公里长，年底增加到一百二十五公里，一九三二年增加到二百公里，一九三六年已有二百五十公里。每隔十五公里建一个车站，车站旁清理出一片一公里见方的土地，准备发展成城镇。沿线也出现了居民点，从最早的隆德里纳（Londrina）——有三千多名居民——开始，接着是诺瓦丹齐格（Nova Dantzig）——有九十名居民、罗兰迪亚（Rolandia）——有六十名居民，最后是阿拉蓬加斯（Arapongas）——在一九三五年的时候只有一座房子和一名居

民（他是一名法国中年人，穿着第一次世界大战所留下的绑腿，戴草帽，想要在荒野里面发一笔财）。专门研究这片拓荒前线地带的蒙别格告诉我，在一九五〇年，阿拉蓬加斯已有一万人口。

皮埃尔·蒙别格（Pierre Monbeig，1908—1987），法国地理学家。

骑马或搭乘货车沿着新筑公路往内陆走——这些新路都在拓荒前线地带的边缘，像高卢地区的罗马道路那样——几乎看不见任何人烟。这狭长的地带，一边是路，另一边则是顺着峡谷流动的河水。垦殖工作都从靠近河边的低地开始，再沿着山坡慢慢往上爬，不过，象征文明的公路仍然被森林包围着。山上较高处的森林在几个月或几年之内还不会有什么变化，然而，在河谷附近，在那些被砍伐下来的树干和树头之间，在那些红色或紫色的新辟土壤上，第一波收获已经出现。冬雨会把树干和树头都腐烂成肥沃的腐殖土，不过它们马上会被水冲刷掉，与原本要为森林补充养分的土壤一起被冲下山坡——森林被伐，已经没有树根可以抓住这些土壤了。在十年、二十年或三十年之后，这片“迦南地”（land of Canaan）很可能会变成一块干燥的不毛之地，形成一片荒颓的景观。

目前，移民们只想到这难得的富饶乐土。波莫瑞人或乌克兰人还没有时间盖房子给家人住，他们暂时和牲口一起在河岸旁用木头搭成的小棚屋里宿营，对眼前神奇的土壤满怀热情。这土地太肥沃了，像野马一样，得先驯服它，才能种棉花和玉米，不然的话，棉花和玉米会一直疯狂地长枝生叶，永远不开花结果。一个德国农夫带我们去看他用几粒种子种出来的那片柠檬园的时候，喜极而泣。使

译注：波莫瑞（Poméranie）是位于波兰西北部的一个地区。

这些北方人感到惊喜的不只是土壤如此肥沃，更可能是亲眼见到这些以前只在传奇故事里读到的异国果物。这一带地区位于热带与温带交界处，几米上下的高度差别就有明显的气温差异，他们因此可以种所有的东西，老家的植物和美洲的植物都种在一起。能够耽溺于这种农业娱乐使他们很高兴，他们把小麦、甘蔗、亚麻和咖啡等都种在自己的土地上。

这些年轻的城镇全都是北欧风貌，新移民与老移民住在一起。有日耳曼人、波兰人、俄罗斯人等等，意大利人比较少——他们大约在一个世纪以前集体移居到了巴拉那州的南部库里蒂巴（Curitiba）附近。那些房子用木板或只稍微修整过的树干来建造，很像中欧和东欧的房子；人们使用四个车轮都有轮辐的敞篷马车，而不是伊比利亚半岛形式的牛车。此地急速成长的前景，也比像牛车这类令人意想不到的远古遗存物更令人兴奋。本来什么都没有的空间，一天一天地具备城镇的架构。像胚胎细胞分裂一样，这些地方在转变过程中渐渐形成各种专业化的群体，各有各的功能。隆德里纳早已是组织完整的城镇，有大街、商业中心、手工艺区和住宅区。但是，是什么样的神秘力量使原本的无人地带出现像罗兰迪亚、阿拉蓬加斯这样的城镇呢？某一类住民被迫前往一个地方，另外一类住民被迫前往另一个地方，每个地方都承担着特定的功能。在这些任意在森林深处画出来的长方形空间里面，街道都成直角交叉，乍看之下一模一样；它们只是一些几何线条，没有自己独特的性格。然而，还是有主要街道与次要街道的区别。有些街道与铁路或公路平行，有些则是垂直交叉的；前者和商业动线方向一致，后者则横过商业道路，且形成阻

碍。商家店铺都选择前者，因此前者交通繁忙；私人住宅或某些公共建筑物则选择后者，或被迫沿着后者兴建。中央与两旁、平行与垂直，这两种对比结合起来，产生了四种类型的城镇生活，塑造着未来居民的个性；鼓励一些人、让另一些人受挫，促使成功或导致失败。更重要的是，城镇居民有两类：喜欢群居的人住在城市化程度最高的地带，不喜欢群居的人注重个人自由。这种差异衍生出新的对比，使第一类对比的情况更加复杂。

最后，我们还得考虑在很多城镇中都存在的那些神秘因素。那些因素把城镇往西推，使城镇的东区陷入贫困或衰败。那些因素可能只不过是宇宙律动的一种表现：从人类出现以来，这种律动使人类在潜意识中相信，顺着太阳行进的方向是好的，逆着太阳行进的方向则是坏的，跟着太阳走表示秩序，逆着太阳走表示混乱。我们早已放弃太阳崇拜，也早已抛弃那种把魔力、颜色与特质等等联结到罗盘上的不同方位的习惯。但是，无论我们的欧几里得式心灵如何不认同这些与空间有关的观念，我们还是没有办法避免重大的天文与气象现象对某些领域产生难以察觉又无法抹杀的影响。我们也无法改变下列事实：对所有人而言，由东往西的方向都代表进展，北半球温带地区的居民把北方看作寒冷与黑暗之所在，南方则代表温暖与光明。这些想法在个人的理性行为上根本看不到痕迹，但是城镇生活提供了奇特的对照。城市代表着文明最复杂、最精华的面貌，在一片小小的空间里吸引聚集了一大堆人，再加上城市发展出不同阶段所历经的漫长时间，提供了一个使各种潜意识心态得以沉淀的熔炉。那些心态若单独出现的话就很难察觉，但由于很多人基于相同的理由以相同的方式具体地表现出同样的心态，因此会形成重要的影响。譬如使城镇由东往西扩展、贫富沿着东西走向两极化，这些现象简直无从理解。除非我们承认，由于城镇和显微镜一样，具有把微小对象放大的长处（或者说是局限），因而能在集体意识的公告栏上，把我们的那些到处蹿动的、微生物群体似的、古老而仍然活生生的迷信显示出来。

但是，这些真的是迷信吗？我把那样的选择视为一种智慧，野蛮人本能而自然地实践它，而现代世界拒斥这种智慧，我认为这才是真正的疯狂。野蛮人经常不费吹灰之力就使其心灵平静，如果我们愿意接受人类经验真正的定位，能够认识到我们无法完全逃脱其模式与规律，那么我们将可以免除多少负荷、哀伤和无用的愤怒！空间有它自己的价值（value），犹如声音和花卉也具有颜色和重量。找寻其间的对应，并不是诗意的游戏，也不是恶作剧［某批评家评论兰波的十四行诗《元音》（*Voyelles*），竟敢说这些关系是诗意的游戏、是恶作剧。兰波的这首诗目前已是语言学家的经典素材，他们认为诗的基础不在于个别音节的调性——那些调性会因人而异——而在于音节与音节之间的关系，而这些关系的种类相当有限］。这个领域完全没有人研究过，颇有希望得到意义重大的发现。像审美家一样，鱼把气味区分成浅与浊，蜜蜂把亮度按重量区分，重的是黑暗，轻的是光亮；那么，画家、诗人或音乐家的作品，就像野蛮人的神话与象征一样，也应该被看作我们人类真正共同具有的、最基本的也是唯一的知识——如果不是一种更高级的知识的话。科学知识和

让·尼科拉斯·阿蒂尔·兰波（Jean Nicolas Arthur Rimbaud，1854—1891），十九世纪法国天才诗人。

科学思想只不过是尖锐的刀尖，因为不停地在事实这块磨刀石上面研磨而更具穿刺力，不过要以丧失事物的本质为代价。科学思想之所以如此有效，是因为它具有深深穿刺进去的力量，只要穿刺得够深入，就能使整个知识工具随之前进。

社会学家可以协助我们全面而具体地深入阐释这些人类行为。社会生活的重要表现和艺术品有一些相同的地方：它们都是在无意识的层次形成并发展的。社会生活因而是集体的产物，艺术品虽然是个人的产品，但情况还是如此。两者之间的这项差别是次要的，而且只是表面的，因为社会现象是公众所创造的，艺术品则是为公众而创造的；公众就是社会生活与艺术品的共同衡量标准，同时决定两者的创造条件。

因此，我们常常把一个城镇拿来和一首交响曲或一首诗做比较，这种比较并不全然只是比喻，事实上，城镇和交响曲或诗是同性质的事物。城镇可能还比艺术品更宝贵，更值得珍惜，因为它就站在自然与人造物的交界点上。城镇事实上是由一群动物组成的社会，一群动物把他们的生物史局限在其界限之内，同时又因为他们是能思考的动物而产生种种动机和目的去改造城镇。因此，无论是在发展过程还是形态上，城镇都同时是生物上的生殖、有机的演化与美学的创造。城镇既是自然里面的客体，同时也是文化的主体；既是个体，也是群体；是真实，同时是梦幻；是人类最高的成就。

在巴西南部的这些违反自然的人造城镇，以背后那股潜在的顽固决心做出规划，使街道产生特别的功能，不同的城区拥有各自的风格；而所有这一切能存在，既代表原来创建它们的想法之延续，同时又和原来的想法矛盾，这就使那股决心显得更值得注意。隆德里纳、诺瓦丹齐格、罗兰迪亚与阿拉蓬加斯，这些城镇的出现，都是一群工程师与金融家共同决定的结果，而这些城镇都已逐渐静静地进入本就应如此发展的多样化状态，就像库里蒂巴在一个世纪以前变成的那样，或是目前戈亚尼亚（Goiânia）可能演变成的那样。

库里蒂巴是巴拉那州的首府，在政府决定创建它以后才出现在地图上。城市所在地是向一位大地主买来的，政府再将它划分区块，廉价出售，以吸引人流进入。政府稍后也使用同样的方法创造了米纳斯吉拉斯州的首府贝洛奥里藏特（Belo Horizonte）。至于戈亚尼亚，政府下的赌注更大，因为政府最初是想将它建成巴西联邦共和国的首都。

从巴西南部沿岸到亚马孙河之间直线距离三分之一左右的路途中，有一大片高原，过去两百年来完全被人遗忘。在货运商队与汽船的时代，有可能在几个星期之内穿过这片高原，由矿区抵达北方。在抵达阿拉瓜亚河以后，旅行者可以搭船沿河而下直抵贝伦（Belém）。这种老式省城的生活方式，只在戈亚斯还可看到。戈亚斯是戈亚斯州的首府，离海岸一千公里，几乎与海岸地带完全隔绝。从长满棕榈的不规则翠绿山脊上俯视，矮房子之间的街道穿行于花园和广场的边缘，教堂窗户装饰得十分华丽，前面有马在吃草。那些教堂建筑既像谷仓又像钟楼，有柱廊和粉刷过的墙壁与山墙——总是用颜色像蛋壳的白漆一再粉刷，还在边缘涂上淡黄、褐色、蓝色或粉红色的漆作为装饰，使人想起伊比利亚半岛田园风光的巴洛克风韵。一条河在多青苔的河岸之间流

过，一部分河岸被藤类、香蕉树与生长于被弃置的房子之间的棕榈树压垮。不过，这些茂盛的植物似乎并不是想把那些房子变得更像废墟，而是要为那些房子颓破的前墙增加一点沉默的尊严。

我不知道应该感到高兴还是遗憾，行政当局后来决定放弃戈亚斯——放弃这里的农民，放弃这里用卵石铺成的街道，放弃它老式的魅力。戈亚斯太小，太古老。在当时的新构想里要建立的庞大计划，必须找一块全新的处女地才行。往东一百公里的一片台地，上面只长着些粗草和多刺的矮树——就像被一场传染病袭击过，这场袭击把其中的动物全部毁灭，并使植物无法长大。这片台地正好合适。没有铁路、道路能通往那里，只有几条牛车才能走的小径。在那个地区的地图上画一个象征性的正方形，每边一百公里长——这就是未来的联邦区所在，联邦首都要建在正中央。由于台地的表面平整，建筑师无须费心就可以把整块地当作描图板来使用，在地面上标示出城镇规划；画出界线，在里面各个不同的地区规划出住宅区、行政区、商业区、工业区，甚至有个娱乐区。娱乐区对一个拓荒前线城市来说很重要。有一段时间，即一九二五年左右，在用类似方式建立的马瑞里亚，新建的六百栋房子里面，将近一百栋住的是妓女，其中大部分是年轻法国女人，她们和法国修女是十九世纪的法国海外事业中最活跃的角色。法国外交部很清楚这一点，因为它还在一九三九年把其秘密资金中相当可观的一部分用于传播所谓不规矩的杂志。巴西最南部的一个州是南里奥格兰德州（Rio Grande do

原文为 francesinhas，是一种葡萄牙甜点，同时意指“年轻法国女人”。

法国外交部位于奥赛码头（Quai d'Orsay），因此常以奥赛码头一词来指称法国外交部。

Sul)。如果我说南里奥格兰德州联邦大学的创建，和那所大学偏爱法国教授，这些事实都与一个独裁者年轻时曾在巴黎认识的一名妓女有关，我想我的一些同事大约不至于反对。那名年轻妓女，使这个未来的独裁者对法国文学与法国的自由产生了兴趣。

各种报纸每天都报道一大堆关于戈亚尼亚市创建的消息。城市的细部规划都刊了出来，好像那城市已有百年历史似的，在规划图的旁边还列举了城市居民将会享受到的种种好处，如公路、铁路、供水系统、下水道、电影院等。如果我没记错的话，刚开始的时候，在一九三五年和一九三六年当中有一段时期，想买地的人只要支付法律手续费用，就可免费取得土地。民事律师和投机者是最早的一批居民。

我在一九三七年去过戈亚尼亚。这是一片无边无际的荒原，既像无人之地也像战场。在密密麻麻的电线杆和测量桩中间，有一百栋左右的新建筑，零散分布在各个方向。最大的一栋是旅馆，它是一个水泥方块，由于四周一片平坦，它看起来既像机场塔台，又像小堡垒。这家旅馆使人很想把它形容为一座“文明的堡垒”——但不是比喻式的形容，而是字面意义的形容，就其所处的环境而言，这样的形容充满反讽的意味。以这种形式将沙漠占为己有，实在是最野蛮、最无人性的行为。这些粗糙、怪异、不可爱的建筑物和戈亚斯州完全不兼容。无论是历史，还是时间的流逝，抑或是习俗，都既无法填满其空虚，也无法软化其僵硬。戈亚尼亚像车站或医院一样，只是个过路站，而非久居之地。只有惧怕某种大灾难即将临头，才会让人有理由住进这类水

泥块房子里面。某种大灾难事实上已发生了，而我们四周的一片沉寂、毫无行动，正是灾难后不祥的余波。卡德摩斯，文明的传播者，种下了巨龙的牙齿，在这一片被怪兽的吐息烧焦了的土地上面，期望看到人类蹿长出来。

卡德摩斯（Cadmus），希腊神话中的人物，腓尼基王国的王子。

魔　毯

今天想起戈亚尼亚那家大旅馆，想到它和其他旅馆有相似之处。记忆中的其他那些旅馆，是在豪奢与贫穷对比的贫穷这一端见证了人类与世界的种种关系——或者应该说，日渐强加在人类身上的这些关系——里的荒谬。我在卡拉奇（Karāchi）这个同样是人类随意创造出来的城市里面，重新发现了戈亚尼亚旅馆——不过放大到了不成比例的程度。卡拉奇市，由于政治上的算计和有系统、有计划地把许多小区连根铲除，在一九五〇年以前的三年之内，人口由三十万人激增至一百二十万人；和戈亚尼亚市一样，卡拉奇也是位于一片沙漠里面，那片干旱地带从埃

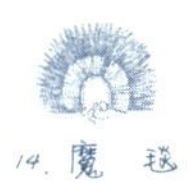

及一直延伸到印度，把我们地球的一大块剥掉了一层有生命的表皮。卡拉奇就位于这片干旱地带的东端。

卡拉奇本来是个渔村，在英国殖民者来了以后才变成一个小港口城市和贸易中心，在一九四七年被升为首都。城区长长的街道两旁排列着集体式的与独栋的如军队宿舍一般的建筑物；那些独栋的建筑物是官员与军官的私人住宅，住宅与住宅之间种着一些耐旱植物。成群的难民露天而宿，在柏油路面上过着苦不堪言的生活，路面被嚼槟榔的人弄得像是血迹斑斑，而与此同时，**帕西人**百万富翁则忙着盖巴比伦宫殿似的旅馆给西方生意人居住。从清晨到黄昏，连续几个月不停，一队衣衫褴褛的男男女女（在信奉伊斯兰教的国家，隔离妇女与其说是宗教习惯，不如说是资产阶级地位的象征，社会里最穷困的人甚至没有性生活的权利），每个人都扛着满满一桶刚搅拌好的水泥，他或她把水泥浇进板模里面，回头走到搅拌水泥的工人身旁，停都不停地再装一桶扛走，如此反复不停。建筑物的每一间厢房几乎都在完工以前就被启用，因为一个房间连餐费在内的每天的租金要比一个女工一个月的工钱还要高。用这种办法，盖一家豪华旅馆的成本可在九个月之内回收。因此，监工并不在乎浇筑出来的每一个水泥块是否排列整齐，只要工作进度够快就好。这种情形，大约从古波斯帝国的省区总督（Satraps）强迫奴隶拌泥堆砖来修建他们摇摇欲坠的宫殿那时候开始，到现在并没多大改变；整排扛水泥桶的妇女——鹰架上的天空映衬出她们的侧影——事实上真的可以当那些宫殿横梁雕饰的模特儿。

帕西人，写作 Parsee 或 Parsi，是迁徙到印度的波斯人后裔，信仰琐罗亚斯德教。

卡拉奇市与原住民的生活区隔着好几英里路（后者在这片沙漠上面本也就是殖民活动造成的人为产物），由于一种叫人无法忍受的、季风似的但又从来不曾散去的湿气，那段路简直难以通行。更严重的是对下痢（恶名昭彰的“卡拉奇肚子”）的恐惧，使一群生意人、工业家和外交人员在酷热与烦闷之中无所事事，那些被充作卧室的空无一物的水泥隔间又闷又热，当初的设计似乎不只是出于成本上的考虑，更重要的是希望在被关在里面动弹不得几个星期或几个月的人类标本离开之后马上可以进行消毒工作。想到这里，我的记忆马上飞过三千公里的距离，把上述景象与另一个景象联结起来。另一个景象与迦梨女神庙——加尔各答最古老也最受崇拜的圣地——有关。在一个一潭死水的池塘沿岸，在一种满是畸形与无情的商业剥削气氛中（印度大众的宗教生活正是以无情的商业剥削为动力的），在离那些充斥着宗教性的彩色照片和彩绘石膏神像的市场摊位不远的地方，有一间“休息室”（rest-house），那是宗教活动组织者建来给朝圣者住的现代建筑。它是一个长方形的水泥大厅，被分隔成两半，一边给男人住，另一边给女人住，两边都有一排排未经粉刷的水泥平台，那就是床铺。他们要我欣赏排水沟与水龙头装置。住在里面的朝圣信众一起床就被带去进行种种崇敬膜拜，例如请求治好其溃疡、口炎、疥癣或溃烂等等疾患，之后，整座建筑被用水管冲洗得干干净净，等待下一批朝圣者来过夜。没有任何一个地方——或许除了集中营以外——人类与屠夫刀下的肉块相像得如此彻底。然而，这还只是用来暂时住宿的建

迦梨女神（Goddess Kali），常见造型是长着四只手的黑色凶神，脚下踩着她的丈夫湿婆。迦梨与时间、新生有关。

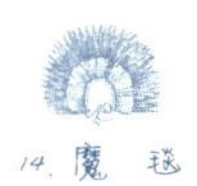

筑而已。再往东走一段，在纳拉扬甘杰（Nārāyanganj），种黄麻的工人在一个巨型的蜘蛛网里面讨生活，那蜘蛛网由白色的纤维组成，从墙上垂挂下来，飘浮于半空中。他们工作完毕以后回的住处是 coolie lines，这是一种既没有照明也没有地板的砖造槽房，每个槽房住六到八个人。这些砖槽并排形成狭小的街道，排泄物就在街道路面流向中间低洼处，每天用水冲洗三次以清除污秽。现在社会进步了，逐渐用“工人住宅”取代这类住处，而工人住宅就是两三个工人共享一间约一米乘一米二的“牢房”：四周都用墙围起来，入口有武装警察守卫。公用的厨房和餐厅全都是未经粉刷的水泥房间，可以用水清洗。在这样的厨房里面，每个人自己生火做饭，然后蹲在地上，在黑暗中吃饭。

在我第一次在法国朗德（Landes）地区教书期间，我去访问过当地专门用来快速养鹅的场所：每只鹅都被关在一个窄窄的箱子里面，整只鹅变成一条消化管。这跟印度的情况完全一样，不同之处只有两点：在印度，我看见的不是鹅，而是男人与女人；还有，这些人不是被养肥，而是被饿瘦。但是，在这两种情形中，喂养者都只容许在他的管理之下的生物进行一种活动，在养鹅场里的那种活动是喂养者喜欢的，在印度的工人居住区则是无法避免的，不得不如此。那些黑暗不通风的方块格子既不适合休息，也不适合休闲，不适合爱。它们只是所有人共用的下水道的连接点，它们正符合一种人类生活的观念——把人类的生活化约成纯粹只是执行排泄功能。

唉，可怜的东方！在达卡（Dacca）那个神秘的城市，我访问过若干户中产阶级家庭。有些房子像纽约第三街的古董店那白鸽林（Bois-Colombes），位于巴黎西北郊区的一座城市。

样豪华，它们为相当有钱的人所拥有，摆满了藤制台桌、带花边的茶桌布和瓷器，和**法国白鸽林市**郊区的大房子不相上下。另外一些房子比较老式，像我们最穷的农民的小屋，居住者在满地泥泞的小院子的一端煮饭，用的是夯土制作的炉灶。家境良好的新婚夫妇则住在有三个房间的公寓里，这些公寓建筑和战后重建时期塞纳河畔沙蒂永（Châtillon-sur-Seine）或日沃尔（Givors）所建的那些廉价公寓没什么两样，只是达卡的公寓里面的房间连墙都没粉刷（浴室也一样，只有一个水龙头），家具也很少，像女仆的卧室一样。有一次，我蹲在水泥地板上，在从天花板用花线垂挂下来的一盏光秃秃的灯泡所发出的微弱光线下——啊，简直是天方夜谭——吃了一顿晚餐，那是充满滋味的老祖宗时代的美味。我用手抓东西吃：首先是 Khichuri，它是用大米和小扁豆（一种在英语中称为 pulses 的豆类）煮成的，小扁豆有很多种类，颜色各异，在市场里可以看到它们整袋整袋地放在店前；接着是烤鸡（nimkoma）、多油带水果味的炖大虾（chingri cari）、炖鸡蛋（dimer tak）沾黄瓜酱（shosha）；最后是用米和牛奶煮成的甜点（frini）。

当时我是一位年轻教师的客人，在场的还有他的小舅子。小舅子当晚同时扮演跑堂、仆人和小孩的角色，主人的妻子也在场，那时她正从面纱中得到解放。她好像一只沉默的受惊小鹿，不过她先生为了“强调”她最近所得到的自由解放，不停地对她冷嘲热讽，毫无风度，使我觉得和她一样尴尬。由于我是人类学者，因此他强迫她从小衣柜中把她的内衣裤拿出来，以便我能看

清其中的每一件。他急切地想证明自己非常敬重西方习俗，如果稍加鼓励的话，那么他一定会要她在我面前脱光衣服，而事实上他对西方习俗一无所知。

因此，我可以看见一个亚洲在我眼前逐渐成形，一个由工人住宅和廉价公寓建筑构成的亚洲。这个未来的亚洲，摒弃掉任何形式的异国情调，可能在被遮掩了五千年以后，又和亚洲人在公元前三千年就已存在的那种单调乏味却又异常有效率的生活方式联结起来。这种生活方式在被发现以后，蔓延到全世界，在新世界曾做短暂停留，以至于我们以为它是美洲特有的生活方式；然而早在一八五〇年，这种生活方式就重新迈开往西走的脚步，先抵达日本，在绕地球一圈以后回到起源地。

在印度河河谷，我在最古老的东方文化冷峻的遗址中漫步，这遗址历经几个世纪，历经风沙、洪水、战火和雅利安人入侵，仍然存在：在摩亨佐达罗和哈拉帕，一些坚硬的砖块和陶片露出地表。这些远古的人类居住点形成令人不安的奇观。所有街道都笔直地垂直交叉；有工人住宅区（每一间都一模一样），有磨谷工坊、铸造与雕刻金属的工坊、制造陶杯的工坊（破碎的杯子残片散落地面）；政府的谷仓占地好几条街（或许我们可以说，把时间与空间易位）；有公共澡堂、水管、下水道等；有坚实却不美观的住宅区。虽见不到纪念碑或大型雕塑，不过在地下十米到二十米之间，掘出了一些浮夸的小摆设物和矫饰过度的珠宝饰品，代表了一种完全不具神秘感

摩亨佐达罗（Mohenjo Daro），印度河古文明重要城市，约于公元前二六〇〇年建成，位于巴基斯坦的信德省。

哈拉帕（Harappa），位于巴基斯坦旁遮普省拉维河流域的古印度文明的遗迹。

也非基于深沉信念的产品，目的只在于满足富人的夸饰所需及感官之娱。这整个遗址令造访者想到现代大城市的优点与缺陷。

在此不免使人想到，历经四五千年的历史之后，历史的车轮又转了回来——城镇的、工业的、资产阶级的文明最早出现于印度河河谷的城镇，这种文明的内在愿望，在欧洲进入蛹期准备阶段，历经长期的内部繁复化以后，注定要在大西洋彼岸达到顶峰。当旧大陆还年轻新鲜的时候，它已经预示了新世界的特色。

因此，我不信任肤浅的对比，不信任表面的风景如画；它们可能无法持久。我们所谓的异国情调，其实仅仅意味着两种文化、两个社会在发展节奏上的不对等，这种差距可能会很明显地持续几个世纪，并且会暂时掩盖住双方可能彼此联结的命运，例如亚历山大大帝与希腊的一些国王抵达**亚穆纳河**畔，或是**斯基泰人**和**帕提亚帝国**，或是罗马海军到越南沿岸探险，或是蒙古皇帝的宫廷顾问中充斥着各色人种，等等。如果我们搭飞机穿越地中海，往埃及方向飞，那么首先令我们惊讶的是棕绿色的棕榈树丛和绿色的海水——海水绿得使我们觉得将之形容为尼罗河水亦毫不为过，还有淡灰褐色（羊毛本色）的沙、紫色的河泥，交织形成一首色彩的交响乐。但是，从空中所见的村落配置状况使我们更为吃惊：它们无视聚落的边界，任意蔓延，呈现出房屋和狭小街道杂乱交错的东方特征。我们在此处看到的现象，正好与新世界完全相反。在新世界，不管是西班牙人还是盎格鲁-

亚穆纳河（Yamuna River），又名朱木拿河（Jumna River），是印度北部的重要河流。

斯基泰人（Scythians），公元前五至前四世纪在欧亚草原和中亚一带活动的游牧民族。

帕提亚帝国（Parthia），目前常用的名称为安息帝国（Emperâturi Ashkânian），位于古波斯地区。

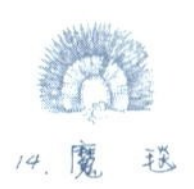

撒克逊人，不论是在十六世纪还是在二十世纪，都相当偏好几何形的居住规划。

过了埃及以后，从上空看到的阿拉伯，只有同一主题的变奏，那就是沙漠。首先，在乳白色的沙中出现像颓圮的红砖堡垒那样的岩石；其他地方有复杂细致的图案，像树枝的抛物线，甚至像海藻或水晶，这都是沙漠干谷（wadi）的诡异变化所形成的。沙漠干谷非但不会把水汇流成溪，反而把水流散成众多的小小径流。再往前的地表似乎被某种庞大的怪兽踩踏过，它尽其力量急促地把地面踩干。

沙漠的颜色是多么诱人！它呈现出生命的色彩：桃子的红、珠贝的白、新鲜生鱼的虹彩。在亚喀巴（Aqaba，约旦南部的海港），丰盈的水体映着天空冷峻的蓝色，不宜人居的岩脉地形没入鸽子颈下羽绒般的灰白色之中。

黄昏时，沙漠逐渐消失在雾中。这雾，本身即归顺于大地的天沙，对比出天空那种明澈的蓝绿色。沙漠起伏的轮廓融入夜色之中，成为一大片质地均匀的玫瑰色，此时的沙漠看起来比天空更柔软。沙漠对自己而言也变成了沙漠。慢慢地，雾气布满各处，剩下来的就只有夜。

飞机降落在卡拉奇之后没多久，曙光出现，辽阔无垠的塔尔沙漠微微发亮。然后，小群的田地跟着出现，但中间仍隔着一大片沙漠。随着光线逐渐明亮，那些耕种过的地块便连接起来，成为一片绵延不断的平面，上有粉红色与绿色的光泽，好像某些古老织毯上面细致斑驳的颜色——这块古老织毯已被使用到露线、脱线的地步，又

塔尔沙漠（Thar Desert），又称印度大沙漠，位于印度西北部。

被不知厌倦地一再加以缀补。这就是印度。田地的形状并不规则，但整体看来，那么多的形状与颜色，并没有任何不整齐的地方。无论如何把田地分成群，都会形成一个平衡的样式，好像曾经花费不少心血，以整体的观点去画出这些小块小块的轮廓似的。村落、田地和树木环绕的水塘这三种主题一再出现，整体景观几乎就像保罗·克莱的地理想象画，有种过度精致化的倾向，极端又任性地讲究。

保罗·克莱（Paul Klee，1879—1940），德裔瑞士画家。

比哈尔（Bihar），位于印度东北部，传说为佛教起源地。

飞机在德里着陆或起飞的时候，可以让人一览那个浪漫的印度，颓破的庙宇点缀于生动的绿色矮树丛中间。然后人们会看见洪水为患。水体非常凝滞厚重，饱含泥沙；它更像是一条条的油带浮在由泥土所形成的另一种形式的“水体”上面。飞机飞过比哈尔的岩石山岳和森林，然后是三角平原的尖端。每一寸土地都种着东西，每一块田都像是一颗金绿色的珠宝，油亮发光——因为上面覆盖了一层水。田地四周是一圈毫无瑕疵的深色边缘，没有任何尖锐的转角；所有的边都磨平磨圆，可是又能全部吻合，好像活组织里的细胞一样。快到加尔各答的时候，小村落的数目激增，其中的小房子好像是堆在绿色巢穴里的蚂蚁蛋，有些房顶的深红色房瓦使这一切更为生动。飞机在暴雨中降落。

加尔各答再过去是恒河三角洲。恒河的水流是如此曲折、如此宽广，比较像是一只大怪兽而不像一条河。举目望去，整个乡村地区全部被水淹没，除了那些黄麻田——从空中望下来，它们形成多苔的绿色方块，其绿色由于如此清爽新鲜而显得更为醒

目。树木环绕的村庄在水中涌现，好像一大队小船所载运的花束那样。

夹在无人之沙与无土之人的中间，印度具有一种非常暧昧的景观。在从卡拉奇飞到加尔各答所花的八个小时里面，我得到的印象是，印度绝对和新世界没有任何关联。它既不像美国中西部或加拿大的那种严格的棋盘格式（全由规模一样的小单位组成，农舍建筑盖在每一个小单位的固定地方，而且都建在同一边），更没有热带森林所具有的那种深厚的丝绒一般的绿——那些热带森林才刚刚被开发，拓荒前线大胆地侵入了一些地点。当欧洲人看到印度这块大地被分割成小小块，种得连一亩都不剩，一开始的感觉是熟悉。然而，各种色调互相混成，田园的不规则轮廓被一再调整，界线模糊不清，好像粗糙地缝在一起那样，这一切都是同一块织物的一部分，但是，如果和欧洲景观常见的那种比较明晰的形式与颜色做个比较，就会觉得前者是一块翻了面的织物，显露出来的是底面。

这当然不过是比喻，但也相当符合欧洲与亚洲两者和它们的共同文明之间的关系（同时也符合欧洲自己和其美洲后裔之间的关系）。至少，在物质方面，欧洲与亚洲似乎各自代表相对的两面：一个是一直成功，另一个是一直失败。两者好像在进行同一项事业，但一个取走所有的好处，另一个只能捡拾贫困与苦痛。其中一个的人口不断增加，带来农业、工业的进步——因为资源的增加快过消费者数目的增加（但还能维持多久呢？）；另一个则从十八世纪以来，经历了同样的革命却没增加多少财富，而每个人所能分到的不断减少。欧洲、印度、北美与南美可以说表明了地理环境与人口密度的所有可能的结合方式。亚马孙森林地带的美洲是一块贫穷的热带地区，但人口很少（一种因素在一定程度上补救了另一种因素）；南亚也是一块贫穷的热带地区，但人口太多（一种因素使另一种因素更加恶化）；至于温带地区，北美洲资源富足，人口相对稀少，和欧洲形成对比，欧洲的资源相对有限，人口数字则相当大。但是，不论怎样去看这些明显的道理，南亚都永远是殉道的大陆。

人　群

不论我们思考的是旧世界木乃伊化了的城市，还是新世界仍在胚胎中的城市，我们都经常把最高的价值——不论是物质的还是精神的——和城市生活联想在一起。但印度的大城镇只不过是贫民窟。在印度，那些我们深以为耻的东西，被我们视为一种癫痫症的东西，是城市现象，只不过这现象化约为最基本的表现方式罢了：一大堆人聚在一起，他们存在仅仅为了成百万成百万地挤在一起，不管生活条件如何。脏臭、混乱、人挤人、人压人；残壁、矮屋、泥泞、灰尘；牛粪、脓汁、排泄物和溃烂……我们期望城市生活为我们提供有组织地防备的这一切东西、我们不惜代价去怨恨去拒斥的这一切事情、共同居住的这一切副产品，在印度都丝毫无碍于他们这样群聚。这些事情似乎变成了一种自然环境，印度城镇就是需要这种环境才能繁盛。对每一个人而言，任何一条街道、人行道或窄巷都可以是家，他在那里生活起居，甚至直接从浓稠的秽臭里捡食物。这些秽臭非但没有令他厌恕，反而具有一种家中之物的地位，因为它们由这么多人流渗、排泄出来，又被许多人践踏过、摸过。

我在加尔各答住的旅馆，陷在牛群重围里，还有秃鹰停在窗栏上。每次走出旅馆，我都会马上变成一幕芭蕾舞剧的主角，如果不是那情形过分凄惨的话，我一定会觉得好玩。各种修为到家的演员轮番上场：擦鞋的扑倒在我脚下；一个小男孩奔向我；一个跛子拉开衣服展示他的残肢，好让人看个清楚，嘴里呻吟着“一个安那，爸爸，一个安那！”；一个皮条客说“英国妞儿，很棒的……”；一个卖木箫的人向我推销。还有一个新市场的搬货员乞求我什么都买，不是因此他可以抽成，而是他跟着我跑，可以赚几个安那糊口。他把货物一一列举出来的时候，一脸贪婪，好像都是他自己要的礼物似的：“皮箱？衬衫？水管？”

安那（anna），印度货币单位，目前一印度卢比为十六安那。

然后是一大群小角色：替人力车、马车、出租车拉生意的人。各种交通工具多得不得了，每隔一两米就有一辆，在路上排队等待。问题是车夫怎么知道谁要坐？我也许非常尊贵，不屑搭理他们呢……那一大堆商人、店主和街头叫卖的小贩就甭提了，有人走过来，对他们来说简直就是带来了一次天堂的许诺，因为

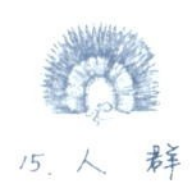

那个人说不定就会向他们买个什么东西。

任何人如果觉得好笑或厌烦，就应该想想，这两种反应都接近亵渎。批评这些奇形怪状的手势和扭曲变形的举动，都毫无意义，取笑更是犯罪；它们是什么，就应该被看成什么——那是生死挣扎的临床症状。只有一个原因促成了这种充满绝望的行为，那就是饥饿这个无时或忘的牵挂；这个牵挂，迫使乡村住民涌入城市，使加尔各答的人口数在五年之内由两百万增加到五百万。难民挤进车站，虽然他们坐不起火车。你在夜间经过，可以看到月台上睡满了人，裹着白棉布，那白棉布今天是衣物，明天就是裹尸单。乞丐隔着一等车厢的铁窗格与你四目相对时眼神凄凉的原因也是饥饿。那些铁窗格，就像那些蹲在踏板上的武装士兵一样，是为帮你防备一个人的无言祈求而设的。如果你任由同情胜过谨慎，而给那些无望的人一些施舍的希望，那些人很容易一下子就变成一群号叫的暴民。

一个在热带美洲居住的欧洲人，会为某些事情所困惑。他观察到人与其地理环境之间有一些新的和奇怪的关系，人类生活的各方面不断给他提供思考的素材。不过人与人之间的关系并无任何新奇形式，看得出来和他向来习惯了的形式是一样的。在南亚，情况则相反，现实似乎不是远远不够，就是远远超过人对世界与对人所应有的要求。

日常生活似乎是对人类关系概念的不断否定。这里的人什么都可以给你，一切都说包君满意。他们自称百技精通，其实一窍不通。结果是，你发现你没有办法相信别人具有由诚意、能够履行协议和自律的能力构成的人性品质。人力车夫说可以带你去任何地方，其实他可能比你更不晓得路线。在这种情形下，很难不发脾气。而无论你心里有多少道德上的不安——想到搭人力车，为由人来拉着你走而歉疚——都很难不把他们看得低人一等，因为他们以如此不可理喻的行为，使你不得不这样看待他们。

到处都是乞丐，这更令人不安。你不敢坦然与人对视，来求得和另外一个人建立接触的小小满足，因为只要你让眼神稍微停顿一下，就会被解释为弱点，他们便可因此向你乞求施舍。乞丐叫喊“主人！”（sa-HI-b）的声调，像极了我们在责骂小孩子时所说的“得啦！够啦！”（vo-YON-s!），都是让音量渐增，而把最后一个音节的声调降低。乞丐就好像是在说：“明明白白，你逃不掉的，我是在向你乞讨，凭这事实，我就认定你了。你到底在想什么？怎么不拿个办法出来呢？”他们完全接受现状，连请求都免了。剩下来的只是对一种客观事实的认定，认定他与我之间有一种自然关系，在这关系里，就像物理世界的因果效应一样，施舍要以同等的必要在他与我的关系之中流动。

这里所发生的情形没什么两样，你非常希望承认对方具有某些人性质量，但他的态度迫使你否认，这就使人与人之间建立起关系的那些最基本的条件，全被扭曲；社会游戏的规则被动了手脚，使人不知从何着手。把这些不幸的受苦者视为与自己平等，他们会抗议这样做是不义的；他们不愿被视为与你平等；他们乞讨，他们求你傲慢地将他们踩在脚下，因为只有扩大你与他们之间的差距，他们才能期望乞得小小的捐助（bribery）。差距越大，

Voyons 为法文，大致为英文的 come on 之意。

英译注：法文原文 bribe，意即一点点、一小部分。列维-斯特劳斯在英译本中补白：“英文的 bribery（贿赂）一词实在恰当得很。”

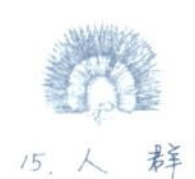

所期能乞得的就越多；他们把我抬得越高，期望就越高——就期望自己能乞得相当可观的好处。他们并不要求任何生活的权利；生存这个事实本身，他们并不认为值得施舍，只有他们向有权势者卑屈颂赞才值得得到施舍。

因此，他们从来就没想到要把自己视为与你平等的人。但是，这样不断地施加压力，即使施压的是人，你也还是无法忍受——无法忍受他们用尽一切巧计来骗你，来占你上风，用罪恶感、谎言和偷窃，来从你这里得到一点东西。然而，一个人怎么硬得起心肠来？因为所有这些行为方式全都是形式不一的祈求动作——这一点是无法排除的，更因为他们对待你的基本态度就是一种祈求，而且令人无法忍受，所以即使你被硬抢一顿——即使情况如此全面绝对地无可忍受，结果也是，虽然对头脑如此混乱不清觉得可耻，但我还是忍不住要把这些难民（从我的豪华旅馆的窗户可以听见他们整天在大门口不停地哭泣号叫，但他们只是哭泣号叫，而不是设法把我们赶出这些可以住好几个家庭的房间）和那些在卡拉奇的树枝上呱叫不休的黑身灰首乌鸦联想在一起。

人与人之间的关系堕落到这种地步，欧洲人的心灵一下子是无法理解的。我们把阶级差异看作斗争或紧张，好像本来的或理想的情况是使这些矛盾冲突得到解决，不复存在。但是，“紧张”一词在这里全无意义。没有一件事情是紧张的，因为所有曾处于紧张状态的东西，很久以前就都挣断了。从一开始，断裂就存在，好时光并不存在。有时候人们会提起“好时光”，想发现点痕迹，或是怀旧地回过头去看，但好时光并不存在，断裂从一开始就在那里，这就使你只剩下一个信念：你在街上所见的这些人绝不可能被拯救。即使你散尽所有，也没有把握能使他们的命运改善一点点。

即使我们想用紧张这个观念来思考，所得到的结论也一点都不会更乐观。用这种方式思考，我们便不得不承认，一切事情都处于如此紧张的状态，不可能出现任何均衡。整个体系的情况已完全无法挽回，除非一举摧毁。从一开始，我们就发现自己跟这些祈求者互不平衡，我们不得不拒斥这些祈求者。我们拒斥他们，并不是因为我们鄙视他们，而是因为他们用崇拜败坏我们，他们想要我们变得更堂皇、更有力，因为他们疯狂地相信，只有把我们抬高百倍，他们的处境才能有些微改善。这一点相当能说明所谓亚洲式的残酷的根源。那些殉葬、处决、酷刑，还有那些以造成无法治疗的伤口为目的的外科手术用具，这一切可能都是一心想要凸显那些鄙贱的关系的心灵发明出来的，卑下的人通过自我作践来抬举上位者，反之亦然。极端豪奢与极端贫困之间的鸿沟把人性层面毁坏无存。其结果是产生一种社会：那些什么都得不到的人，借着期望一切东西而苟活（《天方夜谭》中的精灵所代表的典型东方白日梦），而那些占有一切东西的人什么也不给。

情形既如上述，使我们倾向于将某些人际关系视为——往往是错看成——西方文明所特有的人际关系，于是，我们觉得与这些“西方式关系”差异极大的人际关系，有时候是“非人类的”，有时候是“低于人类的”，好像小孩子的行为一样，也就没有什么奇怪了。至少在某些方面，这些人对我们表现出虽然其实是悲剧但相当童真稚气的模样。首先，他们望着你、对着你笑

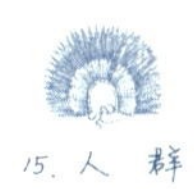

的时候有一种吸引人的神情。其次，他们到处坐卧，采取任何姿势，对地点和场合是否合适漠不关心，不由得你不注意；他们喜欢小玩意儿和廉价饰物；他们的行为天真而放纵（男人手拉手到处走，蹲下来当众小便，含着陶烟管，把甜甜的烟吸进去）；他们相信证言与证书的神奇力量；他们深信任何事都有可能，于是司机（或者你雇用的任何人）会提出狮子大开口的要求，但只要得到所求的四分之一甚至十分之一，马上就满意了。有一次，东孟加拉的总督到吉大港山区慰问那些深为疾病、营养不良和贫穷所苦，还受到恶毒迫害的土著，也请通译问他们："你们有什么苦处吗？"在想了相当长一段时间以后，他们回答："天气太冷……"

到印度去的每个欧洲人，不管他喜不喜欢，都会被一小群叫作"搬运工"的男跟班包围。他们那么急切地要为你服务，这能不能用种姓制度来解释？这是由社会不平等的传统，还是由殖民者长期以来要求服务造成的？我说不上来。反正，他们的谄媚奉承很快就创造出令人无法忍受的气氛。必要的话，他们会躺在地上让你跨过，他们建议你一天洗十次澡——你擤鼻涕、吃水果、弄脏手指，都要洗澡。每一次，他们都在场，乞求你发号施令。他们这种焦急的屈服里面含有一些性的成分。如果你的行为不如他们所望，如果你不在一切情况下都像他们以前的英国主人那样行事，他们的世界就塌了：什么？不吃布丁？晚饭后才洗澡，而不是先洗澡再吃？一定是世界末日到了——他们的脸上写满失望。于是，我不得不即刻改变我原来的想法，放弃我平常的习惯，放掉难得的机会。我不得不吃一个硬得像石头的梨，吞下胶这是印度特殊的称呼，真正的意思就是“旅馆”。

此处特指英国派驻于殖民地的地方长官（district commissioner）。

状的乳糕，因为如果我要求自己真正想吃的那片菠萝，会害别人心灵崩溃。

我在吉大港的“电线房子”（Circuit House）里待了几天。那是一座木造宫殿，外形像瑞士别墅。我的房间长九米、宽五米、高六米。房间里有不下十二个开关，天花板的灯、壁灯、反射灯、浴室、更衣室、镜子、电扇等等，都各有一个。某些印度大人物（maharajah）把这一大堆电器设备装设起来，供日常私人照明之用。

有一次，我让车子在市区南端一家看起来还可以的店铺门口停下来——那辆车连司机都是由地方长官提供的——店铺的招牌上写着“皇家理发”“高级剪发”等等。在我准备进去时，司机一脸惊惶地看着我：你怎么可以到里面去坐？主人如果和与仆人同一种族的人并坐，就会丧失阶级地位，连带使仆人丧失地位，这对仆人在自己人心目中的地位的伤害太严重了。我泄了气，只好任其安排一场为较高阶级的人理发的仪式。结果是我坐在车内等了一个钟头，等到理发师给其他客人剪完，把他的工具包起来，然后跟我们一道搭我的雪佛兰回“电线房子”。我一走进这间有超过十二个开关的房子，跟班马上就开始放洗澡水，以便剪完头发以后，我可以立刻洗净那双劳动者的手摸过我的头发所造成的污染。

这种态度在印度根深蒂固。这个国家的文化传统鼓励每一个人在与他人相处的时候，举止要像帝王一样——只要他有办法找到或“发明”出一个比他地位更低的人。跟班要我对待他的态

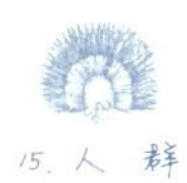

度，就像他对待一个属于“贱民阶级”（scheduled castes）的普通劳动者的态度一样。贱民阶级也就是最低的层级，英国行政机构把贱民阶级视为应受到特殊保护的群体，因为传统习俗几乎不认为他们有做人的权利。而的确，人们会思考贱民到底算不算人。那些扫地者和倒夜壶者，他们的这两项责任使他们整天蹲着，有时候用双手，有时候用小刷子，收拾卧室前台阶上的灰尘。有时候他们会猛敲房子后面厕所门的底部，要里面的人赶快用完所谓“便桶”的庞然大物——似乎是在身体折曲成两段，蟹行穿过院子拖走主人的“货物”这样的行为里面，他们发现了一种肯定自身特权、取得某种地位的手段。

仅仅靠独立和时间并不足以扫除这种奴性。有一天晚上在加尔各答，我得到此感触。我在星星戏院看完一场以神话为主题的孟加拉国戏，名叫《乌尔波西》。那时我才刚抵达加尔各答，在戏院所在的郊区有点不辨方向，仅有的一辆沿街揽客的出租车先被一个当地中产阶级家庭叫住，但司机不肯载他们，相当激烈地吵了一番，一再出现“主人”这个字眼。司机似乎在强调说，那个家庭和一个白人抢叫出租车，有失礼数。在大大表示不满以后，那家人摸黑走路回家，出租车载我回住处。也许司机盘算着一笔比较可观的小费，但以我懂的一点点孟加拉国语去了解，整个争吵的主题完全与此无关：他争的是，必须尊重传统秩序。

那天晚上我本来幻想已经克服某些隔阂，因此，经过出租车这件事，我更觉得难过。演戏的地方是一个宽敞而破旧的大厅，既像谷仓，又像戏院，我是唯一的外国人，但和当地的观众完全混杂在一起。他们是很有尊严的当地商店店主、商人、薪水阶级和公务员，其中很多都由太太陪伴，太太们矜谨的模样似乎说明她们并不常出门。他们对我全然漠不关心。经过白天一整天以后，这倒令我相当舒服；不管他们的态度是如何不在乎，或者正因为他们不在乎，这样的态度在我们之间建立起一种并无突兀的兄弟情谊。

雅克·奥芬巴赫（Jacques Offenbach，1819—1880），法国作曲家。

那场戏本身，我只了解少许片段，是百老汇大场面、音乐喜剧和奥芬巴赫（Offenbach）的混合。有一些喜剧桥段，一些女仆人的戏份，还有温馨的爱情场面。故事内容是说一个失恋的男子跑去喜马拉雅山里当隐士，一位目露凶光的神拿着三叉戟，使他免为一名大胡子将军所害；最后是一队歌女，既像驻军城镇的妓女，又像宝贵的西藏偶人。在中场休息时，茶和柠檬水盛在可以随手丢弃的黏土杯子里给人喝——和四千年前哈拉帕的习惯一样，那些碎片现在仍随地可见——同时扬声器播放着喜乐俗气的音乐，有点像是中国曲调和一种快速斗牛舞（paso dobles）的混合。

那个演男主角的身体柔软的舞师（jeune premier）衣服穿得很少，把他的鬈发、双下巴和多肉的身材暴露无遗。看着他扭动身体，我想到几天前在本地报纸副刊上读到的一句话。我照引原文，以显出其英国－印度韵味：……and the young girls who sigh as they gaze into the vast blueness of the sky, of what are they thinking? Of fat, prosperous suitors……（……这些年轻的少女凝视着蓝天在叹息，她们心里在想什么？肥胖多金的追求者……）追求者要肥胖，这令我吃惊。不过，看到台上那个

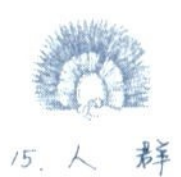

自得的主角故意抖动肥胖的肚皮，想到走出剧院就会看到的饿得半死的乞丐，在一个和饥饿这么接近、这么熟悉的社会里，我明白了吃得饱满肥胖所具有的诗意价值。附带提一下，英国人对此特别有深刻体悟：要让土著觉得他们是超人，最有效的办法，是让土著相信他们需要比普通人更多的食物。

我曾经和一个当地土王（rajah）的弟弟——一个公务员——到沿缅甸边境的吉大港山区旅行。他那么用心地要仆人让我猛吃东西，让我大吃一惊。大清早，我吃 palancha，也就是在床上用茶点（这里的“床”，只是我们过夜的土著小屋里面用竹子编的潮湿地板）；过两个钟头，吃一份丰富的早餐；然后是中餐；五点，再吃丰盛的茶点；最后是晚餐。我吃这么多顿饭，而那些村里人一天只吃两餐——米饭加南瓜。即使是最有钱的家庭，也只是再加一点发酵过的鱼酱调味。我很快就受不了了，身体上受不了，道德上也受不了。我的旅伴是个贵族佛教徒，在英印学院中长大，极以他那远溯四十六代的家谱为豪（他把他那间相当简单的房子称为“王宫”，因为他在学校里学过，王子住的房子叫“王宫”）。他无法相信我要对饮食有所节制，有点大吃一惊：“难道你不一天吃五顿？”不，我并不一天吃五顿，当举目四望都是濒临饿死的人时，我尤其不一天吃五顿。他接着问了一大堆问题，因为他以前从未接触过除英国人以外的白人。法国人吃什么？法国人一餐里有些什么？两餐隔多长时间？我尽力回答，好像一个诚实的土著回答一个人类学家的问题。一字一句，我都能猜想到他心里面的挣扎。他对世界的整个观念都在改变：一个白人原来也可以只是人。

然而，在印度，要创造一个人类社区，所需要的非常之少。一个手工艺者在路边把工具和几片铁皮摊放在面前，独坐竟日。他专注地做一些很卑微的工作，为自己和一家人谋食。食物是什么样的呢？在露天厨房里，把碎肉压在竹棍上面，放在炭烬上烤；乳状物滴进圆锥形的锅子里；将槟榔用叶子卷绕起来；金黄色的谷粒在热沙中烤。一个孩子用钵盛着一些鹰嘴豆，有个人买了一大匙，蹲下来就吃，对过往行人完全视若无睹，像他稍后以同一姿势小便一样。在用木板钉成的路边小茶屋里，无事可做的人花几个小时喝奶茶。

要活着，所需也非常少——一点空间、一点食物、一点欢乐、几样用品或工具——这是微小的生活。但是，这里似乎又不缺乏灵魂；在街上的忙乱中，在人们眼神的专注深沉之中，在讨论琐事的热烈里，在路过的陌生人所得到的那种有礼貌的微笑里，还有在“额手问安”（salaam，右手掌贴前额，低头）——在伊斯兰教地区——里，都有灵魂。这些人如此安然地切合宇宙，只有灵魂的质量可以解释。的确，这个文明，这个一张祈祷用的跪毯就代表一整个世界的文明，地上画个方块就是膜拜之地。他们生活在街上，各自展示的货品就是各自的宇宙，人人满足地专注于自己的手艺，而周围是苍蝇、路人，以及由理发者、抄写者、美容师与手工艺者组成的熙熙攘攘的人群。为了生存下去，每个人都必须和超自然保持一种既非常强烈又非常切身的关系。这可能是此地的各种宗教的一个奥秘：每个信徒都时时刻刻觉得举头三尺有神明。

我记得在克利夫顿海滩（Clifton Beach）的一次散步。海

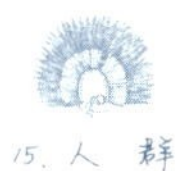

滩在离卡拉奇不远的印度洋边。走过两英里沙丘和沼泽之后，是一片长长的黑沙滩。那天海滩上几乎没有人，不过，在祭典的日子里，人群坐着骆驼拉的车涌来，骆驼打扮得比主人更俗艳。海色绿白，太阳正西沉；一切亮光似乎从沙中、海中升起，天空像背着光。一个老人，包着头巾，向邻近正在烤肉串的餐厅借来两把铁椅子，搭起一间属于他自己的小清真寺。沙滩上只有他一个人，他在祷告。

市　场

并非蓄意为之，我思索的焦点很自然地就从巴西中部转移到南亚，从最近发现的土地转移到最早出现文明的土地，从人口最稀少的地方转移到人口最稠密的地方——如果孟加拉国的人口密度确实是马托格罗索或戈亚斯的三千倍的话。重读我前面所写的内容，我发现其间的差异还要更深。在美洲，我最先注意到的是观察自然景观和城镇景观，而这两种事物都是由其形状、颜色和特殊构造所界定的，使它们像是独立于占用着它们的生命体之外的存在。在印度，自然景观和城镇景观这些相对宏观的事物已经

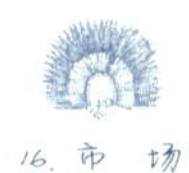

消失，已经被历史毁灭，沦落为物质的或人类的尘埃，这尘埃已成为唯一真正存在的东西。在美洲，我所看到的首先是物质的世界；而在印度，我只看到人类。一个社会学意义上的秩序，经过几个世纪的耗用毁损，正在崩坏之中，被各式各样的私人人际关系取代，人类的密度无所不在地插进观察者与解体中的观察对象之间。在这种前提下，“次大陆”（sub-continent）一词——印度也常以此自称——就有了一层新的意义，不再单纯地指称亚洲大陆的一部分。次大陆似乎是指一个没有资格被称为大陆的世界，因为，其循环达到极限以后的解体，已经毁坏了那个在过去曾把几亿个人类成员组织起来的架构；他们现在都在历史所创造出来的空无中游荡，被那些最基本的恐惧、受苦、饥饿等动机逼迫，往所有的方向流散。

热带美洲最重要的特征就是地广人稀。但即使是在他们群居形成的较稠密社区，每个个人也都还是被放进他们新形成的组织和那些“强制划界”的模式里面。不论内陆的生活水平如何低，即使是在生活条件不佳的城镇里，人类也很少会沦落到会痛苦号叫的地步。在这块土地上，不需要多少东西即可生活。人类开始掠夺这块土地只不过是四百五十年前的事，而且只掠夺了某些特殊地区。但是，在印度，生活的基本条件已不复存在，印度早在五千年甚至一万年前就已是一个农业与制造业国家。森林已不见踪影，没有木材，动物堆肥被用来充当煮食的燃料，而不能肥沃土地；可耕地受到雨水侵蚀，土壤流失到海里；饥饿状态的牲牛，繁殖速度比人类还缓慢，全靠不可吃牛肉的禁忌才得以延续种群。

空旷无人的热带与人口过剩的热带之间的基本差异，只要比较两者的市集和市场，就可以最鲜活地表现出来。在巴西、玻利维亚或巴拉圭这些地方，社会行事历上的重要日子强调生产仍然是个人活动；每一个小摊子都反映出其经营者的特性。像在非洲一样，女性摊贩在市场上售卖她家庭式生产活动的少许剩余：几颗蛋、一把青椒、一把蔬菜或一束花；两三串用野果种子串成的项链，包括红色带黑斑的“山羊眼”（goat's eyes）或灰色闪亮的“圣母泪”（our lady's tears），这些都是利用闲暇时间收集串起来的；一个自制篮子或一件陶器，或者是在非常复杂的交换循环过程中不断转手的几件古老辟邪物。这些小件货物，每件都是艺术品，既表现了各种不同的品味和活动，也表现了各种品味和活动所特有的均衡感，这两点是人们仍然享有的自由的最有力证据。如果过往的人听到有人高声招呼他，那么那叫喊声既不是要用一具残废的躯壳或骨瘦如柴的人体那样的奇景来使他吃惊、使他不知所措，也不是要求他救他一命，高声招呼只是为了请他“买一只蝴蝶”（tomar a borboleta），或者买一些被称为 Jogo do Bicho 的彩票。这种彩票以动物图案代表数字，因此又被称为“动物游戏”（the animal game）。

这种彩票盛行于巴西，但被官方视为非法。它最初是为了推广刚开业的里约热内卢动物园而举办的营销活动，以二十五种动物图案代表一到二十五的数字，但很快就变质为赌博游戏。

在亲身拜访以前，我们就已听说过有关东方市场的一切，不过有两件事倒是我们不熟悉的——人的密集程度与脏乱。对此两者没有任何办法凭空想象，只有亲身经历才能明白。亲身经历所带来的冲击马上使人了解到真实的一个基本

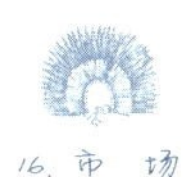

层面。在那样一个苍蝇黑压压、人群挤来挤去的气氛中，我们看见一个自然的人类情境，一种慢慢分泌出我们称之为文明的东西的情境，从迦勒底文明的乌尔城，直到腓力四世的巴黎，中途经过帝国时代的罗马。

迦勒底（Chaldea）文明，属于古代两河流域文明的一部分，位于今日的伊拉克南部及科威特。

乌尔城（Ur），古代两河流域文明的重要聚落，位于今日的伊拉克境内。

腓力四世（Philippe IV le Bel，1268—1314），法国卡佩王朝第十一任国王。

我到过各式各样的市场。加尔各答的新市场和旧市场；卡拉奇的孟买市场（Bombay Bazaar）；德里的市场；阿格拉（Agra）的沙巴尔（Sabar）和库那利（Kunari）市场；达卡的一系列市场，一家一家的人挤住在摊位与手艺者工作的店铺之间的坑坑洞洞里面；吉大港的里阿祖定市场（Riazuddin Bazaar）和卡屯甘杰（Khatunganj）市场；拉合尔城门前的那些市场——阿那卡里（Anarkali Bazaar）、德里、沙尔（Shah）、阿尔密（Almi）和阿克巴里（Akbari）、白沙瓦（Peshawar）的沙达（Sadr）、达伯加里（Dabgari）、锡尔奇（Sirki）、巴久里（Bajori）、甘杰（Ganj）和卡兰（Kalan）市场。阿富汗边境开伯尔山口（Khyber Pass）的乡村市集、缅甸边境的兰加马蒂（Rangamati）市集，在这些地方我看过水果市场和蔬菜市场，成堆的茄子、红葱头、裂开的番石榴等，混成一种强烈的番石榴味；鲜花市场里的卖花者把玫瑰、菊花用金银箔丝、天使发丝扎在一起；在干果商人的展示铺，褐色、茶色的小丘以银色纸张为背景；堆积成山的青椒，散发出干杏与熏香草的强烈气味，足以使人的嗅觉翻腾不已。我看过烤肉者、煮乳饼者与制薄饼者（有 nan 和 chapati 两种薄饼）、卖茶者、卖柠檬水者、枣子中盘商等，把他们的货品堆成黏黏的、由浆果和卵石状的果实组成的小山丘，看起来像是恐龙的排泄物；制糕饼者——常有被误以为是卖苍蝇者的危险——把他们的工具直接放在糕饼上；补锅匠的铁锤声百米之外清晰可闻；编篮者和编绳者使用黄色、绿色的草；制帽者把像萨珊王朝国王（Sassanid Kings）所戴的帽子的编了金属线的圆锥形卡拉帽（kallas）与头巾布穿插陈列；织品店挂着长长的刚染成蓝色、绿色的布料，还有博卡拉式样（Bokhara style）的郁金香色、粉红色人造丝围巾；还有橱柜制造者、雕木者和床铺上漆者；磨刀者扯着皮带转动砂轮；废铁市集和其他区域分开，经营者一板一眼毫无笑意；卖烟草者有时有成堆的金色叶子，有时有整堆赤褐色的中东烟草（tombak），还有成把成把的陶制烟管（chillum）；卖木屐者把数以百计的木屐堆得像酒店的酒瓶那样；卖手镯者、卖铃铛者把货品散放在地上，它们像刚刚剖腹取出的紫色、蓝色玻璃肠子一样；制陶者把上过漆的椭圆形陶土水瓶排成几排，有的是用含云母石的泥土捏成的罐子，有的是褐色的土器——被涂成棕色、白色或红色，带着虫形的装饰记号，陶碗串在一起，像念珠一样；卖面粉者整天都在筛面粉；金银首饰制造者在称小片小片的金银，其店面却还没有邻近的锡店那样光鲜；印花布者以敏捷、一致的动作在白棉布上印下精致的花纹图案；铁匠在露天下工作。所有这一切，形成一个熙熙攘攘、井然有序的世界，在这世界的顶端，小孩子的风车形成一片五彩缤纷的森林，风车都放在小棍棒上面，其叶片飞翔颤动一如在风中摇曳的树叶。

即使是乡村地区也会出现同样可观的景象。有一次我搭机动

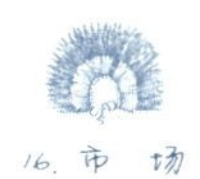

船在孟加拉国的河流上旅行，船停靠在布里甘加河（Buliganga）中央的一座小岛上，河的两岸种着香蕉和棕榈树，树荫底下有着白瓦屋顶的清真寺好像浮在水面上一样。上千艘小船和舢板停靠在附近，表示此地正在举行“哈特”（hat），即乡村市集。虽然看不见任何永久性的建筑，但是一个真真实实的城镇已经存在——尽管只会存在一天。一大群人在泥土地上摆设摊位，每一类货品、生意都各有其界线分明的地区：稻米、牲畜、竹竿、木板、陶器、织物、水果、槟榔、渔网等。小岛四周的水道交通繁忙，好像液态街道一样。刚买来的乳牛，一头头站上所属的船只被运走，过程简洁，牛站在船上面无表情，河两岸的风景看着载牛船驰驶而去。

这一带的乡下十分轻松安详。一整片绿油油的植物，掺杂着一些水仙的蓝，舢板滑行在沼泽和河流中，一切都令人舒适欲眠，使人觉得很想就这样任由自己自在地腐烂，就像那些古老的红砖墙——那些被大榕树挤得变了形的红砖墙——那样。

但是，在这一片祥和里面，也有些令人不安之处。这景观并不是平常的景观——水太多了。在每年固定的洪水泛滥之时，蔬菜减产、渔获减少，造成脱出常轨的生活状况。水位高的时候也就是饥荒季，连牲畜也被饿得皮包骨头，因为平时提供养分的海绵一样的风信子草被洪水毁掉了。这一带的居民是一群奇怪的人，他们生活在水中的时间似乎比在岸上更久，他们的孩子几乎一会走路就懂得如何驾他们的小船玩。在洪水泛滥的季节，由于燃料短缺，干黄麻渣居然在这个地方被卖到每两百杆两百五十法郎，而一般人一个月不过收入三千法郎（单位均是旧法郎）。

然而，只有进入他们的村落才能了解这些人的悲惨情况。他们的习俗、居住方式和生活方式，很接近最原始的社群，然而他们同时也能举办和现代百货公司同等复杂的市集。不到一百年前，他们的白骨散布于乡村各处。他们本来大都以纺织为业，殖民政府当局为了将市场保留开放给从曼彻斯特来的棉纺织品，严禁他们继续从事祖传的纺织业，使他们陷入饥饿、死亡。现在，每一寸的可耕地——即使是那些有半年时间浸在洪水中的土地——都种着黄麻，这些黄麻经初步加工以后便被运去纳拉扬甘杰和加尔各答的工厂，甚至直接被运去欧洲、美国；结果是，这些不识字的、衣不蔽体的农民，其每日生活所需仍然依赖世界市场，虽然依赖方式有些不同，但市场的不稳定性并无两样。他们虽然可以，而且实际也在捕鱼，但作为主食的稻米却全得靠进口；为了补充他们从农作所得的少许收入——只有很少数的人拥有一些土地——他们把时间花在各种叫人看了心酸的工作上面。

代姆拉（Demra）这个村庄几乎建在湖中央，一些小土丘突出水面，上面种些树，树林间建了些小屋子，整个村庄就是由几个突出水面的小土丘联结成的岌岌可危的网络。在这些小土丘上面，全体住民——连幼小的孩子也不例外——天一亮就起床忙碌，人工手织从前达卡著名的穆斯林面纱（muslin veils）。在离此不远的兰加邦达（Langalbandh）一带，整个地区的人都在做西方世界的男式衬衫和睡衣所用的珍珠纽扣。毕德雅雅（Bidyaya）或巴迪亚（Badia）是一个船民种性（caste），他们长年住在舢板上面的茅草屋里，收集含有珠母层的珠贝来卖。带着污泥的贝壳在村落中堆得到处都是，好像宝藏一样。在浸过酸

液之后，那些贝壳被敲成一片一片的，再被手摇砂轮磨成圆形；然后他们把每一个圆片放在座台上修整，所用的工具是一把被固定在木轴前端的钝头锉刀，再用一种弓形装置不停地往复旋磨，最后用另外一种类似但比较尖锐的工具钻出纽扣的四个洞。小孩把制好的纽扣缝到覆有一层锡箔的纸板上面，每片纸板缝十二颗，这就是在欧洲的省城、乡镇布店中看得到的珍珠纽扣。

在巨大的政治变动使亚洲国家获得独立以前，这个小规模工业供应了印度和太平洋岛屿的市场，也维持了工人们的生计，虽然事实上他们一直都受“大老板”（mahajans）剥削——大老板是供应原料和制造纽扣所需的产品的中间商与借贷阶级。由于市场紧缩，原料与制造所需的产品的价格增加了五六倍，该地区的产量由每周六万箩（每箩十二打）减少到每个月五万箩，同时付给生产者的单价又降低了四分之三。几乎是在一夜之间，五万人发现他们本来就少得可怜的收入又减少到只有以前的一小部分。然而，虽然其生活方式原始，但是他们的人口数目、产品数量以及成品外观等事实都使人无法把他们看作真正的手工艺者。在热带美洲——巴西、玻利维亚和墨西哥——“手工艺”一词仍可用在冶炼金属、制玻璃、纺羊毛、织棉布或编草等类工作上，原料是当地的，技巧是传统的，工作是以家庭作业的方式进行的，制作者的品味、习性与要求决定了产品的目的与形式。

在孟加拉国，中世纪形态的社区被一把推入工业时代，为世界市场波动所左右。它们自始至终都是“异化”（alienation）的牺牲品。对代姆拉的纺织者而言，那些从英国和意大利进口的丝线原料完全是陌生的；对兰加邦达的纽扣制造者而言，有一部分原料是陌生的，虽然他们用当地的珠贝，但化学剂、锡箔纸板则是外来的。整个地区的生产计划完全依照外国规格来制定，这些不幸的工人自己根本买不起那些纽扣，更别提衣服了。在一片葱绿的景观背后，在平静的河道两旁排列着的乡村小屋背后，可以窥见一座抽象的工厂轮廓，就好像是历史和经济力量联合起来建立的，其发展过程中最悲剧性的阶段强加于这些哀苦无告的牺牲者身上：把中世纪的物质匮乏和疫病、早期工业时代的那种疯狂剥削，以及现代资本主义的失业与投机，全都加在一起。十四世纪、十八世纪和二十世纪联手，疯狂嘲弄着这些落在热带大自然背景中的田园风光。

是在世界的这一部——分每平方公里人口密度有时超过一千人——我才完全了解到热带美洲（在某种程度上可以说整个美洲大陆）由于完全无人居住或是人口相当稀少而享受到的历史特权。“自由”既不是一种法律上的发明，也不是一种哲学思想的征服成果，更不是某些比其他文明更正确、恰当的文明才能创造、保有的东西。自由是个人与其所占有的空间之间的一种客观关系的结果，是消费者与他所能运用的资源之间的一种客观关系的结果。而且，很难说资源丰富就可以弥补空间不足的缺陷，也不能保证说一个富裕但人口过多的社会不会被本身的人口密度毒害，像有些面粉寄生虫，远在它们的食物食用殆尽以前，就释放出毒素互相残害。

一个人必须很天真或不诚实，才会认为人们能够完全不受其生存处境的影响，自由地选择其信仰。非但不是意识形态决定社会存在的形态，反而是社会存在的形态为意识形态赋予意义。意

识形态只是一组记号（signs），只有在其所指的事物确实存在的情况下，才构成一种语言（language）。一方面，在目前，东方与西方之间的误解主要是语意上的问题：那些我们想在东方广为宣扬的观念，或者说“指涉者”（signifiers）所要指涉的指涉物（signifieds），不是性质不同就是根本不存在。另一方面，如果可能使情况改变的话，那么即使改变后的架构可能是我们西方人认为无法忍受的，对于目前的牺牲者而言，也不会有太大的差别。他们不会自觉到在被奴役，相反，如果他们渐渐走向强制劳动、食物配给和思想统制，他们就会觉得是获得了解放，因为他们可因此得到工作、食物和一定程度的知识生活。我们只根据其表面而视之为剥削的各种形式，在既存的现实面前都可以获得合理的解释。

热带亚洲与热带美洲之间的对照，在那些都还可以找到补救方法的政治和经济问题之上还有一个问题：人类在有限空间内不断增加。我们不得不想到，就这一点而言，欧洲处于上述两块大陆之间。印度在三千多年以前就尝试用种姓制度来解决其人口问题，把量转化成质，也就是把人群分门别类，以使他们可以并存。印度甚至从更宽广的视野去思考这个问题，把种姓制度延伸到人类之外，延伸于一切生命形式。素食原则和种姓制度一样，目的是防止社会群体和动物种属互相侵犯。为了保证每一群人或物种有自己特殊的自由，方法是强迫其他种群放弃保有些许冲突的自由。这项伟大试验的失败是人类的悲剧；我的意思是，在历史的发展中，不同的种姓并没有发展到由于互相有别而维持平等的状态——此处的平等指的是相异相别者之间没有任何共同的准绳——一个有害的、同构型的因素被引进该制度，使不同者之间可以互相比较，结果是造成了一个有高低之分的阶层。人类可以共存，只要他们能认可他们虽然不同，但都具有同样程度的人性；人类也能够借由否认其他人也具有同等程度的人性而共存，只是其结果是建立一个上下从属的体系。

印度的重大失败可以给我们上一课。当一个社会人口太多的时候，不管其思想家们如何天才，似乎都只有使某些人沦为奴隶才能让这个社会存续下去。一旦人类开始觉得他们为地理、社会与心理习性所压抑、无法伸展，他们就有被诱惑采取简单的解决办法的危险：认定他们的同类中的一部分没有做人的权利。这样做使其他人在接下来的几十年中能获得更多的活动空间；然后，就必须再把更多同类摈除在外。用这个观点去看欧洲过去二十年来所发生的事情，也就是人口在一个世纪内增加一倍的最后结果，那些事情也就不再是缘于什么某个国家的越轨、某种教条或某群人的异常了。我把那些事情看作我们已进入一个有限的世界的前兆，就好像南亚早我们一千年或两千年即已面临的那样，除非做出一些重大的决定，否则我不认为我们能避开和南亚相同的命运。人有系统地贬低其他人，愈演愈烈，如果我们辩称近几年发生的事件只代表一种短暂的污染，我们就犯了言行不一和盲目无视的罪行。

在亚洲，使我害怕的是我们自己未来的一种可能性，也就是亚洲目前正在经历的状况。在印第安人的美洲，我很庆幸他们还活在一个与他们所拥有的世界相符的时代，还能享有名副其实的自由的满足，无论这时代会变得多么短暂。

第五部

卡都卫欧族

Tristes Tropiques

Part 5

巴拉那州

露营者，到巴拉那露营去吧。不过，想一想，还是别去了。把你们的那些沾油渍的纸张、打不破的瓶子和锡罐等等留给欧洲最后的那几个风景区吧！让整个欧洲的风景都被你们营地的垃圾盖满吧！但是，在这些地方终于被摧毁以前的这段短暂时间内，尊重那激起纯净的水花泡沫，在拓荒前线区边缘沿着紫色花岗岩阶梯奔腾而下的洪流。不要践踏火山苔藓淡淡的新绿。小心别侵入那片无人居住的大平原，别越入那片潮湿的针叶树林。那片树林在藤类植物与羊齿植物的纠缠中伸向空中，所形成的形状正好

和我们的枞树林的形状相反：枞树顶端形成圆锥状，这些针叶树的树枝却沿着树干的一层层六角形平面，一圈圈地叠上去——其井然有序的格局一定会使波德莱尔又惊又喜——最后一层则成一个巨大的伞花形。这是一片处子般庄严的自然景观，似乎把石炭纪（carboniferous era）的面貌之一部分保存了数百万个世纪不变，而其海拔高度和远离热带，使其得以不变成像亚马孙森林那样的茂密丛林，具有一种无法解释的次序与华美，除非我们把它归因于一个比我们自己更明智、更有力的种族之远古习俗所造成的结果，那个种族的消失使我们得以进入这一片现在已经荒废沉寂的温带林原。

夏尔·皮埃尔·波德莱尔（Charles Pierre Baudelaire, 1821—1867），法国象征派诗人。

就是在这地方，我第一次接触原住民。当时我由一个正在执行巡视任务的“印第安人保护部”（Department for the Protection of Indians）地区官员陪着，在海拔一千米处眺望提巴吉河（Rio Tibagy）两岸。

这地方最初被发现的时候，整个巴西南部地区的原住民各社群均有密切的关系，在语言文化上是近亲，整个群体的集体名称叫作“杰”（Ge group）。他们很可能是被一些刚到不久的说图皮语的入侵者赶往西边去的。他们与说图皮语的人有冲突，说图皮语的人当时已占据整个沿海地带。退到难以进入的地区以后，南巴西的杰族比图皮族多活了好几个世纪，因为后者很快就被殖民者杀光了。在巴拉那州与圣卡塔琳娜州等南部州的森林里面，小群小群的野蛮人一直存活到了二十世纪。可能有一些在一九三五年还存在，但因过去数百年受到的激烈的迫害而都躲起来了——

他们大部分曾被巴西政府围捕。在一九一四年左右，巴西政府成立了几个保留区。起先，巴西政府曾试图把他们整合入现代生活里面。在圣热罗尼穆村（São Jerônimo），也就是被我当成研究基地的地方，有一个铁匠铺、一间锯木厂、一所学校和一家药局。斧头、刀子、针等类用具定期被送到边区前哨站，前哨站还分发一些衣物和毯子。这一切尝试在二十年后全都被放弃了。让印第安人自生自灭的“保护服务”（Protection Service）正反映出它本身被公共权力机构忽视的情形（从那以后又恢复了其一定程度的重要性）；结果是，无论如何，都等于鼓励印第安人自己重拾一些主动，迫使他们去掌握自己的事务。

在与文明的接触过程中，原住民只留下了巴西政府提供的衣物、斧头、刀子和针，其他方面的试验全部失败了：替他们盖了房屋，但他们继续露宿；想使他们定居于村落里面，但他们继续迁徙不定；他们把床剖开当柴烧，睡在地上；任凭政府送的整群乳牛随意游荡，因为他们觉得牛乳和牛肉都令人作呕；机械杵被弃置，而继续用手舂东西。这种机械杵，操作着一个可摇摆的容器，一根杆子上下运动就会自动填满和清空该容器，这是一种在巴西很常见的工具，被称为“莫久洛”（monjolo），是葡萄牙人从东方运送到巴西去的。

因此，提巴吉印第安人不仅仅不是完全“真正的印第安人”，更重要的是，根本不算是“野蛮人”（savages），这让我大失所望。但是，把我对未来经历所抱持的天真幻想的诗意抹去以后，他们倒是让我这个人类学的入门者学到了慎重与客观。虽然我发现他们远没有我所希望的那么未受外界影响，但是他们又远比其

外表给人的印象要神秘许多。他们是二十世纪下半叶观察者所能看到的绝大多数社会学情境的最佳范例：他们是那些被别人强行把文明加诸其头上的“原始人”，然而一旦别人（尤其指官方）认为他们面临的危险已经被克服，就再也没有人对他们有任何兴趣。他们的文化是自己创造的混合物，一部分是还能抗拒白人影响的古老传统（比方说，仍然相当普遍的锉齿和镶齿的习俗），一部分是从现代文明借过来的。研究这种混合物，不论这幅异象画中的各部分具有何种缺点，所能得到的启示都被证明并不比研究我后来碰到的原始印第安人更少。

但最重要的一点是，自从这些印第安人又被丢回去自生自灭以后，现代文化与原始文化之间那种表面的平衡起了倒反的变化。古老的生活方式和传统的技巧重新出现，但如果忽略那些仍然在当前生活中使用着的相似品会是一种错误。在原住民的房子里面能发现磨得漂漂亮亮的石杵，和上了珐琅的锡盘子、廉价的汤匙，偶尔甚至能发现缝纫机的骨架残骸。我在想，那些漂亮的石杵等东西的起源地会是何处？它们可能是通过以物易物换来的：在一片静默的森林里面，从同一种族的其他族群那里换来的；或者从那些极具攻击性的，使想要定居的移民对巴拉那的某些地区仍然望而却步的族群那里换来的。如果我能知道那个退休后住在政府住宅区的年迈印第安勇者（bravo）的生平的话，可能就可以回答这些问题。

那些引起这些猜想的器具，仍保留在各部族里，见证了印第安人仍然没有房屋、没有衣服、没有铁器的那个时代。那些古老的技术也在半清楚的记忆中保存着。印第安人对火柴很熟悉，但火柴很贵重且不容易到手，因此他们还是宁愿用两片软棕榈木互磨来生火。以前政府分发给他们的老式枪支和手枪常可看见，挂在无人居住被荒弃的屋子里面，在森林中狩猎的人则用弓和箭，认为这方法很牢靠，就像那些从来没见过火器的社会一样。这种古老的生活方式，在被官方主动快速地试图遮掩之后，继续缓慢稳定地往前推进，好像我在窄窄的林间小径上遇见的印第安人旅行队伍一样，他们离开被丢弃的村落，任由屋顶倒塌。

有两个星期的时间，我们在几乎难以辨识的小径上骑马前行。我们每天要赶的路程很长。森林极广，我们经常要走到夜深，才能抵达一间可以休息的小屋。马到底如何在黑暗中找路前进？特别是我们头上三十米之处高高覆盖着一个光线难以穿透的植物穹顶，使黑暗进一步加深，我实在不晓得马怎么认路。我只记得被我们的坐骑缓步前行不断颠簸了好几个小时。有时候，在走下陡峻的山坡时，马会把骑者往前摔出，那时必须及时抓住农民式马鞍的高鞍头。如果从底下升起一阵清凉和一阵吵闹的哗啦哗啦声，就表示我们正越过小溪。然后，我们的身体往后一斜，是马在东倒西歪地爬上对面河岸，此时在黑暗中很难弄清楚马儿这种失控举动的真正性质，好像是在设法连人带鞍全都摔出去似的。一旦重新获得平衡，那么必须注意的是小心不要丧失那种奇妙的预感，它使你虽然在盲目前进，但仍能把头低下来——常常是及时低下头来，不被那些低垂的树枝打到。

不用多长时间就可听见在遥远的地方有一种难以错认的声音。这次不再是美洲巴拉那州的原始森林虎的吼声——那吼声自入夜以后一直可以听见。这是狗吠声，表示不远处就有休息的地

方。几分钟以后，我们的向导会改变方向，我们就跟随他走进一小块清整过的地段，那里会有用剖成两半的树干围起来做的牛栏。两个穿着薄薄的白棉布的人会在小屋前面走来走去，小屋是茅草顶，用松散放置的棕榈树干组合而成。他们就是主人：通常丈夫是葡萄牙裔，妻子是印第安妇女。借着浸在石蜡中的灯芯的光照，很快便可以把屋内的情形观察完毕：踩踏得结实的泥土地面，一张桌子，一条用木板做成的睡觉用的长凳，几个当椅子用的木箱，旧汽油桶和用过的锡罐就是厨具。我们不久就会把吊床的绳子穿过墙上的裂缝挂起来，或者我们会到室外去睡在帕依奥（païol）上——那是为了保护玉米使之不受雨淋的门廊。虽然听起来或许有些奇怪，但一堆带叶子的干玉米可被当作一张相当舒服的床。长椭圆形的玉米会一根挨着一根，整个玉米堆会随人体形状而变形。晒干的玉米那细细的、甜甜的草香味道有神奇的催眠作用。但是到了黎明时刻，我们会被寒冷与潮湿弄醒。乳白色的雾盖在这片清理过的空地上面，迫使人赶快走进屋内。屋内的灶正在无窗住宅的恒久昏暗之中烧得火红，住宅的墙几乎就是透雕细工的隔板而已。女主人煮咖啡——咖啡豆已先用大量的糖炒到黑得发亮，准备“哔波卡”（pipoca）——爆玉米花掺培根。我们把马牵来，上鞍，再出发。几分钟以后，滴水的森林把小屋四面封闭起来，小屋几乎已不存在。

圣热罗尼穆保留区大约有三十万亩地，住着四百五十名土著，分成五六个小村落。在出发以前，我已在保护站看过统计数字，知道疟疾、肺痨和酒精中毒所导致的灾难。在此前十年的时间内，新生婴儿总数在一百七十人以下，而婴儿死亡数目却有一百四十人之多。

我们看到联邦政府所建的木造房子，在溪流沿岸每五到十栋组成一个小村落。我们也看到印第安人自己建的比较孤立的房子，用棕榈树干围成方形木栅，用藤固定，上覆叶子做屋顶，只将四角绑牢于墙上。最后，我们还看到用树枝搭成的雨篷——有时候一家人宁可住在里面，而放着隔壁的空房子不用。

居民围着一堆日夜不息的火。男人通常穿件破烂的衬衫和旧长裤；女人通常穿件棉洋装，不穿衬衣，有时候只用一条毯子裹着腋部以下；小孩通常赤裸。所有的人都戴草帽，我们在整个旅行途中也戴宽边草帽，这既是他们唯一的手工艺品，也是他们唯一的收入来源。不论年龄大小，男女两性都明显是蒙古人种：短短的宽平脸、颧骨高、眼狭长如刀切、黄皮肤、黑色直发（妇女有时留长发有时剪短发）、很少或无体毛。他们全家用同一个房间，在里面无时无刻不在吃烤番薯——番薯放在热灰烬中烤，然后用长长的竹钳挑出来。他们也睡在同一个房间，铺一层羊齿植物当睡垫，或睡在用玉米叶编的席子上，每个人都把脚朝向火堆。在半夜，剩下的一点火星及松松地堆在一起的树干，在海拔一千米的寒冻中提供不了多少温暖。

印第安人自己造的房子就只有这样一个房间，即使住进政府所建的房子，他们也只使用里面的一个房间。每户印第安人的全部财产都四散在地板上，乱成一堆，这使我们的向导们——他们是来自邻近偏乡的白人—印第安人混血儿——很惊愕。印第安人的财产是巴西制造的产品与当地手工艺者自制品的纠缠不清的大混合。前者通常包括斧头、刀具、珐琅盘子、金属容器、破布、

针、线等，有时候还包括几个瓶子，甚至一把雨伞。家具也同样简陋：几把瓜拉尼人（Guarani）做的矮凳子——白印混血儿也用这种凳子；大小不同的篮子，用在南美洲经常看到的斜纹编织法（twilled technique）编制而成；面粉筛、木臼、木或石杵、几件陶器；最后，一大堆形状各式各样、用途不同的容器，都用一种被称为 abobra 的葫芦掏空晒干制成。要拥有这些很普通的东西中的任何一两件，都是相当困难的事情。在见到他们的时候，分给每一成员戒指、项链、廉价胸针等饰品，有时并不足以建立起想要的友善关系。即使是拿出完全不成比例的一大堆巴西银币（milreis）要跟对方交换一件价值甚低的用具，也并不能使该用具的主人心动。他会说他不能没有那用具。如果是他自己制造了那用具的话，他就会很乐意地把它交出来，但是那用具是很久以前他从一个老妇人手里得来的，而只有她知道怎么做那种用具，如果他把那用具给我们，那么他用什么来代替？当然，我们无法找到那个老妇人。她去哪里了呢？他不晓得，同时他会用手随便朝森林指一指。无论如何，作为一个在发作疟疾的老人，他离最近一家白人开的商店有一百公里之远，即使我们把身上所有的巴西银币都给他，又有什么用呢？我们居然要从一个这样的老人身上夺走这样一件小用具，这令我深以为耻，失去那用具对他来说是无法弥补的损失……

但是常常出现另一个不同的故事。我可能问一个印第安妇人，可不可以把她的锅子卖一个给我，她会回答可以。但不幸的是，锅子不是她的。那是谁的？一阵沉默。是她丈夫的吗？不。是她兄弟的吗？不，不是她兄弟的。是她儿子的吗？也不是她儿子的。锅子是她孙女的。孙女总是任何我们想买的东西的拥有者。我们看看孙女，她只有三四岁，蹲在火堆附近，全神贯注于不久以前我套在她手指上的戒指。因此我们开始和这个小女孩进行冗长的谈判，她父母完全不置一词。她对一只戒指外加五百个巴西银币无动于衷，但对一枚胸针加四百个巴西银币有兴趣。

卡因冈（Caingang）族印第安人种少量食物，不过他们的主要职业是捕鱼、打猎和采集野果。他们捕鱼的方法是对白人捕鱼方法的拙劣模仿，生产力不高：他们用一根有弹性的树枝，在线上绑巴西鱼钩，穿一片葡萄干当饵，有时候用一块破布当作渔网。狩猎与采集决定了他们在森林中的迁徙生活。整个家族会一连失踪好几个星期，没有人曾经跟他们去那些复杂的林中小径及秘密的藏身所。有时候我们会碰到一小群人公开出现在林中小路上，但又马上隐入森林中不见。男人走在前面，手中拿着“波多克”（bodoque，是一种射鸟的弹弓），背上斜挂着藤制弹筒，里面装着干泥土做的子弹。妇女跟在男人后面。她们背着放了家族所有财产的篮子——用布带或宽树皮带缠在前额上面来背那些篮子。小孩和家庭用品都放在篮中。我们把缰绳拉紧，他们几乎一点儿都没缓下脚步。他们会交换几句话，然后森林又是一片沉寂。我们知道下一间房子会像很多其他房子一样空无一人。但会空多久呢?

他们的游猎生活可能持续几天或几个星期之久。打猎季和采这些果子——橘子、树葡萄（jaboticaba）和利马豆（lima）——需要全家人四处迁徙。但我们既不知道在森林深处他们是用什么样的建筑物来遮风挡雨的，也不知道他们把弓箭藏在何处——只

偶然发现过几件样品，是被遗弃在房子的角落而意外被我们捡到的——同样也不知道在那段时间内，他们回到了什么样的传统里去，举行了什么仪式或有什么样的信仰。

在他们的原始经济中，种植农作物是最受忽略的一种生产技术。有时候在森林深处，我们会发现一片土著清理过的土地。在高耸的树墙之中，会有几平方米的绿色种植物——香蕉、番薯、木薯和玉米。玉米要先在火边烘干，然后由妇女——单独一人或者成双成对——用臼敲碎。玉米粉有时就直接吃，有时和动物脂肪混合做成硬饼。黑豆是他们的食品之一，野兽和半圈养的猪是他们的肉类的来源。肉都是插在树枝上用火烤。

也得提到“可洛”（koro），它是一种浅白色的虫，常常大量出现在某些腐烂中的树干里面。在吃这种虫受到白人耻笑以后，印第安人通常对此加以否认，不会承认喜欢吃这种虫。但你只要走进森林里面就可找到松树的残迹，二三十米高的树被风暴刮倒，后来被砍成片片断断的一堆残骸。肢解大树尸体的就是找可洛的人。如果你突然到一间印第安人的屋子去，你可能就会瞥见一碗美味的虫子蠕来蠕去，但它马上就被藏起来。

情形既是如此，要想参与一场寻找可洛的活动便很不容易。你得像阴谋者一样做长远的计划。有个发烧的印第安人，整座被暂时遗弃的村落就剩他一个人，似乎是个好下手的对象。我们把斧头放在他手上，摇撼他，推挤他。但毫无用处，他似乎不知道我们要他干什么。想着我们可能又要失败一次，我们便拿出最后的说辞：我们想吃些可洛。我们成功地把这个可怜的牺牲者拉到了一根树干旁边。他只砍了一斧，就让树干深处数以千计的小格子暴露无遗。在每个格子里面都有一只胖胖的、乳白色的生物，颇像蚕。我得遵守诺言。那印第安人面无表情地看着我把我的收获物断头。虫身喷出一种白色的油脂物，我迟疑了一阵以后终于尝试：它具有黄油的稠厚和细致，味道像椰子汁。

18 潘塔纳尔湿地

在经历这次“成年礼”（initiation）以后，我就可以做真正的探险了。大学放假期间正好有一次机会。巴西大学放假是在雨季的十一月到三月之间。即使雨季不是很理想，我也还是计划和两个土著社群建立接触：一个是卡都卫欧（Caduveo）族，在巴拉圭边境，其人口可能已减少到只有以前的四分之一，而且几乎没有人研究过他们；另外一个是被知道得比较多，但仍然颇具研究价值的波洛洛（Bororo）族，在马托格罗索州中部。此外，里约热内卢的国家博物馆建议我顺道去半路上的一个考古遗址做勘察工作，人们知道那遗址的存在已有相当长一段时间，但一直没有人有机会对其加以调查。

从那以后，我经常在圣保罗与马托格罗索之间旅行，有时候搭飞机，有时候搭货车，有时候坐火车和乘船。在一九三五年至一九三六年之间，我先坐火车再乘船沿河而走。前面提到过的那个考古遗址离埃斯佩兰萨港（Porto Esperança）的火车终点站不远，在巴拉圭河（Rio Paraguay）左岸。

这一趟令人疲倦的旅行没什么值得多叙述的。第一段路是乘西北铁路（Noroeste Railway）去包鲁（Bauru）——位于拓荒前线中心；在包鲁改乘马托格罗索夜车，途经该州的南部。全部行程三天，速度相当缓慢。引擎烧木头做燃料，常常要停下来一段颇长的时间补充木料。车厢也用木头制造，制造方式很简陋，因此一早醒来的时候，脸上会盖着一层硬化了的泥土薄膜，那是颗粒十分细小的荒野红土，落在全身每一个毛孔和每一处褶皱上。餐车的菜单已经是典型内陆烹饪：有鲜肉或干肉，米饭和黑豆，可以蘸着木薯粉（farinha）吃。木薯粉是用玉米或新鲜木薯制作的，加热使其脱水，然后再磨成粗粉末。最后是永远少不了的巴西甜食，一片木瓜或番石榴果酱，外加奶酪。在每一个车站，只要给几个铜板，街头小孩就会给你汁多肉黄的菠萝——一种清新宜人的点心。

快到特雷斯拉瓜斯（Tres Lagoas）车站的时候，就进入了马托格罗索州。横渡巴拉那河——这条河异常宽，虽然当时雨季已开始，但由于河道太宽，很多地方仍可见底——在河那边的那片景观很快就要变成我在内陆到处游荡的几年间既熟悉又无法

忍受却又必须接受的景观，这是巴拉那盆地与亚马孙盆地之间巴西中部的典型景观：平坦或轻微起伏的高原，一望无际的视野，矮树林类植物，偶尔会有一群瘤牛（zebus）在火车经过的时候惊动四蹿。很多旅行者把马托格罗索误译成“大森林”。事实上，阴性的 mato 才指“森林”（forest），而阳性的 mato 指的是与森林相对照的南美风景特色，Mato Grosso 便意指矮树丛（great bush）。没有任何其他字词可以更恰当地形容这片野性荒凉的土地，不过在这整片一成不变之中也有其宏伟与令人兴奋之处。

我也把 sertão 翻译成 bush（矮树），但事实上其意义略有不同。mato 指的是自然风景的一种客观性质：是矮树林而不是森林。sertão 指的则是一种主观的性质：重点在与人有关的那种关系的性质上，表明是一种矮树林之地，而非住人的拓垦过的土地；在 sertão 上没有永久性的居民点。法国殖民粗话中有一个可能完全相当的字眼：bled（穷乡僻壤、荒野）。

原书常使用 sertão 这个词，依上下文意改变译法。若与自然景象有关，则译为“荒野”；若与人有关，则译为“偏乡”“乡野”或“穷乡僻壤”。

有时候高原会被绿色多树的河谷切开，河谷在清澈的天空底下看起来几乎在表达欢迎之意。在大坎普（Campo Grande）与阿基道阿纳（Aquidauana）之间，一个更深的断层显现了马拉卡茹山脉（Serra de Maracaju）令人目眩的悬崖，在这条河谷中有个地方叫作科伦蒂斯（Correntes），那里有一个矿村（garimpo），也就是钻石矿开采处。整个地理景观在此处突然改变。一过了阿基道阿纳，即进入潘塔纳尔湿地（Pantanal），它是世界上最大的沼泽，占满了巴拉圭河的中央盆地。

从空中望下去，在这一带地区，河流弯弯曲曲流经平坦的地域，水流停滞的地方形成拱形与各种弯曲的形状。河床本身似乎镶着灰白色的曲线，好像大自然在把目前这暂时性的河道交给这条河以前犹豫了一下。潘塔纳尔湿地的地表景观颇像梦中幻境，水中小丘看起来像漂浮的方舟，上头躲着整群的瘤牛，成群的大型鸟类，像火鹤、白鹭、苍鹭等在积水的沼泽里形成白色与粉红色的微型岛屿，但不若棕榈树如扇展开的叶子（这种叶子里含有珍贵的蜡）那般轻盈；只有稀疏的灌木打破了这片水生沙漠风光明媚的假象。

在葡萄牙文中，esperança 意为“希望”。

乔纳森·斯威夫特（Jonathan Swift，1667—1745），英国作家，最著名的作品为《格列佛游记》。

阴郁的埃斯佩兰萨港，地名取得极为错误，是我的记忆里在地球上所能找到的最古怪的地点，唯一一个可与之做比较的是纽约州的法尔岛（Fire Island）。我之所以同时想到这两个地方，是因为它们很相似，都将最矛盾、对立的东西结合了起来，两个地点都表现了地理上与人文上的荒谬性，虽然调性很不相同——一个是滑稽的，另一个则是邪恶的。法尔岛像极了斯威夫特笔下创造出来的地方。它位于长岛（Long Island）岸外，是一条长八十公里，宽二三百米的沙岛，沙上没有任何植物。法尔岛靠大西洋岸边，海浪太猛，不能游泳，而在另一侧岸边，虽然风平浪静，但水太浅，也不能游泳。岛上唯一的娱乐是捕捉不能吃的鱼。沙滩上每隔一定距离就立有告示牌，上面写着“别把鱼丢弃在沙表面任其腐烂，应该把鱼立刻埋在沙下”。法尔岛上的沙丘迁移不定，靠海的部分随时会下陷，因此又有告示牌警告游客和居民远离海

边沙丘，以免有陷落水底的危险。法尔岛像是把威尼斯倒反过来了，土地是液化的，通道反而是坚固的：岛中央的村落“樱桃丛”（Cherry Grove）的住民不得不使用木板搭建高架路桥，构成村落里面的道路网。

为了使以上的描述完整，我得进一步指出樱桃丛这个村落的居民主要是成对的男性，毫无疑问，他们是被这个地点一切都倒反过来吸引来的。除了一片片有毒的常春藤以外，沙上不长一物，一切日常用品都必须每天到岛上唯一的一家店去购买，那家店位于登岸栈桥的尽头。在比沙丘稳定一些、高一些的地面上，可以看见这些不能生育的男性伴侣成双成对地推着婴儿车，沿着小小的栈道，走回他们的屋子去。那些栈道十分狭窄，只有婴儿车是最适合的搬运工具，婴儿车中放些周末要喝的小瓶牛奶，不过不会有小孩喝得到那些牛奶。

法尔岛给人的印象是一种闹剧似的喜悦享乐气氛，而埃斯佩兰萨港给人的印象则是一个比法尔岛更绝望、更遭遣的小区。埃斯佩兰萨港没有任何存在的理由，只因它正好是铁路在河岸的终点，抵达这终点以前的那段铁路长达一千五百公里，沿线大致也是无人居住的地区。过了埃斯佩兰萨港以后，要再往内陆得改为搭船，火车轨道的终点在一个泥泞的河岸上面，用一木板松松地支撑着，这些木板同时权充小型河船的码头。

住在那里的人都是铁路员工，除了员工住宅，没有其他房子。员工住宅都是木造小屋，盖在一片大沼泽中央，用木板搭成的交叉便道就是通往住宅区的道路。我们住的是铁路公司替我们安排的一间小屋，形状像方块箱子，一个小房间架在几根木桩上面，得爬梯子上去，拉开门之后所看到的只是一个什么都没有的小空间。清晨的时候，火车头的汽笛声把我们吵醒，这是专供我们到处移动的交通工具。夜晚令人极不舒服：又潮又热，沼泽巨蚊恣意横行，我们出发以前精心设计的蚊帐不足以发挥作用，这一切使我们根本无法成眠。早上五点钟，当引擎把水蒸气透过我们薄薄的地板送进房间里面时，前一天的余热还没消散。虽然湿气极重，但是并没有雾，天空沉闷，空气郁人，好像空气里面多渗入了一些什么物质，使它变得呼吸不得。还好火车头的速度很快，我们把脚吊挂在安全栏杆上面吹凉风，借此甩开前一天晚上的沉重之感。

铁路只有单线，每星期有两班火车会使用它，铁轨惊险地铺在沼泽上面，像一座不牢靠的桥，驰行其上的火车头随时有落入沼泽之中的危险。在铁轨两旁，从那混浊的、令人作呕的沼泽水体中升起两道污浊的臭气。有好几个星期之久，我们喝的就是这沼泽的水。

铁路两旁都是矮树林，一丛一丛之间有相当的距离，像果园一样，但在较远的地方则看起来是暗暗的一大片，在树丛枝丫下面，天空在水里的倒影一片片闪闪发光。整个景观似乎在温暖之中慢慢地蒸腾，慢慢地成熟。如果能够在这个史前景观里停留数千年之久，毫无疑问就能够亲眼看见有机物质转化成泥煤、煤炭或石油。我甚至可以想象我看见油浮出表面，使水染上一层薄透的七色彩虹图案。帮忙的工人们不肯相信我们花这么大的力气、使他们受这么多的苦，目的只是找一些破陶片。由于我们戴着“遮阳盔”——

遮阳盔（sun helmets），自十九世纪中期开始，欧洲人便常戴着这种用植物纤维编成的遮阳盔帽前往热带殖民地。

这是工程师的象征——因此他们认定考古只不过是别的更重要的发掘企图的借口罢了。

偶尔会有一些不怕人的动物打破这一片沉寂：一只受惊的南美草原鹿（veado，一种有白尾巴的鹿），一群鸸鹋（ema，美洲鸵鸟），或一群白鹭在水面啄食。

沿路会有工人爬上火车头，和我们一起搭一程。我们的目的地“十二公里站”就是支线的终点，从那里开始必须步行到发掘地点。我们可以远远看见那地方的“栖息地式”典型景观。

和表面上看起来的不一样，事实上潘塔纳尔湿地的水体还有一定程度的流动性，带着贝壳和沉积物堆积在一些特定地点，使植物能在该处扎根。因此，这一带地区便有不少地方有一块块覆盖着植被的地面，被称为“栖息地”（capõe），以前印第安人曾在其上设营，他们的生活遗迹目前仍然可见。

每天早上，我们沿着利用铁路两旁的备用枕木铺成的木道走到我们的“栖息地”去。我们的日子过得真是筋疲力尽，因为在那里我们几乎没有办法呼吸，还必须喝被太阳晒热的沼泽水。黄昏的时候，火车头会来接我们回去，有时候则由被法国人称为diable（双轮手推车）的板车来接我们。板车前进的方法是工人站在四个角落，用力地把他们手中的长杆撑在铁轨旁的沙砾上面，像船夫划桨一样。又累又渴的我们回到空无一物的埃斯佩兰萨港，度过一个无法安眠的夜晚。

在距离埃斯佩兰萨港约一百公里的地方，我们选定了一个牧场作为基地，从那里出发去设法接触卡都卫欧印第安人。铁路沿线的人都称它为“法国牧场”（Fazenda Francesa），它占地约十二万五千亩，有一百二十公里长的铁路穿行其中。在这一大片矮树林和粗草牧地上，放牧了七千头牛（在热带地区，每头牛需要十二到二十五亩牧地），这些牛每隔一段时间就被从牧场上的两三个车站通过铁路运往圣保罗。在牧场住宅区附近的车站叫作“瓜伊库鲁斯”（Guaycurus），这是以前控制这个地区的一族好战的印第安人的族名，在巴西境内，这族印第安人的唯一后裔是卡都卫欧印第安人。

牧场主人是两名法国人，帮他们忙的是几个牧牛人家族。我忘了较年轻的那名法国人的名字，但是记得比较年长、接近四十岁的那名法国人叫作费利克斯·R（Félix R.）——一般都较亲昵地称他为“唐·费利克斯”（Don Félix）。他几年前被一个印第安人谋杀了。

我们的这两名牧场主人在第一次世界大战的经验中成长，他们的脾气和能力使他们很适合成为摩洛哥的法国殖民者，我不知道是什么原因使他们离开法国的南特（Nantes），到巴西的这个荒野来从事风险更高的冒险，但是，在尝试了十年以后，牧场即开始衰败，因为大部分的初始资金被用来买土地，没剩多少资本可以用来改良品种和工具。两个人在一间宽敞的附露台的英国式平房里过着很简朴的生活，一边养牛一边卖杂货。牧场里面的杂货店差不多是一百公里半径范围内唯一一家食物和日用品供应中心。牧场的受雇者，无论是工人还是农民，都到那里去把他们刚刚赚来的钱很快花出去。有一套记账法可让他们的债权变成债务，整个体系可以运作无碍而无须金钱真正转手。由于依照惯例，货物的价格会定为正常价格的两三倍，因此如果开店那一部

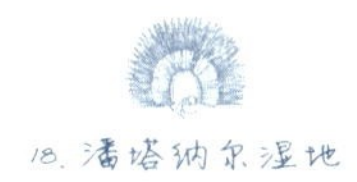

分所占的收入比例不是这么无足轻重的话，那么整个牧场可能可以赚钱。每个星期六，工人们抱着几捆甘蔗回到牧场，把甘蔗立刻放到一架机器里面，机器用树干制成，利用三根圆木柱旋转榨出甘蔗汁。榨出来的甘蔗汁被放进大铁锅中蒸发浓缩，再倒进模型里面使其成为浅黄色多颗粒的糖块，这种糖块被称为 rapadura（brown sugar，红糖），被存放在牧场的店里面。白天把甘蔗送去榨甘蔗汁的工人，当天晚上再从店里用更高的价格把糖块买回去给他们的小孩吃，这是整个偏乡地区唯一的糖果。那些工人在星期六各抱几捆甘蔗回到牧场的情景，想起来就让人心碎。

我们的这两名法国主人对他们自己扮演了剥削者这样的角色，采取了一种相当哲学性的看法。他们不仅除了工作时间以外不和工人接触，也没有任何和他们同属一个阶级的邻居（最近的一个种植庄园在巴拉圭边境，两者之间隔着一个印第安人保留区）。他们谨守自己艰苦的日常作息习惯，这大概也是避免丧志的最好办法吧。他们对南美洲生活方式的唯一让步是在衣着和饮料方面。在他们所住的边境地区，巴西、巴拉圭、玻利维亚和阿根廷传统相互杂糅，他们穿的是当地最常见的“彭巴服”（pampa dress）。彭巴服包括一顶玻利维亚灰褐色草帽（织工很细，帽顶高，帽檐宽而且上翻），一件方格毯（chiripa）（这是有条纹的用棉布织成的大披风，颜色有粉红、粉白和蓝色），脚上穿高至小腿的粗帆布鞋，小腿以上的腿部不穿东西。天气较寒冷的时候，便改穿灯笼裤（bombacha），这是一种宽松的、法国北非步兵式样（Zouave-style）的裤子，裤边都有细密的针织花边装饰。

他们两人每天大都在畜栏里面管理牲畜，管理工作主要是在牲畜被集中圈围起来以后进行检视，挑选要卖的牲畜。工头发出喉音极重的叫喊，在一片尘埃弥漫之中，牲畜成排跑过主人面前，被分别关入不同的畜栏内。长角的公牛、肥肥的母牛和受惊的幼牛相互推挤，想要爬到其他牲畜背上，有时候大公牛会拒绝跑进通往畜栏的木头通道里去，使畜群挤得更为厉害。在这种时候，牛仔会在头顶挥起四十米长的长鞭，一下子那头挡路不肯进栏的牛就倒地不起，同时牛仔所骑的马前蹄上扬，一副大获全胜的样子。

每天有两次——早上十一点半和晚上七点——所有工作人员集合在住宅附近的蔓藤架下面进行 chimarrão 仪式：用吸管吸食马黛茶（mate）。马黛是一种与冬青栎（yeuse）同属的小灌木，要先将它的细枝用地下炉火烧出的烟稍微熏过，再磨成带着木樨绿的粗颗粒粉末，放进木桶中储存一段时间。此处所指的是真正的马黛茶，在欧洲以马黛茶之名售卖的东西，通常经过各种改造，和真正的原物几乎已无任何相近之处。

喝马黛茶的方法有好几种。如果在旅途中，我们非常劳累，希望立刻尝其美味，就将一把马黛粉放入冷水中，用大火煮到水开即刻熄火，一定要一煮开即熄火，否则马黛粉的味道会全部流失。这种用与一般泡茶方式相反的办法泡出来的茶被称为 cha de maté，颜色深绿，质地多油，像味道浓烈的咖啡。如果时间不够，便做 terere：把冷水冲在一把马黛粉上面，用烟斗式吸管吸着喝。不喜欢马黛茶苦味的人，则可学巴拉圭的妇女，喝 maté doce：马黛粉和糖混合，在热火中烤焦，再用滚水冲开后过滤。但我所认识的所有喜欢喝马黛茶的人，最喜欢的喝法还是

chimarrão 的方法，也就是牧场上的喝法，这种喝法既是社会仪式，又是个人癖好。

进行 chimarrão 仪式时，参加的人围坐在一个小女孩四周，小女孩被称为 china，她的道具包括一个金属热水壶、一个炉子和一个通常以葫芦制作的 cuia，葫芦开口处镶了银边；有时候，会像在瓜伊库鲁斯那样，用工人雕刻过的瘤牛牛角作为 cuia。小女孩先用马黛粉装满 cuia 的三分之二，然后把 cuia 轻轻地泡在滚水里面。等到里面的马黛粉变成糊状，她便拿着银管（其底端成球状，穿有不少洞），细心地在糊状的马黛粉中挖个凹洞放置银管的球状部分。这样子既使得吸管可以安放在底部液体会集中的地方，又不致把马黛糊弄碎，也不致使水无法与马黛混合完全。这样子准备妥当以后，chimarrão 便弄好了，只要灌满液体便可拿给屋主吸食。屋主吸了两三口以后，便把装马黛糊的容器交还给小女孩，小女孩再如法炮制，让参加仪式者一个一个轮流吸食，男人先吸，女人后吸，所有在场的人都轮得到。再继续轮流，直到热水壶中没有水为止。

被吸入的第一口马黛茶会在嘴中产生一种极爽快的感觉——至少对喝惯的人来说如此，第一次喝的人则大都会被烫伤——感觉像接触到黏黏的热银与充满热泡沫的水的混合：既苦又香，好像把整个森林浓缩在了几滴液体之中。马黛茶所含的碱，和咖啡、茶、巧克力等所含的碱很接近，而它有令人感到舒服、使人觉得精神一振的效果，可能与每次饮用的量，以及饮用时仍是半生不熟的状态有关。在轮流吸食几次以后，马黛便丧失了味道，不过用吸管仔细地找，仍可在角落找到未被吸食过的马黛。它会造成小小的苦味的爆发，延长快乐时间。

马黛茶毫无疑问要比我稍后将描述的亚马孙地区的“瓜拿纳”（guarana）好很多，至于玻利维亚高原那粗糙无味的可可更是比都不能比。玻利维亚高原的可可，是把晒干的叶子拿来咀嚼，使其变成一种有草味的、多纤维的软块，使口腔黏膜受到麻醉，让咀嚼者的舌头变得麻木，好像不是其身体的一部分。堪与这种可可叶比较的，我所能想到的只有塞了调味品的槟榔，不过后者会使毫无准备的味觉器官接受一种可怕的液体与香料的突袭。

卡都卫欧印第安人住在巴拉圭河左岸的低地，此地与法国牧场之间隔着博多克纳高地（Serra Bodoquena）。我们的牧场主人认为这些印第安人是一群懒惰、堕落的小偷和醉鬼，他们一进入牧场就必须被赶出去。牧场主人还认为我们的研究考察结果没有什么意义，虽然他们大方地协助我们——没有他们的协助我们根本无法完成工作——但他们不赞同我们的工作。几个星期以后，当我们的牛队载满东西回来，而且载运数量不比运货商队少时，他们大吃一惊。我们带回了巨型的、有刻饰的陶罐，有藤蔓花纹的鹿皮，以及代表一个已被遗忘的宗教之诸神灵的木雕……这一切让他们大开眼界，使他们的生活方式发生了一种奇怪的变化。两三年后，唐·费利克斯到圣保罗来看望我，据我了解，他和他的伙伴以前一直对当地社区和原住民充满鄙视，现在已像英国人所说的“变得和土著一样”（gone native）。他们牧场上那小小的布尔乔亚客厅现在挂着彩绘的兽皮，房间每个角落都有土著的陶器。这两个人对当地的工艺产生了兴趣，就像他们如果照

他们本来的个性去发展，在苏丹或摩洛哥当殖民官的话将会变成的那样。现在，印第安人定期向他们供应产品，整家整户的印第安人在牧场上受到欢迎和接待，以交换他们的手工艺品。我不知道他们与印第安人之间的这种新的亲密感发展到什么程度。这两个单身汉大概不太容易禁得住年轻印第安女人的魅力，特别是当他们看到她们在节庆祭仪中半裸的身体——她们耐心地用黑色或蓝色花纹将自己的身体点缀起来，和她们的肌肤成为一体，像披着珍贵的彩带一样。无论如何，唐·费利克斯最后被他的新朋友杀死，我想是在一九四四年或一九四五年。他与其说是印第安人手下的牺牲者，倒不如说是十年前一群年轻的人类学家的造访在他们心里所引起的一阵骚乱的牺牲者。

牧场商店给我们供应各种货品：干肉、米、黑豆、木薯粉、马黛茶、咖啡和红糖。他们也借给我们交通工具，马给男人骑，牛用来载行李。我们带着东西去交换我们想收集的土著工艺品，带的东西包括孩子的玩具、玻璃珠项链、镜子、手镯、耳环、香水、材料、毯子、衣服和工具。牧场工人做我们的向导。他们心里非常不愿意，因为那使他们无法在圣诞假期和家人团聚。

原住民在村落中等我们。我们一到达牧场，印第安人牛仔就去宣告有陌生人带礼物来了。这个消息引发了印第安人的各种焦虑，其中最严重的一项是我们是来 tomar conta 的，也就是来夺走他们的土地。

首府那力客

卡都卫欧印第安人地区的首府那力客（Nalike），离瓜伊库鲁斯车站有一百五十公里，也就是骑马三日的路程。背负行李的牛由于走得较慢，先上路。第一天我们准备爬博多克纳高地，然后在高原上过夜，那里是牧场最外围的休息点。但我们很快发现自己陷身于很狭窄的山谷，谷里长满高草，马前行有困难；再加上脚底下是沼泽湿地，更难前进。马会一脚踩到泥沼，然后赶快想办法爬回坚硬的地面。有时候我们完全被植物包围，必须随时提高警觉。有时候一些看起来毫无异状的叶子会藏有一窝蜱虫。

这种橙色的小虫聚在一起，形成蛋形的一团，会爬进人的衣服里面，在人身上爬行或紧咬住人的肌肤；受害者唯一的办法是在身体被爬满以前，赶快跳下马，把衣服全部脱掉，用力打它们，再让同伴仔细检查全身。危害较轻的是一种个体较大、独来独往的灰色寄生虫，这种寄生虫盘吸住人的肌肤，并不会造成疼痛的感觉；但在几个小时甚至几天以后，它们盘吸住的地方就会肿起来，必须用刀子将其割掉弄死。

矮树林终于比较稀疏了，我们沿着一条坡度不大的岩石坡道往上爬，爬进一片干燥的森林，树木与仙人掌交错分布。从早上就开始酝酿的风暴，在我们抵达一座长着一棵高大仙人掌的山峰时，终于暴发成雨。我们下马，在岩石缝里找躲避处，我们挑选的岩石缝正好通往一个潮湿但可以避雨的山洞。我们一走进山洞，头顶的空间便充满蝙蝠群发出的声音，原来洞中倒吊安睡的蝙蝠群被我们吵醒，满头乱飞。

雨一停，我们便在一片黑暗、多树叶的森林中前行。林中充满新鲜的味道和野生水果，比如肉质厚重、味道浓烈的格尼帕果（genipapo）；还有被叫作瓜比罗巴（gabiroba）的果实，这种果实生长在被修整过的地方，是有名的止渴物，因为其果浆的口感清爽；又或者是腰果（caju），表示那里以前曾是印第安人整理并种过农作物的地点。

格尼帕树有时写成 genipa，由于这种树可用于制作染料，因此又被称为格尼帕茜草木。

有时称作“瓜薇拉”（guavira）。

在高原上，我们看到的又是典型的马托格罗索景观，高大的草、少数的树点缀各处。在接近第一个休息点以前，我们经过了一个沼泽区，那里的泥巴有风吹成的花纹，有很多小型的浅滩涉水鸟漫步其中；然后是一个畜栏和一间小屋，这就是拉贡看守站（Largon）。在这里，我们看见一家人在忙着宰一头幼小公牛。两三个赤裸的小孩在淌血的牛尸上面又爬又跳，快乐地叫嚷，把牛尸当成一条船。肉块正在室外的火中烧烤，滴着油，火在黄昏中发亮，而数百只秃鹰在火光中和狗争食牛血和碎肉。

从拉贡看守站开始，我们得沿着印第安人小径前进。山坡非常陡，我们得下马步行，牵着紧张的马走过难行的坡面。这条小径底下有一道急流，我们虽听得见水声冲激岩石，但看不见。刚下过的一场雨使石头潮湿，留下不少泥泞的水滩，我们不得不滑溜着走。最后抵达山脚下时，我们发现一个圆形的空地，那是印第安人营地。休息了一会儿以后，我们穿越沼泽地继续前行。

在下午四点的时候，我们就得开始想下一站该在哪里休息了。我们找到几棵可以挂吊床和蚊帐的树，向导生起一堆火，准备包含米饭与干肉的晚餐。我们非常渴，在喝下整品脱的由泥土、水和高锰酸盐混合而成的饮料时一点都不迟疑。夜开始降临，我们躺在蚊帐粗糙肮脏的底纹下，观赏着一下子就布满星光的天空。几乎在我们刚睡着不久，就得起床再出发了。向导在半夜叫醒我们，那时他早已把马上好了鞍。在热季必须提早出发，善用晚间凉快的空气，使牲畜不过分劳累。半睡不醒、神志不清、冷得发抖，我们在月光中开始沿着小径走。走了几个小时以后，我们等待曙光出现，马摇摇晃晃前行。早上四点左右，我们到达“皮托口”（Pitoko），印第安人保护部一度在这里设置过一个重要的保护站。现在这里只剩两三间破旧的小屋，小屋之间只有够吊吊床的空间。皮托口河（Rio Pitoko）默默流过。这条河

在潘塔纳尔湿地出现，蜿蜒几公里后又消失。这是沼泽的河道，既无河源也无出口，里面有不少食人鱼，对不知情的人会构成大威胁，不过谨慎的印第安人，照样在河中洗澡、从河里取水。现在，仍然有少数几户印第安人散居沼泽一带。

从这以后，我们便进入潘塔纳尔心脏地区。有些地方只是长着树的高地之间夹着积水的洼地；有些地方则是一片广大的泥泞无树的地面。在这种地方，骑有鞍的牛要比骑马来得方便；虽然牛身体较笨重，走路较慢，但是在水深及胸的沼泽中长途跋涉，用绳子穿鼻牵着走的牛比较不耗损体力。

我们所在的旷野相当辽阔，大约一直延伸到巴拉圭河岸，地面非常平坦，积水无法流出去。我在这里体验到了生平遇到过的最强烈的风暴，根本找不到躲避的地方，放眼望去连一棵树也看不见。我们只好勉强继续前进，人马都湿透了，在滴着水，闪电在左右两方像大炮一般轰隆不息。大雨倾盆长达两个小时之久才停止，我们可以看见风暴慢慢移向远方，好像我们置身于海上一样。同时，在旷野的远方，我们已可看见一块土质台阶地的轮廓，高达数米，在台阶上方，天空作为背景映衬出一打左右的小屋的侧影，相当醒目。这就是恩热纽（Engenho），离那力客不远。我们决定选这个地方住，而不住在老首府那力客——在一九三五年，那力客所有的小屋不超过五间。

在观察不够仔细的人看来，这些小村落似乎和附近的巴西农民小屋没有什么区别。原住民不仅衣着和巴西人一样，甚至体质、外形也近似，这是频繁通婚的结果。不过，他们在语言上则毫无相近之处。瓜伊库鲁斯语听起来很舒服；原住民急促的说话速度，多音节的字眼，主要由清晰的元音间杂齿音、喉音和多量的腭化音或滚动化音素（liquid phonemes），给人一种溪水在砾石上跳跃的感觉。原住民目前的名称是卡都卫欧，读音该如“卡笛欧”（Cadiueu），是原住民自称的“卡笛贵郭地”（Cadiguegodi）的转音。原住民懂得的葡萄牙文相当有限，但由于停留时间太短，我们也无法学他们的语言。

这些住屋的基本架构使用剥掉树皮的树干，竖立在地上，利用特别留下的树枝分杈支撑横梁。屋顶盖的是褪色的棕榈树叶。不过和巴西人的小屋不同的是，原住民的小屋没有墙。这种样式代表白人房屋（屋顶下斜就是白人房屋的形式）与旧式的四壁无墙的原住民平顶屋的综合。

这些相当简陋的住屋，最值得重视的方面是其大小：只有极少数的屋子是单户居住的；有些屋子的形状像长形谷仓，住六家人之多。每一家都各有其用两根屋顶柱子作为间隔的范围，有自己的木头架子，一家人即在架子上坐卧。四周放着鹿皮、棉布、葫芦、网和草编容器，所有东西都随处堆放，毫无秩序。在屋角则放着有花纹装饰的巨型水罐，放在有三杈的树枝架子上面。这些架子被安放于地面，有的有刻纹装饰。

在以前，这类住屋是“长屋”（Long houses），像易洛魁联盟（Iroquois）印第安人的那样。从其外表来看，仍可将之描述为“长屋”，但是使好几个家庭同住一个屋顶之下，形成一个单一的共同工作的社会单位的理由，在目前已不是非常重要了。它也不像以前那样是“从妻居”（matrilocal）习俗（这种习俗规定男子婚后必须搬去女方父母的居住单位居住）的个例。

事实上，身处这个悲惨的村落里面，使人觉得和过去的距离无比遥远，在这里几乎见不到四十年前博贾尼所描述的那种富裕情景的任何迹象。博贾尼曾两次停留于这个地区，分别在一八九二年和一八九七年，留下了和他的旅行有关的重要人类学文件，也写了一本迷人的旅行日记。三个原住民集中点的所有人口不到两百人，他们靠打猎、采集野果、养几头牛和其他农场动物、种些木薯为生。那些木薯田位于台地底部唯一的溪流附近。那条溪流的水有点甜，呈乳白色。我们要在蚊子群中洗澡或要取水的时候，就得到那条溪流去。

圭多·博贾尼（Guido Boggiani，1861—1902），意大利摄影师、人类学者。

原住民的主要活动包括编织草帽草篮、织男人用的棉布腰带、将钱币（使用镍币居多，银币较少）打成圆盘形或长条管形以串成项链，还有制作陶器。妇女把皮托口河的泥土和破陶片混合搓成圆条状，以螺旋形盘起来，再拍打成想要的形状；趁泥土仍软的时候，用绳子在上面压印绳纹，再用从山里找来的氧化铁涂上彩绘；在绘好饰纹以后，便放在空地上烤，烤过以后再趁陶器仍热时，继续用两种液体树脂彩绘——黑色树脂由 pan santo 制成，半透明黄色树脂由 angico 制成；等陶器冷却以后，再用白色粉末（白垩粉或是灰烬）涂抹，以突出装饰图案。

妇女用泥土或蜡或干燥的玉米叶做小玩偶给孩子玩。这些玩偶有时是人的形状，有时是动物的形状。做法很简单，就用模型压出想要的形状。

我们也看到小孩玩木雕的小人偶，这些人偶都穿着廉价的华衣，这就是他们的娃娃。而另有一些同类的人偶则被几个老妇人小心翼翼地藏在她们的篮子底部。老妇人藏的人偶，很难说到底是娃娃玩偶，是神像，还是祖先的雕像。因为她们的人偶可以有几种完全不同的用途，特别是同一人偶有时先用作一种用途，然后又用作另一种用途。有些人偶目前被收藏在巴黎的人类博物馆，毫无疑问具有宗教意义，其中一个显然是“双胞胎之母”，另一个是“小老头”——这是一位下凡的神，受到人类的恶意对待，于是他对人类施加惩罚，只有一个给了他居所的家庭没有受罚。但是，大人又会将人偶拿给小孩玩，如果将此视为宗教衰败的象征，则又未免过分浮于表面。现存的这种看起来似乎极难确定的情况，博贾尼四十年前就描述过，比他晚了十年的弗里奇也描写过完全一样的情形。在我之后十年，有人也做了同样的观察。这种存在达五十年之久且没有多少变化的情况，也只能说在某种意义上算是正常情况了。确实可以看见宗教价值衰退的现象，但个中原因不在于把人偶拿给小孩玩，而在于如何处理神圣与俗世之间的关系，这两者之间的共同之处远比我们所想的要多。神圣与俗世之间的对比，既不像有时候人们所断言的那么绝对，也没有那么恒常。

古斯塔夫·弗里奇（Gustav Theodor Fritsch，1838—1927），德国人类学家。

我的住屋隔壁住着一位医者，他的工具包括一张圆凳子、一顶草冠、一个珠网包着的葫芦发声器（gourd rattle），还有一支鸵鸟羽扇，用来逮捕“精灵”（bichos）。邪恶的精灵就是致病的原因，治疗就是以医者自己的精灵也就是守护灵的力量来驱逐致病的邪灵。医者的守护灵同时也是保管者，因为这精灵禁止医者把“他已熟悉习惯的用具”——这是他的用语——转让给我。

在我们停留该地期间，该地曾举行一次大宴来庆祝住隔壁小屋的一个女孩进入青春期。首先换穿传统裹布：棉布衣换成一块正方形的衣料，从胳肢窝以下把身体裹住。她的肩、臂和脸都被绘上繁复的图案，所有的项链全都挂在她脖子上。挂这么多项链也许并非古老习俗的一部分，或许只是为了使我们印象深刻。年轻人类学家都听说过，土著很害怕自己的影像被摄入照片里面，为了使他们克服这种恐惧，为了补偿他们认为自己在冒险，适量地用钱或物来换取拍照的机会被认为是应该的。卡都卫欧印第安人对于照相这一套发挥到了极致：他们不但要求在拍照以前先付款，还强迫我为他们拍照，使我不得不付钱给他们。几乎每天都会有妇人打扮得非常特别之后来找我，我便不得不为她拍照，同时给她几个巴西金币做报酬。为了不浪费底片，我经常假装拍了照片，然后付钱了事。

但是，如果拒绝她们的这种行为，或者把这种行为视为贪财或堕落的象征，则是恶劣的人类学田野工作作风。这种行为其实代表了印第安人社会的某些特殊面貌，以一种变形的方式重新兴起：出身高贵的妇女所具有的独立性与权威，在陌生人面前的夸张行为，以及硬要普通人向她们致敬。她们的服饰也许怪异随兴，但导致她们如此穿着的背后的行为并不因此而减少其意义。我的工作和责任就是了解此类行为如何嵌入整个传统制度的架构。

换穿裹布仪式之后的宴会也是同样的情形。下午开始喝用甘蔗做的品卡酒，男人围坐成一圈，大声吹嘘他们取得的各种低级军衔（他们只熟悉军衔），像班长、副官、上尉、少校等等。这毫无疑问就是十八世纪作家所描述过的那种“严肃的饮酒会”，所有头目都依地位高低排着坐，各有侍从服侍他们，传令者则历数饮酒者的职称，重述他的英勇事迹。酒精会对卡都卫欧印第安人产生一种奇怪的作用：在兴奋一阵以后，他们会陷入忧伤的沉默之中，然后开始哭泣。两个比较清醒的人此时会扶着哭泣的人走来走去，在他耳边细声安慰他，疼爱他，直到他要吐为止。吐完以后，三个人又回到原位，继续喝酒。

与此同时，妇人们吟唱着一首短短的、只有三个音符的曲子，一再重复。几个年长妇女自己在一边喝酒，有时会冲到空地上面，做各种怪异动作，好像已失去控制，其他人会又笑又闹。把年长妇女的这种行为简单地看作只是喝醉失去控制是错误的。以前的作者提到过，在庆典时节，特别是和出身高贵的少女成长过程有关的重要庆典，最大的特色就是女人扮成男人，模仿战士、跳舞及比赛的过程。这些衣着破旧的农民，在这个边远的沼泽地带，看起来让人伤心，但是他们处境的没落，正使他们如此强烈地要保存过去某些特质的行为更引人注意。

一个土著社会及其生活风格

一个社会的种种习惯，以整体来考察，会具有其个别的风格，这些风格形成不同的体系。我相信这些体系的数目并非无限多，人类社会的游戏、梦想和妄想，就像个人的游戏、梦想和妄想一样，从来都不是凭空创造出来的，都只不过是从一个理想中可能出现的所有情况里头挑选出有限的几种结合方式而已，而那理想中的所有情况是可以界定出来的。把所有记录过的习惯——所有在神话中想象过的，在孩子的游戏与大人的游戏中呈现过的，以及在健康者或病患的梦中出现过的，还有心理病态的行为等等——全部记录下来，应该可以列成一个表格，像化学家的元素表一样。在这个表格里面，所有实际的和假想的习俗均可以归类，然后对于某个个别社会的习俗便可一望而知其事实上是属于哪一类习俗的。

上面这一段话特别适用于姆巴雅—瓜依库鲁（Mbaya-Guaicuru）印第安人，这一族印第安人目前尚存的代表，除了巴拉圭的托巴族（Toba）和皮拉加族（Pilagá）以外，就是巴西的卡都卫欧族。这族印第安人的文明实在很像欧洲社会曾在传统游戏中发展出来的文明形态，其范型曾被卡洛尔极富想象力地构想出来：这些骑士模样的印第安人看起来像极了扑克牌游戏里面的宫廷人物。首先值得注意的相似之点是他们的服饰：皮衣皮袍，袍子的肩部很宽，衣褶硬挺，镶以黑色或白色图案——老一辈作家曾以土耳其地毯的图案来比拟，图案里面一再出现黑桃、红心、方块（钻石）与梅花的形状。

本名为查尔斯·勒特威奇·道奇生（Charles Lutwidge Dodgson，1832—1898），笔名刘易斯·卡洛尔（Lewis Carroll），英国作家，以《爱丽丝梦游仙境》闻名全球。

印第安人也有国王和皇后，他们的皇后和《爱丽丝梦游仙境》里的皇后一样，最喜欢的就是玩战士带回来的人头。贵族和贵妇在各种赛会中玩耍。瓜那族（Guana）的语言、文化都和其他族群不一样，他们是这个地方较早的住民，负责承担种种体力劳动。瓜那族最后仅存的几个代表是铁兰诺人（Tereno），住在离米兰达镇（Miranda）不远的政府保留区中，我曾去该地访问他们。瓜那族耕种土地，把一部分收成交给姆巴雅贵族，姆巴雅贵族负责保护他们，使他们不受各种骑马武装劫掠者的骚扰和侵

害。一个十六世纪的德国人曾到过该地区，他把姆巴雅人与瓜那人之间的关系形容为相当于当时中欧封建贵族与他们的农奴之间的关系。

姆巴雅人组织成不同的世袭阶级。在最顶端的是贵族，又分成两类——传统世袭的大贵族和个别的新贵，后者晋升常是因为其生日与某个大贵族的小孩的生日恰巧是同一天，大贵族的家族又分为嫡嗣和旁嗣。贵族之下是武士，最好的武士在通过“加入仪式”（initiation ceremony）之后，便成为武士同盟的成员，可使用特别的名字，说特别的语言——在每一个字前面都加个字前音，好像某些江湖黑话那样。最低的阶级包括查马可可人（Chamacoco）奴隶，或其他来源的奴隶，以及瓜那人农奴。不过，瓜那人模仿他们的主人，也采用把自己人分成三个阶级的办法。

贵族展示阶级地位的方法是在身体上绘图或是刺青，后者类似贵族的家徽。他们拔除脸上所有的毛——包括眉毛和睫毛在内。他们很鄙夷地称浓眉的欧洲人为“鸵鸟兄弟”。贵族男女在公共场合出现时，都带有奴隶和随从跟班，这些跟班一听到他们有所吩咐便立刻行动，而且会揣测他们心里的欲望。即使在一九三五年的时候，挂满饰物、画满图案的老太婆——她们是最好的设计师——仍然为了不得不放弃她们的艺术创作活动而感到很抱歉，放弃的原因是以前服侍她们的俘虏奴隶（cativas）都不见了。在那力客还有几个以前的查马可可奴隶，现在虽已融入一般社会之中，但其他人对他们仍维持相当尊重的上对下的保护、照顾态度。

连西班牙和葡萄牙征服者都被这些贵族的高傲态势吓住，以贵族头衔“唐”（Don）和“唐那”（Doña）来称呼他们。有人说白人妇女如果被姆巴雅人逮捕，那么一点都不用害怕，没有一个战士会玷污她，因为他怕自己的贵族血液被污染。有些姆巴雅贵族妇女拒绝和总督夫人见面，因为她们觉得只有葡萄牙皇后才有资格与她们为伍。另外，一个叫作唐那·卡泰丽娜（Doña Caterina）的姆巴雅贵族妇女，拒绝了马托格罗索总督邀她去库亚巴的邀请，因为她当时正处于适婚年龄，她怕去了以后，总督会向她求婚，那时她既不愿接受一个不相称的求婚者，又不愿因拒绝而得罪他。

这些印第安人实行一夫一妻制，但青春期少女有时自愿跟随战士出去打仗，当他们的侍者、跑腿和情妇。贵族妇女有时会有勇士随从，同时也是她的情人，她的丈夫绝对不敢表示任何嫉妒之意，因为他们两人都会因此而丧失面子。这是一个对我们视之为自然的感情相当厌恶的社会。举例来说，他们非常不喜欢生育儿女，堕胎和杀婴几乎是正常现象，到了这群人的种族延续是靠收养而非靠生殖的程度，战士出征的主要目的之一就是抢别人的小孩。在十九世纪初，有人估计某个瓜伊库鲁族群的人口中只有不到百分之十是原本的血统。

如果小孩出世而且活了下来，那么他并不是由父母带大的，而是被交托给另外一个家庭养育，父母只偶尔去看看自己的孩子。小孩子从头到脚都涂满黑漆，直到十四岁为止，这个阶段的黑色小孩子有个特别的名称——等到非洲黑人出现在南美洲以后，他们也用这个名称来称呼非洲黑人。孩子在长到十四岁的时

候举行成年礼，洗掉全身的黑漆，把在此以前头上梳成两圈同心圆的头发剃掉一圈。

不过，如果有阶级地位高的小孩出世，则大肆庆祝一番，并且那个小孩成长过程的每一个重要阶段也都大肆庆祝一番，例如断奶、学走路、第一次参加游戏等等。在出生庆典上，司仪大声喊出家庭的头衔，预告刚出世的小孩将有光明的前途；另一个同时出生的小孩被指定为其“战斗兄弟”（brother-in-arms）。此时，也举行喝酒大会，用兽角和头骨盛肉吃，妇女向战士借来武器表演模拟战斗。贵族依地位高下排排坐，由奴隶伺候，奴隶不准喝酒，以便在需要的时刻帮助他们的主人去呕吐，照顾他们直到睡去，享受由饱灌酒精造成的欢乐幻觉。

戴维王、亚历山大、西泽、查理曼、莱雪儿、茱迪斯（Judiths）、帕拉西（Pallases）、阿尔金（Argines）、赫克多（Hectors）、欧吉尔（Ogiers）、兰斯洛特（Lancelots）、拉喜尔（Lahires）等等故事人物所拥有的那种高傲的自信，来源于他们相信自己命中注定要统治人类。有一个神话使他们如此确信；不过当这个神话流传到我们的时候，已然经历过先前许多世纪的修改美化，只保留下某些片段。这个神话简单而漂亮，其中明显的真理我在日后到东方旅行时又看到它以最简洁的方式表现出来，这真理就是：奴隶的程度与个别社会的性格发展完全的程度成正比。这个神话就是：当最高主宰龚诺因侯地（Gonoenhodi）决定创造人类的时候，他首先从土地里拉出瓜那人，然后再拉出其他各族人；他让瓜那人从事农业，让其他各族人从事狩猎。魔法师（Trickster）——土著众神中的另一位——这时发现姆巴雅族人被遗忘在地洞底下，便把他们带出地面；但他们无事可干，便只好让他们从事所剩下来的唯一任务，也就是压迫剥削其他人。很难想象会有比这个更深奥的社会契约。

这些印第安人，像某些骑士罗曼史里的人物一样全心投入声誉与统治的残酷游戏之中，他们的社会清楚明确地创造出一种可以说和我们所知道的前哥伦布时期的美洲图画完全不同的绘画艺术，然而和我们的扑克牌的人形与图案有些相似之处。虽然我已经在前面提到过这一点，但现在我想描述卡都卫欧文化的这一项非常不寻常的特质。

我们访问的那一族卡都卫欧人中的男人是雕刻者，女人是绘画者。男人用带点青色的橡胶树硬木来雕刻前面提到过的人偶。他们也在瘤牛角杯上浮雕人、鸵鸟和鸟。他们有时候也画素描，但只限于画树叶、人或动物。女人的特长是装饰陶器及皮件，以及在人体上画画，她们是这方面的专家。

何塞·桑切斯·拉夫拉多尔（Jose Sanchez Labrador, 1717—1798），曾撰写详细的关于巴拉圭的著作。

他们的整张脸，有时候包括全身，都覆盖着一层不对称的蔓藤图案，中间穿插着精细的几何图形。第一个描述这种人体装饰画的人是耶稣会传教士拉夫拉多尔，他在一七六〇到一七七〇年间和卡都卫欧人住在一起，不过最早以原样完整复制卡都卫欧人体装饰画的人是博贾尼，时间在一个世纪以后。在一九三五年时，我自己用以下方法收集了几百个图案：最初我想为她们的脸孔拍摄照片，但那些妇人对拍照所要求的报酬会使我很快就把钱用完。后来我先在纸上试画素描，然后请她们在素描上面画图案；她们画得非常好，所以我把自己笨拙的素描全部

丢弃了。卡都卫欧族妇女并不会因为面对一张白纸而不知从何画起，这表示她们的艺术无须依附于人脸的轮廓。

只有少数几个很老的妇人似乎还保留着古老的技巧。我曾有一段相当长的时间相信我的那份收集工作做的时机正好恰当，再晚一点也许就收集不到了。因此，两年前当我看到一个巴西同行出版的比我晚十五年所做的一份收集报告及附图的时候，我大吃一惊。他的收集不仅仅和我的收集同样都出自专家手笔，甚至连不少图案都一模一样。在十五年的时间里，风格、技巧和灵感似乎毫无变化，就像博贾尼做收集时和我做收集时已间隔四十年，也没出现什么变化一样。由于这方面的保守作风并不见于陶器的制作，因此特别值得注意。如果根据最近所见到的有图解的报告加以判断的话，制陶工艺目前已完全衰退。这似乎证明了他们对身体绘画，尤其是脸部绘画，特别看重，身体绘画在其文化中占重要位置。

那些身体装饰图案，以前有的是刺青，有的是画上去的，但目前只有绘画的形式留存下来。妇人直接在人体或人脸上作画，对象是同伴或小男孩。男人很早就放弃了这种习俗。她们使用一片竹片，沾格尼茜果的汁液在活人身体上即兴作画，不看图例，不打草稿，也不用任何标位符号。格尼茜果的汁液刚使用的时候是无色的，但氧化以后会变成黑蓝色。这些艺术家用弓形图案装饰唇部，两端以卷曲的线收尾；然后画一条垂直线把脸孔分为两个区，有时再用一条水平线将这两个区再进行划分。当把脸孔划分为两个区、四个区，或有时划分成斜面以后，再用大量蔓藤纹装饰，就好像是把整张脸当成一个平面那样来作画，并没有对眼睛、鼻子、两颊、前额和下巴做特殊处理。

这些技巧高超的构图，都是均衡而不对称的，作画的时候可从任何一个角落画起，毫不迟疑地把整张脸孔画完，也从不修改。虽然她们作画时使用的主题都相当简单，如螺旋形、S 形、十字形、锯齿形、希腊回纹、卷轴形等等，但她们都会把这些主题结合成使每一张脸孔的图案均有独创性。我在一九三五年收集到的四百个图案里面，没有任何两个是一样的。不过，我在前面比较另一个人比我晚十五年所做的收集和我的收集时，曾表达了似乎与此处相反的看法，我们只得下结论说，这些艺术家的异常丰富的图案设计虽然变化多端，但也还是遵循一个特定的传统。不幸的是，我自己或比我更晚去收集的人，都没能找出这些印第安人图案背后的理论：报道人提到与某些基本主题有关的名词，但对于比较复杂的图案设计的细节，她们都宣称不知道，或已忘记其意思。也许她们只是在重复某种代代相传的技巧，不然就是她们决意不愿透露她们艺术的秘密。

现在的卡都卫欧族人在身体上作画只是为了高兴，但在以前这种习俗有其更深刻的意义。照拉夫拉多尔的描述，贵族阶级只画前额，普通人则画满整张脸。还有，在他观察的时候，只有年轻妇女赶时髦，他写道："很少看到老妇人在这些图案上面浪费时间：她们只挂着岁月留在她们脸上的痕迹。"拉夫拉多尔是传教士，他惊讶于土著不尊重创造者创造的自然脸孔，奇怪为什么土著要用那些图案来毁坏人的脸孔。他设法做出解释：她们花这么长的时间来画蔓藤纹，是不是可以因此稍微减轻饥饿的痛苦？或者是为了使敌人认不得他们？无论他想出来的原因是什么，都

离不开欺骗与掩饰，他问自己为什么会这样。尽管他自己很讨厌这些图案，但他也了解这些图案对土著来说很重要，而且，在某种意义上，画这些图案本身即目的。

他谴责那些印第安男人，对打猎、捕鱼和家庭都漫不经心，却花上一整天的时间让别人在他们身上绘制图案。但印第安人反问传教士："你为什么这么笨？"传教士则反问："我怎么个笨法？""因为你不像耶伊瓜伊贵人（Eyiguayequis）那样在自己身上画图案。"要做一个男人需要画身体，任身体处于自然状态也就与野兽无异。

可以相当确定地说，可用情欲上的动机来解释为何目前妇女继续保有这个画身体的习俗。卡都卫欧妇女的名声在巴拉圭河两岸非常响亮，很多混血印第安人和其他族的印第安人都跑到那力客来定居结婚，脸孔与身体绘画或许是主要的吸引力；至少，身体绘画象征并强化了吸引力。那些细微的、精妙的符号，和脸上的线条一样鲜明，有时凸显脸部轮廓，有时与脸部轮廓形成对比，使妇女变成非常可亲、非常迷人。这几乎是一种绘画手术，把艺术移植到人体上。当拉夫拉多尔焦虑地抗议印第安人"在自然美上横添人为的丑陋"时，他的前后言语并不一致，因为，当再写几行以后，他就表示：最美妙的纺织品也没有这些图案漂亮。毫无疑问，脸部装饰的情欲效果从来没有被如此有系统、有意识地使用过。

姆巴雅人从这些脸部绘画中表现出来的对自然的厌恶，跟他们从惯行的堕胎与杀婴中表现出来的是一样的。土著艺术对泥人偶带着最强烈的轻蔑，几乎把泥人偶看作是罪恶的。站在耶稣会阿特拉斯（Atlas）是希腊神话中的人物，属于泰坦巨人族，被宙斯处罚以双肩支撑天空。

士及传教士的立场来看，拉夫拉多尔很敏锐地察觉到这些人体绘画是魔鬼的作品。他本人强调了这种野蛮艺术的普罗米修斯层面的意义。他这样描写土著用星形主题来在身体上画画时所使用的技巧："每个耶伊瓜伊贵人因此把自己看作阿特拉斯，不仅用肩和手，而且用整个身体支撑着整个宇宙的一个拙劣的模型表象。"卡都卫欧艺术具有如此特殊的性质，其秘密可能在于：人经由此种艺术手段，拒绝成为神明形象的倒影。

我们在看那些在卡都卫欧艺术中特别常见的长条形、螺旋形和涡纹的时候，免不了要想起西班牙巴洛克艺术的熟铁制品和涂灰泥的墙饰。也许卡都卫欧艺术是土著艺术模仿西班牙征服者所带来的艺术形式的例子吧。可以确定的是，土著取用了某些主题，我们也知道某些确实的案例。印第安人第一次看见欧洲战船以后——在一八五七年，"马拉卡纳号"（Maracanha）驶到巴拉圭时——船员注意到，在第二天，土著的身上就画了锚状主题的图案；有个印第安人甚至在他的整个躯干上画了件军官的制服，画得很详细，扣子、袖章等一应俱全，外套的燕尾上还画着挂剑的皮带。这不过证明了姆巴雅人早已有画身体的习俗，同时他们画身体的技巧极为高明。此外，他们的曲线画风虽然在前哥伦布时期的美洲相当少见，却和美洲大陆不少地方出土的考古文物有若干相似之处。这些考古发现，有的可追溯到哥伦布航海前好几个世纪：北美俄亥俄河谷的霍普韦尔（Hopewell）文化，最近在密西西比河谷发现的卡多（Caddo）文化的陶器，亚马孙河口的圣塔伦（Santarem）文化和马拉若（Marajo）文化，秘鲁的查

文（Chavin）文化。分布如此广泛，其本身就是年代相当久远的证明。

真正的问题还不在此。当我们研究卡都卫欧的图案时，有一点极为明显：这些图案的原创性并不在于原始主题，原始主题都相当简单，无须通过文化交流就可以个别独立发明出来（事实上可能发明与借用同时发生）；其原创性在于各个原始主题如何结合——也就是说要看最后的结果、最终作品的样子。构图的方法很精细、很有系统，即使猜测这些印第安人曾经借用了文艺复兴时期的欧洲艺术，也无法圆满地解释这种现象。不论其出发点是什么，这么特殊的成就都只能用其本身特有的原因才能解释。

有一次，我曾试图**把卡都卫欧艺术与在其他地区所见的类似艺术形式加以比较**，想从中找出解释——用来比较的对象包括古代中国、加拿大西北海岸和阿拉斯加，以及新西兰的艺术形式。虽然我现在要提出的假设和前面所说的有些不同，但这项假设可以补足而非反对我较早时候提出的解释。

如我在较早的研究中所指出的，卡都卫欧艺术的特征是男性、女性的二分法——男性是雕刻者，女性是绘画者；前者的艺术是具体形象的、自然造型的；后者的艺术虽然非常规范化，却是非形象的艺术。现在我只考虑女性的艺术，我要强调的是，其艺术在好几个不同层面继续表现出二分法。

译注：参见“Le dédoublement de la représentation dans les arts de l'Asie et de l'Amérique”, Renaissance, Vol.II and III (New York, 1945), pp. 168-186, 20 Illustrations Reproduced in Structural Anthropology 1958, Ch, XIII。

妇女使用两种风格，两者都依循“装饰与抽象”的原则。一种风格是尖锐有角的、几何图形的，另外一种风格则是曲线的、自由流动的。她们构图时常常是两种风格有秩序地交替使用。举例来说，一种风格用在边缘或界线上，另外一种风格就用在主图案上。在陶器图案方面，其区别更为明显：几何图案通常见于颈部，曲线图案通常见于腹部，或者倒反过来。在脸部作画时较常使用曲线风格，在身体上作画时则用几何风格；但有时候，在经过细分以后，在每个区域再分别以两种风格的结合来作画。

无论是哪一种结合方法，最后的成品都表达出一种想在不同的原则之间找到均衡的意图。那些原则也是成对出现的：一个原来是直线形的图案可能会在最后阶段又出现一次，然后有一部分转变成区块状（把某些部分全部填满，就像我们在无事画着玩时会做的那样）；大部分图案根据两个交互出现的主题来设计；而且几乎在所有情况下，上色处和留白处差不多占用等量的表面空间，因此两者的角色是可以对调的，可以用两种不同的方法来解读这些图案——以上色处为主体或以留白处为主体。最后，每个图案都常常遵照一种“既对称又不对称”的双重原则，于是造成了“对应区域”；每一组对应区域——用纹章学（heraldry）的术语来说——都很少是上下划分或左右划分的，而往往是由左上角向右下角，或由右上角向左下角做对角线划分，甚至是四等分或八等分（gyronny，米字形）。我使用这些名词是有用意的，因为这些规则使人不得不想到纹章学。

让我们举一个例子来做进一步的分析：这里有两幅看起来简单的身体绘画。对这幅画可以这么描述：纵向的波浪带，有规律地分隔出纺锤形的空间，在这些空间里面排列着相同图案的装饰，每块空间一个图案。但这样的描述方式带有欺骗性，虽然这样的描述或许能使人对已完成的图案之整体外观有个概念，但是只要我们看得仔细一点，就可以看出，妇人在作画时并非先画好那些波浪带，然后再用相同的图案去装饰每一个空间。她的方法并非如此，而是复杂许多。她工作的方法像一个铺石子工人，用完全相同的单位要素逐步建构出一排一排的成品。妇人所使用的单位要素是整条波浪带的一部分，这些个别的单位要素交错衔接，直到最后整个图案达致一种平衡，这平衡同时确定及显示出整幅图案形成过程中的动态过程。

卡都卫欧艺术的风格因此使我们要面对一连串的复杂问题。首先就是连续不断地将二分法投射在平面上，就像镜子迷宫那样：男人与女人、雕刻与绘画、具象画与抽象画、角度与曲线、几何图与蔓藤纹、颈部与腹部、对称与不对称、线条与表面、边缘与主题、片段与空间、图案与背景。但这些对立都是事后才觉察出来的，它们的性质都是静态的。至于艺术的动态活动过程——也就是各主题如何被想象和画出来——在所有层次上都涉及基本的二分对立性：先打散基本主题，再重新组合成次要主题，次要主题使用基本主题的一部分作为要素来组成一种暂时性的整体性，然后，对这些次要主题再加以掺杂交错，使原本的整体性重新出现，好像又被重新想象回来一样。最后，把通过这种方法所得到的复杂图案本身再重新划分开来，利用纹章学中的四分法加以交叉重整，当把两种图案以相对反的方式安排在四象限的架构中时，其中任何一个图案都是相对应图案的简化或复杂化。

现在可以解释一下为什么这种风格令人觉得和欧洲扑克牌那

么接近了，不过前者比扑克牌要精致得多。每张扑克牌上的人形图案都得满足两种需要。首先得承担双重功能：它必须是两个对立的伙伴之间可用来做对话或对决之用的事物；它还必须和其他的扑克牌之间有关系，成为一整副扑克牌里的一张。这种复杂的性质要求那张扑克牌必须达成下述任务：从功能的观点去看必须对称，从扑克牌担任的角色去看必须不对称。解决这个问题的方法是使用一种在一条斜向轴的两侧形成对称的构图法，避免使用完全不对称的构图方式。完全不对称虽可满足角色的需要，但和功能有冲突。这样安排也避免了完全对称的构图方式，那样会产生与上述情况相反的结果。在这里，我们又碰见一个复杂的情况：对于类似两种矛盾对立的二分法形式，解决的方法是妥协，达成一种次级的对立，使对象的假想轴和它所代表的形象对立起来。但为了得出这个结论，我们不得不超越风格分析的层次进一步探询下去：为了明白扑克牌的风格，我们不能光研究其设计图案；我们还得追问它们的目的是什么。因此，我们要问，卡都卫欧艺术的目的是什么？

我已经对这个问题做了部分的解答，或者应该说土著自己已替我回答了一部分。首先，脸部绘画使个人具有人的尊严，保证了由自然向文化的过渡，使人由愚蠢的野兽变成文明的人类。其次，由于图案依阶级而有风格与设计上的差异，因此便表达出人在复杂的社会里的地位区别。这就是说：这些图案有社会学的功能。

但是，不管这样的观察有多么重要，它都还不足以说明这种土著艺术的原创特性，它最多只说明了土著艺术的存在。必须继

续深入分析社会结构。姆巴雅社会分成三个世袭阶级，每个阶级最关心的问题都是礼节。对贵族而言——在相当程度上对武士而言也一样——最主要的问题是声誉与地位。早期的记录显示他们都怕丢脸怕得要命，他们也很怕无法享有与地位相称的享受，最重要的是，他们最怕和地位较低的人通婚。这种社会的危机是“隔离”，无论是由于选择还是由于必要，每个阶级都倾向于自我封闭，封闭的结果便是危及整个社会的团结。特别是各阶级的内婚习俗，加上整个社会阶层高低划分愈来愈细，要找到满足集体生活种种需求的结婚对象一定会愈来愈困难。单单这一点，就足以解释一个反对生育后代的社会之矛盾：反对生育，同时为了避免在自己族群里面造成不适当的婚姻结合，竟然不得不采用一种反向的种族主义——系统性地收养敌人或外族人的后代。

情形既如上述，很值得注意的是，在姆巴雅一度控制之下的广大区域的另一极端，也就是在东北方和西南方两个地区，虽然两地之间隔着一大片地理空间，但我们可以发现几乎完全相同的社会组织形式。巴拉圭的瓜那族和马托格罗索的波洛洛族，以前曾有（波洛洛族目前还有）一种阶层分明的社会结构，和姆巴雅族的很近似。他们曾经——或者现在仍是，至少目前的社会地位差异似乎可以和过去的阶级划分相呼应——划分成三个世袭的、内婚的阶级。不过，我在前面提到的那个姆巴雅族社会所面临的危险，在瓜那族与波洛洛族的社会里面，由于其社会又划分为两个互婚半族（moiety）而显得没那么严重。这种互婚半族的制度，至少在波洛洛族中的情形并不受三个阶级划分的限制。虽然不同阶级的成员不得互婚，但与此正好相反的责任却强加于互婚半族的成员身上：一个互婚半族的男人只能与另一个互婚半族的女人结婚，反之亦然。我们因此可以说，阶级划分所造成的社会不均衡，在某种意义上，被互婚半族的均衡二分法平衡了。

我们或许会奇怪，这种三层级的严明的社会阶级划分法，再加上两个对等的互婚半族区分法，是否应该全部被视为一个体系里的不同部分。或许是的，但或许我们应该把这两种划分原则分开，认为其中一种在时间上比另外一种古老。如果是这样的话，那么到底这两种划分原则里面哪一种比较古老？这就有得争论了。

我目前所关心的问题属于相当不同的性质。虽然我只简单地描述了瓜那与波洛洛系统（稍后我描写在波洛洛族的经历时会加以补充），但是也已经可以清楚看出，在社会学层面上，这种婚姻制度的风格结构与我在研究卡都卫欧艺术时所发现的风格结构很类似。在这两个例子中，我们处理的都是"双重对反"（double opposition）的现象。在前者中，主要是一种三层分级法与二分对立法的组织之间的对立，三层分级法是不均衡的，二分对立法则是均衡的；在后者中，则是不同的社会机制（social mechanisms）之间的对立互反，有些社会机制以平等互惠为原则，有些社会机制以阶层高下为原则。为了同时遵守这样两种并存但却对立矛盾的原则，整个社会群体分裂再分裂，成为既互相关联又互相对立的次群体。就像一个纹章把由各个不同的承继脉络承袭得来的权限融合于整个纹章里面一样，这个社会也可说是由右上角向左下角的对角线等分，再上下等分，再对分为二，再由左上角向右下角等分。我们只要研究一下波洛洛族村落的格局（我随后就会说明），就可以看到其组织和卡都卫欧族的绘画图案

是一样的。

因此，瓜那族与波洛洛族在面对其社会结构中存在的一项矛盾时，似乎成功地使用了大体上是社会学的方法解决了（或掩饰掉了）。或许这两个社会在受到姆巴雅族势力影响之前即已有互婚半族存在，因此，解决矛盾的方法是现成的；或许他们是在较晚的时候才发明了，或向别人借用了互婚半族的制度。他们之所以能够这么做，是因为在远离中央的省区里面，贵族的自傲比较不突出——当然还可以提出其他的假设。这种解决方法在姆巴雅族从来没有存在过：或者他们不知其存在（这是不太可能的），或者他们的狂热与偏执不容许他们考虑这种解决矛盾的方法（这比较可能）。因此，他们从来没有机会解决其社会组织中的矛盾，甚至无法至少用精巧的制度把矛盾掩饰起来。不过，在社会层面上他们没有使用的补救办法，或者他们拒绝考虑的补救办法，不会永远被他们视若无睹；这种解决办法一直不断地以各种觉察不到的方式纠缠着他们。既然他们无法意识到这种解决办法，无法在现实中将其应用于生活，他们便开始让其在梦中出现。但这也不是以直接在梦中出现的方式——因为那会和他们的既存观念起冲突，而是以一种变了形的，因此看起来似乎无害的方式出现——出现在他们的艺术里面。如果我的分析无误的话，那么卡都卫欧妇女的图画艺术，其最后的解释，以及其神秘的感染力量，还有那看起来没有必要的复杂性，都得解释为一个社会的幻觉：一个社会热烈贪心地想要找出一种象征的手法来表达那个社会或许可以拥有，但是由于其利益和迷信的阻碍而无法拥有的制度。在这个迷人的文明里面，美女以她们身体上的绘画来描绘出整个社会集体的幻梦，她们绘出的图案是一个无法达成的黄金时代的象形文字图案，她们用绘画来赞颂那个黄金时代，因为她们没有其他符号系统足以担负起表达的任务，这个黄金时代的秘密在她们赤裸其身的时候即表露无遗。

第六部

波洛洛族

黄金与钻石

儒勒·凡尔纳（Jules Verne，1828—1905），法国小说家、博物学家。

科伦巴（Corumba），前往玻利维亚的门户，在巴拉圭河右岸，正对着埃斯佩兰萨港，好像是专门为凡尔纳所写的一部小说而想象出来的。这个小镇位于一个俯视巴拉圭河的石英岩悬崖上面。一两艘木桨船停靠在港边，船身低低的，上头有双层小屋，屋顶伸出一根细细的烟囱。木桨船四周是一大堆独木舟。港边有条路往上爬，路的前一段两边有几间房子，是税关、

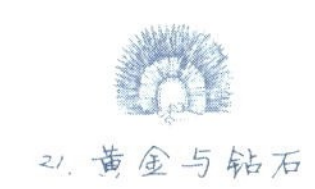

兵器储藏室等等，比其他房子要大许多，使人回想起巴拉圭河以前是那些刚独立不久、野心勃勃的国家之间不稳定的国界，也使人想起这条河一度交通频繁，船只不断来往于拉普拉塔河（Rio de la Plata）口与内陆之间。

抵达悬崖顶端以后，路就沿着悬崖边缘绕行约两百米，然后向右直角转弯进入城镇。城镇上有一条长街，两边排列着低矮的房子，房子有白色或灰色的墙。长街尽头是一座广场，广场上有橙色与珊瑚绿色的树木，树间长着绿草。其后是多岩石的乡间，一直延伸到有山岳横列的地平线尽头。

这里只有一家旅馆，常常客满。可以在私人住宅中租到几间房间，一楼房间灌满沼泽的湿气，在那里过夜的旅客会体验到和现实一样的噩梦，使他成为新式的基督教殉道者，被丢进令人窒息的洞穴里面去喂臭虫。食物很差，因为乡村生产力不高，开发不足，没有办法供养定居或路过科伦巴的两三千人口。所有东西的价格都很贵，表面上一片忙碌，与荒漠一般的景观形成明显的对比。这里的景观像一片褐色海绵一样，一直延伸到河对岸，给人一种忙碌、愉悦的印象，一个世纪以前的加利福尼亚州或西部边城大概也是这幅景象。到了晚上，全镇的人都聚集在断崖的路上。女孩子们三五成群地在男孩子面前晃来晃去，男孩子们则默不作声地坐在栏杆上，双腿摇来荡去。旁观者或许会以为自己在看某种仪式或庆典，再也找不到比这种严肃无比的婚前“分列式”更奇特的景象了。在长达五百公里的沼泽地边缘，女孩子们在闪烁不定的电灯下面晃荡，鸵鸟与眼镜蛇不时闯入城镇附近。

如果是以直线距离计算的话，那么科伦巴与库亚巴之间的距离不过四百公里。我眼看着两个城镇之间的空中交通在各个不同阶段的发展过程。先是小型的四座飞机，要颠颠簸簸地飞两三个小时才能抵达目的地；一直到有十二个座位的容克斯式（Junkers）飞机在一九三八至一九三九年开始飞这条航线。但是在一九三五年，只有乘船才到得了库亚巴，而四百公里的直线距离因为河流弯弯曲曲而拉到两倍之长。在雨季，到州首府去要花一个星期时间，旱季的时候可能要花上三个星期。船虽然吃水浅，但在旱季时还是常常搁浅在沙堆上，要花好几天的时间，用缆绳把船牢牢绑于两岸坚固的树干上，然后拼命发动引擎，使船再浮于水面上。船公司的办公室在显眼处贴了一张文字极吸引人的告示。我把它照原文翻译出来（见下页），既顾及其风格，也注意其编排。不用说，真实的情况和告示上所描写的并不是很接近。

无论如何，那是一趟多么令人愉快的航程！没有几个乘客：要回牧场去的养牛人及其家人，到处旅行推销货品的黎巴嫩人，被派驻到边区城镇守卫的军人，或省区的公务员。他们一上船，就马上换上内陆常穿的轻便上衣、条纹宽裤（较讲究的就穿丝质的）——对体毛丰富的人而言显得单薄了些，穿拖鞋。我们每天吃两顿一成不变的正餐：一盘米饭、一盘黑豆和三分之一盘木薯粉，加上新鲜的牛肉或久存的牛肉。这就是“巴西黑豆饭”（feijoada），由“黑豆”（feijão）这个词转化而来。同行旅伴的胃口奇好，他们吃完后会对食物进行评价：如果不是最上等的黑豆饭，就是“烂死了”；同样，他们也只有一种形容词用来描述甜点——包括乳酪和水果酱，都用刀尖吃——那浓浓的乳酪和水果酱如果不是“很甜”就是“不够甜”。

阁下是否准备旅行?

是的话，一定要搭乘华美无比的

科伦巴市号

这是 ×× 拥有的河运公司的船只
一艘装潢高级的轮船
各舱配备浴室、电灯、自来水
还有完美的专人服侍

库亚巴—科伦巴—埃斯佩兰萨航线上
最快、最舒服的船

在科伦巴或埃斯佩兰萨搭乘科伦巴市号
阁下将比搭乘任何其他船只早三天以上抵达目的地
时间对行动极为重要
速度最快又能提供最舒适享受的船当然是上选

瓜波垒号

为了提供最佳服务，本公司新近整修华美的瓜波垒号轮船
将餐厅移到上舱，既使本船有一间华美的餐厅
又为我们的贵宾提供了宽阔的活动空间

因此，请您务必优先选择快速轮船
科伦巴市号与瓜波垒号

船公司广告

每走三十公里，船就会在中途站添加燃料。必要的时候，我们会等两三个小时，等燃料站的管理员到草原上去用套索捉一头牛回来，船员帮他宰杀剥皮，然后再把牛肉拉上船，好让我们在往后几天有新鲜牛肉吃。

在其他的时间，蒸汽船慢慢沿着窄窄的河道滑行，这叫作“negotiating the estirões”。河流的转角弧度非常大，使人无法看到另外一边。由于河道弯弯曲曲，这些转角有时候挨得非常近，到晚上的时候，我们会发现离早上启航的地点不过几米之遥。船常常碰到河岸两边滴水的树木。船引擎的声音骚扰了无数的鸟：羽毛像红、蓝、金色玛瑙一般闪光的鹦鹉；向水面俯冲而下的鹈鹕，颈子细长，看起来好像长了翅膀的蛇；到处都可以听到长尾鹦鹉和八哥在叫，很像人凄厉的哭叫声，可以用惨绝人寰来形容。野生动物离得如此之近，又如此一成不变，使人们因为长时间过分注意反而造成感觉麻痹。有时候乘客会被某些不寻常的意外惊动而兴奋起来：有时候是一对鹿，或游过河的貘；一条响尾蛇或蟒蛇在水面上扭动，轻如一茎干草秆；或是一群乱钻乱动的无辜鳄鱼，人们用枪射它们的眼睛，但很快也就厌了。钓食人鱼（piranhas）比较令人兴奋。河岸某处有个被称为saladeiro的像绞刑架的大型建物，是晒干肉用的；地面上到处都是四散的骨头，一排排平行的杆子上挂着紫色的肉片，整群秃鹰在它上空阴沉地盘旋着。几百米长的河面都被牛血染红。在这一带，如果把钓线抛入水中——钓钩上没有饵——几条被血腥味冲昏头的食人鱼就会冲向它，在钓钩沉入水面以前，就有条食人鱼上钩，好像一片金色的菱形物体。不过在把食人鱼拿下来的时候得小心才

行，它只要一口就能咬掉人的整根手指。

我们一通过与圣洛伦索河（Rio São Lourenço）的汇流处——稍后我会旅行到这条河的上游一带去和波洛洛印第安人会面——就看不见潘塔纳尔湿地了。河岸两旁的景观主要是草原，可看到较多的住户和牛群。

经由水路抵达库亚巴的游客不会看到什么值得特别一提的景观：河岸上有一条水泥斜坡，在坡顶可看见老军火库的轮廓。从那里开始有一条路，两公里长，路旁有简陋的房子，尽头是教堂广场，白色与粉红色的天主堂立于两排大王椰子中间。其左边是主教的大宅，右边是总督的豪宅。大街的一角是旅馆，我在那里的时候，那是唯一的旅馆，为一个举止端庄的黎巴嫩人所有。

我已描述过戈亚斯，如果我用太多文字描述库亚巴的话，就会有自我重复的危险。虽然这里的环境没有戈亚斯漂亮，但这个城镇的屋子很简洁，既像宫殿又像乡间小屋，和戈亚斯同样迷人。整个城镇建在多小丘的地面上，从屋子较高一层经常可看到值得一览的景观：橙色屋顶的白房子——屋顶颜色和泥土颜色一样，里面围着绿色的花园。在L形的中央地区四周，有很多条小巷子，这是十八世纪殖民城镇的特色之一。小巷子的尽头是扎营用的空地，如果是不整齐的小巷子的话，那么两旁会有芒果树与香蕉树，在尽头会有几间小屋，其后则是一大片空地，一队队牛群在赶往荒野去以前，或是从荒野回来以后，就在空地上吃草。

库亚巴镇在十八世纪中叶创立。一七二〇年左右，来自圣保罗被称为“旗兵”的人第一次进

旗兵（Bandeirantes），这个词源于葡萄牙文的“旗、标志”（bandeira），意指十七世纪时从圣保罗出发往巴西内陆勘探的拓荒者。

入此地区。他们建立了一个据点，几个人定居在离目前镇址不远的地方。这一带当时是库喜波（Cuxipo）印第安人居住的地方，有些印第安人同意在开拓出来的土地上耕作。有一天，一个移民——名字很巧的是叫作苏蒂尔（Miguel Sutil）——派几个土著去找蜂蜜。土著当晚就回来了，带着几把小金块，是他们在地上捡的。苏蒂尔和一个名叫巴尔布多（Barbudo，意即大胡子）的同伴立刻随土著到他们找到金块的地方去。那里几乎到处都是金块，在一个月之内他们捡了五吨黄金。

既然如此，就难怪库亚巴附近乡村一带，有些地方看起来像战场；长满杂草与矮树的小土丘是过去淘金热的见证。即使是现在，库亚巴人还会在菜园里挖到金块，金沙则到处都有。在库亚巴镇，乞丐都是淘金者：他们在城镇末端的河床上淘金，忙一天可能就可以挣够买食物的钱。有些店主仍然使用一种极精细的秤，可以称一小把金沙，用米或肉交换。每当下大雨的时候，大水冲过溪谷，小孩子就会跑出去，手中拿着干净的蜡球，把蜡球放入水流之中，以便粘住一些闪亮的金子。此外，库亚巴人说有一条金脉在几米深的地下穿越他们的城镇。谣传金脉穿过不甚起眼的巴西银行建筑的地下，巴西银行地底下藏的宝藏要比银行的老式保险柜里面的财物还多。

库亚巴的生活步调缓慢，很讲究规矩，反映出此镇过去的光荣日子。新来的人把第一天花在在旅馆与总督官邸之间的广场上踱来踱去。一抵达此地，我便在总督官邸留下名片；一个钟头之后，侍从武官和一个大胡子宪兵来回拜。在午间休息以后——午间休息时间从中午到下午四点，全城一片死寂——我去向总督

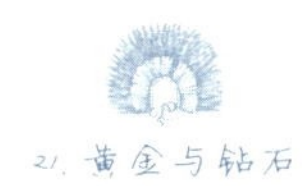

（或者叫作“仲裁官”，当时他的职称是这样的）致意，他以颇不耐烦的彬彬有礼的态度回敬我。当然，如果这里一个印第安人也没有，不用人类学家来操心，那么他会更高兴一些；就他而言，印第安人的存在只会提醒他那些政治上的不得意，也是他被贬谪到落后地区的证据。主教的态度也很相似。“那些印第安人，”他小心地向我解释，“既不是一般人所想的那样凶恶，也不是那样笨。只要想想，有个波洛洛印第安妇女已成为修女！而在迪亚曼蒂努（Diamantino）的弟兄，经过一番努力以后，已把三个帕雷西（Paressi）印第安人变成了相当好的信徒。”就他的研究而言，传教士实际上已收集了所有值得保存的资料。虽然我或许会觉得难以相信，但是无知的印第安人保护局居然在写波洛洛语的时候，把音调重音放在最后一个元音上，而早在二十年前，某个神父便早已说明，其音调重音应该在中间的元音上。至于传说方面，印第安人对洪水的故事相当熟悉，这是我们的上帝并不想使他们永远受谴不能得救的证明。虽然他并不反对我去和印第安人住在一起，但我千万要避免把传教士们辛苦工作的成绩一下子毁掉：不要送奇巧的礼物，像镜子或项链等等；要送就送斧头；印第安人懒惰，必须时时提醒他们劳动的神圣。

一旦这些表面客套话说完以后，便可以谈比较正经的事情了。我有好几天的时间花在了黎巴嫩人所开的店里面，他们的店被称为 eurcos。他们扮演中盘商与贷款者的角色，供应五金、纺织品和医药给数十名亲戚、客户或学徒。每个拿到货的人不必先付钱，就用几头牛或几条独木舟载去丛林深处或河的西岸，想去赚到最后几个巴西金币，这种生活过个二三十年——对他们自己而言很苦，对受他们剥削的人而言同样苦——他们便会带着赚来的数百万金钱定居下来。还有，他们会到面包店去买几袋“波拉查”（bolachas），这是一种圆形的、用未发酵过的面粉烤成的面包，外面涂一层油，硬得像砖头，加热以后会变软。不过由于牲口载运面包时不断颠簸，它们身上流出的汗也渗入面包里面，使这面包成为屑块状、无法形容的食物，和我们在屠宰店买的干肉一样恶臭。库亚巴的屠夫是个很不满的人，他有个愿望，但愿望达成的可能性极小。他期待会有马戏团到库亚巴来表演，因为他很想看看大象：“那么一大堆肉！……”

最后，还得提及毕氏兄弟，他们是科西嘉裔法国人，在库亚巴住了相当长的一段时间，选择在这里定居的理由不详。他们说法语时带着一种遥远的、犹豫的韵律。在成为汽车修理厂的主人以前，他们抓过白鹭，方法是在地面上放圆锥形的白纸，这些长脚鸟看到与它们自己的颜色一样洁白的东西，就会产生兴趣，把嘴伸进去，圆锥形白纸便被套在鸟脖子上，成为蒙头帽，把白鹭的眼睛蒙住，很容易捕捉。在交配季节，从活鸟身上可拔下最好的羽毛。在库亚巴镇，有整纸箱整纸箱的白鹭羽毛卖不掉，因为已不再流行。于是毕氏兄弟变成了找钻石矿的人。目前他们则专门装备货车，像以前装备船只驶向未知的大洋一样，把货车派往各条小径。货车上的货和车子本身常有掉入山谷或河中的危险，不过，只要能安全抵达目的地，就可赚得四倍的利润，足够弥补之前意外造成的损失。

我常常搭货车在库亚巴镇附近一带旅行。出发前一天要花一整天的时间把大汽油桶装满汽油，搬上车。汽油桶数量不少，因

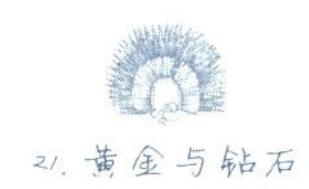

为不但得携带回程的汽油，而且几乎全程只能用一挡或二挡。安排各种装备和露营用具的方式要使乘客既有地方坐下，又能在下雨的时候有躲雨处。千斤顶和其他工具都挂在车两旁，还有绳子和木板，这是在船被毁的时候过河用的。第二天，我们便爬到这堆装备的上面，好像爬上骆驼背一样，然后货车就开走了。不用半天的时间，就会开始碰到种种困难：小径可能淹水或过于松软，必须铺木板以强化硬度。有一次我花了三天时间搬运一批木板——长度是货车的两倍，不断从车后移到车前，一直重复到车子离开危险路段为止。有时候小径多沙，我们得在轮子底下挖掘，然后埋树叶。即使桥并没坏，我们也还是得把货物全部卸下来以减轻重量，等全部通过那摇摇晃晃的木板桥以后，再重新把货物全部装上车。如果我们发现桥被森林野火焚毁，便就地露营，重建一座桥，不过我们自己过了桥以后便会立刻把桥拆了，因为在后面的路上可能还需要用那些木板。最后，有些河流的水势很大，要把三条独木舟绑成一条渡船才能通过。单单空货车就会使三条独木舟绑成的渡船下沉到水面接近船沿。有时候，当货车漂流到对岸的滩上时，河岸太陡或太多泥，我们便只好临时开出一条长达数百米的小径，以使货车有个较好的上岸地点。

以开这些货车为职业的人，习惯于一开就是几个星期，甚至几个月。他们都是两人一组，一个是司机，一个是助手。司机管驾驶盘，助手则站在车门踏板上，看前面是否有任何障碍，路是否畅通，像站在船首的船员帮助领航员驶过一道狭窄的海峡那样。他们手边都有来复枪，因为常会有鹿或貘因为好奇而在货车前面停下来。两人之一会向挡在路上的动物开一枪，开枪的结果决定了我们是否要在该处停留一阵子：如果把动物射死，则要留下来剥皮清内脏，螺旋式地将肉切割成片，好像削马铃薯那样。切割下来的肉马上要用盐、胡椒、大蒜泥混合涂抹一遍。盐、胡椒、大蒜泥等都是常备品。涂抹好以后，要在阳光下晒几个小时，因此一停下来就得花上两天以上的时间。这样晒过的肉被称为 carne de sol，虽然不会比用另一种方法处理过的肉好吃，但可保存得比较久。另一种方法是用棍子把肉悬挂起来，让肉风干而非晒干，称为 carne de vento。

这些专门开货车的人过着一种很奇特的生活。他们得随时准备做非常精细的修车工作；他们沿途重修又拆除自己驶过的路，如果货车严重损坏，自己修不了，他们就得准备在密林深处待上几个星期，一直等到另一辆货车经过，向库亚巴通风报信，从库亚巴再向圣保罗或里约热内卢申请把需要的零件送来。在这段时间内，开车的人便露营、打猎、洗衣、睡觉，耐心地守住自己的灵魂。我碰到的最好的司机是个逃犯，但他对所犯何罪绝口不提。库亚巴的人虽然知道内情，但也绝口不提，因为没有任何其他的人走得了他所走过的那些困难的路。库亚巴的人一般都认为，他这样每天都冒着生命危险，已经很充分地补偿了他所取走的那条生命。

早上四点左右我们离开库亚巴时天色仍黑。我们只看得见几间教堂的轮廓，从底部到钟楼都涂了灰泥。货车在最后一段铺了从河中取来的石子且两旁种着枝叶修剪成圆形的芒果树的街道上颠簸。草原那果园似的特色，因为树与树之间的自然距离，给人一种人造景观的幻觉，但事实上这里早已是野原荒林，小径很快

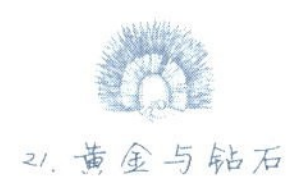

就变得不好走：路离河愈来愈远，弯弯曲曲向上爬，时常被山谷和泥泞滩截断，长满再生林。我们在爬升到一定的高度以后，可以看见一条模糊的粉红线条，静止不动，不像是曙光。但我们有很长一段时间不能确定其性质与真相。再前进三四个钟头以后，我们抵达了一处多岩石山坡的顶端，上面视野较广，我们看见一堵红墙，南北走向，高出绿色山坡面两三百米。红墙往北方慢慢下降，直到最终与高原合而为一。但在红墙的南端，也就是我们前行的方向，开始可看到一些细节特征。那堵红墙，不久前看起来是完整的一片，现在却可看清楚那里散开成细细的烟囱、几个尖峰、台地与平台。这是一整套石堡建筑，有棱堡，有城背面的出入口。货车花了几个小时才爬上斜坡，偶尔需要人推，一直到马托格罗索高原的边缘，从那里可以通往一个往北缓缓下降的高原，这片高原的长度约有一千公里，一直到亚马孙谷地，这种地形叫作 chapada（高地、台地）。这里就像是另外一个世界，乳绿色粗糙的草，几乎盖不住砂岩地表破碎以后产生的白色、粉红色与黄褐色沙子。植物很少，只有一些弯弯曲曲零散长在各处的树木，树皮很厚，叶子和刺很光亮（包覆蜡质），使它们挺得过一年里头七个月的旱季。但只要下几天雨，这片沙漠一般的草原就会很快变成一座花园，草转成翠绿色，树上开出白色与红紫色的花。但它给我的最主要的印象还是草原十分辽阔，地面如此平坦，斜坡非常和缓，几公里之远的地方还是一览无遗的：一大早看到的一片景色，要花半天才走得完，而接下来的景观和前一天所见的毫无区别。结果是，视觉与记忆全都混杂成一种令人神迷的停滞性。不论看得多远，土地都还是一模一样的，毫无特色，冈瓦纳古陆（Gondwana），也称冈瓦纳大陆、南方大陆。它是从盘古大陆（Pangaea）分裂出来的两块超大陆之一，另一块超大陆为劳亚古陆（Laurasia）。

较远的地平线景观简直和天上的云朵没有两样。不过这样的景观过分怪异，不至于让人觉得乏味与千篇一律。货车不时要涉过没有河岸的溪流，这些溪流与其说流经高原，倒不如说泛滥过这片高原，好像这片土地——是世界上最古老的地块之一，是远古的冈瓦纳古陆仍保持原样的部分，在另外一个时代里把巴西与非洲连接起来——仍然太年轻，河流不足以在其上侵蚀出河道来。

如果是欧洲的自然景观，那么会看见各种轮廓清晰的地形沐浴于普照的阳光中。但在这里，传统上被认为是天空与大地的角色却倒反了过来。在营地那一大片乳白色的天空中，云朵出现各种奇异非凡的构形，整个天空布满各种形状和各种体积的云朵，而大地却维持着一种初始期的柔软。

有一天晚上，我们停在一个寻钻者聚居点附近，没多久就有人在我们点起的营火四周出现；他们是 galimpeiros，意即“寻钻者”。他们从袋子或破衣服的口袋里面拿出竹管子，管子里面放着未切割的钻石，他们把钻石倒在我们手中，想卖给我们。但是毕氏兄弟所告诉我的事，已足以让我知道那些钻石不会有什么大价值。寻钻者有其自己的法律，不成文但执行得很严格。

寻钻者可大致区别为两类人：探险者与逃犯。后者人数远比前者多，因此可了解为何大部分人一加入寻钻者的行列就很难离开。谁先发现藏有钻石的小河段，开采权就是谁的。他们的资金有限，通常不足以让他们坚持到发现大矿，并且大矿也较少见。因此，他们组织成小队，由一个人带头，称为“头人”或“工程

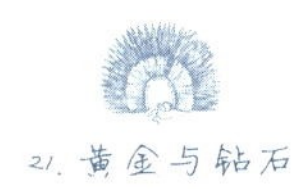

师”；带头的人得有资金可以武装其手下，并向他们供应必要的工具——装走砂石的镀锌铁桶、筛子、水槽等，有时候还得有潜水帽和氧气瓶，以便勘察河床岩盘上的壶穴，但最重要的，还是要能保证经常供应食物。头人提供上述东西，其手下的交换条件是答应头人，发现的钻石只能卖给特定的买主（这些买主与荷兰或英国的钻石切割公司有联系），此外，还得与头人分享红利。

这些人都全副武装，这不仅仅是因为不同的寻钻者队伍之间时有冲突。过去警察几乎管不着寻钻者的聚落，目前的情况也差不多。钻石产区几乎自成一个国中之国，寻钻者有时还会向警察开战。在一九三五年，很多人还在谈头人莫别克（Morbek）及其手下与马托格罗索的州警之间历时多年的小规模战争，最后双方都稍做让步。应该替这些不法分子的行为说句公道话，任何人在寻钻者地区附近被警察逮到，都很少能活着被送到库亚巴镇去。一个大名鼎鼎的贼——头人阿纳尔多（Arnaldo）——有一天和助手一起被捕，他们两人的脖子上都被套了吊绳，绳子绑在树上，他们的脚踩在一块小木板上，就这样子被弃置林中，当他们累了，失去平衡，便跌下去被吊死。

这个团体自己的法律受到严格遵守，在拉格阿多（Lageado）或在波绍雷乌（Poxoreu）这两个寻钻者的中心地区，看见餐馆中的某张桌子有人暂时离开，而桌面上全部都是钻石，并非很不寻常的事情。一颗钻石一被发现，即刻就会被按照形状、大小和颜色加以分类。这些分类上的细节在几年以后还是很清晰地留在发现者的脑海中，每个细节都带着情绪，他们可以说出发现每颗钻石的经过。有个人这样描述一颗钻石：“当我看着那颗钻石的时候，好像是圣母掉下的一滴眼泪落在我的手心……”但钻石并不经常是这么纯的，而往往是仍被包在矿皮下，难以立刻判定价值。拥有购买权的买者宣布他认为合理的价钱（这叫作“量”钻石），不仅钻石必须卖给他，他所决定的金额也没有讲价余地。在价钱宣布后，助手便用磨石把矿皮弄掉，在场的人便可以知道购买者猜测的结果了。

我问他们，有没有欺骗的事发生。他们说，应该是有的，但不会有好结果。如果不把钻石卖给头人指定的商人，而偷卖给别人的话，那颗钻石就“完了”（queimado）。原因是，买者会出个烂价钱，每次再转手卖出的时候再有计划地把价钱砍低。这就是为什么有些不诚实的寻钻者被活活饿死，死的时候两手握满钻石。

但在贩卖流程的较后阶段，情况就不大一样了。叙利亚人弗济（Fozzi）致富的办法，是以低价购进不纯的钻石，然后放入煤油炉中加热，加热完把钻石丢入染色颜料混合剂中，使钻石表面发出一种较吸引人的黄色光泽——因为光泽特别而被称为“昼光”。

还有另外一种常见的欺骗方法。但这发生于较高阶层，目的是逃避钻石外销的国家税。我在库亚巴与大坎普都碰见过职业走私钻石者，称为“强人”（capangueiros）。他们这些人充满传奇故事。他们有时把钻石藏在伪装的香烟盒里面，如果碰到警察检查，便把香烟盒像一个抽完了的空盒一样随手丢到草木丛中。可以想象他们一脱离警察的掌握，就会多么忧心如焚地回去草木丛中找那些随手丢弃的香烟盒。

但是那天晚上，我们在营地所谈的不是这些传奇性的故事，而是他们每天日常生活所面对的问题。在谈话中我学到了偏乡人形象鲜活的语言，譬如代名词“一”，他们有一大堆非常奇特的表达方法：o homem是“一个人”，o camarada是“一名同志”，o collega 是“一位同行”，o negro 是“一个黑人”，o tal 和 o fulano 都是“一个家伙”，等等。“一个人”很不幸地在水槽中发现黄金，这对寻钻者而言，是个很坏的兆头，唯一的办法是马上把黄金丢回河中。如果把那黄金保留下来，就会有几个星期的时间什么也找不到。有“一个人”，在用双手捧起沙石的时候，被有毒的鳐鱼尾刺伤，这种伤很难治，得找个女人脱光衣服在伤口上小便。但是在 garimpo 这种寻钻者聚居的地方，除了乡村妓女以外没有别的女人，结果是，被鳐鱼尾刺伤的人，在用上述简易治疗法后常常因此染上一种很顽固的梅毒。

这些乡村妓女当初都被某某人找到一大堆钻石而致富的故事吸引。虽然寻钻者会在一天之内致富，但他由于有前科记录而不能随意行动，只能在当地把突发之财全部花光。这也是有那么多货车载满奢侈品跑来跑去的理由。只要货车能开到寻钻者聚居的地方，车上的东西不论要价多高，全都会被抢购一空。买者并非真的需要那些货物，而是为了炫耀。清晨的时候，在再度出发以前，我到处走走，一直走到了河岸附近满是蚊子与其他小昆虫的地方，那里有一间属于“一名同志”的小屋。他戴着老式的潜水帽，已经开始在河中大忙特忙。他住的小屋里面一片破烂，令人难过，和其周围的乡间景色并无多大差别；但在房子的一角，那名“同志”的女人很骄傲地要我瞧她男人的十二套西装，看她的好几件丝质洋装。它们全都有虫在咬。

晚上的时候就唱歌聊天。每位访客都被邀“露一手”，所表演的通常是很久以前在某些咖啡厅的演唱会上听来的歌曲表演片段。在印度边境地区我参加过的小公务员的宴会中，也能看到同样的“时间落差”（time-lag）。在巴西跟在印度一样，人们模仿演出一些独角戏，或者是在印度被称为 caricatures 的表演，也就是“滑稽模仿”：先是模仿打字机的声音、摩托车故障时的噗噗声，然后是与上述一类声音完全相反的怪声音，代表“神舞”（fairy-dance），接着是奔马的声音，最后表演“扮鬼脸”——在印度被称为 grimaces，和法文相同。

有关那天晚上我和寻钻者在一起时所记的笔记里面，有一段以传统形式创作的哀词（lament）。内容是一个对军队伙食不满的大兵写了一封抱怨信给他的班长，班长把信转给上士，再一层层地转给中尉、上尉、少校、上校、将军、皇帝。皇帝只能把信转给耶稣基督，但耶稣基督并没把这个大兵的抱怨转给“永远的天父”，耶稣“拿起笔把每个人都送到地狱”。这首乡野诗篇里面有下面这么一段：

O Soldado……
O Oferece……
O Sargento que era um homem pertinente
Pegô na penna, escreveu pro seu Tenente.
O Tenete que era homem muito bão
Pegô na penna, escreveu pro Capitão.

O Capitão que era homem dos melhor'
Pegô na penna, escreveu pro Major.
O Major que era homem como é
Pegô na penna, escreveu pro Coroné.
O Coroné que era homem sem igual
Pegô na penna, escreveu pro General.
O General que era homem superior
Pegô na penna, escreveu pro Imperador.
O Imperador……
Pegô a penna, escreveu pro Jesu' Christo.
Jesu' Christo que é filho do Padre Eterno
Pegô na penna e mando tudos pelo inferno.

然而那里并非真的欢乐乡。钻石矿脉愈来愈少，那个地区疟疾、利什曼病（leishmaniasis，一种疟性热病）和钩虫病横行，几年前还流行过黄热病。以前每星期有四辆货车往来于小径上，现在一个月只有两辆或三辆。

我们现在要走的小径，三年以来都没有货车走过，小径上的桥被一场森林火灾焚毁。虽然小径的情况到底如何，我们无法知道，但如果我们能抵达圣洛伦索河，最坏的一段路就过去了。在那里的河边有个很大的寻钻者聚居点，我们可以找到所需要的装备补给、人和独木舟等等，他们可以领我们沿着韦尔梅柳河（Rio Vermelho）——圣洛伦索河的支流之一——去到波洛洛族印第安人的村落。

我们是怎么走到目的地的？我实在不知道。那段旅途在我的记忆中只是一场混乱的噩梦：无止境的扎营露宿，经常只为了通过一段长度只有数米的恶劣路段，我们不断停下来卸货装货，把木板搬到货车前面，让货车可以往前开一小段，再不断重复……搬了木板以后我们累得睡在地上，一直到午夜时分才被来自地心的隆隆怪声吵醒——蚁虫从地底深处爬上来要吃我们的衣服，已经爬满我们当作防水外套和铺地用的塑料斗篷。最后，有一天早晨我们的货车终于开到了圣洛伦索河，那里被一片浓厚的河谷雾气笼罩着。我们觉得成功地完成了一项壮举，在开往聚落去的路上便大按喇叭，但是居然连个小孩都没跑到路上来欢迎我们。经过四五间死寂的小屋以后，我们便到达了河岸。整个地方一点生命迹象也没有，连一个人都看不到。在大略地瞧了一阵以后，我们很快了解，这个聚落已被遗弃。

前几天的过分劳累，使我们丧失信心，考虑是否该放弃计划。要往回走以前，我们决定再试最后一次，每个人沿不同的方向去探看附近一带地方。傍晚时大家回来聚在一起，都一无所获，唯一的例外是司机发现了一名渔夫。司机把渔夫带了回来。他留着胡须，肤色不健康，好像长期泡在水中一样。他说半年前黄热病流行，活下来的人都四散而去，但如果我们往上游走一段，就可找到一两个人，也可找到一条独木舟。他很乐意陪我们去，他和家人几个月以来全靠他从河中捕鱼过日子，他要求我们给他一点钱，以便他可以从印第安人那里获得些木薯和烟草。如果我们答应他的这些条件，那么他还可保证另外一个有独木舟的人也会和我们合作，我们可在路上把他找来。

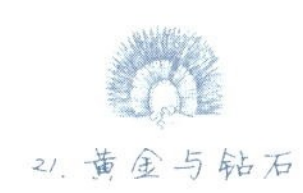

以后我将描述其他的独木舟航行经历，那些经历在我的记忆中远比这次的更为鲜明。因此，我将只简短描述一下我们花一个星期时间溯流而上的过程。那条河流每天都因降雨涨高几许。有一次，我们在一小片沙滩上吃午饭，突然听见沙沙声，原来是一条长达七米的巨蟒被我们吵醒，我们乱枪齐发猛射一阵——蟒蛇的身体被子弹射中没有用，只有射头才射得死。我们花了大半天的时间才把巨蟒剥皮完毕，剥皮时发现其肚内有一打左右的小蛇，都快出生了，但一暴露于日光之下就马上死了。然后有一天，我们射杀了一只狐鼬（irara）——那是一种獾，然后我们瞥见河岸上有两个裸体人——这就是我们第一次看见波洛洛印第安人。我们靠近河岸，设法和他们讲话。他们只懂一个葡萄牙字眼：fumo（烟草）。他们把葡萄牙文的 fumo 念成 sumo（老一辈的传教士说印第安人无信仰、无法律，也无国王，因为葡萄牙文中这三个字眼分别以 F、L 和 R 开头，而印第安人语音中没有这三个音）。虽然他们自己也种烟草，但他们的制品里面没有这类发酵过再卷起来的烟草，我们便大量供应。我们用手势向他们说明要去他们的村落，他们表示晚上的时候可以抵达。他们将先回去宣布我们会去他们的村落。然后，他们便消失于丛林之中。

几个小时以后，我们在一个泥泞的河滩靠岸，河岸上有些小屋。半打左右的裸体人，从脚到头全用红木（urucu）染料画成一片红色，大笑着欢迎我们，帮我们上岸，帮我们拿行李。我们被带到一间大房子里面，大房子里住了好几家人；村落酋长空出一块地方让我们使用；我们停留在村落中的那段时间，他自己住在河对岸。

有美德的野蛮人

一个人第一次进入一个大体上未受现代文明影响的原始文化社会，所见到、听到的一切，带给他那么多深刻而又混乱的印象，到底要如何描述呢？在卡因冈族或卡都卫欧族的社会里，其住屋和附近一带农民的房子并无多大差别，全都破烂无比，给人的第一印象是烦倦与消沉。但当一个人面对的是一个仍然生机勃勃的社会，一个对自己原来的传统仍然忠实无疑的社会时，影响是如此强而有力，使人不知所措：这样一团五颜六色的混乱纠缠，到底要从何处下手去解开理清呢？要先抽哪一条线呢？在波

洛洛印第安人社会中，我第一次有这样的经历。回想那一次经历，使我想到最近一次类似的经历，那是在缅甸边境的一个库基族村落。在长久不停的季节性暴风雨中，我手脚并用地爬上一个泥泞的山坡，花了好几个小时，终于到达坡顶的村落，当时我的感觉和第一次进入波洛洛印第安人村落时的感觉相似。身体极度疲乏、饥饿、口渴以及心神混乱等等自然与此感觉有关。不过，这些生理上的不稳定本身，从头到尾都受到所见的形式和颜色的深刻影响：那些屋子虽然不牢固，但却富丽堂皇，使用的材料和建筑方式，都是我们在西方只用在小型建筑上面的。这些建筑物与其说是建筑起来的，倒不如说是绑在一起捆出来、编出来、织出来的，再加以种种装饰，经年累月地使用以后充满岁月的魅力。这些建筑物并不是用一大堆砖石来压迫居住于其中的人，而是适应、配合居住者的存在与行动——这些屋子一直都是受人所制的，刚好和我们的建筑相反。屋子环绕着整个村落的圆形领地而设立，像是村民所拥有的一套轻巧、有弹性的庇护物，像西方妇人的帽子而不像西方城镇。整个聚落像一袭巨大的衣饰，建筑者很有技巧地调和了大自然和精细的计划，将活生生的树木和枝叶保留于其中。

库基族（Kuki），又称钦族（Chin）。

住民的裸体似乎为房屋外墙上那种如天鹅绒般的草叶以及附近的棕榈树所保护；他们走出屋子的时候，就像脱掉一层巨大的、用鸵鸟羽毛织成的披挂一样。他们的身体——这些多汗毛的珠宝盒——被制造得异常精细，他们明亮的妆容与身体的彩绘使肌肉的纹理更为突出；而妆容与彩绘等等又似乎只是一种背景，目的是突出其他更华丽的饰物——闪亮的牙齿、以羽毛和花卉缠绕的兽牙。似乎整个文明都有意地、强烈地热衷于生命所展现的颜色、特质与形状，而且为了把生命最丰富的特质保存于人体四周，便采用可展现生命面貌的各项特质之中那些最能持久的，或是最易消逝却又刚好是最宝贵的部分。

我一边准备在一间大屋子的角落休息过夜，一边吸收了上述印象，但并未对它们做智识层次的了解。一两条细节慢慢地现出条理来。这些土著房屋虽然仍维持传统的规模与格局，但在建筑上已可看出新巴西建筑的影响：其形状是长方形的，而不是传统的椭圆形；屋顶与墙的材料是传统的，用树枝支撑棕榈叶屋顶，但两部分却是分开的；屋顶有两面斜坡，而不是圆圆的一片直落地面。尽管有这些影响，但是我们刚刚抵达的客贾拉（Kejara）村，以及同属韦尔梅柳河群的另外两个村落波伯里（Pobori）和贾鲁多里（Jarudori），是没有受到萨勒斯长老会（Salesian Fathers）影响的最后少数几个社区。这些传教士和印第安人保护局联合起来，成功地结束了印第安人与殖民者之间的冲突，并且两者都进行过很好的人类学研究工作，同时也都大力地、有系统地使土著文化消失。两个事实可充分说明，客贾拉村是土著文化独立存在的最后一个坚强堡垒。

原注：除了卡尔·冯·登·施泰嫩的早期研究以外，他们的工作成果是关于波洛洛人的最好的资料。

第一，韦尔梅柳河流域各村落的大酋长住在此村。他是一个高高在上、充满神秘感的人物，不懂或假装不懂任何葡萄牙语。他照应我们的需求，同时思考我们出现在村中的意义。为了维持自尊地位，也因为语言问题，他除了通过他的顾问团成员以外，拒绝和我们交谈，他和顾问团一起做所有重大的决定。

第二，客贾拉村中住着的一个土著，后来成为我的通译兼主要报道人。这个人大约三十五岁，葡萄牙语说得相当好。他说以前他能读能写葡萄牙文（现在已不行了），曾是一个教会学校的学生。传教士对他很满意，以他为豪，曾送他去罗马，他还见过教皇。当他回来以后，传教士催促他抛弃传统土著的规矩，举行基督教婚礼。这件事使他陷入精神危机，结果他重返传统波洛洛的理想——定居于客贾拉村。过去十年、十五年来，他在这里过着标准野蛮人的生活。这个见过教皇的印第安人，现在全身不穿衣服、戴羽毛、绘红彩、鼻上穿针、下唇穿木塞。后来事实证明他是波洛洛社会学最好的向导。

现在我们被一打左右的土著包围。他们彼此之间不停地说话、大笑，互相用拳头打来打去。他们的头呈圆形、脸呈椭圆形、五官端正、身体健硕，令人想起巴塔哥尼亚人（Patagonian）——两者之间可能有血缘关系。女人的身体大致说来没有男人的那么协调，身材较小、体质较弱，五官也没那么端正。从一开始，男人的一片喜乐之情就和女人的抗拒态度形成强烈的对比。虽然此地正有疫病流行，但是村里的人看起来都相当健康；不过，有一个人患了麻风病。

男人全身赤裸，只在阳具顶端套一个草编的护环，靠包皮固定，包皮拉长穿过草环，在其外形成一个皮肉圈圈。大部分人从头到脚都绘红彩，红彩是把红木种子弄碎混入脂肪所得。连头发——有的留到齐肩，有的剪到齐耳——也都涂上这种红彩，看起来像戴了头盔。其他的图案则画在这层作为底色的红彩上面：用闪亮的黑色树脂画的马蹄铁形，从前额盖下来，一直盖到嘴边两颊为止；一丛丛的白绒毛贴在肩上、臂上；或者把打碎的珍珠粉洒在肩上、胸上。女人穿一片用红木染过的棉制护阴布条，布条围在一条坚韧的树皮腰带下，腰带下还绑有一条敲软了的白色树皮，穿过大腿之间；在胸前挂着两道编得很细致的棉布条；在脚踝、上臂和手腕上紧紧地绑着小棉布条：她们的全部服装就是这些。

慢慢地，这些人一个个离开。我们和一个巫师家庭共享这间大屋（约二十米长、五米宽），他们十分沉默，态度有些不友善。还有一个年长的寡妇，她依靠住在邻近屋子里的几个亲人接济过日子。不过她的亲人常把她遗忘，那时候她就连续唱歌几小时不停，唱她前后死去的五任丈夫，唱那些不缺木薯、玉米、猎物和鱼的日子。

屋子外面已有人开始唱歌，声音音调极低，回音明显，喉音相当重，但每个音都发得很清晰。只有男人在唱，他们的声音合起来，那些简单而又一再重复的曲调，那独唱与合唱的对比，还有那种带悲剧性的强烈男性风格，使人想到某些德国“男性联盟”(Männerbund)的军歌合唱。当我问他们为什么唱歌的时候，他们回答：“因为你们带来的狐鼬。”在吃狐鼬以前，必须先举行复杂的仪式来抚慰其神灵，圣献此猎物。我太过疲倦，无法做一个忠诚的人类学家该做的事。我在黄昏的时候就睡着了，但这场觉被疲倦与歌声弄得极不安稳，歌唱一直持续到曙光初露。这种情况在我们留在村子里的那段时间内不断发生：土著整个晚上都用来举行宗教仪式，到早晨才开始睡觉，一直睡到中午。

在仪式进行过程里的特定时刻，土著会把少数几件管乐器拿

出来吹奏，在这些时刻以外，唯一的伴奏乐器是葫芦发声器。它是里面放了沙石的葫芦，由主要表演者摇晃出声，所发出的声音相当有震撼力：有时候猛力一摇，引出歌声；有时候猛力一振，与歌声戛然同止；有时候则在歌唱之间的空档摇出长长的渐强或渐弱的乐声；有时候以乐声和静寂交错来引导舞者，其乐声与静寂的长短、强弱度和音质变化多端，没有一个欧洲大交响乐团的指挥能够在表达自己的乐思这方面胜过他们。难怪以前各部族的土著甚至传教士觉得可以从这种摇晃乐器中听到魔鬼在讲话。还有，虽然大家都已知道，以前所谓的“鼓语”（drum languages）只是一种幻想，目前已没人相信，但是，很可能至少在某些族群里面，鼓声的确以某种真正的语言为其基础，把真实存在的语言化约成几个以象征来表达的要旨，构成“鼓语”。

大清早，我起来到村子各处走走。在门口，我差点踩到几只病恹恹的鸟：这些是被饲养的金刚鹦鹉，印第安人养在村落里面，为的是能活生生地拔下羽毛来做头饰。被拔掉羽毛无法飞翔的金刚鹦鹉看起来像是就要上烤叉的鸡，由于羽毛被拔，它们的身体看起来小了一半，使嘴显得异常巨大。其他的一些金刚鹦鹉的羽毛已再长出来，它们很严肃地站在屋顶上面，好像纹章学中的图徽，涂上了赤红与浅蓝的珐琅彩。

我走到一块空地中央，空地的一边是河流，另外三边是森林，森林里面有不少种农作物的田地，穿过森林可以瞧见远方红色砂岩的陡峻山峰。在空地边缘一带有一排房子，共二十六间，样式和我住的接近，围成一个圆圈。圆圈中央有另一间房子，约二十米长、八米宽，比其他房子大很多，这就是男人会所

（baitemannageo），未婚的成年男性就睡在此地。族中男性如果不狩猎捕鱼，不忙着在跳舞场举行公共仪式的话，就在会所中消磨时间。跳舞场在会所西边，是一片椭圆形的空地，用一些干草堆做标记。女人严禁进入男人会所，她们住在围成一圈的房子里面。男人则每天要在会所与家居房屋之间来回好几趟——在地面上的灌木丛中沿着一定的小路来回走动。从树顶或屋顶看下去，波洛洛的村落像牛车，轮缘是家居房屋，轮辐是小路，轮毂则是男人会所。

这种极有特色的村落规划，适用于以前的所有村落，不过以前各村落的人口数目要高出目前许多（客贾拉村大约只有一百五十人），因此村落不会只是一个圆圈，而是好几个同心圆。并不是只有波洛洛人建圆形的村落；除了某些细节差异以外，圆形村落似乎是杰语群（Gelanguage）各部落共有的习俗。杰语群印第安人住在巴西中部高原，阿拉瓜亚河与圣弗朗西斯科河（Rio São Francisco）之间。波洛洛人可能是说杰语的部族中最南方的代表。我们知道他们北边最接近的邻居卡雅波族（Cayapo）也建类似的村落。卡雅波族住在莫尔蒂斯河右岸，十年前才第一次有外人到达他们的村落。其他如阿皮纳耶族（Apinayé）、谢伦特族（Sherente，Xerente）和卡内雅族（Canella）也都建造格局近似的村落。

家居房屋围绕男人会所围成圆圈来建造，这样的村落格局在其社会与宗教生活中占有很重要的地位。在加尔萨斯河（Rio das Garças）一带的萨勒斯长老会传教士很快就明白了，要让波洛洛人改变信仰，最有效的办法是使他们放弃原来的圆形村落，改住

平行并排的房子。一旦弄乱方位，并失去可作为原始传说之证明的村落格局，印第安人很快就对自己的传统失去感情。好像他们的社会制度和宗教体系（我们很快就会了解两者事实上是分不开的）过分复杂，如果不借着村落格局来具体呈现的话，如果不借着每天的日常活动来不断提醒的话，便无法继续存在。

对于那些萨勒斯长老会传教士，我们得说他们花了极大的工夫和很多的心血去了解这个复杂的体系，并把对此体系的记忆保存了下来。任何人要访问波洛洛人的村落，都得从他们所做的研究着手。不过，同时我也必须使用我在他们不曾深入过，而且这种体系仍保有其活力的地方所得到的结论，来重新考察他们的结论。从以前出版过的文献着手，我开始从我的报道人那里收集资料来分析村落的格局。我们整天从一间房子走到另一间房子，调查住在里面的人，弄清楚他们每个人的社会地位，用棍子在地面上做记号，把村子按照不同的权力地位、不同的传统、不同的阶层分级、不同的责任与权利等等假想的划分线进行划分，形成几个不同的区域。为了把我的报告简化，我会调整若干关于方位的叙述，因为土著的方位概念无法精确地与罗盘对应。

客贾拉村的圆形村落接近韦尔梅柳河左岸，河流是由东往西流的。理论上与河流大致平行的一条直径线把人口分成两半：北半边是“却拉”（Cera）半族，南半边是“图加垒”（Tugaré）半族。前一个词的意思似乎是“弱”，后一个词的意思即“强”，但我不能确定。无论如何，这项划分都非常重要，理由有二：其一，每个人都和其母亲属于同一个半族；其二，一个半族的男人只能和另一个半族的女人结婚。如果我母亲是却拉，那么我也是却拉，我的妻子就一定是图加垒。

女人住在她们出生的房子里，承继同一座房子。结婚的时候，男人穿过那条划分两个半族的想象中的分界线，去住在另一边。男人会所使这种连根拔起的转变显得不过分激烈，因为男人会所横跨两个半族的领域。但这种居住规则解释了下列现象：向着却拉领域的门叫作图加垒门，向着图加垒领域的门称为却拉门。这些门只有男人可以使用，住在某一边的男人都来自另一边。

一个已婚男人也因此永远不能在自己所住的房子里感到自在。他出生的房子，他的童年记忆紧紧与之结合的房子位于村落的另一头。那间房子现在归他母亲和姊妹所有。他的姊妹和姊妹的丈夫们现在住在那里。他随时可以回那间房子去，并且确定会受欢迎。当他觉得婚后的家庭气氛压力太大的时候（比方说舅子们来访时），他随时可去男人会所睡觉，重温青春期的旧梦，享受男伴的友谊，享受其宗教气氛，甚至可调戏未婚女子。

半族制度不但决定婚姻形式，也决定社会生活的其他方面。每次当某个半族的成员享受某项权利，或必须承担某项义务时，都对另一半族有利，或受到另一半族的帮助。因此，一个却拉半族成员的丧礼是由图加垒半族负责举行的，反之亦然。村落中的两个半族因此是合伙者，每项社会的或宗教的行动，都必须得到另一半族成员的助力，由他们担任辅助主要关系人的角色。这样的合作并不排除两个半族之间的竞争：每个半族仍有其自尊，互相之间也会嫉妒。我们应该把他们的社会生活想象成两支足球队，不过他们并不是志在阻挠对方的战略行动，而是设法帮助对

方达成目的，两队优劣的评定，则以哪一队所表现的大方程度和完美程度胜过对方为标准。

我们现在再看一个新面向：另外一条直径线，与前一条近乎垂直，把两个半族沿着南北坐标又一分为二。在此轴以东出生的人叫作上游人，在此轴以西出生的人叫作下游人。因此，现在不再只是有两个半族，而是有四个区，因为却拉半族和图加垒半族的人都是有些出生在东边，有些出生在西边。不幸的是，没有一个观察者了解这种二度区分的真确作用是什么。

此外，整个村落的人都分属不同的氏族，同一氏族的各家族相信他们的世系是接近的，从母系上溯，都源自一位共祖，这位共祖是神话人物，其真确身份在有些氏族中早已不再被记得。

同氏族的成员至少可以用他们拥有相同的姓这个事实加以认定。在过去，族群总数可能有八个：四个属却拉半族，四个属图加垒半族。但经年累月下来，有的氏族消失，有的氏族分裂，结果是实际情况如何并不很清楚。不过，事实上同一氏族的人，除了已婚男性以外，都住在同一间或几间比邻的房子里，每一氏族也因此在村落房屋的环形格局中有其特定的位置：是却拉或是图加垒，是上游人或是下游人，不然就是以上游人和下游人为标准再细分成两个小群，这个区分标准在两个半族的领域中都可能把一个氏族的房子或房子群分割成两部分。

这样复杂好像还不够，每个氏族又有几个不同的继嗣亚群，也以母系为认定准则。在每一氏族中，会有一些红色家族，一些黑色家族。这还不够，以前似乎所有氏族又都划分成三个等级——上级、中级和下级，这种分级法可能是受姆巴雅－卡都卫欧印第安人有等级的世袭阶级制度的影响，或借用自后者。波洛洛族中的三个等级似乎也实行内婚这个事实，显得两者更可能确实有所关联：一个上级的人只能和另一个上级的人（属于另一个半族）结婚，中级和中级结婚，下级和下级结婚。因为波洛洛村落人口已经减少很多，所以我们只能对此加以臆测了。现在波洛洛村落人口只剩一两百人，而不是以前的一千多人，没有足够的家族可分属各种不同类别，只有和半族有关的种种规则仍被严格遵守（不过少数高贵的氏族似乎可不受此束缚）。至于其他的规则，土著会根据具体的情况，临时想出暂时性的变通办法。

波洛洛社会非常喜欢各种不同的“重新洗牌发牌”的方法。毫无疑问，将人口分别配属不同的氏族，是这些方法中最重要的一个。在不同的氏族互相通婚这个普遍性架构之中，各氏族再以特殊的婚姻关系重新联结起来：一个却拉半族的氏族最好和一个、两个或三个图加垒半族的氏族通婚，反之亦然。还有，各氏族的地位并不平等。酋长永远选自却拉半族中的一个特定氏族，酋长称号按母系传袭，也就是由母舅传给外甥。此外，有的氏族富有，有的氏族贫穷。让我们在此说明一下财富的差别在这一方面会造成什么样的差异。

当我们想到财富的时候，通常指经济财富；波洛洛人的情况也一样，不管整体生活水平多么低，并非每个人的经济情况都雷同。有的人渔猎技术较好，有的人运气较佳，有的人工作较卖力。在客贾拉村，我们看见职业分化的迹象。一个土著制造磨石器的技术很好；他用磨石器和其他人换食物，看起来日子过得很

舒服。但这一类的区别只是个人性的区别，因此是短暂的区别。唯一的例外是酋长（村长），他接受所有氏族奉献的食物和手工艺品。但接受礼物使他处于亏欠的地位，因此他像银行家一样：一大堆钱在他手中流来流去，但他并不拥有那些钱。我所收集到的宗教物品是用礼物交换来的，酋长拿到那些礼物以后，马上分配给各氏族，由此重建他的交易平衡。

各个氏族“法定的财富”（statutory wealth）则属于不同的性质。每个氏族都有自己的神话、传统、舞蹈、社会功能及宗教功能。氏族的神话又带来技术上的特权，这些技术上的特权是波洛洛文化中最奇怪的特性之一。几乎所有的器物上面都有徽记，表明器物所有者所属的氏族或亚氏族。能使用某些种类或某些颜色的羽毛、剪裁羽毛的方法或切割的方法、不同种类和不同颜色羽毛的搭配装饰方法、做某类装饰性工作的方法、编织纤维或羽毛的方法、能使用某些主题等等构成了特权的内容。因此，每一氏族都依照规则，用羽毛或用树皮圈子来装饰仪式用的弓；在箭羽之间的箭杆尾端有其特别的装饰式样。唇塞上的珍珠装饰有各种不同的切割方式——椭圆形、鱼形、长方形等都依氏族而有区别；唇塞四周的颜色也不一样。跳舞时戴的羽冠上有一个和自己所属氏族有关的徽记（通常是一块木板，上面插着由羽毛组成的拼图）。在节庆的日子里，连阳具护套上都要加上一条硬草编的彩带，依不同氏族而用不同形状与颜色来装饰或雕刻——或许我们会认为在那个地方显示徽记有些奇怪。

以上所讲的所有特权（顺便一提的是，它们是可讨价还价的）都受到氏族很坚定的卫护，不容他人侵犯。一个氏族盗用另一个氏族的特权，是不可思议的事情，会引发残杀式的争斗局面。然而，从此一观点去看，不同氏族间的差别非常之大：有的享受奢华，有的异常贫困。只要去看看每间房子里面的物品就可明白这点。但其中的差别似乎不应该用贫富差别加以形容，而应该说是鄙陋与精致之间的差异。

波洛洛人物质财产的特性是简单与难得一见的完美制作相结合。虽然印第安人保护局以前曾分发斧头和刀子给他们，但是他们依然使用从远古传下来的工具。在做粗笨的工作时，土著会使用金属制的工具，不过他们还是继续使用一种又像锛又像凿刀的工具来制造捕鱼用的棍棒，以及用硬木做的弓和箭，他们把这种工具用于多种用途，类似我们使用万用刀。这种工具是通过将一种在河岸边常见的鼠类（水豚）的弯曲犬牙绑在一根握柄的末端做成的。每间房子里面的用具都相当有限：藤制的席子和篮子，武器与工具（用骨头或木头制成，供男人使用），负责农业工作的妇女使用的挖掘棒；用葫芦或黑土制作的容器；半圆形的盒子，旁边有把手的浅圆碗（有点像大汤勺）。所有这些器物的线条都非常简洁，其简洁由于材料单纯而更为突出。有件奇怪的事情是，波洛洛陶器以前似乎是有纹饰的，但不久前的一项宗教禁忌终止了在陶器上面加纹饰的习俗。土著不再画洞穴壁画的原因或许和宗教禁忌也有关系。在高地的岩洞中仍可看见壁画，从中可看到他们文化里的很多主题。为了证实这一点，有一次我请一个印第安人替我绘饰一大张纸。他用红木和树脂开始画。虽然波洛洛人没有保存下任何他们的部族曾画过洞穴壁画的记忆，他们也几乎不去那位于陡坡上面的岩洞里看画，但那个波洛洛人画好

交给我的图画却很像壁画的缩图。

他们每日使用的器物都极为简单朴素，与此形成强烈对比的是他们的服饰。他们把所有的财富和想象力都用在了服饰上——不，他们穿的衣服太少，应该说是用在了服饰的配件上。妇女都拥有一批首饰，由妈妈传给女儿，包括手镯、项链等，用猴牙或美洲虎牙串成，镶嵌在木头上面，用细致的捆绑方法固定位置。妇女一方面分享男人狩猎所得的余物，另一方面容许男人从妻子头顶上拔下头发编成长辫子，像阿拉伯人绑头巾一样缠绕在自己头上。在庆典的日子里，男人也戴一种半月形的挂链，用一对巨大的犰狳爪子做成。犰狳是一种挖地洞的动物，站起来约有一米高，从第三纪开始存在至今，没多大改变。挂链上还镶着珍珠，用羽毛或棉花做边饰。他们的头上戴羽冠，然后把巨嘴鸟的喙接在插羽毛的棍子上，或把一簇白鹤羽毛和金刚鹦鹉的长尾毛接在插着白色绒毛的刻纹竹管上等等，配件再插在他们的真发或假髻上，以平衡其羽冠。有时候，所有这些装饰品排成一顶复杂的头饰，得花几个小时才能在舞者的头上安排妥当。我用一把枪和一个星期的时间讨价还价，替人类博物馆换到一顶上述的羽冠。羽冠是仪式上的必备之物，土著只有在打猎所得的东西足够重做一顶新羽冠时才肯出让。我换得的羽冠包括：一顶扇形的冕；一件羽毛制的帽舌，可遮住脸的上半部；一个圆锥形可套住头部的高冠，用插着角鹰（harpy eagle）羽毛的木条制成；还有一个藤制的圆盘，上面插满管子，管子上插着羽毛和绒毛。整个羽冠的高度将近两米。

即使在不穿祭仪用的盛装时，男人也还是对装饰充满热情，不断随时改进他们身上的配件。很多男人戴头冠（兽皮的头带子上面饰以羽毛）、藤制的戒指（上面也插羽毛）、木环上饰以美洲虎爪做成的头冠。有时候他们会为一些比较简单的饰物高兴异常：一根干草，被从地上捡起来缠成圆圈状，再涂上色彩，就可成为一件脆弱的头饰，戴的人会很骄傲地到处展示它，直到有一天他心血来潮又找到其他东西来做成其他头饰为止。这种喜好装饰的欲望有时会使一棵树的所有花朵被摘个精光。一片树皮、几根羽毛，会让这些不知疲倦的设计者找到充分的理由去创造出一对炫目的耳环。必须走进男人会所，才能明白这些魁伟的大男人究竟花多少精力打扮自己：会所里的每个角落都有人在忙着割、雕、塑或插；河贝被打成碎片，然后在磨石器上面用力磨，以便做成项链或唇塞的一部分；用竹子和羽毛做成的奇特玩意儿正渐渐成型。像剧院的化妆师一样专心努力，粗壮的大男人们互相把对方变成全身都是羽毛的鸡——把绒毛直接插在皮肤上面。

男人会所是个工作室，但不仅仅是工作室而已。青春期少男在里面过夜；已婚男人没事做的时候去那里小睡、聊天、吸由干玉米叶子卷成的浓烟。各氏族遵照一个很详细的轮值表给男人会所供应饮食，已婚男人有时也在会所吃饭。每隔两个小时左右，就有一个男人跑到他住的屋子去端整锅的玉米糊（mingau）——是他的妻子准备的。当他带着玉米糊回到会所的时候，里面的人会愉快地大叫“噢！噢！”来欢迎他，这种快乐的叫声打破了当日的寂静。遵照预定的仪式程序，带食物去会所的男人要邀请六个或八个男人，带他们到玉米糊前面，然后他们用陶制或贝壳制

的碗去盛玉米糊。我已提到过女人不准进入男人会所。这规则是针对已婚妇女而言的。未婚女性自己知道不得走近男人会所，如果有意或无意间走近的话，她们就有被捉去强奸的危险。不过，每个未婚女性一生中都必须自愿走进男人会所一次，去向她未来的丈夫求婚。

生者与死者

男人会所不仅仅是工作室、俱乐部、宿舍，偶尔还是妓院。此外，会所也是寺庙。宗教舞者在会所中做准备工作，有些不准妇女参加的仪式，像制造与挥旋“牛吼器”（bull-roarer）的仪式，也在会所举行。牛吼器是一种用木头制造、非常用心地在上面施加彩绘的乐器，形状颇像鳊鱼，长度在三十厘米到一米半之间不等。用细绳系住其中一端，挥舞细绳使劲地旋转它，它就会发出一种像牛吼的低沉声音，这种吼声被认为是妇女所害怕的神灵进入村落时发出的声音。任何妇女如果看见牛吼器的话，下场

就会很惨，即使是现在，她也很可能被乱棍打死。在我第一次看见土著做牛吼器的时候，他们想让我相信那不过是普通的厨房用具罢了。他们非常不愿意把一套牛吼器转让给我，原因并不是他们得因此重做一套，而主要是怕我泄漏其中的秘密。我必须在夜深人静的时候带个箱子去男人会所，将那套牛吼器先包起来，然后放进箱子里面，再上锁；他们要我保证在回到库亚巴以前绝对不打开箱子。

对于欧洲观察者而言，在男人会所中所进行的种种看起来无法并存的活动，似乎令人惊讶地调和无间。很少有像波洛洛人那样具有深沉宗教情怀的民族，也很少有人具有他们那样复杂的形而上学体系。但精神信念又和日常行动结合得如此紧密，土著似乎毫不自觉地在两个体系之间自由移动。我在缅甸边境的佛教寺庙中发现过类似的、毫不做作的宗教性。僧侣在同一间厅堂里面生活、睡觉、进行宗教崇拜，把他们装油膏和草药的罐子放在祭坛前面的地面上，甚至毫不避讳地在阅读经文中间休息时抚摸他们的学徒。

这种对超自然界的随意态度对我而言更是异常奇特的，我自己与宗教的唯一接触是在遥远的儿童时代，那时候我已是一个没有宗教信仰的人。在第一次世界大战期间我和祖父住在一起，他是凡尔赛的犹太教长。他住的房子有条长长的内部走廊和犹太庙相通，走进那条走廊时很难不兴起焦虑的情绪，那条走廊本身变成了一道无法跨越的边界，把尘俗世界与神圣世界分隔开来。但是通过那条走廊与尘俗世界隔离开的那个世界，却正好欠缺一种东西：体验神圣世界时必不可少的人性的温暖。除了进行仪式的时候，平时整座犹太庙几乎空无一人。时常有人在里面，但时间不够持久，也不够热烈，不足以改变那种似乎对那犹太庙而言相当正常的荒凉景象，在那里举行仪式，只是让荒凉景象反常地中止一段时间而已。家族成员之间的宗教崇拜也同样枯燥，除了祖父在饭前默不作声地祷告以外，我们这些孩子根本无从知道我们是在一个较高主宰的卫护之下生活。餐厅墙上倒是贴了一张纸条，上面印着这样一句格言：“细嚼慢咽有助消化。”

差别并非在于波洛洛人对宗教更为敬畏；情形完全相反，他们把宗教完全视为自然而然的事。在男人会所里面，仪式性的手势和别的手势一样随随便便地出现，好像仪式性的手势也不过是一些实用性动作，目的在于达成某种特定的结果，并不需要采取那种连无神论者进入宗教场所时都觉得有必要表现出来的崇敬态度。在某个下午，可能有人在会所里面唱歌，为当晚要举行的公共仪式做准备。在会所的另一个角落，同时会有少男在打鼾或聊天。两三个男人可能在轻声哼唱，一边摇着葫芦发声器，但如果其中一人想吸烟，或轮到他去吃玉米糊，他就会把乐器交给坐在隔壁的人继续摇下去；有时候他会用一只手继续摇乐器，而用另一只手抓痒。当一位舞者走来走去展示他最新的创作时，所有人都会停下一切，发表评论。整个仪式似乎被抛诸脑后，一直到在另一个角落里，吟唱从刚被打断的地方继续唱下去，才被重新想起。然而，男人会所的重大意义远超过我试图描述的这些，远超过只是社会生活与宗教生活的中心。它不但表现出村落的结构允许各种不同的制度之间相互影响，同时也综合地表现出人与宇宙之间的关系、社会与超自然界之间的关系、生者与死者之

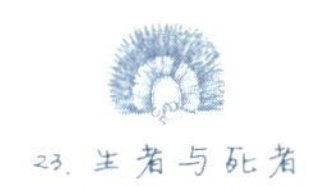

间的关系。

在开始讨论波洛洛文化的其他面向以前，我得花点时间岔题谈一下生者与死者之间的关系这个问题，否则读者很难理解波洛洛人用以应对这个普世问题的特殊方式。波洛洛人所采用的方式，与西半球另一些极度遥远的角落的社会——北美洲东北地带森林和草原上的印第安人，例如奥季布瓦人（Ojibwa）、梅诺米尼人（Menominee）和温尼贝戈人（Winnebago）——所采用的方式非常相似。

大概没有任何一个社会不对死者表示敬意，即使是尼安德特人（Neanderthal）和智人（Homo Sapiens）这样远古的人种，也会准备简单的墓穴来埋葬死者。丧葬仪式自然是各族群并不相同的，但我们可以说因为仪式背后的感情是一样的，所以各族群在这方面的差异微不足道吗？即使我们尽可能地极度简化在不同社会里所观察到的对死者的态度，我们也必须意识到这里头有两种极端不同的类型，而这两种类型之间则由各种不同的中间类型联结起来。

有的社会让其死者安息；只要定期对其致敬，死者就不干扰生者。即使死者回到生者身边，也只是偶然为之，而且都在特定的时间内。死者回来是受敬重的，因为只有通过他们的影响，四季才如期循环，农作才能丰收，妇女才能生育。这就像生者与死者之间订立了契约，死者留在他们自己居处的条件是，生者要对他们表示合理程度的敬意。生者与死者的短暂会面，都以关心生者的利益为原则与目标，在民俗故事中有个普遍的主题——怀着感激之情的尸体——可把这项原则与目标很清楚地表达出来：债主不许别人将一具尸体下葬，一个富有的主人公向债主买下这具尸体，把他葬了；稍后死者在主人公的梦中出现，向主人公承诺会使其大获成功，唯一的条件是所得的好处两人要均分。故事中的主人公不久就赢得了一位公主的爱情，主人公经由超自然保护者的帮助而拯救公主的生命多次。现在问题来了：这位公主是不是也要被平分呢？巧的是公主本人是着魔的人，有一半是女人，另一半是恶龙或毒蛇。死者要求他该得的一份，主人公应允；死者对主人公的公正很满意，便只拿走了公主可怕的那一半，把一个完全人性化的妻子留给了主人公。

与这种类型形成对比的另外一种类型，也可以用民俗故事中的主题来解释，我把这个主题称为“多谋能干的骑士”。故事中的主人公很穷，而非富有。他唯一的财产是一粒麦子，他施展诈欺手段用那粒麦子换到一只公鸡，再换到一头猪，然后是一头牛，后来换到一具尸体，最后他用那具尸体换到一位活生生的公主。在这个故事中，死者是客体，而非主体。死者不是主人公与之商量的合伙人，而只是一件工具，被用来做投机买卖，买卖过程中充满欺骗与谎言。有些社会对死者的态度就是这样，他们不让死者安息，强迫死者替他们服务。有的服务会实际利用尸体，像食人（cannibalism）与食尸（necrophagy）的习俗，目的是取得死者的美德与力量。有的服务只具有象征性质，社会中的成员为了竞争尊严和地位，不断地要求死者帮忙，或者利用祖先的名字，通过在系谱上做手脚来合理化他们想获取的特权。这样的社会不仅不断地剥削利用死者，也经常因死者而烦恼。因为生者在利用死者的同时，相信死者会用同样的方法对待生者，死者会

对生者不断提出要求，对生者愈来愈不客气。但是，不论是像第一则故事中的情形那样公平分配，还是像第二则故事中的情形那样毫无限制地投机，生者与死者的关系总是脱离不了某种方式的分享。

在这两种极端的类型之间，还有不少中间行为模式：加拿大西海岸的印第安人和美拉尼西亚人（Melanesians）召集所有的祖先参加他们的仪式，强迫祖先做出对后代有利的保证；在中国或非洲的某些祖先崇拜仪式里，子孙会识别最近几代的祖先，但不会无限地向前追溯；美国东南部的普埃布洛（Pueblo）印第安人虽然死后立刻丧失个人的特性，但和所有其他死者共享不少特殊的能力。即使是在欧洲，人死之后就变得无人关心，连姓名都被遗忘，但在民俗故事中也还保留着关于两种死者的信仰：一种是自然死亡者，会变成卫护性的祖先；另外一种是自杀、被杀或发疯而死的人，死后会变成善妒的恶鬼坏灵。

在西方文明发展史上，毫无疑问，生者与死者的关系会渐渐由一种投机利用的关系演变成契约性的关系，甚至契约性的关系最终会被一种漠不关心的态度取代。这种漠不关心的态度，可能在福音书上早已有预言："让死者埋葬其死者。"不过，并没有任何理由可以说这种发展过程代表一种普遍的发展模式。更可能的是，一切文化都知道上述两种模式，虽然通常只选用其中的一种模式，但还是在种种迷信行为中设法保证他们并非完全不顾另一种模式。那些迷信行为，我们自己也都继续奉行，不管我们自认为是有信仰还是没信仰的人。波洛洛人的原创性，以及我引述的其他社会的原创性，在于他们把两种模式非常清楚地表现出来，并且发展出一套与两种模式符合的信仰与仪式体系，还创造出各种办法，可以顺利和谐地由一种模式转化到另外一种，希望借此在两者之间达到某种和谐。

要说波洛洛人不相信有自然死亡这样的事情，或许不尽正确，但是对他们来说，一个人并不只是一个“个体”，而是一个“人”，是社会的一部分。那社会即村落，从有时间以来就存在的村落，与物质宇宙并存，而物质宇宙本身也是由“活的存在”（animate beings）所组成的，包括天体和气象。虽然实际存在的村落很难在同一个地点维持三十年以上，因为种植农作物的土地在一段时间之后就变得贫瘠，但他们的信仰就是这样。因此，既不是地点也不是房屋构成村落，而是前面描述过的那种结构模式构成村落，每个村落都依照该模式建造。因此不难理解，为什么那些传教士一旦干涉到村落的格局结构，就把一切都毁了。

动物，特别是鱼和鸟，有一部分属于人的世界（社会），而有些地面上的动物则属于物质宇宙。因此，波洛洛人相信他们的人身人形是一种暂时的状态：处于鱼（他们以鱼名来给自己命名）和金刚鹦鹉（他们将以此形态完成转世的循环）之间。

由于波洛洛思想方式以“自然／文化”这项基本的对立为指导原则（在这一点上和人类学家很相像），因此他们比涂尔干和孔德更具社会学想法，把人类的生命视为文化的一部分。因此，像欧洲人那样将死亡分成自然死亡或违反自然的死亡，是毫无意义的；从事实与理论两方面来看，死亡既是自然的，同时也是违反自然的。换句话说，每当一个土著死亡的时候，不仅是与死者最亲的亲人的损失，而且是整个社会的损失；自然每一次对社会

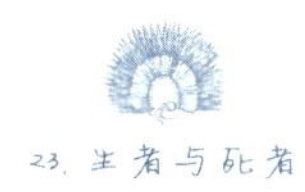

造成这种伤害，就欠下一笔“债”——波洛洛人使用这个词来表达他们的观念，其意思和负债（debt）很接近。当一个土著死亡时，村落便会举行一次集体狩猎行动，由跟死者不同的那个半族执行出猎。这是向自然挑战的行为，目的是猎到大型动物，最理想的是美洲虎，其毛皮、爪子和牙齿就是死者向自然讨来的债。

当我抵达客贾拉村的时候，正好在不久前有人死亡。不巧的是，死者死在相当远的另一个村落里面，因此我没有看到埋葬的两段程序，包括：先把尸体放在村落中央的墓穴里面，上面覆盖树枝，直到肉全部腐烂为止；接着在河中洗骨，绘以颜色，用粘上去的羽毛组成图案做装饰，然后把骨头装进篮子里面，沉入湖泊或河流底部。所有其他仪式我都在现场观察，全都照传统方式举行，包括死者的父母要在临时性墓穴地点施行自残留疤的仪式。另外一件不巧的事情是，在我到达以前的那个晚上或下午（我不能确定到底是什么时候），已经举行过集体狩猎了；不过，并没有猎到任何动物，在丧礼舞蹈中使用的是一张旧的美洲虎皮。我甚至怀疑他们马上用了我们的狐鼬来取代没有猎到的动物。土著不愿意告知事实是否如此，这是很可惜的，否则，我就可宣称我是 uiaddo，也就是代表死者灵魂的狩猎领袖。我就可以从死者亲戚那里得到一个用人发编织的臂饰，还有一件叫作“波阿里”（poari）的神秘乐器。波阿里是一种单簧管乐器，由一根竹管做成，用一个饰有羽毛的小葫芦做扬声器，在捉到的动物面前吹奏，然后在把动物杀死以后绑在它身上。我也可以依照既定规则把动物的肉、皮、牙和爪分给死者的亲戚，并得到另外一只单簧管以纪念我负过的责任，还有一条贝壳项链。毫无疑问，我也必须全身涂黑，使造成死亡的恶灵认不出我，这恶灵依照负债规则必须进入死掉的动物体内，用自己补偿所造成的祸害，但它仍然会对强迫它这么做的人充满恨意。在某种意义上，自然的这种毁灭性形式被认为是具有人性的。自然通过一种特别的灵魂形式运作，那些灵魂形式直接赖以存在的是自然，而不是社会。

在客贯拉村的例子中，这里有“巫师”和“灵魂师”两种非一般人的角色，因此在这句话中以“萨满”作为这两种特殊人物的统称，至于他们个别的性质，在本章后文有详细说明。

我前面提到我和一位巫师（bari）共住一屋。这些**萨满**（medicine man，shaman）自己构成一类特别的人群，既不属于物质宇宙，也不属于社会，但是其功能是扮演两个世界之间的协调者的角色。巫师可能都出身于图加垒半族，但这一点我并不很确定；与我同住的这位可以确定来自图加垒半族，因为这间房子位于却拉半族的领域，他像其他人一样，住在妻子的房子里面。巫师的工作是一种神召，常常经历天启，其主要内容是和某些恶灵或其他强大的神灵订立契约。恶灵自己有很复杂的组织。强大的神灵既是天上的（因此是天文与气象现象的调配者），也是动物界的，同时又是地下的。这些恶灵或强大的神灵——其成员经常由死去的巫师的灵魂补充——不仅管理星辰的运动，也负责管理风、雨、疾病和死亡。他们被形容成有各种可怕的外表：多毛、头上有洞，抽烟的时候，烟会从那些洞跑出来；空中怪物，从眼睛或鼻子中喷雨出来；有的指甲和头发非常长，有的是独脚怪物；肚子鼓胀，身体像蝙蝠那样多绒毛。

巫师是离群性的角色（asocial character）。他和一个或多个精灵、神灵的关系使他拥有某些特权：如果单独出猎，就会得

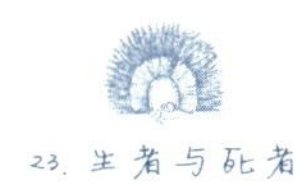

到超自然力量的帮助，可以变化成动物的形状，懂得疾病的成因与治疗方法，具有预知未来的能力。部落出猎所得的动物，或田园的首批收获，如果没有先将巫师应得的一份送过去，其他人就不能吃。他所得的那一份代表生者欠死者的精灵的一份。在土著的体系里面，这一份所扮演的角色和前面提到的丧礼出猎所扮演的角色，既是对称的，又是相反的。

但巫师自己也受他的守护灵统治。一个或多个守护灵通过巫师的身体显形，当巫师被守护灵利用做其灵媒时，会全身痉挛，不省人事。神灵既保护巫师，同时也持续监视巫师；神灵不仅仅是巫师所有财物的真正拥有者，甚至是巫师身体的拥有者。如果巫师把箭弄断了，把陶器弄坏了，或者要剪指甲、剪头发，都得一一向神灵交代。巫师既不准销毁任何东西，也不准丢掉任何东西，必须永远带着过去的生命留下的灰烬片段。那句古老的法律格言**"死者逮住生者"**，在这里带有一种意外的恶毒意义。巫师与神灵被如此毫不容情地联结在一起，实在无法说到底谁是主谁是仆。

英译注：意即继承人立刻继承了死者的一切权利和义务。

很明显的，对波洛洛人而言，复杂的物质宇宙是由高低阶层分明的许多个别力量所组成的。虽然物质世界中所有东西都各自具有个别的力量这一点是无可置疑的，但那些东西的其他属性则不见得如此：那些东西既是存在（beings），同时又是事物（things）；既是活的，同时也是死的。在土著社会里面，巫师是人类与恶灵宇宙之间的联系者；那些恶灵既是人又是物。

和物质宇宙形成对照的"社会学意义的世界"具有很不一样

的性质。一般人（也就是除萨满以外的人）的灵魂和自然力量截然分开，自己组成一个社会。不过，一般人的灵魂在死后就不再具有个性，而和其他灵魂合成一种集体存在，称为 aroe，像古代不列颠人的 anaon 一样，毫无疑问应该被翻译为“灵魂社会”（the society of souls）。灵魂社会分成两部分，因为当丧礼举行完毕以后，灵魂便分属两个村落，一个在东方，一个在西方，在两者之中住着波洛洛众神中的两位神明化了的英雄：较年长的是 Bakororo，在西方；较年幼的是 Ituboré，在东方。值得一提的是，东西轴正好和韦尔梅柳河的流向一致。因此，很可能在死者所住之村落的二分法与实际上的村落又分为上游部分与下游部分的二分法之间，存在某种关联，虽然其性质如何仍不清楚。

就像巫师占有的地位处于活人社会与有害的、个别的和宇宙性的神灵（我们已提到过，死去的巫师的灵魂同时具有这三项性质）之间一样，在活人社会与有利的、集体性的和人类倾向的死者世界之间，也有一个执行调和功能的中介者、“灵魂之道的大师”（master of the way of the souls），波洛洛人称其为“灵魂师”（aroettowaraare）。他和巫师不同，拥有与巫师相反的特性，而且两者互怕互恨。一方面，灵魂师不能接受祭品礼物，必须严格遵守某些规则：不能吃某些食物，要穿得很朴素；既不能戴首饰，也不能绘鲜艳的色彩。另一方面，他与灵魂之间并没有立下任何协定。灵魂永远在他面前，而且可说是在他体内。灵魂不会占有他，使他进入昏迷状态，而会出现在他的睡梦之中。他也只能在为了有利于别人的时候，才向灵魂求助。

巫师能预见疾病和死亡，灵魂师则照顾人，把人医好。很巧

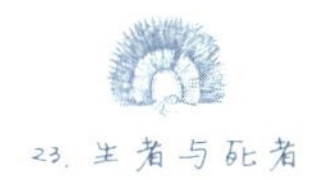

的是，据说巫师——他是一种物质需求的象征——会毫不迟疑地把迟迟不死的病人杀死，以印证他自己的恶毒预言。不过，也得提到的是，波洛洛人对生命与死亡之关系的概念并不完全和我们的相同。有一次，一个妇人躺在她房子的一角发高烧，其他人告诉我她已经死亡，意思应该就是他们认为她死定了。话说回来，这种看法与欧洲军队把死者和伤者都算作“减员”（losses）并没有太大差别。就当前能否有效行动而言，死或伤事实上是一样的。虽然就伤者的角度而言，不被和死者当成同样的情况自然是比较有利的。

最后，虽然灵魂师和巫师一样可变成动物的形状，但灵魂师绝对不会变成美洲虎；美洲虎吃人，因此它在被杀掉之前正好代表死者欠生者的债。灵魂师只会变成会提供食物的动物：采集水果的金刚鹦鹉、捕鱼的角鹰、把肉提供给全部落大宴使用的貘。巫师为神灵所占有，灵魂师则为了救人而牺牲自己，甚至连召唤他去当灵魂师的启示本身也是痛苦的：使他明白自己已经被召唤的第一个征兆是身上老是有一股恶臭，那种臭味和把尸体暂时埋在村中让肉体腐烂期间四处弥漫的味道很像，那种味道被认为和一种叫作 aije 的神话人物有关。aije 是一种令人厌恶、全身恶臭但充满爱意的水中怪兽，会跑到被召唤者身旁，强迫被召唤者忍受其抚摸。这种情景会在丧礼过程中用哑剧模拟演出：由一个全身涂满泥巴的年轻人，去拥抱一个装扮成年轻灵魂师的人。土著很清楚 aije 的形象，可以将其画出来。他们还用 aije 这个名字来称呼牛吼器，牛吼器所发出的声音就是预示这种神话怪物即将出现，同时模仿其叫声。

接着举行的丧礼持续好几个星期也就不足为怪了，因为丧礼的功用相当多。首先，那些仪式在我刚指出的两种不同层次上进行，从个别的人的角度看，每一次死亡都是物质宇宙与社会之间的一个和解协调的机会。物质世界里怀有恶意的力量先对社会造成伤害，对于这伤害必须报复，丧礼中的出猎就是报复。在由猎人群代为报复、实行救赎以后，死者还得被接入灵魂社会里面。大型的丧礼哀歌仪式叫作 roiakuriluo，其功用就在此，我有幸亲身参加了这项仪式。

在波洛洛人的村落里面，一天之中有一件事特别重要，那就是晚上的大集合。黄昏时候，人们会在跳舞场上点起大火，各氏族的头人都在那里集合。司仪大声叫出每一氏族的名称："头人氏"（Badedjeba）、"朱鹭氏"（Cera）、"貘氏"（Ki）、"大犰狳氏"（Bokodori）、"巴可罗氏"（Bakoro，由英雄巴可罗罗的名字转音）、"波罗氏"（Boro，意即唇塞氏）、"布里提棕榈氏"（Ewaguddu）、"毛虫氏"（Arore）、"刺猬氏"（Paiwe）、**"阿匹波垒氏"（Apibore，其意思不明）**……当每个氏族的头人应声而出的时候，便向有关的人宣布关于次日活动的命令，声音都非常高亢，以使距离最远的屋子中的人都听得见。但是，在这个时候，几乎所有的屋子都没有人在里面了；因为从黄昏的时候开始，当蚊子开始消失的时候，在六点左右躲进屋子里的男人又跑出来了。每个男人都携带一大张席子，摊开在男人会所西边的圆形硬土空地上面。他躺在席子上面，身上裹着印第安人保护局发放的棉毯子，但那毯子由于长期和涂了红木漆

原注：波洛洛语专家可能会对其中一些译名提出异议或加以澄清；我只是照土著告诉我的记录下来。

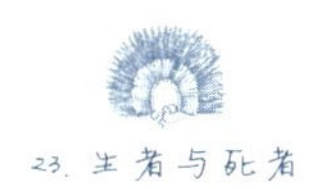

的身体接触，已变成橙色，保护局一定已认不出他们送的这件礼物。有时候五六个男人会共卧一张席子，但他们很少交谈。一两个男人会躺在和其他人有相当距离的地方，在躺卧着的身体中间不时有人来来往往。当氏族名称被喊到的时候，氏族头人站起来，走出去领受命令，然后走回来躺下，眼望天上的星星。妇女也离开房间，成群结队聚在门口。讲话的声音渐渐消失，慢慢地可以听见吟唱的声音，先是来自男人会所，然后来自跳舞场，由两三个人带头，然后更多的男人加入，声音愈来愈大，吟唱、复诵、合唱持续整个晚上不断。

由于死者是却拉半族的人，因此负责丧礼的是图加垒半族的人。在跳舞场中央，树叶散布的地方代表实际并不存在的墓穴，在其左右两边有几捆箭，箭的前面放几碗食物。有十二个灵魂师和歌者，大部分戴着色彩鲜艳的羽冠（其他的人则把羽冠挂在屁股上），一片长方形的藤扇盖住他们的肩膀，用一条绑在脖子上的线固定。有些人全身赤裸，漆成黑色与白色，有的则漆红条纹，或用白色绒毛在身上形成一条条白线；有些人穿白色草裙。代表年轻灵魂师的主角在祭仪的不同阶段分别穿戴两套衣饰：有时候他穿绿色树叶，头上戴前面描述过的巨大头饰，将美洲虎皮像宫廷礼服一般披在身上，背后有个侍从抬着虎皮；有时候他全身赤裸，绘成黑色，唯一的饰物是两眼上面的一件草编物件，像一副没有镜片的眼镜框。这是个特别有趣的细节，古代墨西哥的雨神“特拉洛克”（Tlaloc）的特征之一就是一件类似的道具。亚利桑那州与新墨西哥州的普埃布洛印第安人可能是解开此谜的关键——因为其死者的灵魂会变成雨神——他们还有不少信仰，都

原注：这本书出版后，萨勒斯长老会对我的解释表示不赞同。他们的报道人告诉他们，那些草编的圆圈代表一种夜间狩猎的鸟的眼睛。

和保护眼睛的神奇物件有关，这些物件还能使人隐身。我时常注意到南美印第安人对眼镜有极强烈的兴趣。我最后一次出去做调查工作的时候，带了一大堆眼镜框，结果南比夸拉印第安人非常喜欢，好像他们的某些传统信念对这种奇异的东西有偏好。以前的记载都没提到过波洛洛人有草编的眼镜框，但既然涂黑色漆的目的是让涂漆者隐身，那么很可能草编眼镜框也有同样的功用。**在普埃布洛族神话中，草编眼镜框的确有隐身的功能**。还有，波洛洛信仰中掌管下雨的神灵叫作 Butarico，也被描述为具有像玛雅（Maya）文化中的水神一样可怕的外表，有毒牙，手像爪。

刚开始的几个晚上，我们看不同的图加叁半族表演舞蹈：棕榈氏之舞（Ewoddo）、刺猬氏之舞（Paiwe）。在跳这两种舞的时候，舞者从头到脚覆盖树叶，舞者的脸被遮盖，使人误以为舞者与羽冠等高——羽冠是舞者服饰中最突出的一部分，让人觉得舞者非常非常高。舞者双手都拿着棕榈杆或绑着树叶的木棍。舞蹈分为两类。在第一类舞蹈中，舞者一个个走向前，排成两组，每组四人，在跳舞场两端面对面排列，然后奔向对方，同时嘴中喊着“吼！吼！”转来转去，直到互相交换位置为止。然后，女舞者切入男舞者中间，整个舞蹈发展成一场无休无止的法兰多拉舞（farandole，法国南部普罗旺斯的一种土风舞），或往前跳或在旁等待，遵照赤裸的领舞人的暗示，领舞人手中摇着葫芦发声器往后倒退，其他的男人则蹲着唱歌。

三天以后，仪式中止，准备进行第二阶段：跳 mariddo 舞。

男人成群结队去森林中采集大把大把的棕榈叶，去掉所有叶片，把叶杆切成每段三十厘米左右，每两三根捆成一根横杆，然后用草绳简单地绑成数米长的绳梯。两架长度不同的梯子做好以后分别卷成圆盘，侧立起来，一个有一点五米高，另一个有一点三米高。圆盘的两边都用树叶做装饰，树叶用头发编成的细绳绑在圆盘上面。这两个圆盘就是男性与女性的 mariddo，由棕榈氏族负责制造。到晚上的时候，两群人——每群五个到六个男人——一群往西边，另一群往东边。我跟在第一群人后面，发现他们在离村落五十米的地方做准备工作，他们躲在一丛树幕后面，使其他村人看不见他们。他们像舞者一样全身覆盖树叶，并且把羽冠戴在头上。他们必须秘密进行准备工作的理由可由他们所要扮演的角色来解释：他们代表从西方（另外一群人则代表从东方）来的死者灵魂，回到村落去迎接死者。在准备妥当以后，他们便一边吹口哨一边走向跳舞场。往东边去的那一群人比他们回去得早（这一群人象征性地溯河而上，另一群人则顺流而下，后者的移动较快）。

他们的脚步小心翼翼，很恰当地表达了他们所代表的鬼魅性质。当时令我想起荷马的史诗，想到尤利西斯挣扎着要防止由流血所引起的群鬼打架。一下子，整个仪式变得活泼热闹：男人抓住两个 mariddo 之一（由于是用新鲜的植物做成的，故相当重），高举在空中，开始跳舞。由于举着重物，因此跳一阵就累了，等到跳得筋疲力尽的时候得让竞争者接手。整个场面已完全不再具有任何神秘气氛；仪式已变成竞技，年轻男人在一片汗渍、摇拇指互相挑战与互相撩拨之中炫耀其体力和肌肉。虽然在邻近的不同社会里也可看到这种运动比赛，比方说巴西高原上杰族的长跑比赛，但其不具任何宗教气氛，而波洛洛人的运动比赛则保存了全面的宗教意义：在尽情欢乐之中，土著认为他们是在和死者比赛，要从死者手中抢到继续活下去的权利。

死者与生者的主要对照，首先表现在村民的划分上。村民在仪式里分成演出者与旁观者，但主要演出者都是男人，他们受男人会所的秘密力量保护。其次，村落的格局具有比我前面提到的社会学层面的意义更深一层的意义。每当有人死亡的时候，每个半族轮流扮演生者与死者的角色，两个角色紧密相连。与这种交替形成对照的另一种关系，是永久性的角色关系：一起住在男人会所中的男人象征灵魂社会，村落四周的房子则归女人所有，女人不准参与最神圣的仪式，因此注定成为旁观者。旁观者由生者和保留给生者的房屋共同构成。

我们已看到超自然界分为两部分，一部分是灵魂师的领域，另一部分是巫师的领域。巫师是天上与地上的力量之主宰，从第十层天（波洛洛人相信天有好多层，一层叠着另一层）一直管到地底深处；他控制的力量，他所依赖的力量，也就沿着一条垂直的轴排列。而灵魂师则掌管灵魂之道，管理的是一条横坐标，从东边到西边，两个半族的死者分居两侧。有很多证据显示，巫师都来自图加垒半族，灵魂师都来自却拉半族，这使人相信，把村落分成两个半族是这种二分法的另一表现方式。值得注意的是，所有波洛洛神话里面的图加垒英雄都是创造者与造物者，却拉英雄则都是和平者与组织者。前者使各种事物——水、河流、鱼、植物和人造物——存在；后者则掌握创造过程，救人于磨难，为

每一种动物指定一种特定的食物。有一个神话甚至表明至高无上的力量一度归图加垒半族所有，但后来让给了却拉半族，好像是借着两个半族之间的对反，土著思想欲表达出从一个毫无秩序的自然状态变成一个文明化社会的转变过程。

这使我们能理解一个表面上的矛盾：拥有政治与宗教权力的却拉半族被称为“弱者”，而图加垒半族被称为“强者”。图加垒半族比较接近物质世界，却拉半族比较接近人类世界，而后者无论如何都不会比前者更强大。社会并不能全面而成功地欺骗宇宙秩序。即使是波洛洛人，也要先认知自然的至高无上，并对其需求做出让步之后，才能征服自然。而在他们所拥有的这种社会制度里，并不存在选择的自由：一个男人不可能和他的父亲、儿子同属一个半族（他一定属于他母亲所属的半族）；他只和祖父、孙子的半族有关联。虽然却拉半族的人想借着他们与创始英雄之间具有另一半族所没有的关系这一理由来解释他们所拥有的权威，但他们同时也明白，他们与创始英雄之间的关系中隔着一个世代的距离：在与他们祖先的关系上，却拉半族只不过是“孙子辈”，而图加垒半族却是“儿子辈”。

土著为他们自身体系的逻辑所迷惑，然而，他们难道在其他方面也一样迷惑吗？全盘考虑下来，我不得不感到，自己亲眼看见的那一场令人目眩的形而上学舞蹈，只不过是一场邪恶的闹剧，目的只在于使生者产生灵魂来访的幻觉；把妇女排斥于仪式之外，不愿让她们知道实情，毫无疑问是为了强化男人与女人之间的区分；在那区分里面，女人在地位与住屋方面享有优势，男人则独拥宗教的秘密。然而，这种轻信不管是真的还是假象，都有其心理上的功用：这是为了男女两性的利益，让受摆布的木偶得到情绪上与理智上的满足，否则男人可能不会那么卖力地去摆弄操作木偶的线。我们让小孩子继续相信圣诞老人真有其人，并不全为了欺骗小孩子：他们的热情使我们自己的心暖乎乎的，帮我们欺骗自己，使我们相信——因为小孩子相信而相信——一个存在着单方面慷慨的世界并不是完全无法与现实并存的。但是，人是会死的，且死了以后就不再回来；而且，每一种社会秩序里的死亡都有些类似——都取走一些东西而不归还。

波洛洛社会给研究人性的人提供了一个教训。如果他肯听的话，土著报道人就会描述给他听，就像他们描述给我听那样：他们的这两个村落半族如何要借由对方，并且是为了对方而生活而呼吸；他们热烈地互相交换女人、交换财物、交换各种服务；他们让子女互婚，互埋死者，每一半族都向对方提供保证，保证生命是恒久的、社会是正义的、这个世界上充满无私的帮助。为了给这些真理提供证据，为了培养这些信念，他们的智者想出了一整套很可观的世界观，并把那套世界观具体表现于村落的格局、住所的安排等方面。他们把面对的种种矛盾加以组合，再重新组合；在接受某种立场和想法的同时，激烈地反对其他立场和想法；把族群切开分为两半，在使他们联结的同时又使他们互相对反，把他们的整个社会的与精神的生活变成一种纹章，其中的对称处与不对称处又得到平衡，犹如一名卡都卫欧美人脸上的精细图案——她也为难以清楚察觉的类似焦虑所苦，因而在脸上画满图案线纹。然而，所有这一切到底想要表达些什么？对于那些半族、对反半族、氏族、亚氏族，以最近的观察所得为导引，我们

到底要得出怎样的结论？在这个看起来特别喜欢把一切复杂化的社会里面，每一氏族又被区分成上、中、下三群，在那些规定各个亚氏族的种种规则条例之外，还加上一条：上级的人必须娶上级的人，下级的人必须嫁下级的人。换句话说，在互助机制的假象底下，波洛洛村落归根究底可以看作分成三个族群，每个族群均内婚。三个族群在不知不觉之中会永远分开、各自孤立，每个族群都被封闭在一种自傲感之中，而那种自傲感却连他们自己都弄不太明白，都被用一些制度上的烟幕遮盖起来，结果是每个族群都变成了这些设计的无意识的牺牲者。这些设计的目的为何也不为他们所知，他们无从发现。波洛洛人在他们的体系中戴上那么一顶假装死者的高冠是徒劳无功的：他们的努力，不可能比别的社会更成功。一个社会关于生者与死者之间的关系所发展出来的意象，最后追究起来，仍然只是在宗教思想的层面上，企图掩饰、美化或正义化存在于生者之间的实际现实关系。想否认这项事实的一切努力，终归是不会成功的。

第七部

南比夸拉族

Tristes Tropiques

Part 7

失去的世界

到巴西中部进行人类学探险研究工作的第一站是巴黎的雷奥米尔街和塞瓦斯托波尔大道的交叉口（Carrefour Réaumur-Sebastopol）。此地是纺织品大盘商集结地；各种奇特的纺织品和很挑剔的印第安人所喜欢的东西也只有在此地才买得到。

我到波洛洛人的聚落之后一年，成为一个够格的人类学家所需要的种种条件，我都具备了。列维－布留尔、莫斯和里韦都表示赞赏我的工作；

吕西安·列维－布留尔（Lucien Lévy-Bruhl, 1857—1939），法国哲学家、社会学家、人类学家。

我收集的东西在圣奥诺雷区（Faubourg Saint-Honoré）的一间展览室展出；我发表了论文，也做过演讲。由于洛吉耶帮忙，我获得了一笔可观的补助，可以进行比较大规模的工作。洛吉耶是当时尚在草创阶段的科学研究部的主管。我先是取得了所需的工具；经过先前三个月和土著的密切接触，我明白了他们需要什么，整个南美大陆印第安人的需求都惊人的相似。

马塞尔·莫斯（Marcel Mauss，1872—1950），法国社会学家、人类学家，曾发表重要著作《礼物》。

保罗·里韦（Paul Rivet，1876—1958）。

亨利·洛吉耶（Henri Laugier，1888—1973），法国生理学家。

因此，我到巴黎的一个对我而言陌生得像亚马孙森林一样的地区去，和捷克进口商进行奇怪的交易。由于对他们的行业一无所知，我无法以行话来说明我需要什么，只能用土著的标准来表达。我先挑最小的装饰用的珠子——法语称为 rocaille，都放在盘中，用绳子串起来。我将珠子放进口中咬一咬，看坚不坚硬；再吸一吸，以确定是用彩色玻璃做的而非染色，不致因浸到河水就褪色。我依照印第安人喜爱的颜色次序购买不等的数量：黑色与白色的最多，其次是红色的，然后是少量的黄色珠子，最后买几颗蓝色的与绿色的充充数，但印第安人一定不会喜欢。

做这样的选择，理由很简单。印第安人用手工制作珠子，越小的越有价值，因为要花更多的工夫做。他们的原料是棕榈果的黑壳和珍珠贝的乳白色壳，他们想借两色穿插来达成所要的装饰效果。像所有人一样，他们最看重自己懂得最多的东西，因此黑色和白色的珠子最受欢迎。他们常用同一个字表示黄色与红色，这是因为红木的色彩依照其种子的质量与成熟度，而显出从鲜红到黄橙等不同的色调；不过，红色还是较占优势，波洛洛人所熟悉的某些种子和羽毛都是红色的。至于蓝色与绿色，它们都是冷色调，而且在自然状态中主要以会败坏的植物为代表，这既是他们对此种颜色漠不关心的双重理由，也是有关此类色调的词汇显得模糊的原因所在——有些语言以同一个字表示蓝色与黑色，有的则用同一个字表示蓝色与绿色。

针必须粗到可以穿较坚韧的线，但又不能太粗，因为它必须要能穿过小珠子。我要的线必须颜色鲜艳，最好是红色的（印第安人用红木染他们自己的线），但还得是粗捻的，以保留手工制作的外观。一般来说，我不信任粗制滥造的货色：波洛洛人的例子使我对土著的技艺有很大的敬意，印第安人的生活方式对他们的用品提出了相当严苛的考验。不管看起来有多矛盾，为了不在这些原始民族面前失掉信用，我都必须挑最坚硬的钢、色彩深透的珠子，挑的线必须连英国女王宫中的马具师都满意。

我所遇到的某些商人，会因为这些充满异国风味的购物需求正好合乎他们的专长而非常兴奋。一名圣马丁运河（Le Canal Saint Martin）地区的鱼钩制造者，用很低的价格把他所剩的所有货品都卖给了我。有一整年的时间，我在丛林中带着几公斤重的鱼钩到处跑，但是那些鱼钩太小，无法钓亚马孙流域的鱼，没有人肯要。最后，我在玻利维亚边境终于把它们打发掉了。所有货品都必须能满足两种目的：可当作礼物或以物易物的东西，以便和印第安人打交道；另外还得用来在那些商人殊少到达的地区与人交换食物或服务。在探险研究的末期，我把钱花光了，靠着在采橡胶者的小村落中开店，把研究时间拉长了几个星期之久。

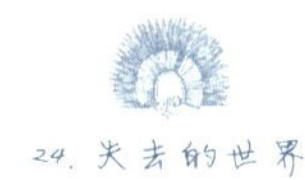

当地的妓女在讨价还价一阵子以后，会同意用两颗蛋和我换一条项链。

我原本计划在森林中待一年，但是我花了很长一段时间来考虑自己的确实目标应该是什么。我没有怀疑结果可能会与我的计划相反。想了解整个美洲的欲望，远比只基于一个个案去探讨人类本质来得强烈，最后我便决定对巴西人类学和地理学进行横剖面的考察：横越高原的西部，从库亚巴走到马代拉河（Rio Madeira）。直到最近为止，这一带一直是全巴西最鲜为人知的地方。十八世纪的耶稣会士探险家，由于这一带的景观过分荒凉、印第安人过分凶猛而止步，很少越过库亚巴。到二十世纪初，库亚巴与亚马孙之间的一千五百公里仍然是禁地，以致由库亚巴到马瑙斯或到亚马孙河岸上的贝伦，最简捷的走法是经由里约热内卢出海，往北走到帕拉河（Rio Para）口。一直到一九〇七年，当时还是上校的龙东将军才开始探索开拓这块地区。这项工作他进行了八年。在此期间，他建立了一条战略上很重要的电报路线，第一次把联邦首都，经由库亚巴，和西北边境的邮局联系起来。

龙东的调查报告（仍未全部出版）、这位将军的一两次演讲、曾随他去探险过一次的罗斯福所写的记录，以及已过世的国家博物馆馆长品

坎迪多·龙东（Cândido Rondon，1865—1958），曾勘探过亚马孙盆地西部和马托格罗索州，致力于印第安人事务。巴西政府颁给他最高军阶，并以他的名字命名朗多尼亚州（Rondônia）。

西奥多·罗斯福（Theodore Roosevelt，1858—1919），于一九〇一至一九〇九年之间担任美国总统，一九一三年前往巴西探险。他在一九一四年整理出版了这次探险的记录，书名为《穿越巴西野林》（*Through the Brazilian Wilderness*）。

多所写的一本名为《朗多尼亚》（Rondônia，1912）的很令人喜爱的书，提供了有关这一带地区土著社会的少量资料。但自此以后，这个高原地区又像以前一样鲜有人提及，从来没有职业人类学家去过该地区。沿着电报线或者线路的左侧地区，去设法见识南比夸拉印第安人到底是何许人，是很令人向往的，同时也可看看更北边的神秘社会的真相——自从龙东简略地指出他们的存在以后，就再没人提起过。

到了一九三九年，人们的兴趣开始从居住于传统上深入巴西内陆的沿河城镇附近，以及海岸一带的印第安人，转移到住在高原地区的印第安部族。我和波洛洛人相处的那段时间，使我相信一向被认为文化非常简陋的部族，事实上拥有高度发展的社会与宗教系统。当时，一名已过世的德国人——原名叫温克尔——取了一个印第安名字叫尼姆衍达朱（Nimuendajú），其研究结果正渐为人所知。他在巴西中部杰族印第安人的村落中待了好几年，他的研究证实了波洛洛人高度发展的文化并非孤立的现象，而是他们和其他同类社会共有的文化主题的变奏之一。这就表示，整个巴西中部的草原矮树林地带，长达近两千公里的广大地区，居住着一个相当同构型的文化的后裔。他们所说的各种不同的语言，都属于同一语族（杰语），是同一种语言的各种不同的方言；其生活水平相对落后，但却与高度发展的社会组织和繁复的宗教思想形成明显的对照。他们毫无疑问应该被认定为巴西最早的居民。他们也许是被遗忘于偏远的内陆，不然就是在美洲被发现以后不久，来处不可考的好战部族占领了沿岸一带及河谷地区，

库尔特·温克尔（Curt Unckel / Curt Nimuendajú, 1883—1945），德国人类学家。

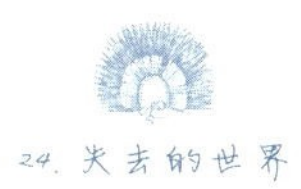

而将他们赶到了最贫瘠的地区。

在大西洋沿岸的几个不同地点，十六世纪的旅行者曾遇见图皮－瓜拉尼（Tupí-Guaraní）伟大文化的代表，这些人也几乎占据了整个巴拉圭以及亚马孙河西岸。换句话说，他们描述的是一个直径几达三千公里的、有缝隙的文化大圆圈，其破裂处便在巴拉圭与玻利维亚边境一带。图皮族和阿兹特克族（Azteca）有某些不明确的关联，也就是说，图皮族和比较晚期才迁移到墨西哥各地的人有关联。这些人往巴西内陆河谷地带深入的行动一直延续到十九世纪为止。也许他们是在新大陆被发现以前几百年就开始了大迁徙，迁徙的原因是他们相信可以在某地找到一块免于生老病死的乐土。他们在大迁徙终止以后，还是具有这样的信念。在十九世纪末，他们以由巫师带头的各种小族群的面貌出现在耶稣会传教士活动的沿岸一带，用歌唱舞蹈赞美一块永生之地，进行长期禁食，希望能配得上那样的土地。无论如何，在十六世纪的时候，他们都曾和原本住于海岸地区的居民激烈地争夺土地。虽然关于那些原住民我们所知极少，但他们可能就是我们现在要描述的杰族印第安人。

在巴西西北部，图皮族与其他族群共居，包括加勒比族（Carib）印第安人。加勒比族和图皮族虽然语言不同，但文化接近。当时加勒比族正在征服整个西印度群岛。还有阿拉瓦克族（Arawak）印第安人，这是一个相当神秘的族群，比前述两族的历史更古老，文化发展也更精致，是西印度群岛的最主要人口，其分布范围直达佛罗里达州。阿拉瓦克族的物质文化发展程度比杰族高出很多，特别是陶器和木雕与杰族的相当不同，要更为精致，不过，两者的社会组织似乎很相似。加勒比族和阿拉瓦克族似乎比图皮族更早深入巴西内陆：在十六世纪的时候，他们就在圭亚那（Guiana）、亚马孙河口和西印度群岛等地建立了相当多聚落。他们在亚马孙河右岸的某些支流一带的内陆地区也有一些小规模的聚落，像欣古（Xingu）和瓜波雷等。阿拉瓦克族甚至在玻利维亚北部有族裔。毫无疑问的是，他们把制作陶器的技术传授给卡都卫欧族，因为前面已提到过的瓜那族——他们被卡都卫欧族征服——说的语言就是阿拉瓦克语的方言。

穿越高原的最鲜为人知的部分，我希望能找到杰族印第安人在草原矮树林地带最西部的代表，然后在抵达马代拉盆地（Basin Madeira）以后，可以研究当时尚无记录的三个其他语族的遗留——使用此三个语族的人分散在往内陆去的主要道路上，亚马孙流域的边缘。

这里所说的西半球应该仅指美洲大陆，并不含列维-斯特劳斯出生、成长的欧洲。

我的希望只实现了一部分，原因是我当时对前哥伦布时期美洲历史的看法过分简单。而今由于近年来的新发现，以及我自己花了这么多年研究北美洲人类学，我了解到必须把整个西半球当作一个单一整体来考虑。杰族的社会组织和宗教信仰与住在北美洲森林、草原地带的印第安人相互呼应。还有，各个查科（Chaco）族群，比方说瓜伊库鲁（Guaycuru）印第安人，和美国加拿大平原地区的印第安人有很多相似的地方，很早就有人指出了这一点，但其含义尚未有人深入探究。墨西哥与秘鲁两地的文明在其历史上一定曾经借着航行于太平洋沿岸的船只而做过多次交流。这类可能性都没受到应有的重视，因为美洲

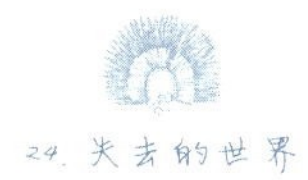

研究者在一段相当长的时期内都深信美洲大陆有人居住的历史是相当晚近的事，大约是公元前六千年到公元前五千年，而且纯粹是越过白令海峡而来的亚洲族群。

在此前提下，我们就必须解释，在有限的短短几年时间里，这些游居不定的族群如何能够遍布整个西半球南北各地，适应各地不同的气候；也必须解释，他们如何发现、栽种这么多种原本野生的植物，并将它们传播到这么广大的一片地区——由于他们的辛勤努力，这些野生植物种属后来演化成为烟草、豆类、木薯、马铃薯、番薯、花生、棉花，以及最重要的玉米；最后得解释在墨西哥、中美洲和安第斯山地区如何接续发展出不同的文明，阿兹特克、玛雅、印加（Incas）等等文明如何具有远亲的关系。在那样的前提下，为了圆满地解释前述的这些事实，我们必须限缩每一项发展，使其能被纳入短短几个世纪的范围之内。前哥伦布时期的美洲历史也就不得不成为一连串万花筒似的影像，其中的细节被不同的理论家不断随意地变来换去。这种现象，很像是美洲研究专家想把新世界当代历史那种没有深度的特性硬套在原始美洲的历史上面。

近年的发现则把人类抵达美洲大陆的历史往前推了一大段，也就完全改变了上述看法。我们现在知道，最早抵达美洲大陆的人，对很多目前在美洲已绝种的动物甚为熟悉，并且猎取它们——三趾树懒、长毛象（woolly mammoths）、骆驼、马、古代野牛和羚羊——因为他们所使用的武器和石器与这些动物的骨头一起被发现。在墨西哥谷地这样的地方，发现前述的某些动物遗骸，表示那地方当时的气候情况和目前的相当不同，这种气候上的大改变非要经过好几千年的时间不可。使用放射性元素来断定考古遗物的年代也在这方面提供了相应的证据。我们因此必须承认，在两万年前，人类已抵达美洲；在美洲的一些地区，人类早在三千年前就已开始种植玉米。在北美洲的很多地方都发现了一万年到一万两千年前的遗物。与此同时，碳 -14 年代测定显示，美洲大陆主要考古地层的年代，比以前所假定的要早了五百年到一千五百年。前哥伦布时期的美洲，像那种压叠起来的日本纸花一样，一浸到水就涨开，一下子具有了本来没有的体积。

但是，由于这些新发现，我们目前面临一项与从前的研究者所面临的正好相反的困难：如何去填补这么长的时间空隙呢？我们知道我在前面试着要指出的那些人口迁移只是表面的现象，我们知道在伟大的墨西哥与安第斯文明开花以前还有更早期的其他社会。在秘鲁以及北美洲的一些地区，最早一批住民的遗迹已经被发现：先是对农业一无所知的部族；接着是过着村落群居生活、种植农园的社群，但他们尚不知种植玉米，不知制作陶器；接着出现的是一种比后来出现的风格更自由、灵感更丰沛的雕刻石头、制造贵重金属的族群。我们习惯上认为代表美洲历史顶峰与最高象征的秘鲁印加人和墨西哥的阿兹特克人，他们与上述重要根源之间的关系，比法兰西帝国风格与它大量模仿借用的埃及和罗马文化之间的关系，都要来得更为疏远。法兰西帝国风格、印加帝国风格、阿兹特克帝国风格全都是专制艺术（totalitarian art）的代表，都想要借着冷漠与阴森来达成宏伟，都表现出一个国度急切地把力量集中在某一处以宣示其威力，譬如集中在战争或政府上，而不是集中于文明本身的精致发展。即使是玛雅的

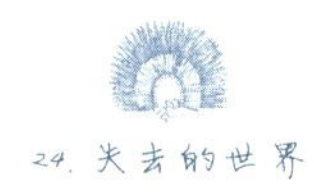

巨型建筑（monuments），看起来也像是一种在一千年前已达到顶峰的艺术庸俗的颓败。

那些创始者来自何处呢？以前我们认为有确定的答案，现在则不得不承认我们实在不知道。白令海峡一带的人口移动异常复杂：新因纽特人（Neo-Eskimos）是较晚近抵达的族群；在他们之前一千年左右，古因纽特人（Paleo-Eskimos）先到达美洲，其文化和古中国及塞西亚人的文化有近似的地方；有一段很长的时期，可能从公元前八千年左右到公元开始为止，在美洲有各种不同的族群。公元前一千年左右的雕刻显示，古代墨西哥的住民在体形上和现在的墨西哥印第安人很不一样：古代墨西哥住民里面既包括矮胖、面部平坦、五官较小的东方人，也有长着大胡子、鹰钩鼻、像文艺复兴时代的画像的西方人。遗传学家在研究另外一个地区以后报告说，前哥伦布时期美洲的谷物蔬菜种属最少有四十种，有的是人为种植的，有的是野生采集的，和类似的亚洲种属具有完全一样的染色体，或者前者的染色体组合衍生自后者。那我们是否要下结论说，遗传学家研究清单中的某些谷物，是从东南亚传到美洲去的呢？但是，这怎么可能呢？在航海术仍然非常落后的时候，美洲人早已在四千年前就开始种植玉米了。

即使不接受海尔达尔所提出的波利尼西亚（Polynesia）人是美洲土著移民那种大胆假设，在康提基号（Kon-Tiki）横渡太平洋成功以后，我们也必须承认，跨越太平洋的文化接触确实发生过，而且很频繁。但是，当各种进步文明早已

托尔·海尔达尔（Thor Heyerdahl，1914—2002），挪威人类学者、海洋生物学者、探险家。曾经组成海洋冒险队，搭乘一艘仿古木筏康提基号从秘鲁航行到土阿莫土岛，航程约八千公里。

在美洲繁盛发展的时候，也就是说在公元前一千年左右，太平洋诸岛屿仍然无人居住，至少尚未发现任何一件那个时期的遗物。

因此我们得越过波利尼西亚，而把注意力放到美拉尼西亚，那里和整个太平洋沿岸地区当时可能已有人居住。今天我们已确定，阿拉斯加、阿留申群岛与西伯利亚之间的交流一直没有中断过。阿拉斯加的居民大约在两千年前就开始使用铁器，但他们对炼铁技术一无所知；从北美洲五大湖地区一直到西伯利亚中部，不仅发现同样的陶器，而且发现同样的传说、祭仪和神话。在整个欧洲仍然自我封闭的时候，所有北方地区的社会，从斯堪的纳维亚到拉布拉多（Labrador），包括西伯利亚和加拿大，似乎彼此都维持了在可能范围内最密切的接触。如果凯尔特人（Celts，又写作赛尔特人、居尔特人）曾向这个次北极圈文明借用过某些神话的话，亚瑟王传奇故事（GRAAL Cycle）和北美洲森林地带的印第安人的神话这么近似——远比和其他任何神话传统都更为近似——也就不难解释了。不过，我们对于这个次北极圈的文明几乎一无所知。话说回来，拉普人（Lapps）所住的圆锥形帐篷和印第安人的一模一样也就可能不是纯属巧合了。

在亚洲大陆较南部的地区，也可发现和美洲文明有不少近似的地方。中国南部边境那些被中国人视为野蛮人的社会，和美洲土著有异常相似的地方。这种相似的程度，在印度尼西亚的原始部族中表现得更为明显。在婆罗洲（Borneo）的内陆，有些被记录下来的神话和北美洲分布最广的一些神话完全一样。考古学家早已指出，东南亚考古所得的证据和斯堪的纳维亚的史前考古证据相当近似。因此，有三个地区——印度尼西亚、东北美洲和斯

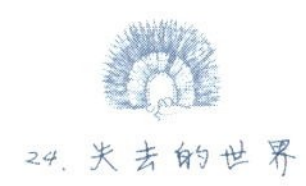

堪的纳维亚，在某种意义上形成了新世界前哥伦布时期历史的三角点。

新石器文明的出现是人类历史上的大事，其内涵包括制陶技术与编织技术的普遍化、农业的出现、开始养牛以及最早的金属器具的使用。这些首先是在多瑙河以东、印度河以西的旧世界地区出现的。这件大事的发生曾经在亚洲与美洲的那些发展较慢的社会中引起某种兴奋之情，这或许并非不可想象吧？如果我们不肯接受下面的假设的话，就很难理解美洲文明的起源：亚洲与美洲的太平洋沿岸地区，在几千年之长的时期内曾发生过各式各样频繁的交流，船只携带文明沿着海岸由一个地区传播到另一个地区。以前我们拒绝让前哥伦布时期的美洲拥有历史深度，原因只是后哥伦布时期的美洲没有历史深度。现在我们可能需要纠正另外一个错误，这个错误就是假设美洲在过去两万年以来和整个世界的其他地区没有任何交往，理由仅仅是美洲和欧洲完全隔绝。所有的证据都显示真相并非如此，真相是，当东边的大西洋沿岸悄然无声的时候，西边的太平洋沿岸正充满各种活动的声音，抵消了大西洋这边的沉寂。

事情的真相可能是这样，无论如何，在公元前一千年左右，美洲混种文化似乎已经产生了三个分支，都和源自较早期演化出来的几种仍然真相未明的文化形态紧密相连：霍普韦尔文化，占据或影响了美国的平原带以东所有地区，与秘鲁北部［南方的帕拉卡斯（Paracas）文化与其呼应］粗犷的查文文化形成对照；同时，查文文化又和所谓的奥尔梅克（Olmec）文化的最早期面貌近似，成为玛雅文明发展的先驱。在前述三种文化里面，我们注意到的都是一种草书艺术（cursive art），其中所表现出的伸缩性和自由，再加上对双重意义的知识性热情（有些霍普韦尔和查文艺术的主题，正着看和倒过来看可以做出两种不同的解释），看起来和我们通常认知的前哥伦布时期艺术的那种端正庄重、无法改动的特性，有相当远的距离。有时候，我设法说服自己去相信卡都卫欧图案是这一种非常早期的传统的延续，以他们自己的方式表现出来。或许在这个时期，美洲的各个文明开始朝不同的方向分离出去，墨西哥和秘鲁分离得最早，并往前快速发展，其他的则停留在中间阶段，甚至停留在后面或退化到一种半蒙昧的状态。我们永远不可能知道热带美洲到底真相如何，因为那里的气候条件不利于保存考古遗物；值得注意的是，杰族的社会组织，甚至是波洛洛族的村落格局，和我们有办法重建出来的这些已经消失的文明的面貌很相似。这种重建工作，是靠着研究像玻利维亚北部的蒂亚瓦纳科（Tiahuanaco）这类前印加文明遗址来进行的。

以上所谈的内容，已经远远偏离了我原本在描述的，为了前往马托格罗索西部去进行探险研究所做的准备工作。但是，这样绕一个圈子是必要的，目的是使读者对所有美洲印第安研究工作——不论是考古学的还是人类学的——进行过程中的那种极度高昂、紧张的气氛有所了解。我们面对的问题是如此重大，手头上的指引大纲是如此微薄且不确定，而过去的历史中有那么一大段的时间又被如此无法挽回地抹杀，加上我们思索的根据基础如此不稳固，甚至连最不重要的地理勘察都让研究者深感无法确定，导致我们徘徊于最谦卑的听天由命与最异想天开的野心勃勃

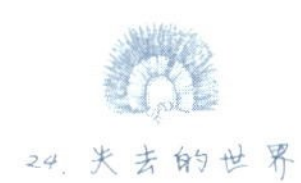

之间：我们知道不可或缺的重要证据已经失去，我们知道自己的一切努力所换来的结果最多也仅是翻扒一下问题的表面；但话说回来，说不定我们会撞见一些奇迹般地被保留下来的遗迹证据，把真相照明。什么都不可能，因此一切都可能。我们正在摸索的黑暗过分浓重，浓重到我们无法形容它是怎么一回事，我们甚至无法说这片黑暗注定要一直持续下去。

在荒野

离开两年后又回到库亚巴，我设法打听电报线沿线的真实情况到底如何——电报线在北边五六百公里远。

在库亚巴，厌恶电报线的原因有很多。这个城镇自十八世纪建立以来，与北方的少数接触都靠船——往亚马孙河中游的方向驶去。为了获得他们最喜欢的兴奋剂——瓜拿纳，库亚巴的居民组成独木舟探险队，每次都沿着塔帕若斯河（Rio Tapajós）一带探险达半年以上。瓜拿纳是一种味道强烈的糊状物，褐色，用一种叫作 paullinia sorbilis 的藤蔓植物的果子压碎制成，几乎只

有马威（Maué）印第安人懂得怎么制作。把这种糊压成香肠状晒干变硬，要饮用时再用巨骨舌鱼（pirarucu）的角质舌头将它磨成粉——鱼舌头平常放在鹿皮小袋子中。这些细节很重要，因为人们相信，如果使用金属研磨器，或者小袋子是使用其他野兽的皮制成的话，就会使这宝贝的糊失去其特别的质性。库亚巴人同样相信卷烟必须用手弄破揉碎，不能用刀，否则会丧失味道。把粉状的瓜拿纳放入加糖的水中，它会悬浮在水中而不是溶解；等这饮料变成巧克力色之后就可以喝了。虽然我自己喝了以后从未有什么特别的感觉，但对马托格罗索中部和北部地区的居民而言，其重要性和南方的马黛茶相当。

瓜拿纳的种种好处，使人们觉得花再多心力也值得。穿越急流之前，探险队会留下几个人，负责在河岸附近开垦一片空地来种玉米和木薯，以便探险队回程路上有新鲜食物供应。当引进汽船以后，从产地将瓜拿纳运到库亚巴的速度就变得比较快，数量也变得比较多，但都是先从马瑙斯和贝伦走海路运到里约热内卢，再从里约热内卢运来。慢慢地，沿着塔帕若斯河的探险中断了，沉睡于那个英雄的、被半遗忘了的过去。

然而，当龙东宣布他想开拓西北地区，使其文明化的时候，那些回忆都被重新提起。往高原去的路，在一定程度上是有人知道的，因为有两个古老的小城镇——西罗萨里奥（Rosário Oeste）和迪亚曼蒂努——分别位于库亚巴北方一百公里与一百七十公里处，仍然了无生气地存在着，虽然其金矿层与沙石河床都已被挖掘殆尽。过了这两个地方以后，就必须走陆路——横越亚马孙河支流的不少小支流，没有办法乘独木舟沿河而下——但要走那么长的距离是个浩大的工程。一直到一九〇〇年，北方高原仍然是一块神秘地区，人们认为其中有一条山脉被称为北方山脉（Serra do Norte），大部分地图上仍继续画着这条并不存在的山脉。

这种无知，再加上最近美国的西进运动和淘金热，使马托格罗索的居民，甚至是沿岸地区的人，升起奇妄夸大的梦想。跟在龙东和他率领的那批人所搭建的电报线之后，一大群移民计划跟进，想利用此前未想过的宝藏来建立起巴西的芝加哥市。这个梦想持续的时间很短暂；像早被达·库尼亚尔在《噢！塞尔陶》（*Os Sertoes*）中描述过的巴西东北部的那片无法住人的荒废之地一样，所谓北方山脉原来是一片沙漠般的荒草矮树林，是南美大陆最荒凉的地区之一。尤有甚者，这条电报线在一九二二年左右建成，而无线电几乎就在此时被发明出来，这表示电报线一建好就马上过时了，变成了前一个技术时代的考古遗物。这条电报线只在一九二四年有过一次光荣时刻，当时的联邦政府由于圣保罗市的叛变而与内陆完全隔绝。幸好有电报线存在，里约热内卢得以通过贝伦和马瑙斯与库亚巴保持联系。但当事件平息以后，电报线便开始被弃置。少数在电报线沿线工作的热心者不是放弃回家，就是被外界遗忘。当我到电报线沿线去的时候，他们已有好几年没有收到任何食物供应了。没有人有勇气干脆把电报线停废，但也没有人再表示任何兴趣。他们任凭电线杆倾倒、电线锈蚀。最后仅存的几个看守沿线的工作站的人没有足够的勇气离开，事实上他们也没有能力离开；他们慢慢地死于疾病、饥饿与寂寞。

这种情况对库亚巴住民造成了莫大的心理负担，因为他们

没有实现的梦想，至少产生了一项虽不算可观但相当实惠的结果，那就是剥削在电报线沿线工作的员工。在前往沿线的工作站以前，每个电报线员工都会在库亚巴镇选一名购物代理（procurador），这名代理可以代他们领薪水，并照他们指示的方式使用薪水。使用方式不外乎买子弹、油、盐、针和布。由于购物代理、黎巴嫩商人和运货队商人三者勾结，所有这些货物都以最昂贵的价格出售，结果是，那些住在边远内陆的可怜员工永远没有希望回来，因为过了几年之后，他们一个个都欠了一笔永远不可能还得清的债。很显然，我最好把整条电报线置于脑后，特别是我要用电报线作为研究据点的计划几乎没有人赞同。我设法找到曾经和龙东在一起的退休军官，但他们只向我说了一句哀伤的话："恶劣的地方，绝对恶劣，比任何地方都恶劣（Um país ruim, muito ruim, mais ruim que qualquer outro）。"我无论如何都应该避免去那里。

此外还有印第安人的问题。在一九三一年，库亚巴以北三百公里的帕雷西斯（Parecis）电报站，被不知哪一族的印第安人攻击、毁坏。帕雷西斯离迪亚曼蒂努不过八十公里，并不算是完全无人居住的地带。进行攻击的印第安人来自桑吉河（Rio do Sangue）河谷——一个此前被认为无人居住的地带。这些野蛮人被取绰号叫作"木头嘴"（beiços de pau），因为他们在下唇和耳垂上挂着圆木盘。从那次开始，他们每隔一定的时间就再次发动攻击，结果使电报路径不得不往南移动八十公里。至于南比夸拉印第安人，他们是迁移不定的部族，从一九〇九年起就不时到工作站去。他们与白人的关系经过了多次变化：起先相当好，然后慢慢转坏，最后，在一九二五年，有七名员工应邀到他们的村落去，就没再回来。从那次以后，南比夸拉印第安人与电报线的员工互相回避。在一九三三年，一个新教的传教团体在离茹鲁埃纳（Juruena）电报站不远的地方定居。他们和印第安人的关系似乎很快就变得很恶劣，土著对所得礼物不满意，大致是嫌不够，那是他们替传教士建房子与种农园的报酬。几个月以后，一个发高烧的印第安人自己跑到传教站，传教士给了他两片阿司匹林，他在大庭广众之下吞下药片；然后他在河中洗澡，得肺炎死了。南比夸拉族擅长使用毒药，他们认为自己的同胞是被毒死的，便发动攻击报复，传教站有六个成员被杀死，包括一个两岁大的幼儿。从库亚巴派出的追寻队只发现了一个妇女幸存。这个妇女所讲的经过，和计划了这次攻击的人所说的完全吻合。那几个计划了攻击的人有好几个星期之久是我的同伴和报道人。

从这次事件，以及此后发生的一两件其他事件以后，整条电报线的气氛一直都异常紧张。从库亚巴的电信总局和沿线的主要电报站取得联系以后（每次联系都得花几天时间），我们听到的全都是最令人沮丧的消息：在某地，印第安人摆出威胁姿态；在另一个地方，则有三个月没见到印第安人的影子了，这也是坏征兆；而在另一个地方，那些原已习于做工的印第安人又恢复到了他们野蛮的状态；等等。唯一一个值得庆幸，或看起来值得庆幸的迹象是，过去三个星期以来，三位耶稣会传教士试图在茹鲁埃纳重建一个传教站。茹鲁埃纳位于南比夸拉印第安人地区的边缘，在库亚巴以北六百公里。我可以先去那里，向他们打听一些

消息，然后再做确定的计划。

因此，我花了一个月时间在库亚巴组建一支探险研究队。由于没有人试图阻止我前去，因此我决定坚持原来的计划：旅行六个月，在旱季穿越高原。有人告诉我，那高原在旱季的时候形同沙漠，没有动物可吃草的地方，也捕猎不到动物；所有食物都必须带着——不仅是人的食物，还有骡子的食物。我们将骑骡子到马代拉盆地，然后改乘独木舟继续走（骡子如果没有玉米可吃，就不够强壮，不能继续走）。为了运这些补给，我们需要用牛，因为牛比较强壮，而且可以吃任何粗草或树叶度日。然而，一定比例的牛会在途中死于饥饿和疲倦，因此得带相当数量的牛才行。那样子又需要赶牛者来带它们前进，并在各路段装货卸货，我的队伍就变得更为庞大了，如此一来又得增加骡子的头数和补给的数量，这又得增加牛的数量……这是个恶性循环。最后，通过和曾经在电报线沿线工作过的人，以及运货队的老手等专家们商讨，我决定带十五个人、十五头骡子和三十头左右的牛。关于骡子的数目，我毫无选择，因为在库亚巴镇方圆五十公里之内，只有十五头骡子出售，我全买下了，每头的价格在一百五十到一千法郎之间（以一九三八年的汇率计算），视健康情形而定。我是探险队的领队，便自己乘坐最漂亮的坐骑——一头高大的白骡，是向前面提到过的那个渴望看一次大象的屠夫买的。

真正的问题是找人：参加探险的人共有四位，我们知道，探险能否成功、我们能否安全，甚至我们的生命能否得到保障，全都要看我将要招募的队伍成员的能力和是否可靠。我花了好几天的时间，排除掉捣蛋者和存心冒险的人，他们是库亚巴人口中的糟粕。后来，一个住在郊区的老“少校”告诉我，去找某个住在偏远小村落中的人试试。那个人曾经是老“少校”以前的牛队组织者，很穷、很懂事、很有品德。我去见他所说的那个人，立刻就被其自然流露的自尊自爱的态度吸引——我鲜少在内陆农民身上见到这样的个性。其他的人都会即刻提出让我预支他一年薪水这种不可思议的条件，这个人并没提出类似的要求。他提出几个条件：他自己负责挑人和牛，还得允许他顺便带几匹马到北方去卖，赚点外快。那时，我已向住在库亚巴的一个运货队买了一批牛，我当时看中这些牛身材高大，还有牛背上老式的美洲貘皮做的装货用鞍具。此外，库亚巴主教坚持让我带他的一个跟班信徒去当厨子。结果上路没几天，我就发现主教极力推荐的人是同性恋，痔疮非常严重，根本不能骑马。他只好离队，走的时候非常高兴。至于那些我自己看了很满意的牛，我不晓得它们已跑了五百多公里路，身上连块肥肉也没有，运货的鞍在它们背上没磨多久，一头头牛的背部就都磨破生疮了。虽然赶牛者的技术很好，但这些牛背脊上的皮开始脱落，大片伤口流着血，开始生虫，背脊骨清晰可见。这几头生脓溃烂的牛成为我们队伍中最早倒下的牺牲者。

值得庆幸的是，我们的领队富尔亨西奥（Fulgencio）找来的那些看起来平平凡凡的牛马都完成了任务，走到了目的地。他挑的人都是他自己村子里或附近村子中的年轻人。大多数人的先人原来是葡萄牙人，已在马托格罗索定居一两百年，仍然保有一些相当朴素的品德和习惯。他们虽然穷，但每个人都有一条绣花、滚边的毛巾，那是他们的妈妈、姊妹或未婚妻送的。在整趟

旅行途中，他们只肯用那条毛巾擦脸。当我第一次拿糖给他们，让他们加进咖啡里的时候，他们很自傲地表示，他们不是变态者，不吃糖。我和他们之间闹了些不愉快，因为他们对任何事情都有一定的看法，其坚定程度和我不相上下。该携带什么粮食的问题几乎引起了他们的公开反叛，他们相信如果不尽一切可能多带米和豆子的话，就一定会饿死在半路上，除了米和豆子以外，他们觉得其他的都不重要。干肉还可勉强接受，不过他们认为沿途可猎到各种动物，不愁没有肉类。但他们无法忍受要带糖、干果和罐头这样的想法。

他们虽然毫无疑问地肯为我们做最大的牺牲，但对我们的态度却过分轻蔑，连条手帕也不肯替别人洗，因为他们认为洗手帕是女人的工作。我们的契约原则如下：在旅途中，借每人一头骡子和一杆枪；除了供应饮食以外，他们每天可得到五法郎的报酬，以一九三八年的兑换率为准。旅途结束后，他们每人可拿到一千五百到两千法郎（他们不肯在旅途结束前拿任何报酬），有了这笔钱，有的人就可以结婚，或者有了买种牛饲养的资本……同时，领队富尔亨西奥在我们路过以前帕雷西印第安人的领域时，将招募几名半文明化了的帕雷西印第安人。沿着南比夸拉印第安人领域边境的电报线的维护人员，目前大都是帕雷西印第安人。

组建探险考察队的进度相当缓慢，因为人和牲口都是三三两两从库亚巴附近一带的小聚落中找来的。在一九三八年六月里的某一天，他们全部在城镇外面集合，在富尔亨西奥的领导下，牛和骑骡子的人带着部分行李出发。每头牛，视其力量大小，载六十到一百二十公斤不等；行李被分成两半，挂在塞了稻草的运货牛鞍两边，上面再盖一张干牛皮。行进的速度大约是每天二十五公里，但每走一个星期就得停下来让牛休息几天。因此，我们决定让牛队先行，而且带的东西愈少愈好；然后，我自己再搭辆大货车开到不能再往前开为止，也就是到库亚巴以北五百公里的乌蒂亚里蒂（Utiariti）。那是帕帕加尤河（Rio Papagaio）岸的一个电报站。货车无法越过那条河，因为没有足够大的渡船。过河以后，真正的探险才开始。

在牛队出发一个星期以后，货车跟着出发，才走不到五十公里就赶上了牛队。牛和人都在草原上安详地宿营，而我以为他们早该到了乌蒂亚里蒂，至少也应该接近了那里。看见这种情形，我第一次大发脾气——但并非最后一次。但当我了解到我那时要进入的世界里并不存在时间观念以后，我也只好忍受更进一步的种种不满了。整个探险队的真正领队既不是我，也不是富尔亨西奥，而是那些载货的牛。这些庞大桀骜的牲畜像公爵夫人一样善变，得仔细观察它们的脾气和心情变化。牛既不会向你表明它很疲倦，也不会说它背的东西太重；牛只是默不作声地往前走，然后突然倒地不起，不是死掉就是至少得休息半年才能恢复，只能把它丢在后面不管。因此，赶牛的人事实上受牛左右。每头牲畜都有自己的名字，依颜色、外观或脾气而定。我牛队中的牛叫作钢琴、踏泥、尝盐、巧克力（他们从没吃过巧克力，但用这个词来指加糖的热牛奶与蛋黄混合的饮料）、棕榈树、大条、红赭、花束、小红萝卜、兰巴里鱼、青鸟、烂钻石、加拉拉（原意不明）、杂种、小乖、正真、大爷、马达（赶牛的人解释说，那头

牛走得很好，因此得此名）、保莉、航海者、褐色、模特儿、快活、土气、蜜蜂、野果、美丽、玩具和黑炭。

只要赶牛的人觉得有必要，整个队伍便停下来。每头牛的货都被卸下，然后赶牛的人开始扎营。如果附近安全，便让牛四处走动；如果附近不安全，就得派人看着，让它们吃草。每天早上，几个人在营地附近直径几公里的范围内走动一圈，把每头牛都找回来。这种工作被称为放牧（campiar）。他们相信这些牲畜有怪脾气，会故意跑掉躲起来，让人找几天都找不着。有一次我在一个地方整整待了一个星期，因为我们的一头骡子跑进树丛里的时候，据说它先是横着走，然后倒着走，故意使找的人无法分辨出它走过的路线。

牲畜都找齐了以后，得查看它们身上的伤口，擦药，重新调整载货鞍具，免得压在伤口上面，然后再套上装备和行李。套装备和行李有时会很困难，因为休息几天以后的牛，有时候会丧失工作习惯，鞍一碰到身上就猛踢猛跳，使我们辛辛苦苦安排均衡的行李散落一地，我们只好重新来过——牛没冲进荒野已算是幸运。如果有牛跑掉的话，就得重新扎营、放牧、找牛等等，直到整队人畜都集合装备完毕。这工作有时得重复五六次才能成功，牛才会驯服，至于其原因为何，则不清楚。

我自己比牛更没耐性。对这种走走停停的行进方式，我花了好几个星期的时间，才勉强受得了。我们搭着货车，让牛队慢慢走，自己先往前跑，跑到了一个住着一千人左右的村落——西罗萨里奥。村落居民大多数是黑人，个子矮小，有甲状腺肿，住在窝棚里面，窝棚漆成艳红色，屋顶铺有浅色棕榈叶，房子沿着笔直的道路排列，路上长满杂草。

接待我的那一家有个院子，整理得整整齐齐，就像是房子里面的一个房间一样。地面的土都扫过，扫得干干净净，植物排列整齐得像起居室的家具一样：两株橘树、一株柠檬、一株蒲桃类果树、一打左右的木薯、两三株木槿、两三株木棉、两株玫瑰、一丛香蕉、一丛甘蔗。还有一只养在笼中的鹦鹉、三只母鸡系在同一棵树上。

在西罗萨里奥这个村落里面，遇到节庆或特殊日子的时候，所有食物都用一半一半的原则做给客人吃。我们吃的鸡，有一半是烤鸡，另一半则是冷盘鸡，附带一种味道浓烈的酱汁；鱼则煎一半，另一半用煮的。最后一道是 cachaca，它是一种用甘蔗酿成的酒。接受这道酒的时候，按照习俗要说："坟墓、监狱和甜酒并不是为同一个人而设的。"西罗萨里奥位于丛林中心，其居民以前大都是采胶者、找黄金或钻石的人，他们可能可以对我在前面提到的那一条路线提供好主意。因此，在想得到一些消息的期望之下，我听他们说自己的探险经历，其中有传闻也有事实，两者混合难以分开。

我无法相信真的有"英勇猫"（valiant cats）。英勇猫据说是家猫和美洲狮的混血，活动于北方。不过，我听到一个故事，相当有意义，至少显示了荒野的风格和精神。

在马托格罗索西部巴拉圭河上游的一个叫作"巴拉杜布格里斯"（Barra do Bugres）的村庄里，住着一个能治蛇咬伤口的人。他治蛇咬伤口的方法是先用大锦蛇的牙齿刺入伤者的前臂，然后，用火药在地面排成十字架形状，点火，要伤者把前臂放在烟

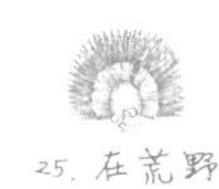

中。最后，他从打火机（artificio，一种石英打火机，把废棉花塞在角质容器里制成火绒）中取出烧过的棉花，浸在甘蔗酒里给伤者喝下。整个医疗过程就是如此。

有一天，一个收集草药的小队的领队，亲眼看见这个人替人治蛇咬伤口，于是请他稍等，等其他收集草药的队员在星期天到达那里，因为他们每个人都想接受蛇毒预防（代价是每人五个巴西金币，在一九三八年大约值五个法郎）。会治蛇咬伤口的人同意了。到星期六清晨，在集体住屋外面有条狗在嗥叫。草药小队的领队派一个队员去看看，原来是有一条被惹怒的响尾蛇。领队命令会治蛇咬伤口的人把蛇捉起来，但后者拒绝了。领队很生气，表示如果他不把蛇捉起来，那就取消蛇毒预防交易。治蛇咬伤口的人不得不同意，他把手伸出去捉蛇，被咬了一口，然后就死掉了。

讲这个故事的人解释说，他曾接受过这位死掉了的治蛇咬伤口者的蛇毒预防，而且为了试试看预防是否有效，曾故意让蛇咬了一口，结果证明预防蛇毒的方法完全有效。不过，他承认咬他一口的蛇是无毒的。

我把这个故事记录在这里，是为了说明巴西内陆大众心理的一个特征：在把悲剧性的意外事件看作日常生活中不值一提的事情时所表现出来的机警和善于应变的特质。这个故事的结论，事实上并没有它表面上看起来那么荒谬。讲故事者的逻辑推论方式和我后来所听到的一个叫艾哈迈迪（Ahmadi）的新伊斯兰教派首领的推论方式完全一样。那位教派首领有一天请我去吃晚饭，在拉合尔。艾哈迈迪派不合于正统的主要原因是，他们称历史上所有宣称自己为救世主的人（他们把苏格拉底和释迦牟尼都包括在内）实际上真的都是救世主；如果他们不是的话，上帝早就因他们的大胆冒犯而惩罚他们了。同样的道理，我那个西罗萨里奥的报道人相信，假定治蛇咬伤口的人的奇术不是真的话，他所引出来的超自然力量一定会把一条本来无害的蛇变成一条毒蛇，来证明治蛇咬伤口的人是错的。由于这种治疗方法被视为一种巫术，讲故事的人至少已用实验的方法证明过其效力，证明的方法同样是属于巫术层面的。

人们都告诉我，前往乌蒂亚里蒂的路途上不会有任何意外，至少不会有像两年前我们在前往圣洛伦索河的小径上所遇到的那种重大意外。但是，在抵达通巴多山脉（Serra do Tombador）顶峰的一个叫作“开沙弗拉达”（Caixa Furada，意即有洞的胸腔）的地方时，驾驶杆上面的一个链轮毁了。当时我们离迪亚曼蒂努大约三十公里；司机准备步行去那里，打电话到库亚巴，以便能从里约热内卢用飞机把零件空运到库亚巴，再用货车把零件送到我们抛锚的地方。如果一切顺利，那么整个作业要花一个星期时间，牛队就可以赶上我们了。

因此，我们便在通巴多山顶露营。通巴多是一道岩石山脉，其尽头是台地，从三百米的高度俯视巴拉圭盆地；在另一边，每条河流都流入亚马孙河的支流。我们在找到树把吊床、蚊帐挂好以后，除了睡觉、做梦、打猎以外，在这片多刺的草原上便没事可做了。旱季在一个月以前便已开始；当时是六月，除了八月会偶尔下些小雨以外（小雨被称为 chuvas de caju，那一年没有下），在九月以前的其他时候一滴雨也不会掉。草原早已呈现冬

天的景观：植物干枯、萎缩，有些地方被野火烧得干干净净，在烧痕处处的树干底下可看到大片大片的沙地。在这种时候，草原上四处游走的少数动物会集中到浓密而难以进入的密林里面。那些密林顶部像圆顶，表示附近有水泉，水泉附近仍保留了几块草地。

雨季是十月到三月。雨季时几乎天天倾盆大雨，白天的温度升高到四十二至四十四摄氏度；晚上凉快一些，接近清晨时有段短时间气温会骤降。旱季的气温很极端：常常白天的温度平均在四十摄氏度左右，而晚上却骤降到八到十摄氏度。

我们在营火旁喝马黛茶，队伍中的两个兄弟和司机便说乡野故事给我们听。他们说那种巨型的食蚁兽（tamandua）在营帐里面无法站直，因此不足为害；但是在森林里的话，食蚁兽会利用尾巴倚靠在树干上，用前爪把任何靠近的人勒死。食蚁兽不怕别的野兽在晚上突袭，因为它睡觉的时候把头缩进身体里面，连美洲狮都无法分辨出它的头到底在哪里。在雨季里，得随时注意野猪群的声音，野猪会聚在一起四处跑，每群五十头以上。野猪两颚相磨的声音在几公里外就清晰可闻（因此野猪又叫 quiexada，得自“下颚”queixo 这个单词）。当听到这种声音的时候，狩猎者得赶快躲开，因为如果野猪群中有一头野猪被射伤或射死，其他野猪就会马上对猎人展开攻击。猎人得爬到树上或蚁丘上面。

有个人说，有一天晚上他和兄弟一起走夜路，听到有人在呼叫。他们犹疑着要不要帮助那个呼叫的人，但他们怕印第安人，所以决定等到天亮再说。呼叫声整夜不停。曙光终于出现，他们发现一个猎人，枪掉在地上，人趴在树上，底下围着一群野猪。

这个猎人的命运远没有另外一个猎人那么悲惨。那个猎人听到野猪群的声音，爬到一座蚁丘上面去躲。野猪把他包围。他开枪射野猪，把子弹都打光了，只好用一种叫作 facão 的砍刀自卫。第二天有一群人出去找他，看见一群秃鹰在某一地点上空盘旋，原来那个猎人就在那里。当那群人到那里时，只看见他的颅骨和好多野猪的尸体。

他们还说了不少好笑的故事。其中有一个是关于找橡胶的人和美洲狮的故事。那头美洲狮肚子很饿，追赶那个人，狮子和人绕着一丛树转圈圈。后来，那个人跑错了方向，发现自己和美洲狮撞了个正着。狮子和人都一动不动，那个人怕得连叫喊求援都不敢。“那样子僵持了半个钟头，那个人脚抽筋，动了一下，碰到了来复枪的枪柄，那时他才醒悟，原来自己手上有枪。”

本书中有些词没有对应的中文可供翻译。后同。

不幸的是，这地方充满各种常见的昆虫：maribondo、黄蜂、蚊子、piums、蚋（一种小小的吸血小虫，到处成群结队地飞），还有“蜂蜜之父”（pais-de-mel），也就是蜜蜂。南美种的蜜蜂不叮人，但很烦人。它们喜欢吸人的汗，抢着要找最好的地点，像嘴角、眼睛或鼻孔等去吸汗。在那些地方蜜蜂大量吸汗，如痴如醉，宁可被活活拍死也不肯飞开，但被拍死以后，其尸体只会引来更多的蜜蜂。这些蜜蜂的别名叫“吮眼”，就是这个道理。蜜蜂是热带丛林中的真正害虫，比会造成感染的蚊虫等更令人讨厌——对于蚊虫的感染，过一两个星期人体便会免疫。

不过，有蜜蜂的地方就有蜂蜜。采蜂蜜倒不必冒任何危险，

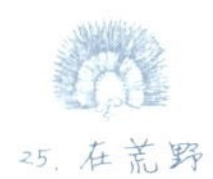

只要打开地面的蜂洞，或者在中空的树干里面找到那些充满鸡蛋大小球状蜂房的蜂巢即可获得。不同种类的蜜蜂酿造味道不同的蜂蜜，我见过十三种，每一种都很浓烈，我们很快就学会像南比夸拉印第安人那样用水把蜜冲淡。这些蜂蜜可以分解出好几阶段的余味，像勃艮第葡萄酒那样，其味道非常奇怪，令人不安。我在东南亚发现一种油类的味道和这类蜂蜜的味道接近。那种油是从蟑螂的分泌腺上取得的，其价值和黄金一样，一点点就可调整盘菜的味道。法国有种深色的“普鲁克甲虫”（procruste chagrine），其所散发出来的味道与此也很类似。

货车终于载着新零件抵达我们露营的地方，还载了一名修车工来负责修理。然后我们重新出发，穿过迪亚曼蒂努——这个小镇位于河谷里面，面向巴拉圭河，有一半残破不堪。然后我们重新爬上高原（这一次没有发生任何意外），沿着阿里努斯河（Rio Arinos）前行（这条河流入塔帕若斯河，后者是亚马孙河的一条支流），然后再转向西行，往萨克里河（Rio Sacre）和帕帕加尤河的多山的谷地前行。帕帕加尤河也流入塔帕若斯河，流入的地方形成一个高达六十米的瀑布。我们在帕雷西停下来查看“木头嘴”所留下的武器，据说他们又在附近一带活动。再往前走一段以后，我们在一个沼泽地区度过了一个无法安睡的夜晚，因为不过几公里以外就有土著的营地，其火烟直直升入清澈的旱季天空，我们可以看得清清楚楚。我们又花了一天时间查看那座瀑布，在一个帕雷西印第安人的村落收集资料。然后，我们到了帕帕加尤河岸。这条河大约有一百米宽，河水非常清澈，显然水很深，其多岩石的河床明晰可见。河的对岸有一打左右的茅屋和小房屋，那就是乌蒂亚里蒂电报站。我们把货车上的货物、行李卸下，用船运过河。我们向货车司机道别。在远远的岸边，我们已看见两个赤裸的人——他们就是南比夸拉印第安人。

沿着电报线

每一个住在龙东电报线沿线的人几乎都像住在月球上面一样。一块面积像整个法国那么大的地方，其中四分之三未被人探索过，只有一小群土著在里面迁移不定。这些人是世界上现存最原始的人群之一。在这样一块地方，有一条电报线贯穿而过。沿着电报线有一条还算明晰的小径，长达七百公里，是唯一的人工标志。龙东委员会曾在电报线的南北两端附近做过一些调查工作，但除此以外，小径两旁的世界真相如何，完全不为外界所知。当然，除了小径以外还有电报线，但这电报线几乎是一装设好就已没有用处，电线杆与电线杆之间的电报线常常垂下，掉下来以后也没人整修。有的电报线被虫蚁啃毁，有的被印第安人毁坏。印第安人把电报线的滋滋声误以为是一群野蜂在忙着工作所发出的声音。有些地方的电报线垂到地面，或被随意地挂在树枝上面。令人吃惊的是，这些电报线非但没有减轻其环境的荒凉之感，反而加深了它。

完全原始的自然景观看起来千篇一律，使其原始性不具任何意义。它们与人隔绝；它们不向人提出挑战，只在人的瞪视之下消失不见。但是在这矮树林地上，在这片一望无际的土地上，沿着电报线的小径，电线杆扭曲变形的形体，还有把电线杆连接起来的下垂的电报线，看起来好像是在太空中飘浮的不协调的对象，好像伊夫·唐吉图画中的景象那样。这些景观代表人类做过的努力，是人类曾在此地的明证，也是他们的努力徒劳无功的明证，代表人类想追求的极限，使人类的极限变得更为明晰——比没有这些证据存在时更为明晰。

译注：雷蒙·乔治·伊夫·唐吉（Raymond Georges Yves Tanguy，1900—1955），法国画家。

沿着电报线住了一百个人左右：有些是帕雷西印第安人，由电报委员会就地雇用，请军队训练他们如何维护电报线和各种设备（这些印第安人仍继续用弓箭狩猎）；有的是巴西人，他们跑来这个未开发的地方，是希望在此地找到宝藏，或是找到一个新西部——但他们大失所望，越往高原里面走，越难找到钻石的伴生石（diamond forme）。

钻石的伴生石是一些形状或颜色很特别的小石头，这种石头的存在表示附近可找到钻石，就像动物的足迹表示附近有动物那

样。钻石的伴生石包括：粗石（emburradas）、小黑石（pretinhas）、小黄石（amarellinhas）、鸡肝石（figados-de-gallinha）、牛血石（sanguesde-boi）、亮豆石（feijões-reluzeutes）、狗牙石（dentes-de-cão）、工具石（ferragens）或carbonates、lacres、friscas-de-ouio、faceiras、chiconas 等等。

既然没有钻石，那么在这一片沙质荒地上便什么也找不到了。这片土地有半年的时间被雨水不停冲刷，另外半年又滴水不见。土地上除了尖锐的、扭曲的矮树林以外，什么也没有；连可猎的动物也没有。这些不幸的居民，是巴西中部常见的一波一波的移民潮遗留下来的人。这些移民潮，把成群的冒险者和为贫穷所迫的人灌满热情，然后卷入内陆，卷进去以后又马上遗弃，使他们动弹不得，和文明世界完全隔绝。这些移民潮的遗民，为了能适应小电报站的孤独生活，便发展出各种不同的精神病态。那些电报站不过是几间茅屋，站与站之间的距离在八十到一百公里之间，要来往只能靠走路。

每天早上，电报线会活动一小段时间：互相交换新闻。比如某个站觉察到一群准备消灭他们的怀着敌意的印第安人宿营升起的火烟；而另外一个站的两个帕雷西印第安人已失踪好几天，在整个电报线沿线都极出名的南比夸拉印第安人大概把他们送到“天上的冬天住处”去了……有的人可能会带着讽刺的语气重述一九三三年传教士被杀的故事；不然就是说，某个电报员胸部以下被埋在土里，胸部被插了许多箭，摩斯密码则放在他的脑袋上面。电报线工作者对印第安人有种怪异的兴趣，这些印第安人代表日常的危险，当地的传言又加重了其危险性；但小群的印第安人到电报站去看他们，是电报站员工唯一的消遣，更重要的是，这也是他们与别人接触的唯一机会。当此类拜访发生的时候——平均每年一两次——那些可能杀人的人与可能被杀的对象之间便交换笑话，使用的语言是电报线沿线发展出的特殊用语，共计大约四十个词，那些词有的是南比夸拉语，有的是葡萄牙语。

这类拜访活动给印第安人和电报站人员都带来了不少刺激与快感，而在这些快乐时光之外，每个电报站长都慢慢地发展出自己的一套生活风格。有的脾气很坏，他的太太和小孩都挨饿，原因是每次他到河中洗澡的时候，都一定要用他的温切斯特手枪射五发子弹来吓走印第安人，他认为每次都有印第安人躲在林中等着割他的喉咙。他就这样把子弹用光了，无法补充；这叫作“断子弹”（quebrar bala）。还有一种是城镇出身的人。有个人在离开里约热内卢的时候是个药剂系学生，这么几年下来他仍然误以为自己在圣保罗的欧维杜尔广场上，尽做些傲慢无人的演讲；但他所讲的话已无任何内容，演讲变成了是哑剧表演，只有舌头或手指头嗒嗒出声，眼神中充满讥讽——如果是在默片银幕上的话，就可一眼看出他是真正的里约热内卢子弟。最后，还得提到那些有智慧的人，他们想方设法使自己的家庭维持生态上的平衡，办法是利用一群常到附近一条小溪喝水的鹿：每个星期他都去河边打死一只鹿，但只打死一只；这样一来，那群鹿存续繁衍，他的电报站也一样。不过，在过去八年的时间里（以前每年运载一次货物的牛只商队在八年前开始消失），他们除了鹿肉以外什么也吃不到。

那群耶稣会传教士比我们早到一两个星期，在离乌蒂亚里蒂

五十公里左右的茹鲁埃纳电报站附近住下来，他们给这地区添上了一层性质相当不同的色彩。传教士共有三个：一个向上帝祈祷的荷兰人，一个准备把印第安人文明化的巴西人，还有一个是匈牙利人，他本来是贵族，是个打猎行家，工作是使传教站不缺猎物。在他们三个人抵达传教站之后不久，大教区主教去看他们。主教是法国人，讲话的时候把 R 音绕得很明显，好像是直接从路易十四时代走出来的人。他提到印第安人的时候，总是表情严肃地说“那些野蛮人”，让人觉得他好像是刚刚随卡蒂埃或尚普兰在加拿大登陆似的。

雅克·卡蒂埃（Jacques Cartier, 1491—1557），法国探险家。

萨米埃尔·德·尚普兰（Samuel de Champlain, 1574—1635），法国探险家、地理学家。

主教一到传教站不久，那个匈牙利人就感染了法国殖民地人员所说的热带病狂（le coup de bambou）。这个匈牙利人当传教士，大概是为了对他狂野荒唐的年轻时期表示忏悔。他不断侮辱上司，叫骂声传出传教站墙外，行为愈来愈像典型的热带病狂。他对着上司比划各种十字架形状的手势，叫着：“Vade retro, Satanas!（滚开，你这魔鬼！）”当魔鬼终于被赶走以后，这个匈牙利人被罚两个星期内只准喝水和啃面包。不过，啃面包只是象征性的处罚，因为根本没有面包。

卡都卫欧印第安人和波洛洛印第安人，可以说代表了有教养的社会，这样说并非玩弄文字，而是基于不同的理由；至于南比夸拉印第安人，在外人看来很容易错误地认为他们代表人类的婴儿时期的情况。我们在村庄的外围扎营，把营帐立在一个茅草盖的大仓库里面，这仓库是建造电报站的时候盖来储藏工具用的。

我们扎营的地点离土著的营地只有几米远，那些土著有二十人左右，组成六个家族。这一小群土著比我们早到几天，他们在迁移生活中暂时停留一段时间。

南比夸拉印第安人把一年分成两个时期。十月到三月的雨季是一个时期，每群人各自住在一条溪上的岩石或小山上，用树枝或棕榈叶建造粗陋的小屋。他们在潮湿的河谷中烧林整地，种植热带植物，大多是木薯，包括甜的和苦的两类，此外也种好几种玉米，种烟草，偶尔种些豆子、棉花、花生和葫芦。妇女用一种装上棕榈刺的木板磨木薯，如果那种木薯有毒的话，便用树皮把汁压出来丢弃。热带种植为他们提供了定居时期的一部分食物。他们有时把木薯饼埋在地底下储藏起来，过几个星期或几个月后再挖出来，不过那时木薯饼已经是半腐烂状态了。

旱季来了以后，他们便离开定居的村落，每群人都分散成几个小群体，出去流浪。这些小群体在草原矮树林里流浪近七个月，寻找猎物，特别是小型生物，像幼虫、蜘蛛、蟋蟀、鼠类、蛇、蜥蜴等，还有水果、种子、根茎类和野蜂蜜；换句话说，寻找任何可使他们免于饥饿的东西。

他们的营地都是被简陋地搭建起来的窝棚，每家建一间，材料是棕榈叶或树枝，插在地上围成半圆形，把顶端绑在一起。在一个地方宿营的时间有时只有一天或几天，有时则长达几个星期。在每天的不同时间，他们把棕榈叶的一边拉开，绑到另一边去，形成不同的角度，用来遮阳光或遮风挡雨。在到处流浪的时间里，找寻食物是最重要的活动。妇女拿着挖掘东西的棍子，用来挖掘根茎类，或棒打小动物。男人则用大型的棕榈木头弓和各

种不同的箭打猎：打鸟用的箭比较钝，以免插入树枝里面；射鱼用的箭比较长，没有羽毛，尖端分成三叉或五叉；竹竿上插着用马钱子属植物涂过的毒箭头，是射中型动物用的；至于射大型动物，像美洲狮或貘，则使用大根竹子做成的枪矛状的箭，这种箭的作用是使大型动物大量流血，因为毒药不足以杀死大型动物。

和波洛洛印第安人的巨型宫殿式建筑比较起来，南比夸拉印第安人的生活这样简陋，令人难以置信。不论男女都不穿衣服。他们和邻近的部族在体质和文化上都不一样。南比夸拉人个子矮小：男人的身高是一百六十厘米左右，女人的身高是一百五十厘米左右。妇女的胸部和其他南美印第安人一样，都相当不发达，不过其四肢比别的南美印第安妇人的更细长，手脚关节都更小，皮肤颜色也更深。她们中的很多人有皮肤病，身上有不少蓝紫色的圆块块。不过，那些比较健康的人，由于喜欢在沙中打滚，身上沾着沙，使身体染上褐色的光泽，使年轻妇女变得特别迷人。他们的头是椭圆形的，很细致，五官像雕刻出来的那样，线条分明，眼睛明亮。他们的体毛比大多数蒙古人种要多；头发鬈曲，不怎么黑。第一个看见他们的外人，对其体型甚为惊讶，认为他们可能是印第安人与逃出热带庄园的黑人奴隶的混血，甚至是由反叛奴隶组成的殖民社会。但是，如果南比夸拉印第安人的血液中曾在近代以来掺入黑人的血液的话，他们的血型不该全都是 O 型。我测过他们的血型，全都是 O 型。这表示他们即使不完全是印第安人血统，至少也已在血统上孤立了好几个世纪了。目前，我们对南比夸拉人的体型不会再觉得那么值得奇怪了。他们的体型和在米纳斯吉拉斯州圣湖镇（Lagoa Santa）的一个洞穴中发现的一群人的骨骼结构几乎相同。我曾很惊讶地发现他们中有些人的脸形像极了高加索人种，和韦拉克鲁斯（Veracruz）地区的一些雕像和浮雕的脸形也很相像，那些雕像和浮雕现在已被认定为墨西哥最古老文化的作品。

这种近似令人惊讶。因为南比夸拉人的物质文化是如此落后，以至于使人觉得他们像是石器时代的遗民，而不会和中美、南美的最高等古代文明有什么关系。南比夸拉妇女全身唯一的衣饰是一串细细的贝珠绕在腰间，或当项链挂着，或斜挂在肩上。她们也戴用珠贝或羽毛做成的耳坠，用犰狳背甲做成的手镯，有时候把用棉花或草编成的细带子（由男人编织）紧紧地绑在胳膊或脚踝上面。男人的衣饰比妇女的更少，常常只是一条草带子吊在性器官上方的一条腰带上。

除了弓和箭以外，他们使用的武器包括一种扁平的长钉，这种长钉的用途似乎包括巫术之用和真正作战之用两种。我不仅看过他们挥舞摇动长钉，据说可阻挡暴风雨，也看过他们把长钉丢往某个方向去杀 atasu ——丛林中的恶灵。在土著语言中，星星和牛的名称相同，他们很怕牛（但他们倒不怕骡子，把骡子杀来吃，他们首次见到牛和骡子应该是在差不多同一时期）。我的手表也是一种 atasu。

南比夸拉人的所有财产可以轻易地全部放入篮子里面，由妇女背着，在流浪时期随身携带。篮子是用竹子做的，是由六道竹片编制而成（两对互相垂直，一对横穿而过）的六角形网眼大型编器：顶端较宽，底部渐窄，像指套一样。这些篮子有的高达一百五十厘米，也就是和背篮子的妇女等高。篮子底部放些木

薯饼，上面盖上叶子；然后放其他财产和工具，譬如用葫芦制成的容器、竹制的刀子、简单打磨过的石刀，或以物易物换到的几片铁片（用蜡或绳子把铁片固定在两片木头中间，木头就成了刀把），还有用铁或石头做尖刃制成的钻头（尖刃的尾端插入柄内，使用的时候两只手掌转动把柄）。龙东委员会给了土著一些金属的斧头和砍刀，因此土著自己做的石斧几乎很少再被使用，只用作敲磨贝壳或骨头时的砧板。同时，他们也使用石头做的砂轮和磨石。东部的族群不晓得制造陶器（我的研究从东部开始），其他地区族群制造陶器的技术仍在非常粗陋的阶段。他们不使用独木舟，要过河就用游的，偶尔绑几根木头做浮木。

以上所提到的这些器具都很原始，几乎不能被称为制造出来的工具。南比夸拉人的篮子里面装的以原料为主，需要的时候再用那些原料制造所需的东西。那些原料包括几种不同的木头——特别是摩擦生火用的木头，几块树脂或树胶，几片植物纤维，动物骨头、牙齿、爪子，几片毛皮，羽毛，豪猪硬毛，坚果壳，淡水甲壳类的硬壳，石头，棉花和种子。把这些东西摊开来会令收集者大失所望，因为摆在面前的不像是人类劳动的产品，而更像是把一种巨型蚂蚁的工作成果放在放大镜底下来看——而事实上，当南比夸拉印第安人排成一列在高高的草丛中行进，每个妇女都背着和人等高的篮子，那浅色的竹篮子压在身上，好像蚁蛋压在蚂蚁身上一样，她们像极了一队蚂蚁。

吊床是南美印第安人发明的，没有吊床或没有其他的卧具，是贫穷的象征。南比夸拉人则赤裸裸地睡在地面上，旱季的时候天气相当冷，他们便紧紧相倚靠取暖，或是睡在渐灭的营火四周，早上醒来的时候，往往躺在仍然微温的灰烬上面。帕雷西印第安人因此给南比夸拉人取绰号叫作“睡在光秃地面上的人”（uaikoakoré）。

我曾提到过，先是在乌蒂亚里蒂，后来在茹鲁埃纳和我们为邻的那一小群南比夸拉人包括六个家族：族长的家族包括三个太太和一个十几岁的女儿；另外五个家族都由一对夫妇和一两个小孩组成。所有人都有亲戚关系，因为他们喜欢和自己的侄女结婚，也就是和姊妹的女儿结婚，或者娶人类学家所谓“交错从表”（parallel cousins）的堂、表姊妹，即父亲姊妹的女儿或母亲兄弟的女儿。这一类的堂、表兄弟姊妹自出生开始，就用一种特殊的名称来称呼，其名称的意思就是“配偶”。而与其他堂、表兄弟姊妹［以男性而言是他兄弟的孩子，以女性而言是她姊妹的孩子，人类学上称为“平行从表”（cross-cousins）］则互认为兄弟姊妹，不能通婚。

所有的族群成员似乎都相处得不错，不过，即使族群这么小，连小孩在内共二十三人，也还是有些问题存在。一个年轻的鳏夫刚刚再娶了一名不懂事的年轻女人，她拒绝照顾前妻留下的孩子：两个女孩，一个六岁，另一个两三岁。虽然较大的女孩很小心地照顾妹妹，但那小女孩还是没得到应得的照顾。其他家族便轮流照顾她，但这造成了不少困扰。族中的成人很希望我能收养那个小女孩，但小孩子们发明了他们自己的解决方式！这是个让人觉得非常好笑的方式：那个小女孩刚学会走路，因此他们把她带到我那里，用清楚明白的手势要我娶她为妻。

另外一个家族里的那对父母年纪较大，他们的女儿本已出嫁并怀孕，但被丈夫遗弃，便搬回来住。另外还有一对年轻夫妇，他们的婴儿仍在喂奶阶段，受到与刚刚为人父母有关的种种禁忌限制：他们不被允许到河中洗澡，因此脏得不得了；由于不能吃大部分食物而面黄肌瘦；再加上孩子断奶之前的父母不得参与社群活动，因此他们整日无所事事。有时候，那年轻的爸爸会自己一个人出去打猎或采集野生植物，年轻的妈妈则由丈夫或自己的父母供应食物。

虽然南比夸拉人很容易相处，对拿着笔记本和相机的人类学者出现也不觉得有何奇怪之处，但是人类学工作的进行却因语言问题而变得颇为复杂。首先，他们把“使用人名”视为禁忌，因此，为了辨别不同的人，我们只好采用电报员与土著之间达成了一致的方法，也就是给每个土著安上一个葡萄牙语的别名，像朱利欧、荷西玛丽亚、路易莎等等，不然就用“野兔”或“糖”这样的绰号。有个印第安人因为留有**山羊胡**，而被龙东或和龙东一起的人取名为 Cavaignac。印第安人通常没有胡子，山羊胡更是少见。

葡萄牙文的“山羊胡”拼法为 cavanhaque。

有一天我正在和一群小孩玩耍，有个小女孩被同伴打，跑来躲到我身旁，表情神秘地在我耳边轻轻说了些什么。我不懂她在说什么，便让她重复了好几遍，她的对手变得很生气，明白她在做什么，便也跑过来向我说了一些好像是最神秘的事情。在考虑了一段时间、问了几次以后，我终于明白了到底是怎么回事。为了报复，那小女孩跑过来告诉了我她的对手的名字，她的对手明白她的行为以后，为了报复，便也跑过来告诉了我她的名字。从此以后，事情便好办了，虽然有点不择手段。我故意让小孩子互相为敌，终于因此而知道了他们每个人的名字。然后，当和他们之间建立起某种共同为恶的气氛以后，我没费多大劲儿便从他们口中得知他们父母的名字了。当大人们得知我们闲谈的内容以后，把小孩们大骂一顿，从此以后，消息来源便断了。

其次，南比夸拉语包括好几种方言，并且没有一种曾被研究过。其语言有特别的字尾和某些特别的动词形式。电报线沿线所使用的语言只不过是一种洋泾浜语，只能做简单的初步会话之用。由于土著的热心和机智，我学会了说简单的南比夸拉语。幸运的是，这语言里面有些很有用的字眼，比方说东部方言中的 kititu，还有其他地方方言中的 dige、dage 或 tchore，可以加在名词后面，从而把名词变成动词，必要的时候还可以加上一个否定词。用这种办法可以把想说的话说出来。不过，这种基础的南比夸拉语没办法用来表达比较细致的观念。土著对这种方法非常明白，因为当他们想说葡萄牙语的时候，便把这种方法倒过来使用："耳朵"和"眼睛"分别表示听到（或了解）和看到，为了表示听不到或看不到，他们便说 orelha acabô（耳朵我完毕）或 ôlho acabô（眼睛我完毕）。

南比夸拉语的语音不明晰，好像是加了重音或悄悄说出来那样。妇女喜欢把某些字眼变音来加强这个特征，比方说把 kitiku 说成 kediutsu；有时候她们说得嘟嘟囔囔，听起来好像小孩子的喃喃自语。他们完全明白自己发音的特点和奇怪之处，当我不懂他们在说什么，请他们再说一遍的时候，他们会故意夸大他们说话的方式。当我觉得灰心而放弃的时候，他们便大笑，互说笑话：他们比我更行。

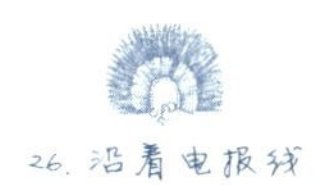

我不久以后就明白了，除了动词的词头以外，南比夸拉语还使用一打左右的别的词头，把生物和事物分成十几类：人发、动物毛和羽毛，尖物和小洞，长形物和坚硬的或可弯曲的事物，水果、种子和圆形物，吊着或会抖动的事物，肿胀的形状或充满水分的形状，树皮、皮肤和其他覆盖物，等等。这个特征和中美洲及南美西北部的一个语族——奇布查（Chibcha）语族的特征类似。这种语言是曾在目前的哥伦比亚繁盛过一段时间的伟大文明的语言，这个文明介于墨西哥古文明与秘鲁古文明之间。南比夸拉人可能是奇布查的南支之一，基于这一点，我们更有理由不可相信外表。即使他们目前的生活简陋无比，这群在体型上和最早的墨西哥人相似，在语言上又和奇布查王国接近的土著，也不可能是真正的原始人。对于他们的历史我们仍然一无所知，他们目前生存的地理环境甚为恶劣，这两者或许有一天能让我们做出解释：他们目前的处境就像败家子，而历史到目前为止仍拒绝分给他们肥牛。

原注：不过，事实上，把生物和事物如此分类也存在于很多其他美洲语言之中，对南比夸拉人与奇布查的关系这一点，我目前已不像从前那样有把握。

家庭生活

南比夸拉印第安人天亮醒来，挑动营火，经过了一个寒冷的夜晚以后，用一切可能的办法取暖，然后吃一顿简单的早餐，食物是前一天晚上剩下来的东西。吃完以后不久，男人出去打猎，有的成群结队，有的单独行动。妇女留在营地煮东西。妇女和小孩喜欢在水中嬉戏，有时会生火，大家在火堆旁边取暖，故意夸张地做全身发抖的动作。在其他时间里他们也不时去洗澡。他们每天的日常工作没有多少变化。准备食物是最花时间与精力的活动：木薯得磨碎、榨汁，把纤维弄干以后再煮；还

有二翅豆果实，用来调味，使每样东西都加上一种苦苦的杏仁味，这种果实必须去壳再煮。必要的时候，妇女和小孩会出去采集野果和生菜。如果食物不缺的话，妇女就编织东西，有时蹲着，有时跪着，臀部坐在脚跟上面。不然她们就雕刻、磨亮或串珠子——珠子用果壳或贝类制成，有时制作耳坠及其他饰物。如果工作做烦了，她们就互相捉虱子，或者懒洋洋地混日子，不然就睡觉。

二翅豆（cumaru）是南美树种，在中国俗称“龙凤檀”。

在一天里最热的那段时间，整个营地静寂无声；营地住民有的睡觉，其他的则默不作声，都在享受其住处提供给他们的那些不完全的阴凉遮蔽空间。在其他的时间里，他们一边工作一边聊天，几乎总是快乐的。他们相互说笑，有时讲些色情的笑话，常常因此引起一阵大笑。工作常被访客或突发事件打断。如果有狗或宠物鸟开始交尾的话，每个人就都停下工作，兴致勃勃地观察其过程。在对这类重要事件发表完评论以后，他们又开始工作。

小孩大多整天无所事事。小女孩有时会帮助年纪大一点的妇女做事，小男孩则不做事，不然就到河边钓鱼。留在营地的男人来承担编篮子的工作，有时帮忙做些家事。每个家族里面大都一片和谐。下午三四点的时候，外出打猎的男人回到营地，整个营地的气氛变得比较有生气，谈话变得比较大声、比较生动，各种家族以外的群体开始出现。木薯饼或其他在白天找到的食物都被拿来吃掉。傍晚的时候，轮到负责砍柴的一两个妇人便去附近的矮树林找木头来生营火。在黄昏最后的光亮之中，可以看见她们走回营地，因背负的重担而步履蹒跚，木头放在篮子里面，用带子挂在头上背回来。她们要蹲下来，身体微微往后倾斜，才能使篮子挨到地面，从而使她们能把绑在前额的带子拿下，把篮子里的木头取出来。

树枝和木头堆放于营地的一个角落，各人随其需要自己拿去使用。每个家族都围在他们自己的火堆四周，火光这时已开始闪亮。他们晚上的时间大都花在聊天、唱歌或跳舞上面。有时候，这类娱乐活动会一直进行到清晨。不过，通常在互相抚摸和友善地互骂一阵以后，结了婚的夫妇便紧紧地靠在一起，母亲把睡着的孩子抱住，一切都安静下来。一个寒冷寂静的夜晚，只偶尔被木头烧裂的声音，或添加柴火的人轻巧的脚步声，或狗吠声和小孩的哭声打断。

南比夸拉人生的小孩数目不多：我后来发现，没有生小孩的夫妇并不罕见；只生一两个孩子似乎是相当自然、平常的现象，很少在一个家族里看到超过三个小孩的情形。在小孩断奶以前，其父母不准做爱，而小孩通常要到三岁的时候才断奶。母亲把小孩带在大腿旁边，用一条树皮或棉布做的宽带子绑住；如果要再多带一个婴儿的话，她便无法背篮子了。他们游走不定的生存方式，再加上物质的匮乏，使他们不得不异常小心；必要的时候，妇女会毫不迟疑地用机械性的办法或用草药来引发流产。

然而，土著确实表现出对自己的孩子极强烈的喜爱，小孩也很喜爱其父母。不过，这种喜爱之情有时候为他们也相当容易陷入的易怒及情绪低落所掩盖。有个小男孩深受消化不良之苦；他头痛生病，大部分时间不是在睡觉就是在呻吟。没有人对他表示任何关心之意，整整一天的时间都没有人理他。到晚上的时候，他妈妈去他身旁，在他睡觉的时候很细心地替他捉虱子，向别人

打手势要他们离得远一点，并且把她自己的手臂给那男孩当作摇篮。

另外有一次，一个年轻的妈妈轻轻地拍打她小孩的背，和他玩耍；那婴儿被拍以后开始大笑，年轻的妈妈愈玩愈起劲，竟然愈拍愈用力，一直到婴儿开始大哭为止。当婴儿哭了以后，年轻的妈妈便停止拍打他，开始安慰他。

有一次我看见一个小孤儿——就是前面已提到过的那一个——被跳舞的大人踩在脚下；当大家都在兴奋玩乐时，那小女孩跌到地上，没有任何人察觉到。

在心里不高兴的时候，小孩常常打他们的妈妈，而后者很少抗议。小孩从不受处罚，我从没看见过大人打小孩，除了玩耍时以外，连假装要打也没看见过。小孩有时候会哭，原因是他们把自己弄伤弄疼了，不然就是和别的小孩吵架，或者肚子饿，或者不愿意大人替他们捉虱子。不过，最后那种情形不常发生；不论是捉虱子的人还是被捉虱子的人都似乎很喜欢这项活动。这种行为同时也是兴趣或关爱的表现。当一个小孩或男人希望有人替他捉虱子的时候，他会把头靠在妇女的膝上，先靠一边，然后再转过来换另一边。捉虱子的办法有时是把头发不断地分开，或者把一撮头发拉起来对着亮光，一捉到虱子马上就送进嘴里吃掉。当小孩哭的时候，他家族中的人或一个较大的小孩会安慰他。

因此，母亲和小孩一起，形成了一幅欢乐迷人的图画。母亲从窝棚里面拿一样东西伸出草墙给她的小孩，当小孩伸手要去接的时候，她又突然把手缩回去，同时说“从前面拿！”或“从后面拿！”。有时候，母亲会把小孩举起来，假装要把小孩丢到地上，同时大笑着尖声叫道："我要把你丢到地上！"小孩以尖锐的声音大叫："不要！"

小孩通过以一种急切的、要求很多的爱意将母亲包围来报答母亲的爱；小孩会注意使其母亲得到她理应分到的那份猎物。在尚属年幼的几年时间里，小孩和母亲在生活中很亲密。在迁徙的时候，母亲会背着小孩直到小孩自己能走路为止；之后两人还是走得很近。当父亲出去打猎的时候，小孩和母亲留在营地或村落里面。但是过几年以后，性别的不同便开始引起差异了。父亲对儿子的兴趣要比对女儿的更大，因为他得教导男孩各种男性的工作；母亲与女儿的关系，性质也类似。不过，在和小孩打交道的时候，做父亲的人也表现出我以上提到的那种亲切关爱之意。父亲会把小孩扛在肩膀上，给小孩制造合适的小型武器。

父亲也负责把传统神话说给自己的孩子听，并且在说故事的过程中把故事转变一下，使小孩子很轻易就能了解。"每个人都死了！一个人也不剩！连一个人都没有！什么都没有！"这就是小孩子听到的关于南美洲那场毁灭了人类第一个部族的洪水故事的开头。

在一夫多妻的婚姻里，第一个妻子的小孩与年轻的后母之间常存在着一种特别的关系。后者与其他小女孩之间具有一种同志的精神，因此可以把这样的一个小群体看作一个由小女孩和年轻妇女组成的小社会。她们一起到河中洗澡，集体跑到树丛中去大小便，一起抽烟，一起说笑话，一起纵情于意义不明的游戏，比方说轮流往对方的脸上吐大量的口水。这类关系——其很紧密，也很受尊重和喜爱，虽然其中不含太多的礼貌因素——和我们

（法国）社会里存在于年轻男孩之间的关系很类似。虽然这种关系中甚少含有互相帮忙、互相关怀的因素，但仍然产生了一种颇奇怪的结果，使小女孩比小男孩更快发展出独立性。小女孩跟随年轻的妇女，参与她们的活动，小男孩则只能依靠自己，想形成和小女孩的群体类似的团体而不能成功。小男孩在早年的时候，常眷恋在母亲的身旁。

南比夸拉族小孩没什么游戏可玩。他们有时用草来卷或编东西，但娱乐活动只有打架或互相恶作剧。他们的生活模仿大人。小女孩学习大人织东西、游手好闲、大笑和睡大觉；小男孩在八到十岁左右用小弓射箭，学习男人的工作。但不论是男孩还是女孩，都很快就明白，南比夸拉人的根本问题——有时是悲剧性的问题——乃是找寻食物。他们也很快就明白在找寻食物的过程中要扮演积极的角色。他们热情地参与采摘植物、果类的工作。在食物稀少的时候，常可看见他们在营地四周找食物，挣扎着要挖出根茎类食物，或者轻巧地在草丛中走，手中拿着去掉叶子的树枝，想打蝗虫来吃。小女孩明白妇女在经济生活中所要扮演的角色，很热心地想证明她们可以愉快胜任。

有一次我碰见一个小女孩，她用她妈妈背小妹妹的树皮巾，小心翼翼地背着一条小狗。“你是不是在爱抚你的小狗呢？”我问她。她很严肃地回答：“我长大以后要杀野猪和猴子；狗一叫，我就把野猪和猴子全部乱棒打死。”

她说话的时候，文法上有个错误，她爸爸笑着指出来：她应该使用女性的词格来说“我长大以后”，而不是用男性的词格。她的这个错误很有趣，表达了女性想把专属于女性的经济活动提升到和男性特有的经济活动同等重要的地位。由于这个小女孩所使用的动词——乱棒打死——的确切意义是“使用一根棍子或棒子”（在眼前的例子中，是一根挖掘棍），因此她似乎在潜意识里想把女性的采摘工作（包括捕捉小动物），与使用弓箭为武器的男性狩猎视为同性质的工作。

必须特别提一下那些互称为“配偶”的表兄妹之间的关系。这些小孩子在一起的时候，有时候就像真正结了婚的夫妇，晚上会一起拿些烧了一半的木头离开自己家族的营火，到营地的一个角落去点起他们自己的营火。然后，他们晚上便睡在一起，视能力而定地沉溺于大人们所玩的爱情游戏，大人们则在旁观看，觉得颇为有趣。

在谈到小孩的时候，我得提一下和小孩很亲近的家畜家禽，这些家养牲畜所受的待遇和小孩相差不远：它们也吃家族的食物，受到同等的爱护及照顾——捉虱子、玩游戏、谈话、抚摸，和人没有两样。南比夸拉人有很多种家养牲畜，最重要的是狗，其次是鸡（这些鸡是龙东引入这一带的鸡种的后代）、猴子、鹦鹉、很多种其他的鸟类，偶尔养猪和野猫。好像只有狗有实用价值，可以陪妇女出去捕捉小动物；但男人用弓箭狩猎的时候从来不带狗。其他的动物养着纯粹是当作宠物，并不是为了杀来吃，就连鸡蛋也不吃，母鸡下蛋都下在野草矮树丛里面。但如果小鸟在豢养训练过程中死亡，那么土著会毫不犹豫地把小鸟吃掉。

当他们迁移住地的时候，除了能自己走路的动物以外，其他全部的家养牲畜都和其他家当一样背着走。猴子挂在妇女的头发上，像是给妇女戴上一个活的头冠，冠的底部是一条尾巴，卷缠

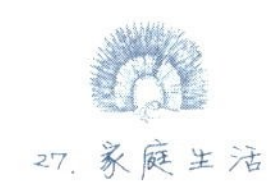

在妇女的脖子上面。鹦鹉和母鸡停在篮子的顶端，其他动物则待在篮子里面。没有一种动物可以吃个大饱，不过也总能分到一份，即使是在食物稀少的时候。他们从这些动物那里所取得的回报是动物给他们提供娱乐。

现在我们讨论一下大人的生活。南比夸拉人对性爱的态度，可用他们的一句话来表达：tamidige mondage。这句话照其字面意义，可以翻译成“做爱好”。前面已提到他们日常生活中充满性爱的气氛，任何和性爱有关的事情，都使他们产生极大的兴趣与好奇。他们很喜欢谈这个话题，在营地的谈话里面充满性爱的隐喻和暗示。做爱的时间通常在晚上，有时在营火附近进行，但通常要做爱的人会退到离营地百米左右的草丛里去行事。有人离开的话，马上就会引起注意，大家会兴致盎然，开始谈论说笑，连小孩也参与其中，他们很明白引起这一阵笑语的原因。有时候，一小群男人、年轻妇女和小孩会尾随离开营火的那一对男女，躲在矮树丛中旁观整个做爱的过程，并小声耳语，压抑笑声。即使做爱的那一对不喜欢别人旁观，也只能忍耐，并且对他们回到营地时将要面对的说笑继续忍耐。有时候，另一对人会追随其脚步，到树林草丛中求得安宁。

然而这一类行为并非经常发生，有关这类行为的禁忌只为这种现象提供了一部分的解释。其真正的原因似乎是土著的性情。已婚夫妇常常自由自在地在公开场合互相爱抚，而且其程度几乎没什么限制，然而我却从来没在这类爱抚过程中看见男人勃起过，一次也没有。爱抚的快感似乎并不是来自身体官能的满足，它仅是一种爱的游戏以及为了表示亲密而已。或许这也就是为什么南比夸拉男人并不戴巴西中部几乎所有族群的男人都戴的阳具护套。事实上，戴阳具护套，即使不是为了避免勃起现象，至少也是为了表明戴者并非在性行为上富于攻击性。完全不穿衣服过日子的人，还是有我们称之为害羞（modesty）的观念的，只是与我们的害羞的标准不同罢了。巴西的印第安人，像某些美拉尼西亚人一样，害羞与不知羞并非以身体裸露的程度为判别标准，而是以平静与兴奋为区别的准绳。

然而，这些微妙的区别有时不免导致我们与印第安人之间的误会，其错误既不在我们，也不在印第安人。举例来说吧，看到一个或好几个年轻貌美的女人全身赤裸地躺在沙上，搔着我脚时挑逗性地笑着，碰到这种情况要完全无动于衷相当困难。我去河中洗澡的时候，常常被五六个老少都有的女人集体“攻击”，因而感到很尴尬。她们的目标是我的肥皂，她们非常喜欢肥皂。在日常生活中，她们会毫不迟疑地做出类似的行为：年轻的女人在全身涂满红色树脂以后，会跑去睡在我的吊床上，使我不得不忍受一张沾满红色树脂的吊床；有时候我和一群报道人正在工作的时候，走着走着会觉得有人在拉我的衬衫，原来是有些女人觉得用我的衬衫擤鼻子很方便，比她们平常必须做的——先到树丛中去挑一根树枝，然后折成夹子状来擤鼻子——要方便、省事得多。

为了能了解两性之间态度的真相，得时常牢记南比夸拉人社会中夫妻关系的基本性质：已婚夫妇形成一个基本的、重要的经济上与心理上的单元。这些迁移不定的族群，经常不断分分合合，结婚的夫妇才是稳定的，并且能保证生活的需要（至少在理

论上如此）。南比夸拉经济有两性分工：狩猎与种植是男人的工作；采集食物则是女人的工作。男性群体整天不停地用弓箭打猎，或是忙于在雨季的时候种东西；女性群体则带着小孩，拿着挖掘棒在草原上采集食物、挖根茎、棒打小动物，获取任何他们可吃的东西——种子、水果、莓子、根茎、蛋和各种各样的小动物。到晚上的时候，丈夫与妻子聚在他们的营火前，当木薯成熟或仍有存货的时候，男人会带回一堆根茎，由女人磨碎捏塑成扁平的饼；如果狩猎收获好的话，他们就把猎物的肉放在营火红热的灰烬中烧烤。但是一年中有七个月的时间是缺乏木薯的；狩猎则要靠运气，特别是在一片多沙的荒地上，动物难得一见，因为它们很少离开河边或水边的草地或密林，而这些草地或密林只是稀疏地散布在半沙漠似的土地上。结果是，家庭的食物来源主要依赖妇女的采集活动。

我常常和他们一起吃这些令人难过的简陋食物，一年里有半年的时间，南比夸拉人得靠此维生。每当男人垂头丧气地回到营地，失望而又疲惫地把没能派上用场的弓箭丢在身旁时，女人便令人感动地从篮子里面取出零零星星的东西：几颗橙色的布里奇果、两只肥胖的毒蜘蛛、几粒小小的蜥蜴蛋、一只蝙蝠、几颗棕榈果子和一把蝗虫。软的果子放在盛水的葫芦里用手压碎，硬的果子就用石头砸碎，小动物和幼虫则丢进热灰中烧烤；然后，他们全家人便高高兴兴地吃一顿无法填饱一个白人的肚子的晚餐，全家人就靠这些过日子。

布里奇（Buriti）是一种棕榈科植物，学名为 *Mauritia flexuosa*。

南比夸拉人对“美丽”与“年轻”用同一个词来描述，对

"丑陋"与"年老"的形容也用同一个词。他们的美感评判因此基本上基于人本位的，特别是性本位的价值。不过两性的兴趣相当复杂。男人认为女人大体上和他们自己不太一样，他们会依不同场合对女人表现欲望、尊重或关爱，我刚刚提到过的名词本身就是一种敬意的表示。然而，性别上的劳动分工固然使女人承担不可或缺的任务（家族的食物来源在很大程度上依赖于女性的采集工作），她们的工作却还是被视为一种比较次要的劳动；生命的理想活动还是农业或狩猎——有一大堆木薯或肉类是永存心中的梦想，但很难实现。七拼八凑来的食物被视为平常的简陋食物，而实际上也非常简陋。在南比夸拉的俗语中，"吃蝗虫"——也就是吃妇女和小孩采集来的昆虫——其意和法国俗话所说的"过贫苦日子"（mangor de la vache enragée）差不多。同样，女人被认为是一种亲爱的、可贵的，但也是次等的资产。男人习惯以一种关爱的怜悯语气来谈论女人，和女人讲话的时候常用一种带嘲讽的表情。男人常常说："小孩子不晓得，但我晓得女人不晓得。"当他们提到那群女人，及其典型的笑话与交谈时，常带着关爱的怜悯语气。不过，这都只是社会态度。一旦男人与他的女人单独在营火前面的时候，男人便会听女人的抱怨，记住她的要求，请她帮忙做各种工作；男人的自夸在这时候被两个合伙人之间的合作取代。他们知道彼此之间是如何地需要倚赖对方。

至于男人对女人的态度里所含有的这种暧昧性，在妇女群体的集体生活中也有同样暧昧的对等态度存在。她们自视为一个集体，并在不少方面表现出这种认知。我们已提到过，她们说话和男人不同，特别是尚未生小孩的年轻太太或姨太太更是如此。做

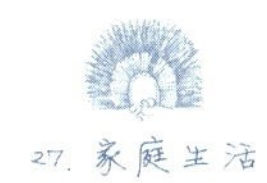

了母亲的妇女及老妇人，说话就几乎和男人没什么不一样了，不过，有时候也会表现出有所不同。年轻妇女喜欢小孩子和十来岁的大孩子，和他们一起玩耍说笑。她们用一种某些南美洲印第安人特有的很具人性的方式来对待所豢养的动物。以上的一切使妇女在她们自己团体中的生活笼罩在特殊的气氛之下，既像小孩，又愉悦，既有些不自然，又轻浮；男人打完猎或在田园工作完毕回到营地以后，便分享这种气氛。

但妇女一旦要进行她们自己的特殊工作时，便表现出一种截然不同的态度。她们在一片静寂的营地里背对背坐成一圈，每个人都很有耐心地以高度的技巧进行手工艺工作。当需要迁徙时，她们便背负着装满全家家当和补给的沉重篮子，坚定地随着族群迁移，身上还带着一捆捆弓箭。男人则拿着一把弓、一两支箭、一枝木标或一根挖掘棒，在队伍前面大步前进，注意看是否有猎物可打，或是否有果树。妇女们得不停地走好几英里路，她们的背完全被窄长的、形如倒悬之钟的篮子全部遮住，绑篮子的树皮带子挂在前额。她们的走路姿势非常特殊：两条大腿紧靠在一起，膝盖不时碰在一起，足踝分得很开，脚板内弯，全身的重量落在足部的外侧，当身体向前移动的时候，臀部不停地摆动，充满活力，意志坚定，心情愉悦。

男人和女人的心理态度与经济工作上的区别，也反映在哲学性的及宗教性的思想与活动上。南比夸拉人认为，女人与男人的关系同他们整个组织生存所依据的两个极端有关。他们生存所依据的两个极端之一是定居的农业生活，其中包括建造房屋和种植这两项男性经济活动；另一个极端是游居不定的生活，食物主要由妇女的采集活动供给。定居生活代表安全感与食欲的满足，游居生活代表不安全、不固定以及饥饿。南比夸拉人对这两种季节性的生活方式有相当不同的态度。当他们提到夏天的时候，心情郁闷沮丧，表现的是对生存条件的有意识的、不多抱怨的忍受，还有对千篇一律的活动的烦人与重复性的无可奈何的接受；但当他们提到冬天的时候，则充满了新发现所带来的热情与刺激。

然而，他们的形而上学概念却把以上两者的关系完全颠倒过来。当男人死了以后，灵魂具现于美洲狮身上；妇女和小孩死后的灵魂则飘在空中，永远消逝无痕。这点不同就是把妇女排除在最神圣的仪式之外的理由；最神圣的仪式在农作季节开始时举行，用竹子做不少笛子，在给笛子“喂”各种祭品之后由男人吹奏，吹奏地点离居住区相当远，让妇女无法听见。

虽然我去的时候并非举行祭仪的季节，但我很想听听这些笛子的吹奏声，并想获得一两支笛子做标本。在我的要求之下，一群男人出发到远方的森林去找粗大的竹管。三四天以后，我在半夜被叫醒；出去找竹管的人一直等到妇女都入睡了以后才来叫醒我。他们带我去了一个离营区百米左右的丛林里面的隐蔽处，然后开始制作笛子，做好以后开始吹奏。四个人合奏，吹的曲调完全相同，但由于竹笛的声音并不完全相同，便形成了一种不太一致的协奏。曲调和我已听习惯的南比夸拉歌曲不一样——那些歌曲的粗犷结构及其间停的方式有些像法国的乡村歌曲；竹笛吹奏的曲调也和三孔的、由两片葫芦用蜡粘起来制成的、回音较重的奥卡利那笛（ocarinas）所吹奏的不一样。竹笛吹奏出来的曲

在世界各地的许多文化中，不用葫芦而用陶土烧制这类乐器，被称为陶笛。

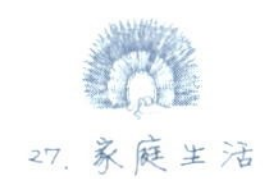

调只有几个音符，其音色以及节奏变化，在我听来，像极了圣乐的片段，特别是其中标题为《祖先的祭仪活动》（Action rituelle des ancêtres）那一段里面的木管乐器吹奏部分。如果有好奇或不谨慎的妇女在这个时候闯进来的话，就会被棒打。像波洛洛族的女性成员一样，南比夸拉的妇女头上也悬着一道真实存在的形而上学的咒语，然而后者却并没能像前者那样享有法律上的特殊地位（不过，南比夸拉人的嗣系似乎也是女性嗣系）。在组织如此松散的社会里面，这一类倾向都不会以明示的方式存在，而其全貌必须从那些不明确的、微妙的行为模式中推断出来。

男人在描述游居生活时，其语气几乎和他们抚摸妻子时一样温柔，这种生活方式的特征是暂时的居所与永远跟在身边的篮子，每天迫切地挖掘、采集、捕捉各种可能的生存资源，再怎么不合用也不放过，忍受寒冷及风吹雨打。而这样的生活方式，如同散逸在狂风暴雨中的灵魂般不留一丝痕迹，而女人主要的生产活动就是这种类型的（定居时期亦如此）。他们对定居时期的生活则有相当不同的看法（这种生活方式的特殊性及其古老性可由他们所种植的植物种属之原始性完全证明）。在定居生活中所进行的不曾变易的农业活动次序，带有一种恒久性，就像会再生转世的男人灵魂一样，那些固定的两季住屋，那些田园会再次迸发生命，出产农作物，“即使以前的种植者死亡、被遗忘了”，也无所改变。

我们是不是在这里可以看到与南比夸拉人那异常不稳定，可以很快地由友善、和气变得恶意、敌对的性情相应的东西呢？极少数和他们接触过的人，都对这种性情特征感到甚为惊讶。那个乌蒂亚里蒂族群，也就是五年前杀死传教士的那一群人。当我的男性报道人描述那次攻击传教士的事件时，带着相当满足的神气，每个人都自夸曾施予致命的一击。说老实话，我并不认为他们有什么错。虽然我认识很多传教士，还相当佩服其中不少人的品性和科学能力，但是那些在一九三〇年左右企图打进马托格罗索中部的美国新教徒是很特殊的一群人：其成员来自美国内布拉斯加州或达科他州的农村家庭，在那种环境中长大的年轻人，被教导去相信真的有盛满滚沸之油的油锅存在于真实的地狱之中。对其中一些人来说，成为传教士就像是买保险一样，一旦他们认为自己的救赎已经得到保证以后，他们所要做的就只是证明自己值得被救赎，结果是在进行传教工作的时候，他们常表现出令人惊讶的鲁莽和缺乏同理心。

我不晓得引发那场大屠杀的意外事件是如何发生的。有一次我自己犯下一个错误，差点付出最大的代价，从这次经历中我大约可以找到对那个事件的解释。南比夸拉人对毒药具有相当的知识。他们用马钱子属植物根茎的红色表皮来制造箭毒，用慢火将其表皮煮成胶黏状态；他们也同时使用其他植物性毒药。每个人都随身带着粉末状的毒药，装在棉织袋子或竹筒里面，用棉线或树皮绑在身上。这些毒药是在因以物易物或者性问题而发生争执时用来执行报复的，以后我将会对这些加以讨论。

除了这些科学上有效的毒药以外，南比夸拉人还有其他比较神秘的毒药。他们在制造上述科学上有效的毒药时，完全公开进行，一点都不掺杂更北边族群制造马钱子属植物箭毒时所需要的种种巫术性的小心翼翼的麻烦手续。南比夸拉人用和那些装真正

的毒药完全相同的筒子，装一种木棉科属树木的树脂薄片。由于这些树的树干中间肿大胀起，他们因此相信，把这种树脂薄片丢到敌人身上，会使敌人的身体像那种树的树干一样，也就是会肿起来而死亡。南比夸拉人用同一个词——nandé——来形容真正的毒药和这种巫术性的树脂。因此，nandé 这个词便具有了比毒药更广的含义。它既代表任何一类威胁性行动，也指在这种行动中所可能使用的一些物质或器具。

得先做以上说明，才能让读者了解我底下要说的故事。我随身带去了好几个用纸做的多种颜色的热气球，这类热气球是靠热气球底部的一只小火炬来充气的，巴西人在仲夏节（Midsummer's Day）的时候会成百成百地放这种热气球。有一天晚上，很不幸地，我想让印第安人明白这种气球如何充气。第一个热气球被火烧掉，引起一场哄堂大笑，好像他们知道该怎么做才对似的。第二个热气球非常成功，很快就升空，飞得很高，其火炬的亮光很快就与星星无法分辨。它在空中飘了很长一段时间，然后消失掉。但是本来的一片欢乐很快就变成另一种情绪：男人很专注地、愤怒地望着那个热气球，妇女则曲着手臂来遮住她们扭曲的脸，大家挤靠在一起。nandé 这个名词一再出现，一再被重复。第二天早晨，一群男人代表来找我，要求检视那些热气球，要看看里面有没有放nandé。他们非常仔细地检查了一番。还好，南比夸拉人对事实抱有很实际的态度（我刚刚说过的那些话还是有效的，但他们的态度的确也很实际），他们了解——至少是接受——了我做给他们看的实验：我在火上放一小张纸，让纸因热空气而往上飘。在看了我的实验证明以后，他们便像平常一样替意外事件找了个常用的借口，把错误一把推到女人头上：“女人什么也不懂”“容易害怕”“误以为有什么大难要临头”。

我自己则一点妄想也没有——这个小插曲很可能以惨剧收场。然而这场意外，以及我稍后会描述的其他意外，一点都没损及我和南比夸拉人长久亲密相处所必然形成的友谊关系。我最近读到一位外国同行写的书，里面描写了那群我曾在乌蒂亚里蒂一起生活过的土著，这本书使我感到异常伤痛。这位同行比我晚十年碰到他们，他去到乌蒂亚里蒂的时候是一九四九年，当时有两批传教士在那里活动，一批是我提到过的耶稣会传教士，另外一批是从美国去的新教传教士。整个土著群只剩下十八人，他的描述如下：

Kalervo Oberg, Indian Tribes of Northern Mato Grosso, Brazil, Smithsonian Institution, Institute of Social Anthropology, Publ. No. 15, Washington, 1953, pp. 84-85.

> 我在马托格罗索所见到的所有印第安人里面，以这一群南比夸拉人最为凄惨。八个男人里面，有一个有梅毒，有一个身体受到某种感染，有一个脚受伤，有一个又聋又哑。妇女、小孩看起来倒还健康。他们不睡吊床，睡在地上，因此老是满身脏土。夜晚寒冷的时候，他们把火熄灭，睡在犹温的灰烬之中……他们只有在传教士给他们衣服的时候才穿衣服，传教士要求他们穿。他们讨厌洗澡，因此身上不仅盖着灰尘和灰烬——盖在皮肤与头发上，还盖着腐烂的肉片和鱼片，再加上汗臭，使人一接近他们便很不舒服。他们看起来也有不少寄生虫，肚子鼓胀，不停地放屁。当他们里面的好几个人挤进我们工作用的小房间时，

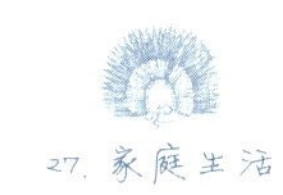

我们得停止工作多次，使房间透些空气……

南比夸拉人……脾气大，不礼貌，甚至粗鄙。好几次我去朱力欧（Julio）的营地访问他的时候，他躺在火堆附近，看见我来了便翻个身，背对着我说他不想讲话。传教士们告诉我，南比夸拉人会一再要求把某样东西送给他，如果不答应，他就会自己动手取走。为了避免印第安人闯进去，传教士们有时会把纱门关起来。但如果南比夸拉人真正想闯进去的话，就会把纱门扯一个洞，然后走进去……

不用和南比夸拉人相处多久，就可发现这种藏在底下的恨意、猜疑和绝望，其结果是使观察者产生一种沮丧的感觉，带着一些怜悯之情。

我认识他们的时候，虽然他们的人口已因白人带来的疾病而减少很多，但是仍然没有人——至少在龙东所做的符合人道主义的尝试以外——要求他们就范于“文明的规则”，因此我要把以上令人难过的描述忘掉，在记忆中只保留住有一天晚上，我在随身携带的小油灯的火光下写进笔记里的这段经历：

在黑暗的草原里面，营火熊熊闪光。靠近温暖的营火，这是在愈来愈凉的夜里唯一的取暖方法。在棕榈叶与树枝所形成的不牢靠的遮蔽物后面——这些遮蔽物都是在风雨可能袭来的那一面临时赶工搭建起来的，在装满整个族群在这个世界上的所有属于他们的少许财富的篮子旁边，躺在无尽延伸的空无一物的地面上，饱受其他同样充满敌意、无法预料的族群的威胁，丈夫与妻子们，紧紧拥抱在一起，四肢交错，他们知道自己身处于彼此支持和互相抚慰之中，知道对方是自己面对每日生活的困难时唯一的帮手，知道对方是那种不时降临南比夸拉人灵魂的忧郁之感的唯一慰藉。访问者第一次和印第安人一起宿营，看到如此完全一无所有的人类，心中充满焦虑与怜悯。似乎是某种永不止息的灾难把这些人碾压在一块充满恶意的大地上，令他们身无一物，完全赤裸地在闪烁不定的火光旁边颤抖。他在矮树丛中摸索前行，小心不去碰到那些在他的视线中成为火光中的一些温暖的反影的手臂、手掌和胸膛。但这副凄惨的景象却到处充满呢喃细语和轻声欢笑。成双成对的人互相拥抱，好像是要找回一种已经失去的结合一体，当他走过他们身边时，他们相互爱抚的动作也并没有中止。他可以感觉得出来，他们每个人都具有一种庞大的善意，一种非常深沉的无忧无虑的态度，一种天真、感人的动物性的满足。而且，把所有这些情感结合起来的，还有一种可以被称为最真实的、人类爱情的最动人的表现。

一堂书写课

我非常想知道南比夸拉族大约的人口数目，至少希望能间接知道。在一九一五年的时候，龙东认为其总数是两万人，但这估计可能偏高；不过当时的每一群南比夸拉人都有好几百名成员，而根据我在电报线沿线所得到的消息，从那以后南比夸拉族便人口锐减。三十年前，沙班内（Sabané）族群之中为人所知的部分，总数在千人以上；沙班内族群在一九二八年到过坎普斯诺武斯（Campos Novos）电报站，其中除了妇女、小孩以外，还有一百二十七个成年男人。但在一九二九年，那群人宿营于一个叫作“耶斯皮洛”（Espirro）的地点时，受到流行性感冒侵袭，病况转成一种肺炎，结果在四十八小时之内死了三百人。这个族群散裂，把病者和垂死者遗弃。一千个为人所知的沙班内人，到一九三八年的时候，只剩下十九个男人，再加上妇女和小孩。数目这么少的原因，除了那场流行性感冒以外，还得加上他们和其东部的邻近部族的战争这项原因。另外有个定居于离特雷斯布里蒂斯（Tres Buritis）不远的大族群，在一场爆发于一九二七年的流行性感冒的侵袭下，死得只剩下六七个人，到一九三八年时只剩下三个人。曾经是人口数目最多的族群之一的塔伦跌群（Tarundé），在一九三六年只剩下十三个男人（再加上妇女和小孩）；这些男人到一九三九年只剩下四个。

现在，散布于整个地区的南比夸拉人可能不超过两千个。要做系统性的统计是不可能的，因为其中有些族群一直带有强烈敌意，再加上所有族群在迁徙季节里都到处流动。但我设法说服我那些乌蒂亚里蒂的朋友带我去他们的村落，去之前先在那里把和他们有亲戚关系的其他族群的人设法集合起来。利用这种方法，我就能够测出目前的亲戚聚会场面的大小，把参加人数的多寡与前人所观察的做比较。我答应会带礼物去，并且与他们进行以物易物的交易。那个族群的酋长在答应我的要求时态度相当犹豫：他对他所要邀请的客人态度会如何没有把握，如果我的同伴和我本人在这个自一九二五年七个电报站职员被谋杀以后再也没有白人进去过的地区失踪的话，从一九二五年以来存续着的这种岌岌可危的和平就可能因此而被破坏相当长的一段时间。

他最后答应了我的要求，但有一个条件，就是我们必须把探

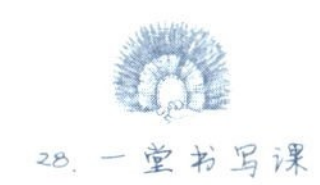

险队规模缩小，只带四头牛运载礼物。即使如此，我们仍然无法沿着河谷底下的常用小径行走，因为小径上的植物过分茂密，载货的牲畜无法通过。我们必须沿着一条特地临时开辟出来的道路横穿高原而过。

事过境迁以后再回顾，那趟异常危险的旅行，看起来颇像是一场最滑稽的插曲。我们一离开茹鲁埃纳，同行的巴西人便即刻发现印第安人中的妇女和孩子并没有和我们一起走，和我们做伴的只有带着弓箭的印第安男人。在旅游书籍里面，这种情形意味着我们马上要遭受攻击。因此，我们一边前行一边提心吊胆，不时检视我们随身携带的史密斯威森手枪——我们的探险队成员将手枪的名字发音为“谢密德卫雪冻”（Cemite Vechetone）——和来复枪。事实证明我们的担忧是多余的：快到中午的时候，我们就赶上了同一族群中的其他人。酋长知道我们的骡子前进的速度要比背着篮子的妇女快许多，再加上背着篮子的妇女还带着小孩，走得更慢，因此在我们出发的前一天晚上就让妇女和小孩先出发了。

然而在大家会合之后不久，印第安人就迷路了：这条新路并没有他们所想象的那么简单。傍晚的时候，我们不得不停留在森林里面过夜。出发以前有人告诉我们在路上无法打猎，但印第安人什么补给也没带，要依赖我们的来复枪打猎来获得食物。我们只携带了紧急情况下的必需补给，根本没有办法把食物与每一个人分享。一群在水塘旁边吃草的鹿，我们稍一靠近便逃走了。第二天早上，到处都是不满。印第安人公开对酋长表示愤怒，责怪他，要他对他与我一起设计的旅行计划负责任。所有的土著非但不动手组织一次狩猎活动，或成群外出采集食物，反而躺在临时的遮蔽物下面，袖手等着酋长自己去想办法把问题解决。酋长带着他的一个妻子出去，到傍晚的时候两个人才回来，背上的篮子里面装满他们花一整天时间捕捉到的蝗虫。土著虽然认为压碎的蝗虫算不得好食物，但还是尽心开怀地大吃一顿，精神重振起来。隔天早晨我们便再出发了。

我们终于抵达指定的会面地点。那是一个沙质台地，从台地上可看到一条溪，溪两旁都是树，树林里面则是一些半遮掩起来的土著田园。各族群零零散散地抵达约定地点。到了晚上，已有七十五个人代表十七个家族，挤在十三个遮蔽物下面，这些遮蔽物的结构和土著营地的蔽体处差不多同样简陋。他们向我解释，在雨季的时候，这些人住在五间圆形茅屋里面，那些茅屋可维持好几个月的时间。有好几个土著似乎从来没见过白人，他们的态度相当倔强，而酋长则相当急躁，似乎是酋长勉强说服了他们来到这个他们不想来的地方。我们并不感到安全，印第安人也一样。那个晚上相当寒冷，由于台地上没有树木，因此我们不得不像南比夸拉人那样躺在地面上睡觉。没有一个人睡着：整个晚上大家都有礼貌但很严密地注意对方的一举一动。

让这种危险状况延续太久是不明智的，因此我鼓励酋长尽快交换礼物。在这时候发生了一件很不寻常的意外事件，我要先回溯一些往事才能解释这起意外。南比夸拉人没有文字，这不需多说，但他们还不晓得怎么画东西，只能在葫芦上面点几条虚线或画几个锯齿图案。不过，我还是像与卡都卫欧人在一起的时候那样，分给他们纸张和铅笔。起先他们拿着纸笔什么也不做，然后

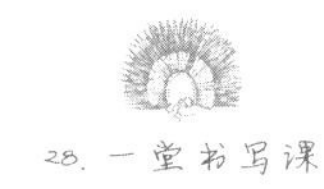

有一天我发现他们都在忙着画平面的波浪形线条。我奇怪他们究竟想做什么，然后我突然恍然大悟，他们是在写字，或者应该更正确地说，他们是在试图像我写字时那样运用他们手中的铅笔，这是他们所知道的铅笔的唯一用途，因为我还没有把我的素描拿出来给他们看，讨他们欢心。绝大多数人就只画些波浪形线条，但酋长的野心比较大，毫无疑问，他是土著里唯一了解书写目的的人。因此他向我要了一本书写簿，当我们手上各有一本以后，便开始在一起写东西。当我问他有关某件事情的问题时，他不回我的话，而只在纸上画些波浪形线条，然后把那些线条拿给我看，好像我可以读得懂他的回答似的。他几乎相信他自己的煞有介事是真的。每当他画完一行的时候，便相当紧张地看着那条波浪形线条，好像希望其意义跃然纸上的样子，但每次都接着在脸上出现失望的表情。然而他从来不承认他自己看不懂，而我与他之间有个不成文的协议，认定他那无法辨识的书写是有意义的，而且我得假装看得懂其意义。还好，他把他写的东西拿给我看以后，都会马上加上口头说明，因此我也就不必再要求他解释他到底写的是什么。

他把整群的印第安人集合起来以后，便马上从篮子里面取出一张画满波浪形线条的纸，开始表演怎么读纸上写的内容，假装犹豫了一阵，查对我要拿出来和他们交换礼物的品项清单：某某人的弓箭将换得一把砍刀、某某人的项链将换得一些珠子……这场真做的假戏一演演了两个钟头。或许他是想欺骗自己吧？更可能的是他想令他的同伴大感惊讶，想使他们深信他是在扮演交换物品的中间人角色，使他们相信他和白人有联盟关系，分享白人所拥有的秘密。我们急着要尽快离开那里，因为等到我所带来的各种宝贝全部转到土著手中的时候，也就是最危险的时刻。因此我并没有做进一步考察，而是依旧请印第安人做向导，开始往回走。

这场不成功的聚会，还有我无意中引发的那场虚伪的表演，使整个气氛令人相当不悦。更糟糕的是，我骑的骡子嘴里长疮流血，相当痛苦，它不是一味不耐烦地往前冲，就是突然停止不动。忽然之间，我发现我居然落单了，自己一个人在矮树林里面，不知该往哪个方向走才好。

旅游书籍上说，在这种情况下，就要开一枪来吸引同行者的注意。我从坐骑上下来，开了一枪，没有等来任何反应。开了第二枪以后，我似乎听到一声回应。我开第三枪，结果只是使骡子吓一大跳；骡子往前跑，在相当远的地方停住了。

我有条不紊地把我的武器和照相用具分开来，放在一棵树的根部，仔细记下那棵树的位置，然后跑去捉我的骡子。我远远地看到它，似乎情绪相当稳定。它一直不动，等我靠得很近，伸手要去抓缰绳的时候却拔腿就跑。骡子不停地玩了这种游戏好几次，使我离原来的地点愈来愈远。最后我感到绝望，便突然往前跳，双手抓紧骡子的尾巴。它被这种奇怪的方式吓到，便不再逃跑了。我爬上鞍，想回去拿那些装备，但是由于在树丛中绕行了太多次，我已无法找到藏装备的地点了。

这场损失令我很难过，便决定想法子赶上那群人。但骡子和我都不知道他们到底走的是哪个方向。不是我决定走某个方向，但骡子老大不肯走，就是我任由骡子自己高兴往哪里走就往哪里

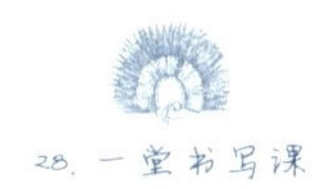

走，结果它只在原地绕圈子打转。太阳已开始落向地平线，我的武器都已丢掉，我可能随时会被一阵箭雨射穿。虽然我或许不是第一个进入这个充满敌意的地带的人，但比我先到过此地的人都没有活着回去。而且，不论我自己条件如何，我的骡子都是这些缺乏食物的人的最好的美食。我一边在脑中把这些阴郁的念头翻来覆去，一边等着日落。我身上还有些火柴，准备生一团营火。就在我要开始生火的时候，我听到了人声：两个南比夸拉人在发现我失踪以后立刻回头来找我，从中午开始就一直跟在我走的小径后面。对他们来说，找回那些丢掉的仪器易如反掌，不算个事。他们在黑暗之中领我回到营地，其他人在那里等我们。

为这件愚蠢的意外事件所苦恼，我无法安睡，便用无法成眠的几个钟头思索那场交换礼物的插曲。在那个场合，书写出现在南比夸拉人面前，但并不是像我们想象的那样可能会经历一个长久的、辛苦的训练过程。书写的出现只是被借用来作为一种象征，其目的是社会学的，而非智识上的使用，而且文字的真相一直未被理解。文字不被用来获得知识、帮助记忆或了解，而只被用来提升一个人的权威与声誉，或者被用以提升一种社会功能的权威与威信，其代价是将其余的人或社会功能加以贬抑。一个仍然活在石器时代的土著也能猜得到，这是一项可以借之达成交流的伟大工具，他即使并不晓得其真相，也知道这工具可以用来做其他用途。无论如何，在好几千年的时间里——在世界上很多地方现在依然如此——书写都是由特定人士掌握的特权，在那些社会里，大多数社会成员并不晓得如何使用文字。我曾到过巴基斯坦东部的吉大港山脉，住在当地的村落里面。村里的人并不知道如何写字，但每个村子都有一个代笔，替村里的个别人或替整个村落写东西。所有的村民都知道存在书写文字这回事，在有需要的时候也使用这项工具，不过，他们是以外在者的身份去利用书写文字的，把书写文字视为一种与外界沟通的手段，而他们自己要用口头说话的方式与这种外界手段及其代表人沟通。担任代笔工作的人，很少是村民团体的工作人员或雇员。书写文字的知识赋予代笔权力，结果是同一个人常常既是代笔又是放贷者。这不仅是因为放贷者需要能读能写才能做生意，而且是因为代笔这样的人，正好在两个层面上都可以掌握别人。

书写是一种奇怪的发明。很容易就会令人想到，书写文字的出现必然会给人类生存的情况带来极重大的改变，而且这些重大的改变会被视为主要是一种智识性质的重大改变。拥有书写文字，大大提高了人类保存知识的能力。书写文字可以说是一种人工记忆。书写文字的发展，应该会使人类对自己的过去有更清楚的意识，因而大大增加人类组织安排目前与未来的能力。当所有其他区别野蛮与文明的标准和界限都一一被取消、摧毁以后，人们很想至少维持住这么一项判别标准：有些人群有书写文字，有些人群没有。前者能够累积其过去的成就，而以更快的速度来达成他们给自己定下的目标；而后者，由于无法记得个人有限的记忆能力所能记住的那点过去之外的事情，因此似乎不免被局限于一种起伏不定的历史中，那样的历史既没有一个开始，也不会有任何长久持续的目标意识。

然而就我们所知，有关书写文字及其在人类演化史中所扮演的角色的观点，却没有获得任何证据支持。人类历史上最具创造

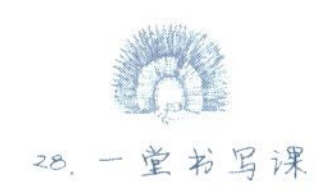

力的时期之一，是在新石器时代的早期，当时发明了农业、畜牧业，还有其他种种手工艺。那样富于创造力的阶段能够出现，一定是在历经数千年之久的时间内，有一小群人不停地观察、实验，并且把其所得的成果代代传承下去的结果。这些重要发展大获成功，可以想见其进行过程相当精确，而且富于延续传承性，但当时还没有任何书写文字。如果书写文字是在公元前四千年到公元前三千年之间被发明的话，则书写文字只能被看作新石器时代革命的一项相当晚近的（毫无疑问也是间接的）结果，而绝不是产生新石器革命的先决条件之一。如果我们要追问有什么重大的发明是和书写文字紧密相连的，那么在技术方面只能举出建筑。然而埃及和苏美的建筑成就并不见得高于前哥伦布时期的某些根本不知道书写文字的美洲民族的建筑成就。反过来说，从书写文字发明以后，直到现代科学诞生以前，整个世界历经五千年的时间。在那段时间内，人类的知识与其说增加了，倒不如说摇摆起落不定，后者所占的比例比前者大许多。常常有人指出，一个古希腊或古罗马公民的生活方式与一个十八世纪中产阶级欧洲人的生活方式并无太大的区别。在新石器时代，人类没有书写文字的帮助，仍然大步前进，取得了很多重大成就；有了书写文字以后，西方的历史时期的文明长期停滞不前。毫无疑问，如果没有书写文字的话，就很难想象会产生十九世纪与二十世纪在科学上的急速扩展。但书写文字固然是一个必要条件，却一定不是一个解释此项扩展的充分条件。

要建立起书写文字的出现与文明的某些特质之间的互动关系，我们必须改从另一个角度来考察。唯一必然与书写文字同时出现的现象是城镇与帝国的创建，也就是把大量的个人统合入一个政治体系里面，并把那些人划分成不同的种姓或阶级。无论如何，这都是从埃及和中国所看到的，书写文字出现以后的典型发展模式：书写文字似乎被用来做剥削人类而非启蒙人类的工具。这项剥削，可以集结数以千计的工人，强迫他们去做耗尽体力的工作。这可能是对建筑何以诞生的更好的解释，最少比前述的书写文字与建筑的直接关系更具可能性。我的这项假设如果正确的话，就将迫使我们去承认一项事实：书写的通信方式，其主要功能是帮助执行奴役；把书写文字当作无关切身利益的工具、当作智识及美学上的快乐之源泉等等，是次要的功能，而且这些次要的功能常常被用来强化、合理化和遮掩那项主要的奴役功能。

不过，还是有些例外存在：非洲有些土著帝国统治了数以十万计的人口；前哥伦布时期的美洲印加帝国有数以百万计的人口。然而，以上两个大陆的这些建造帝国的尝试却并没有产生什么恒久的结果。我们知道印加帝国创建于十二世纪左右，三个世纪以后，如果它不是自己已经衰颓不堪的话，皮萨罗所率领的士兵就不会那么轻易地征服了它。虽然我们对古代非洲的历史所知不多，但我们可预想其情况大致相似：庞大的政治群体出现，在不到几十年的时间以后，又消失无踪。因此，这些例子或许证实了上述假设，而非推翻了它。或许书写文字本身不足以巩固知识，但书写文字可能是强化政治统治所不可或缺的。如果我们看看比较接近我们的家乡的例子，就可发现欧洲国家强制教育的系统性发展，是和服兵役制度的扩张以及人口的无产阶

弗朗西斯科·皮萨罗（Francisco Pizarro，1471/1476—1541），西班牙征服美洲的重要人物。

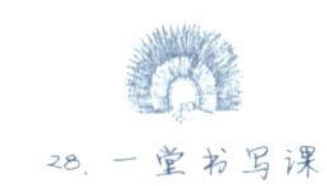

级化过程齐头并进的。扫除文盲的战斗和政府对公民的权威的扩张紧密相连。每个人都必须识字，然后政府才能说："对法律无知不足以成为借口。"

这种过程已由国家性的范围移到国际性的层面上去，这是新创立的国家与享有优越地位的国家建立联盟时的某种心照不宣的勾结结果。那些新创立的国家要应付我们在一两百年前面对过的种种问题。享有优越地位的国家则深深忧虑自己的稳定可能会受到侵害，害怕那些没有经过适当程度书写文字训练的人会用口号来思考，而那些口号又能任人随意变更，使人很容易变成种种暗示的牺牲品。当能够接近存放在图书馆中的知识以后，这些人同时也变得很容易为被印成文字的、在比例上要比知识还高出许多的大量谎言所左右。毫无疑问，这种现象目前已无可挽回。但是在我去过的那个南比夸拉人的村落里面，那些地位较低的成员却是最富于理性判断力的人。他们在其酋长企图运用一种文明的手段时，便不再信任、支持他（我离开后不久，那个酋长便被大部分村民遗弃了）。他们隐约意识到，书写文字与欺骗齐头并进，突然侵入他们的社群。他们跑到更为偏远的树林里去休养生息。而同时，我也忍不住要佩服这一位酋长的天才，能立刻了解到书写文字可能增加他的权威，也就是一下子掌握了一项制度的根本性质，虽然他自己对该制度仍然不知如何应用。这个插曲同时使我注意到南比夸拉人生活的另一面：个人与群体之间的政治关系。我很快就有了机会在这方面做更直接的观察。

当我们仍然在乌蒂亚里蒂的时候，土著群体当中爆发了一场腐烂性眼炎的传染病。这种感染是由淋病病毒引起的，流行于整个社群，造成极大的痛苦和暂时性的目盲，不治疗的话会导致永久性的失明。有好几天的时间，整个社群处于瘫痪状态。土著治疗这种感染的办法是用一种树皮浸在水中，再用树叶卷成喇叭状，把水注入眼中。这种传染病传到了我们的群体。第一个受害者是我太太，她到目前为止参与了我的所有探险研究，她的专业是研究物质文化与工艺技术。她受到严重感染，不得不离开此地。然后，大多数男人也被感染了，我的巴西同伴也是。不久整个探险研究便停止了。我让主要的成员留在原地休息，医生也留下来给他们必要的照顾，我自己则带着两个人和几头牲畜前往坎普斯诺武斯，因为有人报告说在那附近看见了几群土著。我们在那里过了两个星期近乎无事可做的日子，采集还没完全成熟的水果，果树种在一个已恢复到原始荒野状态的田园里面：有番石榴，其苦味和沙性的肉质常常远远超过其浓郁的香味；还有腰果，颜色鲜艳如鹦鹉，其肉质粗糙得像海绵，汁液有点酸，味道浓郁。要取得肉类相当容易，我们只要一大清早到离营地一百米左右的矮树林地区，就可轻易射到常来这片树林的鸽子。我在坎普斯诺武斯遇见两个族群，他们为了取得我带去的礼物，而从北方下来。

这两个族群之间互相敌对，其不友善的程度不亚于他们两群人对我的敌对态度。从一开始，他们就不是请我把礼物给他们，而等于是要求我这么做。在开头几天，只有一个族群的人和我们在一起，再加上一个从乌蒂亚里蒂先到达此地的土著。我想这个土著可能对来访族群中的一个年轻妇女表现出了过分的热情，来访者与陌生人之间的关系一下子就相当紧张，那个土著开始到我

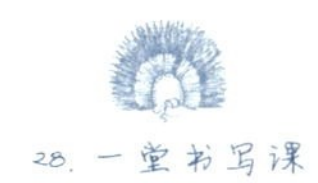

的营地来求取一种比较友善的气氛，也和我一起进食。那个族群的人注意到了这一点，有一天在那个乌蒂亚里蒂土著出去打猎的时候，一群像是代表的土著到营地来找我。他们要我在那个乌蒂亚里蒂土著的饮食里面下毒，语气中带着威胁。他们也随身带了毒药——一种灰色的粉末，放在四根用线绑在一起的竹管里面。这是一个尴尬的情况：如果我一口拒绝，他们可能就会攻击我，他们的敌意态度使我不得不小心应对。因此我想最好夸大我对他们所讲的话的无知程度，干脆假装我根本不懂他们在说什么。他们一再对我重复，我那个访客是个 Kakoré，也就是大坏蛋，越快把他除掉越好。然后他们表示很不满地离开。我向那个从乌蒂亚里蒂来的土著说明了这事的经过，他马上消失得无影无踪，一直到几个月以后我又回到那地区时才再看见他。

还好，第二个族群隔天就来了，给第一个族群提供了宣泄他们的敌意的对象。两个族群会面的地点是我的营地，这里既是中立地带，又是他们两个族群长途跋涉的目的地。因此，我也获得了看清楚整场会面过程的机会。只有男人前来，然后两族群的头目立刻进行了一场冗长的对话。与其说是对话，倒不如说是双方各自发表独白，语气平缓，充满一种我从未听过的鼻音。“我们极为不悦。你们是我们的敌人！”一群人号叫着。另一群人则回答：“我们并不觉得不悦。我们是你们的兄弟，我们是朋友——朋友！我们可以相处得很好！”等到这场挑战与抗议进行完毕以后，他们便在我营帐旁边搭建了一座公共营帐。然后大家开始唱歌跳舞，每一群人在自己的表演快结束的时候，会把自己的表演与对手的表演做比较：“泰曼跌人（Taimaindé）歌唱得很好！

我们歌唱得不好！”接着他们又开始争吵，不用多久，紧张程度又提高了。歌唱与争吵夹杂，造成非常大的噪声，而夜晚才刚开始，我无法明白他们在唱什么、吵什么。有时一些人会出现威胁性的手势，甚至开始拉拉扯扯，其他人便权充和解人。所有的威胁性的手势都以生殖器为焦点。南比夸拉印第安人表示很不高兴的时候，就双手握住自己的阳具，指向对手。在做完这个动作以后，便接着攻击对方，目标是把盖在对方阳具上面的那束草扯下来。阳具“藏在草后面”，“打斗的目的是把草扯下来”——这种动作纯粹是象征性的，因为男性生殖器遮蔽物的材料异常单薄，既保护不了阳具，也遮掩不住阳具。有时候他们也会设法夺走对手的弓和箭，并把弓箭藏在对手拿不到的地方。在整个行动过程里，土著的情绪都异常紧张，好像他们已勃然大怒，随时会大打出手。拉拉扯扯有时会变成一场真正的乱斗，但是这一次，打斗在黎明时分就止息了。两边的人仍然看得出来还是充满怒意的，而且频频做出不友善的手势，可是他们开始检视对方，用手指摸对手的耳坠、棉制手镯和小小的羽毛饰物，同时小声地发出急促的评语，像：“把它给……把它给……看，那多漂亮。”而饰物的主人则抗议说：“这很丑……旧东西……损坏的东西！”

这种“和解式的检视”代表争吵告一段落，两个族群之间开始进行另一种活动：商业交易。虽然南比夸拉人的物质文化可能相当简陋，但每个族群所制造的手工艺品却为别的族群所珍爱：东部的南比夸拉人需要陶器与种子；北部的南比夸拉人则认为南部的南比夸拉人所制造的项链特别精致。因此，如果两个不同族群的人和平相处的话，就会导致礼物的交换；紧张与争执为以物

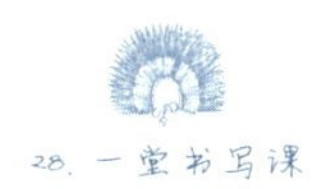

易物的交易所取代。

实际上我很难相信他们真的是在交换礼物。在那场争吵之后的那个早晨，每个人都进行日常的活动，对象或产品由一个人转移到另一个人手中，给予者甚至没有表明他是在赠送一样礼物，而获得者也并不对他新得到的东西多加注意。交换的东西包括棉花、线圈、整块的胶或树脂、红木树汁、贝壳、耳坠、手镯、项链、整束的棕榈纤维、刺猬的刺、完整的陶罐、破碎的陶片和葫芦等。这种神秘的物品交换进行了大半天之久，然后两群人分开，各走各的路。

南比夸拉人依赖对方的慷慨大方。他们从来没想过要估价、争论、讨价还价、要求或取回。有个土著答应替我带信息给一个邻近的族群，代价是给他一把砍刀。他带完信息回来以后，我忘了把砍刀立刻给他，想着他大概会回来向我要。但他并没有向我要，等到第二天我已找不到他。他的同伴告诉我说，他已很愤怒地离开了，而我再也没有看到过他。我只好请另一个土著代替他把礼物收了下来。在此情形下，以物易物结束以后，一群人会很不满意地离开就一点也不足为奇了，慢慢地（他们计算一下所得的礼物和他们付出的礼物），不满的情绪会增加，到了充满攻击性的地步。这种不满的情绪常常足以引发战争。战争的爆发当然还有其他原因，比方说是进行或报复谋杀，又或是抢夺妇女。然而，一个群体似乎并不觉得作为一个群体非得替其成员为其所遭受的伤害进行完全同样的报复不可。然而，由于群体之间存有敌意，因而上述借口常被接受，特别是当有一个族群觉得自己很强盛的时候。打仗的建议会由一位战士提出。他把自己的不满大声喊出来，其口气跟语调与族群和族群会面时的演讲相同：“哈啰！到这里来！过来！跟我来！我在生气！很生气！箭头！大箭头！”

穿上特殊的华服，也就是一把染成红色的棕榈叶（buriti）草盖，戴上美洲狮皮头盔的男人集合在酋长的领导之下，开始跳舞。先要举行占卜仪式：酋长或者巫师（如果该族群有巫师的话）把一支箭藏在丛林中的某个地方。第二天他们便出去找寻那支箭。如果箭上沾血的话，就决定打仗；如果没沾血，便不打仗。很多出战行动都是如此开始的，但前进几公里路以后又停下来放弃。原来的刺激与兴奋消失，战士们就回家了。但有些出战行动则进行到底，导致流血。南比夸拉人习惯在黎明发起攻击，他们埋伏的方式是在丛林的不同地点每隔一定的距离就有人藏在那里。每个人颈间都挂一个哨子，利用吹哨子的方式将攻击讯号由一个人传给下一个人。哨子是用绳子绑在一起的两根竹管，其声音接近蟋蟀的叫声。毫无疑问，这是哨子的名称和蟋蟀的名称相同的理由。打仗用的箭和平常用来射大型动物的箭完全一样，不过在矛状的顶端有锯齿形的刃。浸过箭毒（curare）的箭头，在打猎的时候经常使用，但从不用于打仗，因为被射中的敌人在毒散布开来之前就能把箭拔出来。

但是，在婚姻问题上，还有其他的因素。酋长可以享受一夫多妻的特权，也就是整个群体把一夫一妻制规则所保护的“个人性安全感”拿出来与“集体安全”交换，群体的成员认定酋长要对集体安全做保证。每个男人只能从另外一个男人那里得到一个女人，但酋长则从群体里得到好几个妻子。得到好几个妻子的

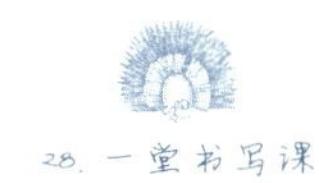

酋长就必须以保障整个群体免于饥饿、免于危险来作为回报。回报的对象不是他所娶的妻子们的兄弟或父亲等个别的人，甚至不是那些因为他一夫多妻而娶不到妻子的男人，而是整个群体，即那个为了酋长个人的利益而让社会普行的律法网开一面的社会群体。这些想法或许对进行一夫多妻制的理论研究不无帮助；但以上讨论的主要价值是提醒我们，应该把国家制度视为一种提供各种保证的制度来考虑——这种想法最近几年来因为有关于全民保险制度的讨论（像“贝弗里奇计划”和其他的提案）而被人重新提出。这种想法并非完全是现代才有的发展，而是回到了社会和政治组织最基本的性质上去。

威廉·贝弗里奇（William Beveridge, 1879—1963），英国经济学家，福利国家的理论建构者之一，于一九四二年发表了《贝弗里奇报告：社会保险和相关服务》。

以上就是群体对待权威的态度。我们不妨进一步考察一下，看酋长本人如何看待他的功能，以及他可能是基于什么样的动机而去接受一个并非永远快活的职责。南比夸拉酋长必须扮演一个困难的角色：他必须卖力工作以维持地位。更严重的是，他如果不一直不停地有所改进的话，就可能丧失掉他花了好几个月或好几年才得到的一切。这就说明了为什么很多人不愿意接受权力，然而也有一些人不但接受权力，还设法取得权力。评判心理动机常常是困难的，当我们讨论的是一个和我们自己的文化很不一样的文化时，这种工作几乎是根本不可能的。然而，还是可以肯定地说，光是一夫多妻这项特权，不论它在性方面、感情方面或社会方面有多大的魅力，其本身都仍然不足以构成追求酋长这个职位的充分理由。一夫多妻的婚姻是权力的一项技术条件，在提供任何深沉的满足方面都只能居于次要的地位。一定还得有更进一步的理由。当我回想起每个不同的南比夸拉酋长德行和心理上的特征时，当我要捕捉住他们在人格、个性上的那些不可捉摸的特质时（这些事情虽然无法加以科学分析，却有其价值，这要归功于人类沟通交往的本能感觉，以及对友谊的体验），我不得不做出下面的结论：

> 酋长之所以存在，是因为在每个人类群体里面，都会有一些人和他们的同胞不一样，不一样的地方在于那些人就是喜欢享有名望，他们深为责任的负担所吸引，对他们而言，公共事务的负担本身就是酬劳。不同的文化毫无疑问会让这一类个人与个人之间的差别有不同程度的发展与表现。但是连在南比夸拉这样一个缺少竞争的社会里面，都会存在这种现象，就表示它可能并非完全源于社会性的层面，而是属于所有社会都据之而建构起来的基本的心理性材料。并不是每个人都差不多相同，即使是在那些被社会学家们视为被威力无比的强大传统严重制约的原始部族里面，个别的人与个别的人之间的差异，也会被部族成员精明地辨识出来，同时有意识地加以利用。其精明程度和有意识地利用的程度，一点都不亚于我们自己所谓的“个人主义”的文明。

戈特弗里德·威廉·莱布尼茨（Gottfried Wilhelm Leibniz，1646—1716），德意志哲学家、数学家。

换另外一种形式，以上所讲的毫无疑问就是莱布尼茨在讨论美洲野蛮人时所提到的“奇迹”。

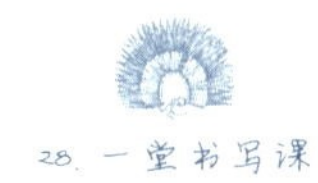

这些野蛮人的习俗，依照早期的旅行者所记载的，使莱布尼茨学到“永远不要把政治哲学里面的任何假设视为已被证实的真理”。至于我自己，我跑到地球的另一端，跑到天涯海角去寻找卢梭称之为“几乎无法辨识的人类起源的各个阶段”的现象。在卡都卫欧族和波洛洛族的那些过分复杂的律法规则的背后，我继续追寻一种“状态”，一种卢梭经常称之为“已不存在，可能从来没有存在过，将来也可能永远不会存在，不过仍然必须对那种状态具有正确观念”的状态。我相信，我比卢梭更幸运，我已在一个处于变质、颓败中的社会里发现了那样一种状态情况。关于这个社会的情况，去考虑其目前的状态到底是不是一种退化现象、残存现象等等，都毫无意义。不管是传统性的还是退化性的，这个社会所提供的是想象所能及的最基本、最简单的社会组织和政治组织的形成。我并不需要去追溯使这个社会维持其基本、简单的组织形式的所有特殊历史事件的前因后果，尽管很可能是那些特殊的历史事件事实上一步步地把这个社会推回到其目前的这种基本形式。我只要观察陈列在我眼前的这个社会学经验即已足够。

但是，最难捕捉的正是这个社会学经验本身。我一直在寻找一个被化约到最简单的表现形式的社会。南比夸拉社会确已简单到无以复加的程度，我在那个社会里所看到的，只剩下个别的人类。

29 男人、女人与酋长

一九三八年的时候，位于坎普斯诺武斯以北高原地带最高点上的维列纳（Vilhena）电报站，只是几间建在一片几百米见方的空地上的小屋。这地方是铁路建造者计划建成马托格罗索地区的芝加哥的地点。据我所知，这地方目前已成为军用机场。在我去那里的时候，该地的人口不过两户人家，他们已有八年之久没接到任何补给——我在前面已说明过——仅靠一群鹿来维持自己生理上的需求。他们很小心地利用那群鹿，靠那群鹿来提供他们所需的肉类。

在维列纳，我认识了两个新的土著族群，其中一群有十八个人，说的方言和我渐渐熟悉的那种很接近；另外一群有三十五个人，使用一种不知道是什么的语言，我后来也一直无法辨认出那种语言到底是什么。这两个族群都各由自己的酋长领导。人数较少的那个族群的酋长的功能似乎完全是世俗性的，人数较多的那个族群的酋长却具有类似巫师的身份。由巫师领导的那个族群叫作沙班内，另外一个族群叫作塔伦跌。

除了语言上的差异以外，几乎不可能分辨出两个族群有何区别：他们的外貌和文化都几乎一样。坎普斯诺武斯的印第安人情形也是如此，不过维列纳的这两群印第安人，互相之间的关系相当友善。他们虽然有各自的营火，但一起旅行，宿营地也紧紧相邻，似乎已经决定要分享命运。这是一种令人惊讶的结合，因为两个族群语言不同，其酋长只有通过各自族群中的一两个可担任口译的人才能互相交谈。

他们的联合一定是相当晚近的事情。我在前面已解释过，在一九〇七至一九三〇年之间，白人带来的传染病使印第安人口锐减，其结果之一就是有好几个族群人口减少得太厉害，已到了无法独立生存的地步。在坎普斯诺武斯，我曾观察过南比夸拉社会内部的敌对情形，也看到了破坏性的力量在起作用。在维列纳，我则有机会亲眼看见欲达致和谐的努力。毫无疑问，和我一起宿营的这些印第安人已理出一整套构想。两个族群的成年男人都互叫对方族群的女人为“姊妹”，而妇女在和对方族群的男子谈话时则使用“兄弟”一词。两个族群的男人在互相交谈的时候用来称呼对方的名词，在自己族群的语言中意即“交错从表”，等于我们会翻译为“姑舅表”的姻亲关系的称呼。依据南比夸拉的婚姻规则，这种称呼方式的意思就是两个族群的小孩都互相成为“可能的配偶”。因此可以说，经由通婚，到下一代的时候，两个族群就会合成一个。

然而，要完成这项大计划，仍有一些障碍。有一个对塔伦跌族群怀有敌意的族群在这一带活动。有时候那一族群的营火清晰可见，塔伦跌人为可能发生的任何事情做准备。由于我稍懂一点塔伦跌方言，但对沙班内方言一无所知，因而我觉得和塔伦跌族群比较亲近一些；而沙班内族群的人，我无法和他们交谈，他们对我也比较疑惧，我也就无法说明那一群人的想法。我所能说的，只不过是塔伦跌人还不能完全肯定他们的朋友对这项联合毫无保留。虽然他们害怕那第三个族群，但他们更怕的是，沙班内族群可能会突然改变主意，另结新盟。

没过多久就发生了一件奇怪的意外，证明了他们的恐惧是很有理由的。有一天，男人们都出去打猎了，而沙班内族群的酋长没有在平常的时刻回到营地。一整天都没有人看见过他。夜晚降临，到晚上十点左右，整个营区处于一种恐慌状态，特别是失踪未归的那个人的家属。他的两个妻子和小孩们紧紧拥抱在一起哭泣，哭泣丈夫和父亲的死亡。在这时刻，我决定带几个土著到附近观察一番。我们才走了不到两百米，就发现那个失踪的酋长蹲在地上，在黑暗中发抖。他全身赤裸，也就是说项链、手镯、耳环、腰带等全都不见了。在火把的火光中，我可以瞥见他脸上悲伤的表情和凄苦的五官。其他人扶着他回到营地，他坐下来一言不发，一副无可置疑的受挫折的样子。

焦急的听众迫使他说明到底发生了什么事。他解释说，他被雷带走——南比夸拉人称雷为“阿蒙”（amon；那一天曾有一场暴风雨，预示雨季的开始）。雷把他带入空中，带到了一个他指出名字的地点，离营地［在阿那内兹河（Rio Ananaz）］二十五公里，夺走了他身上所有的饰物，然后又把他带回来，放在了我们发现他的地点。大家不停地讨论这次意外，讨论到每个人都睡着为止。隔天早晨，那个沙班内酋长就恢复了常态，而且找回了他全部的饰物——没有一个人对此表示惊讶，他自己也没做任何解释。接下来的那几天，塔伦跌族群的人开始重复诉说有关这次意外的另一个版本。他们觉得那位酋长，在假装和超自然界沟通的情形下，实际上开始和在附近宿营的另一群印第安人进行谈判。这些指控都没有表面化，有关那个事件的官方版本，大家在公开场合都表示接受。但是在私下的谈话里，塔伦跌酋长一点都不掩饰他的焦虑。由于这两个族群不久以后就离开了我们，因此我一直不知道这个故事的结局如何。

这次意外，再加上我以前所做的观察，促使我去思考南比夸拉群体的性质，以及群体的酋长在群体内部所能达到的政治影响力量。再也无法找到比南比夸拉群体更为脆弱、更为暂时性的社会结构了。如果其酋长看起来要求过分，如果他自己占有太多妇女，如果他在食物短缺的时候无法提出令人满意的解决方法来，不满马上就会表面化。个别的成员或整个家族会离开其群体去加入酋长声誉较佳的另一个群体。那个群体可能因为发现了新的猎场或食物采集场而有了更丰富的食物来源，或者可能由于通过与邻近族群交换而取得了更好的饰物与工具，或者可能由于某些出战的胜利而变得更为强大。其结果是，有一天，原来族群的酋长会发现他所率领的群体人口太少，无法解决日常生活的需要，或无法保障其妇女不被贪心的陌生人掳走。当情形到此地步以后，他只好放弃酋长的地位，和族群中的剩余分子一起加入一个比较幸运的群体。因此，南比夸拉人的社会结构很明显是变动性相当强的。族群不停地组成、解散、增加与消失，在几个月之内，一个群体的结构、大小和分布范围会大大改变，变得无法辨认。同一群体内部的政治阴谋、纷争，邻近群体之间的争执，都对这些改变的模式有所影响，个人和群体的升降浮沉接二连三，其变化常令人惊讶。

那么，群体的区分到底根据什么原则呢？从经济的观点考察，由于自然资源缺乏，在游居时期需要一片相当广大的空间才能养活一个人，因此他们不得不区分成规模不大的小群体。问题不在于为什么要区分成小群体，而在于小群体是如何区分的。在原本的小群体中，有些男人被视为领导者，这些领导者就是各个群体结合的核心。一个群体的大小，一个群体在特定时期内的稳定程度，都视其酋长维持秩序和改善自己地位的能力而定。政治权力似乎并非来自社会群体本身的需要；反而是整个群体的形式、大小甚至来源的根本，取决于谁可能担任酋长，可能担任酋长的人在群体尚未出现的时候就已经存在。

我和两个这一类酋长很熟悉：一个在乌蒂亚里蒂，他的族群叫作“瓦克雷托苦”（Wakletoçu），另外一个是塔伦跌族群的酋长。前者相当聪明，深知他自己的职责，精力旺盛，很会应变。他能预测到任何新情况的可能结果，计划出一个特别符合我的需

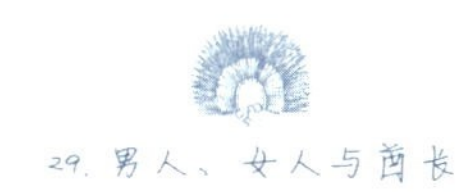

要的旅程路线，并在必要的时候，在沙上绘图来说明整个路线。当到达他的村落时，我们发现，不必我们要求他，他早已派一队人去立起了绑牲口用的柱子。

他是个最有用的报道人，因为他对我的工作有兴趣，了解我要问的问题，能看到其中的困难所在。不过，他当酋长的任务占用了他的很多时间：他会出猎几天不归，不然就是去检视那些长种子的树的情况，或者查看那些已有成熟水果的树木的情形。他的几个妻子也经常邀请他玩爱情游戏，他都立刻答应。

一般来说，他不仅具有高度的逻辑思考能力，还具有能持续专注于某项目标的能力，这两点在南比夸拉人里相当少见。南比夸拉印第安人往往善变而且喜怒不定。在艰难、不稳定的生活条件下，在手中能利用的办法极其缺乏的情况下，他还是表现出了一个有效组织者的能力，可以独自担当起谋求他的群体之福利的责任。他很有效地带领着他的群体成员，虽然其中带有相当程度的谋略算计成分。

而塔伦跌酋长的年纪和前述的酋长相当——都是三十岁左右，同样聪明，不过聪明的方式有些不同。瓦克雷托苦酋长让我觉得是个很精明、很有办法的人，他总是在算计着某种政治行动。塔伦跌酋长并非行动性的人物，而是一个喜好沉思的人，非常敏感。他的心思具有诗意，相当迷人。他意识到自己族人所处的没落颓败情境，而这种意识使他在谈话中带着忧伤的语调："我以前也曾这么做，但是现在那些都已成了过去……"这是他提到以前比较快乐的时光时所说的，那时候他的族群还没有被削减成无法守住自己习惯的少数群体，而是有好几百个忠实地遵守所有的南比夸拉文化传统的人。他对欧洲习俗的好奇心，他对我研究过的附近族群的习俗的好奇心，一点都不在我之下。和他一起进行的人类学研究工作永远不会是单向的活动：他把这种工作视为消息的交换，对我要告诉他的一切事情都极感兴趣。他还常常向我要我所观察过的附近的族群或远方的族群所使用的羽饰、头饰或武器的素描，我送给他的素描，他都小心地保存起来。或许他是想用这些资料来改善他自己族群的物质装备和智识水平。然而，他好梦想的气质却难以产生实际的结果。不过，有一天，我在设法核对潘神箫（Pan-pipes）的分布地域时，问了他一些问题，他回答说从来没见过潘神箫，但很想要一张潘神箫的素描图。靠着那张素描图，他居然成功地做出了一支虽粗糙但可以吹奏的潘神箫。

这两位酋长的特殊能力和他们取得他们的地位的方式大有关系。

在南比夸拉社会里，政治权力不来自世袭。当一个酋长因变老或生病而觉得没有能力继续承担他应负的责任时，他自己会挑选继承人："这个人将成为酋长……"但这种独尊似的决定只是表面的，实质上并非由他任意决定。我以后将说明一个酋长的权威实际上是如何的薄弱。选继任者的时候，就像做其他一切决定一样，最后的决定似乎都先得探查过大众的意见——被指定的继任者同时也必须是大多数人最拥护的人。但是选择新酋长不仅为整个群体的赞成或反对意见所左右，被选中的人还得准备接受这项安排。授予权力却被强烈拒绝，并非不常发生："我不愿当酋长。"如果这情形发生的话，就得另选别人。实际上，似乎并没

有什么争取政治权力的强烈竞争，我所认识的酋长们，常常并不把当酋长看作值得骄傲的事情，反而常常抱怨责任太重、负担太多。情形既是如此，我们不妨追问，酋长到底享有什么特权，他的责任又有哪些。

在一五六〇年左右，蒙田在鲁昂（Rouen）会见了三名由海员带到欧洲来的巴西印第安人。蒙田问其中一个，在他的国家里面，酋长（蒙田使用的是“国王”这个字眼）享有什么特权。那个土著本身就是一个酋长，他回答道：“特权，就是打仗的时候在最前线。”蒙田在他的《蒙田随笔》（Essays）中很有名的一章里描述了这个故事，同时对这种骄傲自得的定义表示惊讶无比。对我而言，在四个世纪以后所得到的回答居然完全没变，这更值得惊讶和佩服不已。如此一致的政治哲学，在文明国家里是见不到的！虽然这种定义看起来令人惊讶，但是南比夸拉语中用来称呼酋长的名词，比这个更有意义——Uilikandé，其意思似乎是“那个执行联合的人”或“那个把人们团结起来的人”。酋长一词的语源表示土著心里明白我已强调过的现象，也就是说，酋长是被视为一个群体的成员“愿意组成一个群体而存在”的理由所在，而不是“一个已经存在的群体”觉得需要一个中央权威而制造了一个酋长出来。

米歇尔·德·蒙田（Michel de Montaigne, 1533—1592），法国作家。

个人的声望，以及引发别人信心的能力是南比夸拉社会里权力的来源。这两项都是一个要在危机重重的旱季游居时期担任领导者的人不可或缺的。一年里有六七个月的时间，酋长自己要完全负起带领他的群体的责任。他得组织出发工作、选择行进路线、决定扎营地点、决定扎营时间的久暂。所有打猎、捕鱼、采集等工作的决定都取决于他。他还要决定自己的群体对待邻近群体的态度。如果一个群体的酋长同时也是村落的酋长的话（此处的“村落”一词只狭义地指雨季时期的半永久性的居住地区），他的责任就更为广泛了：他决定定居时期的时间和地点；他监督田园种植工作，决定种什么植物；更重要的是，他必须顺应季节的条件以及整个群体的所有需求去安排族人进行各种活动。

必须立即指出的是，在执行这么多的任务时，酋长并不具有任何明确规定好的权力，也不享有任何被大众承认的权威。权力来自同意，权力靠同意来维持其合法性。任何可鄙的行为（也就是在土著观念中被认为可鄙的行为）或者是一两个不满分子所表现出来的恶意，都足以破坏酋长的计划，危害到他的小社群的福利。当这类事情发生时，酋长并不具有任何强制力。他只有在说服其他所有人同意他的看法的时候，才能除掉不受欢迎的分子。因此，他必须具备的并不是全权统治者所应有的权威，而是足以使一个由“不稳定的多数”组成的群体维持下去的能力。单单维持他自己群体的团结并不够。他的群体虽然在游居时期可能处于近乎完全孤立的状态，但对其他群体的存在并非毫无意识。酋长不仅要做好自己的工作，还必须试图——他的群体要他如此——做得比其他的酋长更好。

在完成这些责任的时候，酋长所拥有的基本的也是主要的权力工具是酋长本人的慷慨。慷慨是原始族群之中的权力的重要性质，特别是在美洲。即使是在只拥有简陋物品的粗陋文化里面，慷慨仍然扮演不可或缺的角色。在物质的拥有上，虽然看不出来

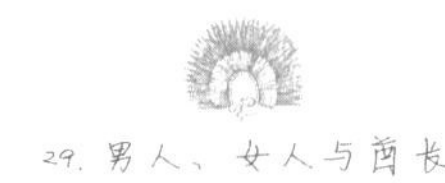

酋长处于特别优厚的地位，但他还是得有办法处置一些剩余的食物、工具、武器和其他物品。由于群体成员普遍贫穷，因此这些东西不论微薄到什么程度，都仍然可能具有可观的价值。当一个人、一个家族或整个群体觉得需要点什么的时候，他们便去找酋长。结果是，慷慨成为一个新酋长最须具备的特质。这是经常被吹奏的音符，而群体对酋长的满意程度便取决于这个音符所得到的回音够不够和谐。毫无疑问，在这一方面，酋长的能力被利用到极点。群体的酋长是我能找到的最佳报道人，我知道他们所处的困难地位，也很乐意给他们慷慨的报酬。但我送给他们的所有礼物很少能留在他们手中超过一两天。和他们住在一起几个星期以后，当我要离开的时候，群体的成员早已成为那些斧头、刀子、玻璃珠等等的拥有者了。然而，一般来说，他们的酋长还是和我初到时一样贫穷，送给他的所有一切（其数量要比普通成员平常所收到的多出许多）都早已被强要走了。这种集体性的贪得无厌常使酋长感到绝望，当这种情形发生的时候，酋长会拒绝赠送礼物。在印第安人的原始民主里，酋长拒绝赠送礼物几乎就等于在现代国会里要求举行一次信任投票。当一位酋长被逼得说“我再也不送任何东西了！我再也不愿意继续慷慨下去了！让别人慷慨吧，别老是要我慷慨！”的时候，他一定要确实对自己的权力信心十足，因为他的统治正在经历最严重的危机。

善于随机应变、善于想办法，其实是智识形式的慷慨。好酋长会表现出主动性和技巧：他要负责准备箭头所用的毒药；印第安人有时候会玩球戏，酋长得制作游戏用的野生树胶球；酋长必须善于唱歌跳舞，必须是个乐天派，随时给群体提供娱乐，驱散日常生活中的无聊枯燥。这一类功能很自然会导向巫师崇拜，有些酋长事实上也同时是巫师。不过，这一类性质的种种功能常常只留在幕后，即使有时必须表现巫术性技能，也只不过是酋长功能中的次要因素，比较常见的情形是让现实世界的权力和精神世界的权力分属两个不同的人物。在这一方面，南比夸拉人和他们西北边的邻居，也就是图皮－卡瓦希普人不一样，后者的酋长同时也是巫师，会做预兆性的梦、看见奇景、进入恍惚状态、变成灵媒。

虽然南比夸拉酋长主要以现实世界事务为处理对象，但他所拥有的技能和应变能力仍然相当可观。他对他的群体和邻近群体的经常性活动地区必须具备完整的地理知识；他得熟悉猎场，熟悉那些长野果的树木所在的树林；他必须知道什么时候是去猎场或树林的最恰当时机，也得知道邻近的族群会走哪条路，是友善的还是怀敌意的。他经常出去勘察或探测。他与其说是在带领他的群体，倒不如说是在他的群体四周游走巡逻。

除了一两个不具有任何真正的权威，但如果给予适当的报酬就愿意合作的人以外，整个群体的成员与他们活力充沛的酋长相比，全都显得异常被动。好像是整个群体一旦把某些特权交给酋长以后，就期待酋长对整个群体的利益和安全负起全部责任似的。

我在前一章讲述过的那个小插曲可以为这种心态提供很好的说明：当我们迷失方向、发现所带的补给不足时，土著并不组织一个猎队出去打猎，而是躺下来休息，让酋长和他的妻子们去设法应对这种情况。我经常想到酋长的妻子们。多妻制是酋长才能

享受的特权，代表对他所担负的那么多责任的一种道德上和情绪上的补偿，同时也因此使他具备一个完成那些职责的条件。除了少数例外以外，只有酋长和巫师（如果这两种角色分别由不同的人扮演的话）可以娶好几个妻子。但这里的一夫多妻制是一种特殊的一夫多妻制。一夫多妻制原意是指结好几次婚，但此地的情形实际上是只结一次婚，再加上一种不同性质的关系。

第一个妻子扮演着平常的一夫一妻制中唯一的妻子所扮演的角色，她依照习惯上性别分工的方式行动：照顾小孩、煮食、采集野果。在这之后的结合虽然也被视为婚姻，但属于不同的性质。第一个妻子以外的妻子，辈分比第一个妻子要低，第一个妻子称呼她们为“女儿”或“侄女”。这些次要的妻子也不遵守性别分工的规则，而是同时参与男性和女性的工作。在营地里，她们不做任何家事，无所事事，有时和小孩一起玩耍——她们和小孩属于同一辈分——不然就是爱抚她们的丈夫，而第一个妻子则忙着生火，准备食物。但是当酋长出猎、出去探险或从事其他的男性活动时，次要的妻子们都陪着他，给他心理和体力上的支援。这些相当男性化的女孩，是从群体中最漂亮、最健康的女孩里面挑选出来的，更像是情妇，而不像妻子。她们与酋长之间的关系，充满一种爱情上的伴侣同志之情，这一点和第一个妻子与酋长之间的那种家庭夫妻关系形成强烈的对比。

虽然男人和女人通常不一起洗澡，但一夫多妻的丈夫和第一个妻子以外的妻子们有时候会在一起洗澡，这会是一个活泼有趣、嬉闹不止、笑语不停的场面。到了晚上，他和她们玩，有时候是情爱式的，两个人、三个人或四个人滚成一团，紧紧地在沙地上拥抱；有时候则是小孩子似的嬉戏。比方说，那个瓦克雷托苦酋长会和两个年纪较轻的妻子一起躺在地面上，形成一个三角形，然后一起把脚举到空中，有节奏地互碰脚底板。

这种一夫多妻制的结合因此是将一种多人参与的伴侣同志关系叠加在单偶婚姻制度上。同时，这又是权威的性质之一，具有心理上的和经济上功能性的目的。这些妻子们通常相处得很好。虽然第一个妻子有时候似乎比较难堪，因为在她丈夫与年轻的情妇们嬉闹笑声频传的情况下，她仍然得继续做她的工作，有时还得亲眼看着他们玩更亲密的游戏，但她却一点都无怨言。这些不同性质的女性角色并非一成不变或存在不可逾越的界限，有时候丈夫会和第一个妻子一起嬉闹——虽然这种情况较为少见——第一个妻子并非完全和生命中的欢乐无缘。此外，虽然她较少参与情爱游戏，但由于她比较受人尊重，而且对那些较年轻的妻子们具有某种权威，因此也得到了补偿、平衡。

这种一夫多妻制度，对群体的生命有重大影响。每隔一段时间就把年轻的妇女从平常的婚姻环节中摄走的结果，是酋长自己破坏了适婚年龄男女的性别均衡。年轻男子受这种制度的危害最大，其中有些人因此而注定要过好几年光棍生活，不然就是娶寡妇，或娶被丈夫遗弃的老女人。

南比夸拉人对这个问题另有一个解决办法：同性恋。他们对同性恋关系有一个富有诗意的名词，即称之为 tamindige kihandige，也就是“妄爱”（l’amour-mensonge，lying love）。在年轻男子中比较常见到这种妄爱，而且这种关系远比男女情爱关系更为公开。妄爱的双方并不像要进行情爱游戏的男女那样躲

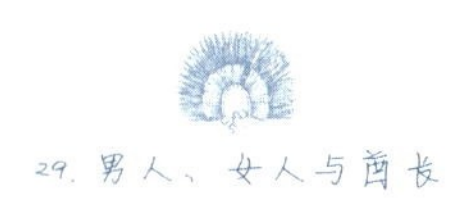

进丛林的一角去。他们就躺在营火附近，而附近的人嘻嘻哈哈地旁观。这类插曲是取笑的对象，但一切笑话都相当地有所保留。同性恋关系被认为是孩子气的消遣，不必多加注意。至于南比夸拉人中的同性恋者是能够达成完全的满足，还是仅仅局限于情感的表现、互相爱抚——像已婚夫妇经常在公开场合表现情感和爱抚那样，这一点还不是非常清楚。

只有在具“交错从表”关系的年轻人之间，才被允许有同性恋关系，换句话说，只有在通常会互娶对方姊妹的男子之间，才准许发生同性恋关系，等于是女孩的兄弟暂时权充、代替她。每次向土著问及这一类关系，他们的回答总是：“他们是侄表亲（或舅甥）在做爱。”成人以后，舅甥之间还会继续公开表现他们之间的情感。两三个已经身为丈夫与父亲的男人，晚上时走在一起，手臂深富情意地环搭在彼此的身上，这样的场面并非不常见。

不管这一类取代性解决方案的真相到底如何，使这种关系成为必要的那种一夫多妻制，都是整个群体对其酋长所做的一项重要让步。从酋长的观点来看，他是满足的，他能接近年轻漂亮的女子。这种满足（基于我已说明过的理由）与其说是肉体上的，不如说是情感上的。不过，实行这种一夫多妻的婚姻制度，最主要的还是由于它所具有的特殊性质，整个群体是借由它来使他们的酋长可以圆满完成他的种种义务。如果酋长单独一人的话，那么他很难负起比别人更多的责任。酋长的那些次要的妻子们，由于她们的特殊地位使她们不必负担女性的一般义务，因此可以帮助他，给他带来慰藉。这些小妻子们，既被作为拥有酋长权力的酬劳，同时也是行使酋长权力的工具。或许可以问，从土著的观点来看，这样做所付出的代价到底值不值得？要回答这个问题，我们必须从一个比较一般性的角度来考察，必须问另一个问题，即：如果把这种南比夸拉群体视为一种基本的社会结构，那么能否在讨论权力的来源与功能的问题上给我们一些启示？

有一点得先赶快加以解决。将南比夸拉的数据和其他证据合在一起加以考虑，就会和那种老式的社会学理论正好相反。那种理论有一段时间被心理分析理论重新提出，该理论认为原始社会酋长的原型是象征性的父亲，因此国家的基型（elementary forms）就是家族的发展。我们在南比夸拉的资料中已看到，在最原始的基型的权力底下，有一项与生物性现象相比较起来全新的要素，这项新要素即同意（consent）。酋长的权力来自同意，同时为同意所限制。那些看起来是单向型的关系，比方说元老统治、酋长个人统治或任何其他形式的政府，只有在原本已具有复杂结构的群体中才能出现。在我试着描述的这种简单形式的社会组织里，那种形式的政府和统治方式根本不可能出现。在简单形式的社会组织里，情形正好相反，政治关系归根结底取决于酋长本人的能力和权威，以及群体的大小、团结程度和善意——只不过是这两者之间的一种协调而已。所有相关的各个因素都互相影响。

当代人类学在这方面能为十八世纪思想家所提出的理论提供相当强的支持，能够证明这一点将是令人心满意足的事情。卢梭的分析，和此处所描述的群体中的酋长与群体成员之间的类似契约式的关系并不一样，这是事实。卢梭所想的是一个性质很不一样的现象，他所考虑的是个别的人为了群体所共有的意志的利益

而放弃其个别的独立性。然而，卢梭和与他同时代的人能够理解像“契约”和“同意”这一类的文化态度和特质，并不是次级的人为创造，在这一点上他们表现出对社会学本质的深刻理解，这仍然是正确、真实的。持相反看法的人，特别是休谟（Hume），则把“契约”和“同意”等等看作次级的人为创造。但是事实上，“契约”和“同意”正好是社会生活的基本要素，根本无法想象会有任何一种政治组织可以缺乏这些要素。

以上说法会导出第二个论点：“同意”是权力的心理基础。而在日常生活里，“同意”具体表现于酋长与同伴之间的供给和接受的过程，这就使“互惠 / 相互性”（reciprocity）这个概念成为权力的另外一种基本性质。虽然酋长具有权力，但他必须慷慨。虽然他有很多责任，但他也能有很多个妻子。在酋长与他的族群之间，存在着一种不断更新的礼物、特权、服务与责任的均衡关系。

第八部

图皮－卡瓦希普族

Tristes Tropiques

Part 8

…

独木舟之旅

我在六月离开库亚巴，现在已是九月。在这三个月的时间里，我在高原上到处旅行，当载货、载人的牲畜需要休息的时候便和印第安人一起宿营，不然就是在脑中把这次旅途的过程整理一番，同时有点怀疑这件事到底有何意义。所骑的骡子颠簸个不停，提醒我身体上的擦伤、磨伤，这些伤口几乎已成为我身体很自然的一部分。如果不是每天清早都要被骡子的颠簸弄痛的话，我几乎就要把这些伤口忘了。探险已淡化成无聊。几个星期下来，我看到的就是一片荒漠的矮树草原往后退去，这草原荒寂的

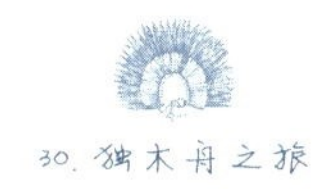

程度到了活生生的植物几乎和枯死的草叶无法分清的地步。那些枯草叶散落四处，每处均代表一个已被弃置的营地。野火熄灭留下的黑色痕迹，似乎导向烧毁的自然结论。

我们从乌蒂亚里蒂到茹鲁埃纳，然后再去茹伊纳（Juina）、坎普斯诺武斯和维列纳。我们现在正走向高原上的最后几站：特雷斯布里蒂斯和巴朗－迪梅尔加苏（Barão de Melgaço）——这地方事实上在高原脚下。每在一个地方小停，我们几乎都要丧失一头牛：有的渴死，有的累死，有的因吃有毒植物而中毒死亡。有好几头牛在通过一座腐烂的木桥时，连行李一起掉进了河里，我们费了好大的功夫才把行李中那些宝贵的人类学收藏抢救回来。不过此类意外鲜少发生。我们每天都重复同样的活动：扎营、挂吊床和蚊帐，把行李和载货牛鞍放在虫蚁咬不到的地方，照顾牲畜；然后第二天把一切动作的顺序前后颠倒过来再进行一次。如果有一群土著出现的话，就得换上另外一套流程：做人口普查，把土著对人体各部位的叫法记下来，把亲属称谓和系谱记下来，把各种器物列成清单。我本来预想的逃避行为，却变成官僚式的例行公事。

已有五个月没下过雨，所有的猎物都不见了。如果能打到一只憔悴的鹦鹉或一条大蜥蜴来放在饭里一起煮，就算幸运。如果能烤只陆龟或饱含油脂的黑色穿山甲，就算美味。大部分时间，我们都只能吃干肉，那是好几个月以前库亚巴镇上的一个屠户替我们准备的。这干肉被切得很厚，卷起来，每天早上我们都把肉摊开，抖出一大堆虫，这样做的目的是使干肉的味道别那么难闻，可是过了一夜，就又恢复原味了。不过，有次我们猎到了一头野猪。把野猪肉稍稍煮一下就吃，对我们来说其味道比葡萄酒更美妙，每个人都一口气吃下了至少半千克肉。那时候，我想到了以前关于野蛮人大吃肉类不知节制的说法，很多旅行家提到过这一点，用以说明野蛮人的野蛮无文。但是，只要试试每天吃野蛮人平日所吃的食物，马上就可了解饥饿的感觉。在此情形下，能够尽情大吃一顿，不仅仅是令人觉得肚子被填饱，简直是令人觉得进入了幸福极乐之界。

自然景观渐渐有了变化。高原中部古老的石英岩层或沉积土层渐渐被黏土层取代。越过草原以后，我们走进一片栗子树和古巴香脂树（copaiba）的干木林。这里的栗子树并非欧洲品种，而是巴西原产的栗子树，学名为 Bertholletia Excelsa。古巴香脂树是一种高大的树木，可取树脂。河水不再清澈，而是多泥、黄褐、污浊。随处可见山崩：山被侵蚀，山脚下形成沼泽，长着高草和棕榈树丛。我们的骡子沿着沼泽边缘走，踩过一片片野菠萝园：这些野菠萝体积小，颜色橙黄，果肉上有黑斑，味道介于普通的菠萝与覆盆子之间。地面散发出一种我们好几个月都没闻到的香味，像热巧克力，这是热带植物和有机物腐化混合起来的味道。这种味道能令人立即了解为什么这样的土地上会出产可可，就像在法国普罗旺斯高地有时可闻到半枯薰衣草散发出来的味道，能使人明白那片土地就是出产松露的地方。我们所爬的最后一片山坡，引我们到达一片陡峻的草坡，直通巴朗 - 迪梅尔加苏：展现在我们眼前的是一望无际的马沙杜河（Rio Machado）谷地，延伸入亚马孙森林；这片森林连绵不断，长达一千五百公里，一直到委内瑞拉边境。

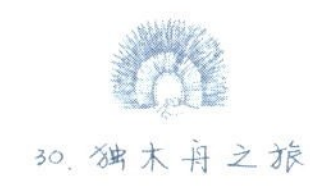

在巴朗－迪梅尔加苏有一片片绿色的田园，潮湿的森林环绕四周，jacu 喇叭似的鸣叫声随处可闻。只要到森林里面几个钟头，便可满手猎物而归。我们对食物简直喜爱到疯狂的地步，整整三天时间，我们什么其他事情都不做，就是煮东西吃，此后我们就什么都不缺了。我们所带的酒都蒸发了，糖都融化了，于是开始吃亚马孙食物——特别是巴西坚果，磨碎以后放在酱里面，使酱呈乳白色。我在笔记本中曾记下这些食物试验，以下是其中的几项：

译注：jacu，吐比族印第安人语，南美洲凤冠雉的一种，特别是指学名为 penelope obscura jacquacu 的南美肉垂凤冠雉。这是一种大型的美洲热带鸟类，体型大小有点像火鸡，分布于茂密的低地森林带，被认为肉质鲜美，是猎人很喜欢的打猎对象。

——串烤蜂鸟淋威士忌（葡萄牙人称蜂鸟为 beija-flor，即“吻花”）。

——烤鳄鱼尾。

——烤鹦鹉淋威士忌。

——烤 jacu，配阿赛棕榈果。

——炖 mutum（红嘴凤冠雉），配棕榈嫩叶，蘸由巴西坚果与胡椒做成的酱。

——烤 jacu 淋糖浆，烤到微焦。

在经过这样的暴食以后，我们也免不了会发誓少吃。我们有时候一连几天脱不下身上的粗蓝布衣服——这种衣服，加上遮阳帽和高及膝盖的靴子，就是我们的旅行服。然后，我开始计划旅程的第二部分。从此地开始，沿河旅行比穿越森林更好。加上出发时由三十一头牛组成的牛队只剩下十七头——这些牛的情况不佳，即使是在平坦的路面上，也不见得能支持多久——我决定把队伍分成三部分。领队带一两个人走陆路，到一个采橡胶的集散点把马和骡子卖掉。其他人则留在巴朗 - 迪梅尔加苏照顾那些牛，使牛能在肥美的草地上恢复体力。老厨师提布齐欧（Tiburcio）愿意负责带领他们，这正好，因为他们都蛮喜欢他。他们说他“黑颜色、白质量”——他的血统中有很多黑人成分，这个描述说明巴西农民也并非完全没有种族偏见。在亚马孙森林地带，被黑人追求的白人女孩常常说：“难道我是一具白尸吗？为什么美洲黑秃鹰会跑来要停在我的内脏上呢？”这句话指的是一种常见的景象：一只死鳄鱼沿河漂下，上面停着一只黑色秃鹰，它一连几天的时间都在吃鳄鱼的腐肉。

等牛恢复体力以后，他们就往回乌蒂亚里蒂的路上走。我们认为这将不成问题，因为牛不必再载东西，而且雨季已开始把那片沙漠变成一片草原。最后，探险队中的科学工作人员和其他人负责把那些行李用独木舟载到有人烟的地方，然后我们分道扬镳。我自己准备沿着马代拉河往前走，进入玻利维亚，搭飞机穿越玻利维亚，经由科伦巴回到巴西，然后再回到库亚巴，去乌蒂亚里蒂，并大约在十二月的时候和探险队会合，结束整个探险。

巴朗 - 迪梅尔加苏电报局局长借给我们两艘用木板做的轻便船，还派了几个人替我们划船——我们再也不用和骡子打交道了！我们只要沿着马沙杜河顺流而下就够了。旱季中的几个月的经历，使我们粗心大意，没把吊床放在有遮掩的地方，只吊在了河岸的树中间。午夜的时候，暴风雨突然降临，声音有如万马奔

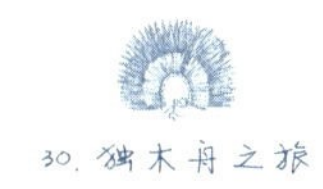

腾。在我们醒来以前，吊床已变成浴缸。在一片漆黑里，我们摸索着想用防水帆布搭个临时屋顶，但因雨势太大，根本没有办法搭起来。觉睡不成了，我们便蹲在水中，用头撑着帆布，同时还得随时注意帆布折叠处——折叠的地方容易积水，得随时把水倒掉，以免水渗下来。同行的人讲故事来打发时间，我记得耶米迪欧（Emydio）所讲的一个故事。

耶米迪欧的故事

一个鳏夫有个独生子，已经十几岁了。有一天他把儿子叫来，告诉儿子该结婚了。儿子问："要怎样才能结婚？"他说："很简单，去拜访拜访邻居，设法讨其女儿的欢心。""但我不晓得怎么讨女孩子的欢心！""唉，弹弹吉他，快快乐乐地欢笑、唱歌就是了！"那儿子照他爸爸的方法去做，跑到女孩家的时候正好碰到女孩的爸爸过世。他的行为触犯众怒，被人丢石头赶走。他回到家，开始抱怨，他爸爸便向他解释遇到丧事时应该有的举止。那儿子再一次到邻居家去，正好碰上他们在杀猪。他记住爸爸的教训，于是开始哭："多悲哀呀！他是这么好的人！我们多喜欢他呀！再也找不到像他这么好的人了！"邻居大怒把他赶走。他把这件事说给爸爸听，爸爸又教他该如何行事才对。他第三次到邻居家去，邻居正忙着除掉园中的蛾蝶。这个儿子仍然不知应变，大叫："多么美妙、多么丰盛呀！我希望这些动物会在你们的土地上大量繁衍。希望你们永远不缺乏这种动物！"他又被赶走了。

失败三次以后，爸爸命令儿子盖一间小屋。他便去树林砍树。狼人在晚上经过那儿子准备盖屋的地点，觉得在那里盖间房子不错，便开始着手进行。第二天早上，那儿子回到盖屋地点，看见工作居然大有进展，心想："上帝在帮我的忙。"他心里很高兴。于是他和狼人一起盖屋，他在白天盖，狼人在晚上工作，最后屋子建造完成。

为了庆祝新屋落成，那儿子准备杀一头鹿，狼人准备吃一具尸体。前者在白天把鹿带去，后者在晚上把尸体带去。第二天，爸爸去参加落成宴会，发现桌子上摆的是一具尸体，而不是烤鹿肉，便说："儿子啊，够了够了，你一点儿用也没有……"

第二天，当我们到达皮门塔布埃努（Pimenta Bueno）的时候，雨仍然下个不停，我们得用水桶把水从独木舟中舀出来。这个电报站位于两条河汇流之处，一条是和地名同名的河流，另一条是马沙杜河。有大约二十个人住在那里，其中几个是从内陆来的白人，还有负责维修电报线的不同部族的印第安人：有从瓜波雷河谷来的卡毕夏阿那（Cabixianas）印第安人，还有从马沙杜河一带来的图皮－卡瓦希普（Tupi-Kawahib）印第安人。他们给我提供了很有价值的资料。其中的图皮－卡瓦希普印第安人仍处于野蛮状态——这些印第安人，根据早期的报告，被认为已经完全绝种了；稍后我将再描述他们。他们提供的资料中有一个据说是住在皮门塔布埃努河流域的不为人知的部族，搭独木舟要花几天的时间才到得了他们住的地方。我立刻决定去接触他们，问题是要怎么去。

正好有个叫作巴伊亚（Bahia）的黑人住在电报站，他是个旅行商人，同时也是个探险家，每年都进行一次奇妙的旅行。他

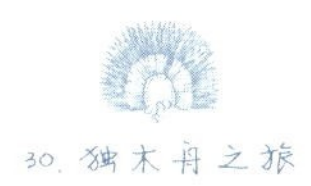

会到马代拉河边的交界站去拿货，然后乘独木舟沿马沙杜河回来，再沿着皮门塔布埃努河走两天时间。从那里开始，他知道有条森林小路，可以拖着独木舟和货物走三天，一直走到瓜波雷河的一条支流，在那里可以把货物以奇高的价格卖掉，因为那个地方没有任何别的货源。巴伊亚同意沿着皮门塔布埃努河一直往上走，越过平常他停靠的地点，条件是我得付给他货物当酬劳，而不是付给他现金。对他来说这是很正确的想法，因为亚马孙流域的批发价格要比我买货的圣保罗高出许多。我决定给他几匹红色法兰绒布。这些法兰绒布令我生厌，原因是我曾送给南比夸拉印第安人一匹红色法兰绒布，第二天早上发现他们从头到脚都盖上了红色法兰绒布，甚至狗、猴子和驯养的野猪身上也披着绒布。南比夸拉人对这个玩笑大约过了一个钟头就觉得无趣了，一片片法兰绒布被丢弃在树林草丛中，再也没有人加以注意。

我们的队伍包括四个划桨手和两个我们自己的人。我们向电报站借了两条独木舟，开始了这趟临时起意的旅程。

对一个人类学家来说，再没有比即将成为第一个到某个土著社会去的白人这件事更令人兴奋的了。到了一九三八年的时候，全世界只有少数几个地方仍可能存在这项无可比拟的奖赏——数目的确很少，能用一只手数完。从那之后，这种可能性更是愈来愈小了。我当时就要重新体验早期旅行者的经验，通过这种经验，重新经历现代思想的一个关键性时刻：那时候，由于地理大发现时期的航行结果，一个相信自己完整无缺并且处在最完美状态的社会（欧洲）突然发现——好像是借由一种反启示（counter-revelation）发现——自己原来只是一个更广大的整体的一部分，而并非孤立的。而且，为了自我了解，必须先通过这面新发现的镜子思考自己那不易辨识的影像。这面镜子中的一部分，几个世纪以来为人所遗忘，而现在它就要为我，而且只为我，映出它的第一个也是最后一个影像。

有人也许会认为这一类热烈情绪在二十世纪是不合适的。不论关于皮门塔布埃努河的印第安人，我们所知道的少到什么程度，我都永远无法期望这些印第安人带给我与四百年前列维、施塔登和特维第一次登陆巴西时足以比拟的冲击，再也不可能有西方的眼睛可以有那样的经验。虽然他们第一个观察到的文明的发展路线和我们自己的不同，**但那些文明还是达到了它们的性质所能达到的全面发展与完美的地步**。然而我们今天所能研究到的社会，却只不过是些能力已衰颓的社群和被伤害、削弱过的社会形式。今天我们研究的对象，其条件无法和四百年前做比较，任何比较都是虚幻的。不管距离有多远，也不管这些社会与欧洲文明之间有多少中间人和中间社会（其间的连锁关系如果有可能弄清楚的话，那么应当是非常怪异的），这些社会都因为欧洲文明而支离破碎。对于一个数量庞大的、无辜的人类群体来说，欧洲文明等于庞大无比而且无法理解的大灾难。如果我们欧洲人忘记这种大灾难正是我们文明的第二面的话，那么将是个大错误。我们文明的第二面和我们熟知的第一面同样真实，同样无法否认。

意指曾经达到高度发展水平的阿兹特克文明与印加文明。

人也许不同，但旅行条件却完全一样。经历了令人厌烦的高原之旅以后，溯河而上的经验使我愉悦。虽然这条河的河道并没

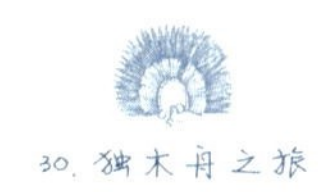

有被标示在地图上，但即使是那些最微小的细节，也令我想起我非常喜欢的老式报道。

首先，必须重新温习三年前我在圣洛伦索河学到的关于河中旅行的种种知识，其中包括：要对各种独木舟的优缺点相当熟悉，有的独木舟是把整根树干挖空制成的，有的则是用几片木板拼成的，它们又按照规格的大小和形状的不同而有不同的名字，比如 montaria、canoa、ubá 或 igarité 等等。还得习惯于在水中连续蹲上几个钟头，因为水会由舟缝渗透进去，必须不时用小葫芦瓢把水舀出去。身体酸痛僵硬的时候必须懂得如何很小心地慢慢移动、舒展身体，因为独木舟随时有倾覆的危险，得特别小心（“水没过头发”，这句话是说如果掉进去的话，就什么也抓不着了）。除此之外，还得有耐心，一旦遇到水道难以航行的时候，就得把船上那些精心打包的东西卸下来，带着它们越过岩石河岸，也得把独木舟扛过去，并且我心里很清楚，每经过几百米就得重复来一次。

水道的难以航行又分为好几类：seccos 指的是河道干枯，cachoeiras 指的是急流，saltos 指的是瀑布。每一个难以航行的地点都被划桨手很快地安上不同的名字：有的名字可能和地理景观的某项特色有关，如 castanhal（栗子树丛）或 palmas（棕榈树丛）；有的则和某次打猎意外事件有关，如 veado、queixada 或 araras；有的则和旅行者的特性有关，如 criminosa（犯罪者）、encrenca（这是一个无法翻译的词，意指被逼到角落）、apertado hora（意即痛苦的一刻，其语源含有焦虑不安的意思）或 vamos ver（意即“我们将明白……”）。

出发时倒是没有什么特别的意外经历。我们任由划桨手按照特定的韵律行动。首先是一连串的短短划动：普罗拍、普罗拍、普罗拍……然后，当正式上了水道以后，会在桨叶深入水中的空当，简短地在独木舟缘大力敲两下，声音是：铁普普罗拍，铁普；铁普普罗拍，铁普……最后才是正常前进的韵律，桨叶只在每划两下的时候深入水中一次，另外一次则只轻触水面，同时轻碰独木舟，在下一次划动的时候再轻碰两次，其声音如下：铁普-普罗拍，虚……虚，铁普；铁普-普罗拍，铁普，虚……虚，铁普……这样子往前划，就使桨叶蓝色的一面与橙色的一面交替出现，看起来像南美大鹦鹉（aras）在水中的倒影一样。事实上，桨叶和南美大鹦鹉在水中的倒影几乎难以分辨，这些鸟成群飞越河面，翅膀的拍动完全一致，将它们金色的腹部或蓝色的背部清楚地展现出来。这一带的空气已失去旱季特有的那种透明感，在曙光初现的时候，一切事物都被河面慢慢升起的晨雾浓厚的玫瑰色笼罩。我们一大早就觉得相当热，但那是间接的热，等到太阳升起后，就变成比较直接、比较确实的热：本来是一种分散的、四处都有的温暖的感觉，变成阳光直接攻击人的脸和手臂，这时候我们就了解为什么会流汗了。本来是粉红色的雾霭开始加上其他的色调：蓝色的岛屿开始出现。雾的颜色在散开的过程中变得更为丰富。

溯河而上是艰苦的工作，划桨者需要休息。早上的时间被用来钓鱼，钓线很简陋，以野莓子做饵，但仍能钓到足够的鱼来做亚马孙鱼汤：可以钓到淡水白鲳（pacu），颜色金黄，很肥，切片来吃，每片都带骨头，像猪牛小排骨一样；也会钓到

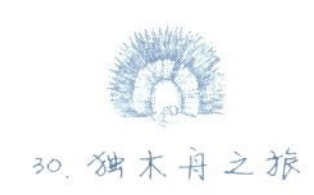

piracanjuba，一种红肉银鳞的鱼；还有艳红色的 dourado；还有 cascudo，其壳像龙虾壳一样坚硬，不过颜色是黑的；还有带斑纹的 piapara；还有 mandi、plava、curimbata、jatuarama、matrincão……不过，得小心有毒的鳞鱼，对电鱼（purake）也得小心，这种鱼不用饵就可钓到，但其所发出的电击足以电昏一头骡子。根据人们的说法，比这还危险的是一种小鱼，如果有人大胆地直接对着河水小便的话，它就能够逆着小便往上游，跑进人的肾里面……有时候，越过在陡峭的河岸之上的森林形成的厚重腐殖土，我们可窥见一群猴子的一大堆活动，这些猴子有好多种：吼猴（guariba）、蜘蛛猴（coata）、钉子猴、侏儒狨猴，还有一种在曙光初现前一个钟头会大吼大叫把整座森林吵醒的猴子，这种猴子眼睛形状像杏仁，举止像人，毛皮松软光亮，看起来很像蒙古王子。此外还有各种不同的小猴子：狨（saguin）、夜猴（macaco do noite，眼睛像黑胶一样）、松鼠猴（macaco de cheiro）、太阳喉咙猴（gogo de sol）等等。往跳跃的猴群随便射一枪，一定会打下一只猴子。烤过以后的猴子看起来像个变成木乃伊的小孩，两手握拳；炖来吃的话，味道像鹅肉。

快到下午三点的时候，可听见一阵雷声，天空布满乌云，一片宽宽的、垂直的雨幕把天空遮掉一半。当人们开始猜测雨到底会不会过来的时候，那雨幕会变成条条片片状，并且开始断裂，然后出现一片颜色比较浅的部分，起先闪闪发亮，然后变成浅蓝色。这时候，只有地平线的中央仍被雨占据。云层开始融化不见，其形体先在右边缩小，然后在左边缩小，最后完全消失。剩下来的只有一片拼凑起来的天空，背景是蓝白色的，上面有蓝黑色的块块。这时候，就要赶在下次暴雨来临以前，在森林里找一个看起来不那么茂密的地方靠岸。我们会赶快用砍刀砍出一小片空地，把地面清理一下；然后再检查空地上的树木，看看里面有没有“生手之树”（pau denovato novice’s tree，这指的是有一大堆红蚂蚁的树，没有经验的旅行者在把吊床挂到这种树上以后，一睡上去就会全身爬满红蚂蚁），也要看看有没有 pau d’alho（一种有大蒜味的树）或 cannelamerda（大便桂皮糖树，树名本身已足以说明个中原因）。有时候运气好的话，会发现 soveira，在其树干上划一圈，不用几分钟的时间就可取得比一头母牛生产的还多的乳汁，这种乳汁呈乳白色，多泡沫，如果生喝的话，就会在不知内情的人的嘴上形成一层橡胶膜；或者是找到 araça，这种树的果子大小像樱桃，颜色紫蓝，有点酸，味道像松脂，其酸性使用来榨这种果子的水起小泡泡；或者是 inga，其种子荚里面充满细细的、甜甜的软毛；或者是 bacuri，其果子好像是从天界偷出来的仙桃；最后还有 assai，这是森林中的至上美味，掺水以后会变成一种浓厚的、覆盆子味的糖浆，可以马上饮用，如果放到第二天的话就会变成一种水果味的、有点辛辣的奶酪。

我们队伍里面的人，有的专心去做这些饮食方面的工作，其他的人则在树枝底下把吊床挂好，上面覆盖一层薄薄的棕榈树叶。然后就是围在营火四周讲故事的时刻，所有的故事都和幽灵鬼怪有关：狼人（lobis-homen）、无头马或有死人头的老妇人。在每一群人里面，总会有一个以前出来找钻石的人，他总是一直向往他以前那段贫困得不得了，但每天却都有发大财的希望

的日子："我正忙着写东西（也就是筛沙石）的时候，看见一粒米掉进水槽；那粒米闪闪发光，太美了！我不认为有任何更美的东西存在于这个世界上。当我们注视它的时候，好像电流穿透每个人的身体一样！"有时候则引发一场讨论："在西罗萨里奥与拉兰雅尔（Laranjal）之间的一座小山上有块石头闪闪发亮。其亮光几英里之外都看得见，晚上的时候特别亮。""也许是水晶吧？""不会，水晶在晚上不会发亮，只有钻石才会。从来没有人去找那块石头吗？""哦，像那样的钻石，它被发现的时间以及会归何人所有都是好久以前就已注定了的！"

不想睡觉的人就负责守望，有时守到天明。他们在岸边查看野猪、水豚或貘的足迹，试图用 batugue 打猎法猎动物，但都不成功；batugue 打猎法就是用粗重的棍子敲打地面，每隔一定时间打几下：碰碰碰。动物会误以为是水果从树上掉下来，会按照一定的次序跑来：先是野猪，然后是美洲狮。

我们也常常只在营火边简单地谈谈当天发生的事情，轮流喝马黛茶，然后每个人就钻进吊床里去——吊床上面罩着蚊帐，其形状既像茧又像风筝。蚊帐用棍子和绳子很仔细地搭在吊床上面。躺进吊床里面以后，每个人都会小心地把蚊帐的下垂部分拉起来，使它不致碰到地面，再弄出一个口袋状的地方，上面放手枪，伸手就可拿到。用不了多长时间，雨就开始下了。

鲁滨孙

我们溯河而上已有四天之久，沿途急流很多，有时在一天之内要把船上的东西卸下再装上达五次之多。河流流过多岩石的地方，有时被分成好几条狭窄河道，然后再汇合；河中的暗礁有时把漂流而下的整棵树绊住，同时也挡住了不少泥土和片片块块的植物。在这样子形成的小岛上面，植物很快生根，连大水所带来的一片大混乱都对之毫无影响。树往四面八方长，花在瀑布上面开。很难说，到底是这条河在灌溉这个奇妙的植物园，还是植物和藤类长得太茂密，快把河流闷死了。这些植物不但能垂直

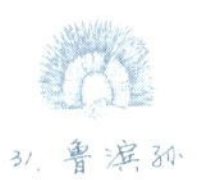

生长，而且能往任何方向生长，因为地面和河面的界线已经消失了，再也没有河流，也再也没有河岸，有的只是一片一片乱七八糟的矮树林，由水流灌溉。这时候，坚实的土地似乎是从泡沫里浮起来的。不同的事物如此和谐并存的现象，也存在于动物之间。虽然土著部落需要极大的空间才能生存，但是，此地各种动物如此丰富这个事实，充分证明了人并没有力量扰乱自然界的秩序。那些树摇动不止，并不是因为树叶受到风吹，而是因为树上有很多猴子，好像是有生命的果实在和树枝共舞。只要把手往水面上有岩石的方向伸出去，就会摸到有琥珀色或珊瑚色巨大硬嘴的野火鸡的漆黑羽毛，或者摸到贾克曼（Jacamin）鸟像拉长石色泽的蓝色羽毛。这些鸟并不躲避我们：它们像是活宝石，在滴水的藤类植物和满溢水流的草叶间游荡，它们是勃鲁盖尔所画的天堂图的一部分在我眼前活生生地重现，令人惊讶。在勃鲁盖尔所画的天堂里，植物、野兽与人类之间有一种亲密的关系，使我们回到以前上帝所创造的一切生物之间尚未有分界的时代。

老彼得·勃鲁盖尔（Pieter Bruegel de Oude，1525—1569），十六世纪荷语区重要画家。

第五天下午，我们看到一艘窄小的独木舟停靠在河岸，表示已抵达目的地。附近有一片矮树丛，好像是让我们扎营的好地方。印第安人的村落离河有一公里的距离，里面有一片田园，最大长度有一百米左右，位于一块清理过的蛋形地面上，建有三间半圆形的集体住屋，其中央主柱突出于屋顶，像桅杆一样。其中两间主屋位于蛋形空间宽边的两端，互相面对。第三间位于窄的那一边，这间屋子与跳舞场之间被一条穿过田园的小径相连。

全村落人口有二十五人，再加上一个十二岁的男孩子。这男孩子说的语言和其他人不同，据我了解，他是个战俘，不过别人对待他的态度和对待其他小孩没什么差别。男人和女人穿的衣服与南比夸拉印第安人一样少，不过男人都戴一种锥形的阳具护套，像波洛洛人戴的那样；还有，南比夸拉印第安人有时会在阳具上面戴一丛草，这种习惯在这里比较常见。男人和女人都戴唇塞（用硬树脂制成，呈琥珀色）和项链（用珠贝圆盘或块片串成，甚至用磨亮的贝壳串成）。他们的手腕、手臂、小腿和脚踝上都绑着棉带子。还有，妇女在鼻中隔上穿孔，穿上由黑色和白色的圆盘相间排列而成的棒状物——它们被紧紧地用绳子穿绑在坚硬的纤维上。

他们的体形外观和南比夸拉人很不一样：躯干粗厚、腿短、肤色很浅。他们的浅色皮肤，再加上有点像蒙古人种的外观，使他们之中的有些人看起来像高加索人种。他们把全身的体毛都仔细拔除：用手把睫毛拔掉。眉毛则先涂胶，任其硬化好几天，然后再把胶剥撕开来，连眉毛一起拔掉。头颅前面的头发则剃（更确切地说，是烧掉）成圆圈状，使前额完全暴露出来。天庭部分则用一种我从未见过的方法把毛发拔掉：把一条线的两端扭转，形成一个圈套，把毛发放入圈套里面，线的一端用牙齿咬着，用一只手把圈套维持成开放状态，另一只手则去拉线的另一端，这样把圈套两边的线绞得更紧，在绞紧的过程中也就把毛发拔除了。

这些印第安人称呼自己为蒙蝶（Munde），以前的人类学著作从没提到过他们。他们的语言听起来令人愉快，尾音都加重

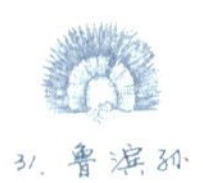

音，像 zip、zep、pep、zet、tap、kat 等等，好像是在用铙钹打节奏。这种语言和下欣古区（Lower Xingu）的某些方言相近，也和最近记录的瓜波雷河右岸支流的语言接近——瓜波雷河右岸支流的河源很接近蒙蝶族居住的地域。就我所知，自我那次和他们碰面以后，就再也没有人接触过他们。唯一的例外是个女传教士，一九五〇年之前不久，她在瓜波雷河上游碰见过一两个。我在他们那里待了一个星期，相当满意：我很少碰到像他们这么好的主人。他们的举止直截了当，相当简单、有耐心而且确实友善。他们带我去看他们的田园，在田园里种着玉米、木薯、番薯、花生、烟草、葫芦和大大小小不同种类的豆子。他们在清理一片地以便种东西的时候，会把棕榈树头留着不清除，树头上会生白色的肥虫，那是他们很喜欢吃的美食——他们的田园因此不但是种植物的地方，同时也是畜养动物的地方。

圆形小屋里面有从外头漫射进来的光线，阳光也从缝隙处直接照进去形成斑斑光点。这些小屋的建筑过程相当仔细：先把柱子竖立围成一圈，再将顶端弯曲成叉状排列，并且都弯成某个角度，形成屋子内部的扶壁，上面挂起十个左右由棉布结成的吊床。所有柱子在离地四米左右的地方碰在一起，和中央的那根穿透屋顶的柱子连接起来。柱子上面再放上平面的、围成圈圈的树枝，树枝上面再放上棕榈叶，棕榈叶都向着同一个方向编起来，像瓦片那样互相叠起来。最大型的屋子直径十二米左右，里面住四个家族，每个家族各占两根扶壁之间的空间。六根扶壁之间一共形成六面墙壁，但其中有两面相对的墙壁上开了门，这里的空间就没有人住，以利于来往走动。我整天待在这间屋子里，坐在土著所用的小木凳上面。木凳由横切的、中间挖空的棕榈木头制成，倒过来放着坐。我们吃用陶制盘子烧烤的玉米粒，喝用玉米制成的叫作 chicha 的饮料，它喝起来既像啤酒又像汤。装饮料的容器是葫芦，内部涂着一层黑漆，外面则有雕刻出来或烧炙出来的线条、锯齿、圆形或多边形的装饰图案。

虽然我不懂他们的语言，也没有通译，但我还是尝试着捕捉蒙蝶人思考方式的某些面貌，譬如说其群体的组织结构、亲属制度与亲属称谓、身体各部分的名称、颜色的名称等等。我用经常随身携带的颜色表问到了颜色的名称。亲属称谓和身体各部分的名称、颜色与形状（比方说雕刻在葫芦上面的图样形状）常具有一些共同的特征，使其性质介于语汇与文法之间：其中每一组字词都形成一个体系，不同的词语被用来排列或混淆其所欲表达的关系，使我们可以做出一些假设，即使这些假设只不过和某个个别社会的特殊性质有关。

虽然我怀着热情着手进行这些工作，但做完之后却留给我一种空虚的感觉。

我以前很想接触到野蛮的极限。我的愿望可以说是实现了，我现在面对着这群迷人的印第安人，在我之前没有任何白人与他们接触过，也许以后也不会有白人和他们接触。经过这一趟迷人的溯河之旅以后，我的确找到我要找的野蛮人了。但是，老天，他们过分野蛮了。由于我是在探险旅程的尾声才找到他们，因此我没有足够的时间真正去了解他们。

我手中有限的资源，我自己和同伴们疲惫至极的身体状况（且因雨季而引发的热病变得更糟），使我只能做短暂的停留，像

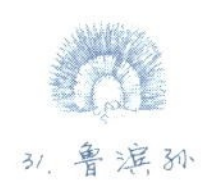

在丛林中学习一小段时间那样，而不能待几个月做研究。他们就在我眼前，很乐意教我有关他们的习俗与信仰的一切，但是我却不懂他们的语言。他们就像镜中的影像一样近在眼前，我可以触摸得到，却不能了解他们。我自己——还有人类学这门专业——或许犯了错误：误以为人未必都是相同的；误以为有些人较值得注意，因为他们的肤色或习俗让我们惊讶；误以为我只要成功地猜到这是怎么一回事，他们的奇特性就不复存在——那我大可留在自家的村落就好——抑或像在这里的情况，他们保有奇特性，但这对我而言一点用处也没有，因为我甚至无法窥得这奇特性的一丝端倪。在全然了解与全然不解的两极之间，我们人类学家是拿什么样的暧昧含混的案例当作借口生存下去的呢？归根结底，人类学的研究观察只进行到“可以理解”的程度，然后就中途停止，用一些被某些人（土著）视为理所当然的习惯来使其他人（读者）感到惊讶——而事实上两种人是十分相似的。当这么做使读者感到迷惑的时候，受骗的到底是那些对我们深信不移的读者呢，还是我们这些人类学家？在把我们的虚荣心所依赖的最后那点残渣完全去除之前，我们都不应该感到自满。

然而，尽管我听不懂住在这片土地上的人所说的话，土地本身却能直接对我说话。在那令我神迷不已的沿河景色之外，或许我的祈祷会成真，可以得知这片原始土地及其居民的秘密。这项秘密到底藏在哪里？这一片混乱的表面，既是所有也是什么都没有，在它底下到底隐藏了什么呢？我可以挑出某些个别的现象，将之抽离出来；但是我所挑出来的这棵树、这朵花，是不是就是秘密之所在呢？秘密很可能在别的地方。这令我心醉神迷的整体会不会只是错觉？如果我将里面的所有东西一件件分开来检视，是不是就会一件件地失去？如果我必须接受这个事实，那么我希望至少能够从整体上掌握它，包括所有的构成部分在内。我用侦察兵一般的眼睛环顾四周，然后缩减范围，只注意一片泥泞水湄，或一枝草叶。没有任何事实可以证明，如果我这么做了之后再度将视野放宽，我就会在这个意义不明的地带发现一片每天都有最真实的野蛮人频繁出没的布洛涅森林（Bois de Boulogne，位于巴黎附近的森林）——虽然看不到任何属于星期五（《鲁滨孙漂流记》中的野蛮人的名字）的脚印。

回程沿河而下的航行，速度相当快。这一次，那些仍然深为这些招待我们的印第安人所困惑的划桨手，不愿意在任何有急流的地方停下来卸货搬船，而是直接让船头朝向浪涛汹涌的水面。当两岸景观急速倒退的时候——有那么几秒钟——我们以为自己一定会撞到什么东西而被挡住并剧烈摇晃，然后，一切突然静寂下来，我们已在越过急流的平静水面上，这时候我们才开始感到头昏目眩。

只花了两天的时间，我们便回到了皮门塔布埃努。我制订了一项新计划，它需要一番解释才能被人了解。在一九一五年，龙东快结束他的探险以前，发现几群说图皮语的人，他和其中三个族群接触过，但其余的一直深怀敌意。他们之中最大的一个族群定居于马沙杜河的上游，从左岸出发要走两个钟头，位于一条名叫“小猪河”（Igarapé do Leitão）的小支流上面的河谷。这个族群就是“塔克瓦提普”（Takwatip）族群或宗族，意即“竹族”。不过，用“宗族”（clan）这个名称是否合适是有商榷余地

的。图皮－卡瓦希普族群都各自形成单一的村落，很具排他性地固守各自的猎场疆界，他们与邻近族群互通婚姻大抵以结盟为目的，而非为了遵守某些严格的婚姻规则。塔克瓦提普族群的首领是阿拔塔拉酋长（Chief Abaitara）。与他们在河岸同一边的族群包括：北边有一个外人对其内情一无所知，由一位叫皮查拉的酋长（Chief Pitsara）所领导的族群；南边有一个位于塔姆里巴河（Rio Tamuripa）岸的伊波提瓦（Ipotiwat，是一种蔓藤植物的名字）族群，其酋长名叫卡曼德贾拉（Kamandjara）；位于塔姆里巴河与卡古拉河（Igarapé do Cacoal）之间的是贾波提费（Jabotifet，意即“龟”）族群，其酋长名叫麦拉（Maira）。在马沙杜河左岸的穆基河（Rio Muqui）河谷则住着巴拉那瓦（Paranawat，意即“川河”）族群，对于任何想与之接触的人，他们皆报以一阵箭雨；再往南一点，于伊塔匹西河（Igarapé de Itapici），另有一个不知名的族群。以上就是我在一九三八年所能得到的消息，其来源是那些早在龙东委员会时期就定居在这一带的采橡胶者。在龙东本人的报告中，有关图皮－卡瓦希普族的消息非常少。

通过和在皮门塔布埃努电报站已文明化了的图皮－卡瓦希普人交谈，我得知了二十个左右的宗族名。此外，学者与人类学田野工作者尼姆衍达朱的研究，也帮助我们了解了这个部族的一些历史。“卡瓦希普”这个名称颇像以前一个图皮族的名称，该图皮族的名称为“卡拔希拔”（Cabahiba）——十八世纪与十九世纪的文件中常常提到卡拔希拔族，当时他们分布于塔帕若斯河的上游与中游。他们似乎是慢慢地被另一个图皮族，即孟杜鲁古族（Mundurucu）赶出原住地的。他们在被渐渐往西赶的时候，分裂成几个部族，其中为人所知的只有帕林廷廷族（Parintintin）——分布于马沙杜河下游——及更南边的图皮-卡瓦希普族。因此，这些印第安人很可能是亚马孙流域中下游强盛的图皮族的后代，他们分布于沿海一带，其文物的辉煌曾为十六、十七世纪的旅行者所亲见。他们无意之间所造成的影响，使文艺复兴时代的政治与道德哲学踏上了后来导致法国大革命的路线。如果成为可能是第一个亲身走入仍然维持着原貌的图皮族村落的白人，就好像踏上一座桥，横跨四百年的裂隙，而与列维、施塔登、索萨、特维，甚至是蒙田并驾齐驱。蒙田在《蒙田随笔》中讨论有食人习俗之部族的那篇文章里，曾就他和在鲁昂所遇见的图皮印第安人的对谈写了不少感想。和图皮印第安人对谈的确是一项莫大的诱惑！

苏亚雷斯·德·索萨（Soares de Sousa，1540—1591），葡萄牙裔巴西历史学者。

在龙东与图皮-卡瓦希普印第安人接触的时候，塔克瓦提普族在一个野心勃勃、精力充沛的酋长的领导下，正在扩张其势力，把不少其他族群置于其权威之下。在几乎像是沙漠一样的高原上待了几个月以后，龙东的伙伴们对于阿拔塔拉酋长领导下的印第安人，在潮湿的森林和在“伊加波斯”（Igapos，意即会泛滥的河岸）所开垦出来的数以英里计（在偏乡习惯用很夸张的语言）的田园大为惊讶，赞赏不止。这些田园使印第安人有余粮供应给当时的探险者，那些探险者已处于饥饿的边缘好一段时间。

和塔克瓦提普族接触了两年以后，龙东说服他们将其村落迁移到了马沙杜河右岸，直至今天仍然在国际地图上标示着印第安

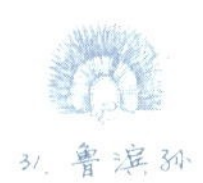

村（Aldeia dos Índios）的地方——位于圣佩德罗河（Rio São Pedro）河口，南纬十一度五分，西经六十二度三分。这地点做地理普查比较方便，比较容易获得食物供应和帮忙划独木舟的印第安人。河流均被急流、窄流与瀑布打散成几条小支流，在这些河流上，印第安人乘着他们轻巧的独木舟，他们是在这类河川上航行的专家。

此外，我还取得了一份关于这个新形成的村落的描述，这新村落目前已不存在。当龙东抵达那个在森林中的村落时，据他的描述，村落的屋子是长方形的，没有墙，只有以棕榈叶覆盖的两面倾斜的屋顶，架在立于地面的树干上。我所取得的有关新村落的描述，其情形与龙东所描述的一样。二十间左右的房屋，每间规格大约是四米乘六米，排成一个直径二十米左右的圆环。圆环内部只有两间较宽敞的屋子，规格是十八米乘六米，其中一间是阿拔塔拉酋长和他的几个妻子以及未成年小孩的住屋，另一间是他已婚的儿子的住屋。他的另外两个年纪较长的儿子仍是单身，像其他人一样住在外面那圈房子里面。他们像别的单身汉一样，到酋长的房子去进食。在中央的屋子与外圈的屋子之间的空间中，有家禽走动的小径。

这种村落的格局和十六世纪作家们所描述的图皮族村落住屋的格局已有很大的不同。不过，阿拔塔拉酋长所率领的五六百个印第安人的村落，与现在的印第安人的情况之间的差异，要比上述差异大得多。一九一八至一九二〇年之间的一场流行感冒，使他的村落人口骤减到只剩二十五个男人、二十二个女人和十八个小孩，阿拔塔拉酋长则在一九二五年被谋杀。马沙杜河上游之王阿拔塔拉酋长被谋杀以后，村落中又开始了一场暴力争斗。包括谋杀阿拔塔拉的凶手在内的四个人都在同一年（一九二五年）被杀，动机都是和感情纠纷有关的报复。不久以后，剩下来的人决定抛弃那个村落，迁移到皮门塔布埃努电报站去住——溯河而上，乘独木舟走两天。在一九三八年，整个族群只剩下五个男人、一个女人和一个小女孩，他们会讲一种葡萄牙方言，似乎已成为当地新巴西社群的一部分。看起来这似乎就是图皮-卡瓦希普人的历史的最后一幕，至少是马沙杜河右岸的所有图皮-卡瓦希普人的最后一幕，除了在穆基河河谷左岸的那群无人可以接近的巴拉那瓦人以外，大概就没有图皮-卡瓦希普人了。

然而，我在一九三八年十月抵达皮门塔布埃努的时候，听说三年前有一群此前无人知晓的图皮-卡瓦希普人在河岸出现。过了两年，同一群人又被人碰见。阿拔塔拉酋长目前仅存的儿子（他的名字和他父亲的一样，以下的描述中也将称他为阿拔塔拉）目前待在皮门塔布埃努，他曾去过这群图皮-卡瓦希普人的村落。村落位于森林中间，完全与外界隔绝，从马沙杜河右岸走路进去要花两天时间，没有任何小径可循。这群人的首领向阿拔塔拉做过承诺，说两年以后他们要到阿拔塔拉居住的地方回拜他。他们回拜的时间，正好差不多就是我们到达皮门塔布埃努的时间。这项承诺对居住在电报站附近的土著而言非常重要，因为他们严重缺乏女性（成年男女比例是五比一）。阿拔塔拉告诉他们说，他所见到的那个此前无人知晓的聚落女性过剩。阿拔塔拉本人的妻子已去世多年，他很希望借着与他野蛮的族胞建立友善关系而能续娶。在此情形下，我费了相当大的功夫，才说服他答应做我的

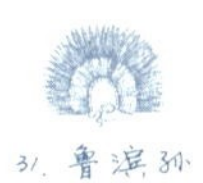

向导，带我去和他们见面。他虽对此事的可能结局不乐观，但仍然答应了。

上岸进入森林的地点，离皮门塔布埃努电报站的距离乘独木舟顺流而下要航行三天，位于一条汇入马沙杜河的小河口，那条河是小猪河。从那里上岸可走路到森林中的图皮－卡瓦希普人的村落。在离两河交汇地点不远，我们发现了一块小规模的自然形成的空地，不致淹水，因为该处的河岸高出水面好几米。我们卸下工具和装备，那是准备送给土著的一小箱一小箱的礼物：干肉、豆子和米。我们扎起一个比平常的更为结实的营帐，它要能维持到我们回来的时候。做这些工作，加上准备行程，共花掉我们一天的时间。情况颇为复杂。我前面已提过，我不得不和一部分队员分开。而探险队的医生韦拉尔又不幸染上疟疾，不得不先到一个采橡胶者的小集散地去休息，到那里，乘独木舟顺流而下要走三天（在这些不易航行的溪流里面，溯河而上要花比顺流而下长两三倍的时间）。因此，实际参与工作的人就只剩下我的巴西旅伴法利阿（Luis de Castro Faria）、阿拔塔拉、我自己，再加上另外五个人。五个人里面有两个留下守营，三个和我们一起进入森林。我们人数很少，每人又得带吊床、蚊帐、毯子、武器和弹药，因此，除了一点咖啡、干肉和木薯酱以外，我们什么都无法带。木薯酱是用木薯制成的，先把木薯泡在河水里面（这也就是其名称的来源），然后发酵变成砾石块状，很硬，要吃的时候，加适量的水，味道就很好，有点像奶油。此外，我们把希望放在沿途发现巴西坚果上，这种坚果在这一带数量不少。把一颗大坚果（如果从离地二三十米的树顶掉下来的话，那么这种坚果的球形硬壳可以砸死一个人）放在两脚之间，使劲用砍刀敲开，里面有三四十颗三角形的果仁，还有乳状的蓝色汁液，这些果仁和汁液足够好几个人饱餐一顿。

我们在黎明前出发。我们先走过好几片尚未被冲积土覆盖的高原岩石，上面几乎一片光溜，什么也不长；然后，走过一片片长着矛形的 sapezals 的高原草地；过了两个小时以后，我们进入森林。

在森林中

从孩提时候开始，海洋即令我兴起复杂的感想。海岸，以及退潮时海洋暂时退让出来的那片额外空间，深深吸引着我。那片每隔一段时间就会出现的额外空间，海潮与人类不停地争着要控制它。它既代表大自然对人类事业的挑战，也代表一个隐藏着的想象不到的宇宙，因而深深地吸引着我。观察潮间带时可能发现的事物，对想象力是极大的刺激。与十五世纪的意大利艺术大师比较起来，我觉得我比较亲近切利尼。我像切利

译注：本韦努托·切利尼（Benvenuto Cellini，1500—1571），十六世纪意大利雕塑家、音乐家、作家。

尼一样，喜欢在退潮的时候去海滩漫步，循着陡峻海岸所形成的那条路线，采集多孔的砾石，采集贝壳，它们的形状和线纹来源于海洋的侵蚀或者植物根茎的缠绕。我用从海滩捡拾回来的东西组建了一个私人的小博物馆。用这些漂浮来的、冲刷来的杂七杂八的东西组成的博物馆，其观赏性并不低于任何收藏杰作的博物馆；更进一步说，后者的那些杰作虽然是人类心灵内部而非外部活动的创造物，但基本上可能和大自然所创造出来的没什么太大的差别。

但我既非船员也非渔人，这一大片水还是使我觉得受挫。这一大片水偷走我的半个宇宙，甚至在内陆也可感受到其存在，而且使整个荒野显得更为凄凉。在陆地上常见的多样性，我觉得海洋将之一举毁灭；海洋提供了一大片空间，还有种种不同的色调供我们思索，但其代价是这么一大片令人难以忍受的单调和平坦，而其中并无任何缝隙藏着可诱发我想象力的种种惊奇。

还有，我从海洋那里得到的种种诱人之处，在现代世界中已不复存在。大多数欧洲国家，都任凭其海岸挤满别墅、旅馆和赌场，像某些老化中的动物，在身体四周长出一层无法穿透的、越来越厚的毛皮那样，它们的皮肤已无法呼吸，也因此加速了老化的过程。海岸不再像以前一样，向我们预示海洋的宁静孤寂性质，它现在已经变成了战场，人类在此战场中每隔一段时间就动员一切力量来征服自由，同时把自由的价值否定掉，创造出使大家同意互相剥夺自由的状态。海滩，一度是海洋向我们展示远古时期大变动的产物之地，向我们展示一大堆令人惊讶的事物以显示大自然永远是超出人类想象的；现在它却被成群结队的人践

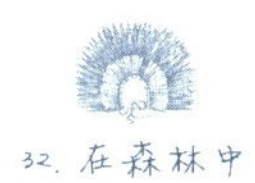

踏，只成为罗列展示一大堆奇丑无比的垃圾的地方。

因此，我比较喜欢山，而不那么喜欢海。几年来这种喜爱已成为一种嫉妒性的情感。我讨厌那些和我一样喜欢山更甚于喜欢海的人，因为他们对我珍爱的孤独构成威胁；但同时我也看不起那些认为登山只会害身体过度疲累，而且嫌深山密林中视野不够辽阔的人，他们无法体验山岳在我身上所引发的情绪。

只有在整个社会都一致承认山比海更好，同时又让我能单独拥有山的时候，我才会感到满足。应该说明的是，我对山的热情并不包括那些非常非常高的山。那些很高的山所能提供的快乐虽是无法否认的，但我嫌它不够明确，令我失望。很高的山所能提供的快乐，有时是强烈的体质性的，甚至是器官性的，特别是爬那些山所需要的体力，然而，这些快乐却都停留在形式层面，甚至是抽象层面，因为那样的活动需要高度集中注意力，迫使人全心投入很复杂的工作，而其性质接近于机械学与几何学，这也是事物本然的现象。我喜欢的是被称为“牧牛带”（la montagne à vaches）那个区间的山地，特别是在海拔一千四百米到二千二百米之间的部分：这个高度还没高到会使自然景观变得贫瘠的地步，不过也已不易种植农作物，但大自然却在这一带呈现出一种间歇的、无常的、灼热的生命现象。这个海拔的台地上，保存了比山谷底下的土地更少被人征服的面貌，和我们喜欢错误地想象的人类最早知道的土地之样貌比较接近。

海的景观给我的感受是稀释的，山的景观给我的感受则是浓缩的。山的景观实际上真的就是浓缩的，因为在同样的直线距离里，山的折叠造成较大的表面积。还有，这个比较浓密的宇宙，其潜在能力比较不那么容易用尽；山上瞬息万变的天气，加上高度变化、暴露程度与土壤性质的差异，使不同的山坡、不同的层次、不同的季节之间的对比变得更为明显。我和很多人不同，当我身处一个狭窄的山谷里面——两边的山接近得像墙一样，往上只能看到一小片天空，太阳在几个小时之内就越过了——的时候，我很少为此感到沮丧、难过。相反，我觉得这种垂直的景观充满生气。这样的自然景观不是仅仅被动地承受我的注视，像一幅图画那样，其细部可以在维持一定距离的情况下，无须任何亲身参与就能了解；而是邀请我前去对谈，在对谈之中两者都要尽最大的努力。我必须付出的代价，是检视、研究这类景观时所必须耗费的体力，只要付出这样的代价，这自然景观便允许我了解其存在。山的景观，既难驾驭，又深具吸引力，永远把它的一半遮蔽起来，不让我瞧见。但这种遮蔽的目的只是让我在完成上山与下山的行动之后，可以将这两半结合互补而获得全新感受。它似乎在和我共舞，在此舞蹈之中，我感觉到如果我能了解引起这一切的伟大真相的话，我就应该能更加悠游自如。

然而，现在的我不得不承认，虽然我不觉得自己有什么变化，但我对山的爱在慢慢消逝，好像浪潮沿着沙滩退去那样。我的思想维持不变，是山本身渐渐离我而去。同样的快乐现在已不再让我有那么鲜明的感觉，因为我享受这种快乐太久又太专注了。在那些我经常走的路径两边，即使本来是令我惊喜的，也都已变得熟悉。我不再在羊齿植物与岩石之中攀爬，而是在回忆中的那些残影间往上爬。我的记忆也已渐渐丧失其魅力，原因有二：其一，使用过度已使其丧失新鲜感；其二，更重要的是，这

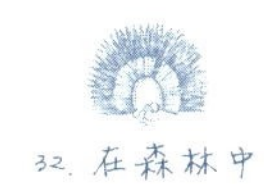

么几年下来，我得做愈来愈大的努力，才能获得一种快感，而这快感本身给我的感觉也一次比一次淡薄。我已开始老了，而我所得到的唯一警告是：我那些一向清晰无比的计划和蓝图之轮廓，都开始有些模糊了。虽然我仍然有能力完成以前做过的计划，但是我已没有能力保证，完成这些计划会如同以往那样毫无差错地带给我满足感。

现在吸引我的是森林。我发现森林拥有山所具有的魅力，而且以一种比较和平、比较亲人的方式展现出来。在花这么多的时间穿梭于沙漠一般的巴西中部草原以后，我已能够重新欣赏古代人深深喜爱的粗犷的大自然：新生的草、花，以及灌木丛所具有的那种湿润的清凉。结果是，我无法再对多岩石的法国塞文山脉怀有以前那种无商量、妥协余地的热爱了。我开始明白，我们这一代人对普罗旺斯地区的那份热烈情感，是我们自己创造出来的奸计，这种奸计已开始欺骗我们自己了。为了获得发现新事物的快感——我们的文明正在剥夺我们的这项无上愉悦——我们把那些应该可以用来使新奇事物本身就具有价值的事物都牺牲掉了。那一类大自然已被忽视了这么久，使人已经失去了充分、完全地享受它的能力。现在我们已经丧失了“比较真确”的那一类大自然，我们只好减少我们的野心，把标准降到“目前尚可得到”的那一类大自然上面，赞颂它们的干燥与坚硬，因为从此以后，我们所能掌握的大自然的形式就只有这些了。

然而，在被迫不断前进时，我们把森林遗忘了。森林的生命密度丝毫不亚于我们的城镇，而居住其中的生物形成了一种社会，它比沙漠更有效地把我们拒斥于森林之外。不论是高原上的荒漠，还是普罗旺斯地区阳光遍布的山峦，我们都能狂热地侵入。而一个由树木和其他植物所形成的社区，却能与人保持一段距离，并且能很快地把被人干扰过的痕迹遮盖起来。森林比较不易侵入，想进入森林的人，得像爬山一样付出代价，但森林对人所要求的代价要比山对人所要求的更为直截了当。森林的范围没有庞大的山脉那么辽阔，它会很迅速地把一个有限的世界封闭起来，形成一片和沙漠里面的荒地一样完全隔绝的环境。在那片隔绝的环境里，一个由草、花、菌、昆虫等组成的群体维持着不受干扰的独立存在，而我们只有在具有足够程度的耐心和谦卑之情时，才能进入那个世界。方圆几十米的森林就足以把外界完全隔绝：进入它就是进入另外一个世界，在那个世界里面，眼睛所见到的不再那么美观，然而比视觉更接近灵魂的听觉与嗅觉，却得以完全独立地发挥作用。像沉静、凉快、平和这些我们以为早已消失的恩宠又一一重现。和植物世界亲密接触给我们带来目前海已拒绝提供，而山只有在我们付出极高代价以后才肯提供的东西。然而，就我而言，要确信以上所讲的，必须先使森林以其最恶毒的形式强加在我身上，然后我才能了解到其普遍的特性。事实上，我现在正要进入其中，以便能遇见图皮－卡瓦希普人。他们的森林与我们欧洲的森林差别太大了，大到很难找到字眼加以描述的程度。

由外表看来，亚马孙森林看起来像是一大堆凝固了的泡泡，像是不断累积的绿色脓肿，像是某种病变侵袭了整片河流景观的每一个部位。但是，只要你打破其表皮，往里面走，一切便都会改观：从内部来看，整个混乱的一团变成了一个庞大的宇宙。整

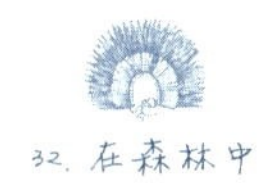

座森林不再只是地球上的一处混乱景观；它可以被视为一个全新的行星世界，像我们自己的星球一样丰饶，而且正在取代我们的星球。

一旦眼睛习惯于辨识森林里面各个靠得很近的水平层次以后，一旦心智克服那种被完全遮蔽的最初印象以后，便可看见一个复杂的体系展现在我们面前。即使所有不同的层次并不平均，分界线也有些模糊之处，也还是可以分辨出互相重叠的层面，它们都展现出同样的模式：首先是不过一人高的植物和草丛的顶端；在那上面，则是树木苍白的树干和一丛丛蔓藤植物，暂时享受一片还没被其他植物覆盖的空间；再往上，那些树干和蔓藤枝条都被粗壮矮树的叶子或野生香蕉树（pacova）的紫红色花朵遮住；继续往上，树干与蔓藤枝条突然又短暂地从这一片植物泡沫中出现，但往上很快又隐没到棕榈叶里面去了；然后它们在更高的地方又出现了，在这里可以看到第一批水平伸展的枝干，没有叶子，但盖满了兰科和菠萝科（Bromelinceae）一类的寄生植物，就像船桅上面缠着绳索那样；然后，在人类视线看不见的地方，这个植物世界以一些庞大的圆顶覆盖作为边界，那些圆顶有的是绿色的，有的则一片叶子也没有，在后者的情况中，圆顶上则覆盖着白色、黄色、橙色、紫色或红紫色的花。欧洲来的观察者会因看到这片世界像春天一般的清新而大感惊讶，这种清新的规模庞大到不成比例的程度，观察者所能想到的、唯一可资比较的是秋天的欧洲树林那一片辽阔华丽的鲜艳。

而在旅行者的脚底下，还有一些和这些往上空升起的层次构成对照的另一种层次。认为自己走在土地上只是一种幻想，因为地面事实上淹没在一层深厚的、不稳定的、互相交错的一大堆根茎、新生的根系萌芽、枝叶丛和苔藓底下。每当找不到坚实的落脚处时，都会有往下深陷的危险，有时会陷得很深。而随身带着鲁西达使得前行变得更加困难重重。

鲁西达是一只小母猴，紫皮灰毛，像西伯利亚松鼠那样，有条会抓东西的尾巴。它属于绒毛猴属（Lagothryx），一般被称为“大肚子”（barrigudo），因为这种猴子的肚子通常相当大。一个南比夸拉妇人把它送给了我，当时它只有几个星期大，妇人用嘴喂它，不分白天黑夜地让它攀附在妇人的头发上，把妇人的头发当成母猴的毛皮和脊骨（母猴通常会把小猴背在背上）。我设法用奶瓶来取代嘴对嘴的喂食方式。在瓶中掺点威士忌，就能使小猴子呼呼大睡，这样一来我便慢慢地可以在晚上自由行动。但是在白天时，鲁西达无论如何都只愿意接受一种妥协式的安排：它肯放弃我的头发，而改成攀附在我的左脚靴子上面，它用四肢紧紧抱住靴子，抱在离脚板不远的部位，从早到晚都绝不松手。这种安排在骑马或乘独木舟的时候，都没有什么问题；但在步行时，问题便大了，因为每根刺、每根低垂的树枝或每片沼泽都令鲁西达发出刺耳的尖叫。我设法使它改攀在我的手臂上、肩膀上，甚至是头发上，全都徒劳无功。它其他什么也不要，只要我的左脚靴子，那是它所生长的森林里面唯一的保护和安全地点。虽然它生长于森林，但和人类相伴几个月的时间，已足以使它对森林感到非常陌生，好像它是在文明世界的种种享受之中成长的一样。因此，我左脚一跛一跛地走路，每当我不小心踩到什么的时候，便被尖叫声弄得几乎耳聋。同时我还得注意看阿拔塔

拉的背影，这个向导不停地在绿色的半明半暗之中以急促的脚步前进，有时消失在大树背后，想用开山刀在矮树丛的蔓藤之中开出一条路来，有时候则左弯右拐地踩着一条我们无法理解的路径前行，一步步带领我们深入树林之中。

为了忘掉满身的疲惫，我开始随意漫想。根据我行走的节奏，一首首小诗在我脑海中不断成形，在脑中盘旋好几个小时之久，好像满满一口被过度咀嚼而已全无味道的食物那样——虽然食物已无滋味，但仍不肯吐出或吞下，因为食物留在口中提供了某种最起码的陪伴物。森林里面那水族箱一样的气氛使我得到灵感，写下了这首四行诗：

译注：法文原诗均押韵，中译无法兼顾，只能意译。

头足类海底生物的森林里
一颗巨大的海贝，茸毛
带着黏涎，在粉红色的岩石上
被火奴鲁鲁月鱼的肚子磨蚀

或者，应该说是为了与上面这首做对比吧，我构想出对城市郊区的令人不快的回忆：

草垫已擦干净
肥皂水洗过的石板道正发亮
路旁的树啊
是被丢弃的大扫把

最后，还有另外一首四行诗，这首诗很适合当时的情境，但在形式上一直没有完成。即使到现在，每当我去长途散步的时候，它也还在我脑海中徘徊不去：

亚马孙河，亲爱的亚马孙河
你缺少右乳房
你告诉我们一大堆吹牛故事
但你的路未免太狭窄了

快到黎明时，当我们绕过一片丛林之后，突然发现对面有两个土著正往相反的方向走去。年纪较大的那个大约四十岁，穿一件破旧的睡衣，发长垂肩。另一个头发很短，身上几乎全裸，只在阳具上套一个小草盖；他背着一个用绿色棕榈叶制成的篮子，里面紧紧地绑着一只巨大的角鹰，角鹰被绑得像只鸡那样，虽然其羽毛灰白相间，黄色的喙极为有力，头顶上冠羽耸立，但看起来非常可怜。两个人手上都拿着弓和箭。

从他们和阿拔塔拉的谈话中，我知道他们两人分别是我们要寻找的村落的酋长和酋长随从。他们走在其他村民的前头，其他村民则在森林中的某处游走。他们都走往马沙杜的方向，目的是皮门塔布埃努电报站，为了履行他们一年以前许下的诺言：那只角鹰是送给主人的礼物。这一点都不符合我们的目的，我们不仅是要会见这些土著，而且想去看他们的村落。因此，我们答应他们，到小猪河营地之后会有一大堆礼物给他们。我们说服两个土著往回走，带我们去他们的村落，把我们当成客人来接待（这一

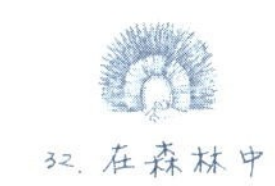

点他们很不愿意做）；然后，我们再一起沿河前往电报站。我们达成协议以后，那只被绑得死死的角鹰便被毫不客气地丢在了河边，其命运似乎只有很快被饿死或活活被蚂蚁咬死。在后来的两个星期里，几乎再也没人提起过那只角鹰，唯一的一次是简短地就事论事："角鹰已死。"两个图皮－卡瓦希普人消失于森林之中，他们去告诉族人我们要来的消息，我们则继续往前走。

角鹰这个小插曲值得思考。早期有好几位民族志记录者提到过图皮人有养鹰的习惯，用猴子喂鹰，目的是每隔一段时间拔鹰羽。龙东提到过，图皮－卡瓦希普人有此习惯；其他观察者在提到欣古河和阿拉瓜亚河沿岸的一些部族时，也提到过养鹰的习惯。因此，一群残存的图皮－卡瓦希普人会有养鹰的习惯便一点也不奇怪。他们会把自己视为最珍贵财产的鹰拿来当作礼物也并不奇怪，特别是如果这群土著真的决定（我当时已开始怀疑这一点，后来事实证明他们的确已决定如此）永远离开自己的村落，去加入文明世界的行列的话。但是，这一切却使人更难理解为什么他们会把那只角鹰那样随手一丢，任其自生自灭。然而，要考虑这种把传统价值坚决抛弃的现象，就必须把整个南美洲及其他地区被殖民的历史考虑在内。当一种生活方式被破坏的时候，一旦失去其中的某些要素，就会导致所有其他要素随着贬值。我刚刚观察到的或许正是这种现象的一个典型个例。

一份简单的晚餐，包括几片干牛肉（charque）——烧烤过但没有去盐——再加上一些森林产物：巴西坚果；野生的可可树果子，果肉有酸味，带泡沫，呈白色；帕马树（pama）的果子；腰果树的果子和种子。整个晚上，雨不停落在吊床上的棕榈叶上面。黎明时，整个白天都寂静无声的森林，有好几分钟的时间到处都是猴子和鹦鹉的叫声。我们继续往前走，每个人都想办法盯紧前一个人的背影，深信只要在小径上落后个几米就会完全丧失方向感，立刻掉进听不见同伴叫声的地方。森林有一项最特殊的性质：它似乎融在一种比空气更为凝滞的事物之中。能穿透进来的阳光都呈绿色，声音也无法传得很远。森林中的异常的静默，可能是由上述条件造成的，这种静默也感染了森林中的旅行者，而且旅行者由于走路需要特别小心，因此早已习惯于保持沉默。他们的心理状态和身体状态结合起来，造成了一种几乎无法忍受的压迫之感。

有时候我们的向导会在他所选择的、别人看不见的小径旁边弯下腰，很得意地把一片叶子翻过来，让我们看藏在叶子底下的矛状的竹片。这竹片和地面形成一个角度，会刺穿侵入的敌人的脚。图皮－卡瓦希普人称这种装置为 min，用来保护通往他们村落的小径。古代的图皮人所使用的竹片形制更为巨大。

下午的时候我们到达一处栗子树丛，土著（有计划地使用森林资源）在附近清理出一小片空地，以便能更有效地采摘栗子。整个村落的人即宿营于此地。男人赤裸，只戴着我描述酋长的同伴时提到的阳具护盖。妇女也赤裸，只穿着一条短短紧紧的土织棉布裙；裙子本来用红木树脂染成红色，但穿过一段时间以后，已变成锈棕色。

整个村落的人口包括六名妇女、七名男性，其中一个只有十多岁，另外还有三个小女孩，年龄分别为一岁、两岁、三岁。毫无疑问，这是人类学者想象中可以存续下去的最小族群之一。

他们和外界完全隔绝，至少已有十三年之久（也就是自阿拔塔拉的村落消失以后算起）。此外，这一群人里面有两个人的下肢麻痹：一个年轻妇女撑着两根棍子走路，一个年轻男人则像个无腿的人那样拖着自己的身体在地面上移动。他的膝盖突出于萎缩的双腿，底部则高高肿起，好像充满液体似的；他左脚大拇趾瘫痪不能动，但右脚的还能动。然而，这两个行动不便的人却都能轻易地在森林中随族群移动，甚至走很长的路程。我在想，他们是不是在和文明世界建立起持久性接触以前，就已感染了小儿麻痹或一些其他的病毒呢？看着这些不幸的可怜人，在人类所可能遭遇到的最恶劣的自然环境中完全靠自己而生活，我很难过地想起特维在十六世纪时看过沿岸一带的图皮人之后写下的描述。特维很惊奇地发现了一个族群："由和我们完全相同的要素所构成……却从来没染上麻风病、瘫痪、痉挛、溃烂性的疾病或溃疡，或者任何其他可在外表皮肤上看得出来的败坏身体的疾病。"特维完全没有料到，他自己和他的同伴，正是将上述疾病的病原传给美洲人的先锋部队。

蟋蟀的村落

下午快结束的时候，我们抵达了那个村落。村落位于一片人工清理出来的空地上，可以看见底下一条溪流的狭窄的河谷。那条溪流我后来查明是小猪河，是汇入马沙杜河的一条支流，在马沙杜河与穆基河汇流处下游几公里处的右岸流入马沙杜河。

整个村落由四间大致正方形的房子组成，排成一列，与溪流平行。最大的两间房子是起居处，可由用打结的棉绳吊挂在柱子中间的那些吊床看出来。另外两间房子有相当时间已无人居住，其中一间位于两间大房子中间，看起来更像是仓库或庇护所。乍

看之下，会认为这些房子和当地的巴西房子属于同一类型。但实际上，这些房子的设计相当不同，因为由柱子圈围起来的区块比用柱子支撑着的由两层棕榈树叶盖成的屋顶面积要小很多，整个建筑看起来像一朵正方形的蘑菇。然而，这个基本结构并非一眼就可看得出来，因为还有与屋顶外缘平行的“假墙”，不过并没有高到和屋顶连接的程度。这些围篱——事实上是围篱而不是围墙——是用剖开的棕榈树干并排捆绑而成的，突出的一面朝向屋外。至于那间主要的住屋，也就是位于两间仓库之间的那一间，所使用的棕榈树干都开有五角形的洞，像是弓箭的射口。外墙上面画着红色与黑色的画，都是用红木染料和某种树脂粗略画成的。依照土著报道人的说法，这些图画画的是一个人（妇女）、一只角鹰、几个小孩、一个像射口的图案、一只蟾蜍、一条狗、一只庞大的不知名四脚动物、两条锯齿状的线条、两条鱼、两只四脚动物、一只美洲狮，最后还有一个用正方形、新月形和圆圈组成的对称图案。

虽然这些房子一点儿都不像邻近的印第安部族住屋，但它们仍然很可能是依照传统样式建成的。当龙东发现图皮-卡瓦希普族人的时候，他们的房子已经是正方形或长方形的了，屋顶也都是双层的。还有，这种蘑菇状的结构一点儿都不像任何新巴西式的建筑。值得一提的是，许多与前哥伦布时期文化有关的考古资料，曾提到这类高顶建筑住屋。

图皮-卡瓦希普文化的另外一项原创特质是，他们跟有血缘关系的帕林廷廷印第安人一样，既不种烟草也不吸烟。看见我们把所带的香烟拿出来的时候，村落酋长挖苦地大叫：“Ianeapit!

（这是大便！）”龙东委员会的报告里面甚至提到过，当他们刚和图皮-卡瓦希普族建立接触的时候，后者对有吸烟者在场异常不悦，讨厌到强行把雪茄和香烟从吸烟者口中抢夺下来的地步。帕林廷廷语言里面没有“烟草”这个名词，但图皮-卡瓦希普人有一个名词指称烟草，这就是 tabak——和我们的用词相同，都是从西印度群岛土著的语言（很可能是加勒比印第安人的语言）那里借用来的。从瓜波雷河沿岸部族所说的各种方言里，或许可以找出这个传播过程的线索，那些方言也使用同一个名词来指称烟草。又或者是他们从西班牙语中借用了这个名词（葡萄牙语称烟草为 fumo，因此不可能来自葡萄牙语），不然就是——很多证据这么显示——瓜波雷河沿岸的文化传统代表了某个古老的圭亚那 - 加勒比文明（Guyana-Caribbean Civilization）的最西南端。这个文明的蛛丝马迹也可在欣古河下游一带找到。必须附带指出的是，南比夸拉人是无可救药的老烟枪，而图皮 - 卡瓦希普人的其他邻居族群——克普奇里瓦特族（Kepkiriwat）和蒙蝶族，则用鼻子从中空的筒子里吸烟。因此，在巴西中部居然会有一个部族不使用烟草，这是一件神秘的事情，特别是考虑到古代图皮人曾大量使用烟草，更使这个事实变成一个不可解的谜。

在没有烟抽的情况下，我们正要被十六世纪的旅行家称为 cahouin（图皮 - 卡瓦希普的语言则说成 kaui）的仪式欢迎入村，这种仪式也就是在一起喝用玉米制成的饮料 chicha。土著在村落四周用火烧出来的空地上种了很多种玉米，早期的作家描述过煮 chicha 所使用的锅子，有一人高，也提到过部落的处女在制作中要做的工作是把一大堆唾沫吐进锅中使玉米液体发酵。或许是图

皮－卡瓦希普人所使用的锅子太小，或许是这个村落处女短缺，这次他们找来了三个小女孩，强迫她们吐唾沫在煮过碾碎的玉米里面。当天晚上一群人就把所酿造出来的汁液喝光了，其味道美妙又清心润口，但是发酵过程不够完全。

在观看那些田园的时候，我们发现田园里面有一个巨型的木头笼子，本来是用来关那只角鹰的，笼子里面还有角鹰吃剩的四散的骨头，在笼子四周种着土豆、豆子、好几种红辣椒、小芋头、番薯、木薯和玉米。除了这些食物以外，土著还采集野果、野菜。举例来说，他们把一种森林野草的顶端绑成一小束一小束，以便其种子会成堆成堆地掉下来。他们将这些种子放在陶片上烧烤加热，直到种子爆开，像爆米花一样，味道也接近爆米花。

进行 cahouin 仪式的时候，必须很复杂地又煮又搅，妇女拿着用半个葫芦做的长柄勺子搅拌那些液体，我趁着天黑前最后的光线来观察这些印第安人。

妇女穿棉裙，在手腕和脚踝上紧紧绑着线圈，戴着用貘齿或一片片鹿骨串成的项链。她们的脸上画有花纹，所使用的颜料是格尼帕果的青黑色汁液；双颊上各有一条粗重的斜线从耳垂那里开始一直延伸到唇角，斜线上还画着四道垂直线，下巴上则是四条横列的水平线，并在每一条的两端都加上短短的竖线。大体上说来，她们都蓄短发，经常用耙子似的梳子来梳理，有时候会用棉线将一些小木棍绑起来制成较细致的梳子。

男人身上唯一的服饰是前面已提到过的圆锥状的阳具护套。正好有个土著在自己动手制造这种东西。他把刚摘下来的一片野生香蕉树叶中间的杆抽掉，去掉叶片外围较硬的部分，然后折两次。每一片的长度约三十厘米，宽约七厘米，他把两片穿插在一起，折叠的地方互成直角，因此而变成三角规的形状，叶片较厚部分有两个在旁边，四个在顶端，顶端处两片穿插在一起；然后再把这一部分沿着棱线折叠起来，把突出的两端削下丢掉，这时候他手中就拿着一个小小的由八个叶片较厚部分组成的等腰三角形的东西；再把这个三角形的东西套在大拇指上面，先套前面，再套后面，底端两角的顶部全部切除，用木针和植物线把两边缝在一起。这就大功告成了，只要把它套上去就可以了。套的办法是把包皮拉穿过阳具护套的开口，免得它脱落，而且包皮拉长的张力使阳具维持挺起的态势。每个男人都戴这种阳具护套，如果有人把阳具护套弄丢了的话，他便会立刻把包皮扯长挂在他当作腰带的绳子上面。

那些房子几乎空无一物。里面能见到的东西只有用棉线编成的吊床、几只土制锅罐、一个用来烤干玉米或木薯浆的平底锅、葫芦容器、木杵和木臼、磨木薯的木制锉子、篮子状的筛子、用动物牙齿制造的雕刻工具、纺锤、几把长达一百七十厘米左右的弓。箭则有好几种：有的只是一根竹片（打猎用的是矛形的，打仗用的则呈锯齿形），另外还有一些捕鱼用的箭，它有好几个箭头。此外还有几件乐器：有十三根管子的潘神箫和有四个洞的箫。

到晚上的时候，酋长郑重其事地端给我们 cahouin（一种炖豆），豆子颗粒巨大，和红辣椒一起炖，非常辣。在和南比夸拉人住在一起半年之久以后，能吃到这样的辣炖豆子实在是令人心满意足。南比夸拉人既不用盐，也不用任何其他调味品，他

们的口味清淡到把所有食物煮好以后先用水泡过才吃。这些土著把盐放在一个小葫芦里面让大家取用。土著的盐是一种褐色的液体，和巴西玉蕊木（tauari branco）的灰搅拌在一起吃。酋长本人并不和我们一起进食，只在旁边看，不过他坚持要在我们面前先自己尝尝那些盐，因为我们很可能会以为那些盐是什么毒药。虽然这一顿相当简单，但是进食过程中的那份庄严气氛，使我想到古代的图皮族酋长一定曾经有任人随意吃住的习惯，就像一个早期的旅行家说过的那样。

玉蕊科（Couratari）树种之一，又称为纤皮玉蕊、南美柚木。

另外还有一个更令人惊奇的小插曲。在仓库里面睡了一夜以后，我发现我那条皮带被蟋蟀啃咬过，在此之前我从来没被这种昆虫困扰过，我以前到过的那些部族——卡因冈、卡都卫欧、波洛洛、帕雷西、南比夸拉和蒙蝶所住的地方都没有蟋蟀。只有在和图皮族在一起的时候，才会发生这种不幸，就像四百年以前，埃夫勒和列维亲身体验过的那样："因此，趁我在讨论这个题目的时候，我把这类小动物形容一下……它们并不比我们的蟋蟀更大，在晚上的时候，也和我们的蟋蟀一样成群出现在火堆附近，它们只要发现任何东西，就大肆啃咬。但有一个主要的不同，就是它们会把皮鞍和皮鞋大啃一阵，把皮的表层啃光，使皮鞍、皮鞋的主人在第二天早上发现皮鞍、皮鞋都变成了白色，被剥掉一层皮……"由于蟋蟀（和蚂蚁或其他具破坏性的昆虫不同）只咬啃皮件的表层，我的皮带的确"变成了白色，被剥掉一层皮"，也因此成为一种昆虫与一个人类族群之间的一种奇怪的、只有他

伊夫·埃夫勒（Yves d'Évreux，1577—1632），法国探险家、历史学家。

们才有的、存在了好几个世纪的关系之见证。

太阳出来的时候，我们队中的一个人到森林里面猎捕在森林边缘飞来飞去的鸽子。没隔多久，我们听到一声枪响，不过没有任何人多加注意。很快，有个土著，脸上惊恐苍白，非常激动地向我们这边跑来。他想说明一些什么，但当时阿拔塔拉不在场，不能替我们翻译。不过，我们可以听见从森林那个方向传来一阵大喊大叫的声音，隔了一会儿，那个猎鸽子的人穿过种了农作物的土地向我们跑来，他用左手握着右臂，右手的末端都碎了——他握着枪，枪走火了。法利阿和我商量该怎么办，三根指头几乎全断，手掌似乎已被打碎，看来只有砍掉一途了。但我们无法忍下心来动这手术，因为那会使这位同伴终身残疾。他和他兄弟本来住在库亚巴郊外的一个小村子里面，我们把他俩找来参加探险队，因此觉得对他俩有份特别的责任。他还非常年轻，具有农民的忠诚之心，又非常精明，我们都非常喜欢他。由于他的本行是照顾运货的牲口，把货物装到骡子和牛的背上，需要有双很精巧的手，因而把手砍掉对他来说将是大灾大难。在心里充满不安之感的情况下，我们决定把他那断了的手指重新安放回原来的地方，用药布尽我们所能地绑扎妥当，同时立刻回头。我们一回到营地，法利阿就把受伤的人带去给留在乌鲁帕（Urupa）的探险队医生看，如果土著还能相处的话，我就留下来在河畔和他们一起宿营，一直等到两个星期以后船开回来为止（沿河而下的旅程要三天，溯河而上要花一个星期左右）。印第安人为这个意外所震惊，而且害怕或许我们会改变原来对他们的友善态度，便同意了我们提出的所有建议。因此，我们再次让他们去做准备工作，

然后走入森林之中。

整个旅程充满噩梦般的气氛，我所能记得的相当有限。受伤的年轻人一路上向前快速猛冲，我们几乎跟不上他。他走在最前头，连向导都被抛在后面，好像他很清楚应该往哪个方向走才对一样，虽然事实上我们先前走过的小径早已被杂草重新封闭掉了。晚上，我们用安眠药使他入睡。还好他很少使用药物，因此安眠药可以充分发挥效用。到第二天下午我们抵达营区的时候，发现他的手上爬满虫子，原来这些虫子是他如此疼痛不堪的原因。在三天以后我们把他交给医生时，却已没有化脓的危险了，因为那些虫子一点一点地把腐烂的肉吃了个精光。这时候已经完全没有必要把手切除了。医生替他做了一系列费时颇久的小手术，前前后后花了一个月的时间，正好让韦拉尔医师可以充分发挥他的活体解剖家与昆虫学家的高超技巧，结果是，那个年轻人的手复原成了很不赖的形状。我们在十二月的时候到达马代拉河，我便叫他搭飞机去库亚巴，以便好好恢复体力。在次年一月的时候，我回到那地区去和探险队的主力会合，顺便去探望他父母，没想到他父母非常不高兴地责怪我。责怪的原因并非他们的儿子身受这么多的痛苦，遭受痛苦在穷乡僻壤被视为日常生活中的家常便饭，不值一提。他们责怪我的原因是我居然会那么残酷，把他们的儿子送上天空。把人送上天空，在他们眼中是种恶魔似的举动，他们想不通为什么会有人想得出来把这种可怕的事情强加在一个基督徒的身上。

贾宾鸟的闹剧

我遇到的新家族由下面几个成员组成。塔培拉希（Taperahi）酋长和他的四个妻子：玛路阿拜（Maruabai）年纪最长，昆哈津（Kunhatsin）是玛路阿拜与前夫所生的女儿，塔克瓦美（Takwame），还有一个年轻的跛脚女人伊安诺帕莫科（Ianopamoko）。这个一夫多妻的家庭养了五个小孩：两个看起来分别是十七岁与十五岁的男孩是卡米尼（Kamini）和普卫累札（Pwereza），还有三个仍是婴儿的小女孩——帕耶赖（Paerai）、托培契阿（Topekea）和苦培卡希（Kupekahi）。

酋长的副手帕廷（Potien）年约二十，是玛路阿拜与前夫所生的儿子。此外还有一个名叫韦拉卡鲁（Wirakaru）的老妇人；她生的两个儿子分别叫塔克瓦里（Takwari）和卡拉穆阿（Karamua），前者仍然未婚，后者则与其侄女潘哈娜（Penhana）结婚，潘哈娜差不多刚达可婚年龄。最后还有他们的侄表亲，一个叫作瓦列拉（Walera）的年轻跛脚者。

和南比夸拉人不一样的是，图皮-卡瓦希普人并不把他们的名字视为秘密，而且他们的名字实际上都有意义，十六世纪的旅行家就曾指出这一点。列维观察到："就像我们给狗及其他动物取名字一样，他们给自己取名字的时候是随意用他们所熟悉的事物的名字来命名，比方说沙里歌伊（Sarigoy）这样的人名，是一种四脚动物的名字，阿里格南（Arignan）则是母鸡，阿拉布腾（Arabouten）是一种巴西树木，品多（Pindo）是一种高草，诸如此类。"

土著向我解释他们的名字的意思时，所说的正是如此。塔培拉希显然是一种小鸟，羽毛黑白相间；昆哈津的意思是白皮肤或浅色皮肤的女人；塔克瓦美和塔克瓦里这两个名字则来自一种叫作塔克瓦拉（Takwara）的竹子；帕廷的意思是一种淡水虾；韦拉卡鲁是一种人体的小寄生虫；卡拉穆阿是一种植物；瓦列拉是另一种竹子。

另外，一个十六世纪的旅行家汉斯·施塔登说，妇女"通常以鸟、鱼和水果的名称命名"；他还说，每当一个男人杀死一个俘虏的时候，他妻子和他自己就都要取一个新名字。我的同伴们遵守这个风俗。举例来说，卡拉穆阿有另外一个名字叫贾那苦

译注：名祖词（Éponyme）是古希腊用语，指用神或英雄等的名字作为城市名或年号的现象。名祖词这种现象普遍存在于各种语言中，有待以后更深的研究。总之，本书认为，名祖词来源广泛，文化对名祖词的起源与发展起着推动作用，是其形成的外部因素。转喻的本质是概念的，它植根于人们的基本经验之中，建构着人们的思想和行为，因此是名祖词形成的内部机制。

（Janaku），他向我解释道，因为“我已杀过一个人”。

土著从小孩变成少年的时候也取新名字，到成年时又取新名字。因此，每个人都有两个、三个或四个名字，关于这一点他们并不觉得有任何向我隐瞒的必要。这些名字相当值得注意，每个家族嗣系倾向于采用由同一类词根所形成的一组名字，而且和那个氏族（clan）有关联。我正在研究的那个村落的居民大多属于“迷阿辣”（mialat，野猪）氏族；但在村落形成过程中，其成员曾和巴拉那瓦、“塔克瓦提普”（Takwatip，竹族）等等氏族的成员通婚。最后要说的是，这个氏族的所有成员的名字均由名祖词衍生出来：塔克瓦美（Takwame）、塔克瓦鲁美（Takwarumé）、塔克瓦里（Takwari）、瓦列拉（Walera，这是一种巨竹）、托培希（Topehi，同为某一属植物的果实的总称）和卡拉穆阿（Karamua，也是一种植物，但他们没有指认明白）。

这些印第安人的社会组织最令人感到惊奇的一点是，其酋长几乎一个人独自占有整个群体中所有的女人。六个已达青春期的女人里面有四个是他妻子，另外一个（潘哈娜）是他妹妹——因而不能嫁给他，最后一个（韦拉卡鲁）则是没有人会感兴趣的老妇人，这就表示塔培拉希酋长在生理情况许可范围之内已拥有他所可能拥有的所有女人做他妻子了。他的家庭里面扮演主要角色

的女人是昆哈津。昆哈津是除了跛脚的伊安诺帕莫科以外最年轻的一个，同时她长得非常漂亮——在这一点上，人类学家和土著的看法完全一致。在家庭地位上，玛路阿拜是排第二的妻子，她自己的女儿的地位比她的还高。

地位最高的妻子似乎是用比其他妻子更直接的方式在帮助她的丈夫，其他的妻子则负责家庭杂务，像煮东西、看小孩等等。所有的小孩都在一起长大，所有的妻子轮流给每个小孩喂奶，以至于我一直弄不清楚每个小孩真正的母亲是哪一位。而地位最高的妻子则整天跟着丈夫到处跑，帮他接待陌生人，管理要送给别人的礼物，指挥整个家庭的活动。这种情况正好和我在南比夸拉社会中所观察到的情形相反，在那里做家事的是地位最高的妻子，其他的年轻妻子们则很密切地和酋长一起扮演男人的角色。

酋长对其群体中的女人享有特权的主要理由，似乎基于酋长的本质特别杰出这样的信念。酋长常被认为具有无法控制的脾气；他会陷入恍惚状态，被神灵附体，有时候必须用强制力量才能阻止他杀人（在后面，我将描述一个酋长在被神灵附体的情况下真的杀死人的例子）；他拥有预言的能力，还有其他才能；最后，他的性欲远超常人，为了满足性欲，他不得不娶好几个妻子。在停留在土著营地的那两个星期里，我常常注意到，塔培拉希酋长的行为和他同伴的行为相比很不寻常。他似乎有一种不得不到处走动的狂烈冲动。每天，他至少把吊床位置搬动三次，同时搬动遮盖在吊床上面用以挡雨的雨篷。而每次他大搬家的时候，他的妻子们、孩子们和副手帕廷也跟着搬。每天早晨他带着妻子们、孩子们消失在森林之中，根据土著的说法，他是去做爱。过半个小时或一个小时以后，他们一群人又回到营地，马上准备再次大搬家。

酋长的这种一夫多妻的特权，在一定程度上，被他不时把女人借给同一社群的土著及陌生人这一习俗冲淡。帕廷不只是副手。他等于是酋长家族的成员，分享其食物，有时帮忙看小孩，同时还享有其他的好处。每个十六世纪的旅行者，都大力描写过图皮南巴（Tupinamba）族的酋长们对陌生人如何大方。我们一到达村落，这种好客的习俗马上就使阿拔塔拉享尽好处。酋长把伊安诺帕莫科借给阿拔塔拉，那时候她已怀孕。在我留在这个村落的那段时间内，她和阿拔塔拉睡同一个吊床，由阿拔塔拉拿食物给她吃。

阿拔塔拉悄悄地对我说，这种慷慨大方并非毫无目的。塔培拉希建议阿拔塔拉，把伊安诺帕莫科留作他的女人，条件是以其女儿托培希来交换，当时托培希差不多八岁。阿拔塔拉告诉我说："Karijiraen taleko ehi nipoka.（酋长想娶我的女儿。）"阿拔塔拉对此建议没有兴趣，因为伊安诺帕莫科是个跛子，成不了好帮手，他说："甚至连去河里提水都做不来。"此外，拿一个残疾的成人来交换一个大有前途的女孩子，一点儿都不公平。阿拔塔拉有自己的打算：把托培希给酋长可以，但要拿苦培卡希来交换。苦培卡希那时只有两岁，阿拔塔拉特别强调这个女孩子是塔克瓦美的女儿，和他一样属于塔克瓦提普氏族，他对这个女孩子拥有舅父般的特权。他同时计划，应该也把塔克瓦美本人送给在皮门塔布埃努电报站的一个土著。这样做的话，可以在一定程度上把婚姻关系平衡一下，因为塔克瓦里自己已和小苦培卡希订

婚，而所有这些交换进行完毕以后，塔培拉希酋长就会失去两个妻子，但同时也会得到托培希这个新妻子。

我不晓得这些讨论的结局到底如何，但是在我们在一起的那两个星期里，这些讨论让所有相关的人都非常紧张。有时候，情况变得相当令人担忧。阿拔塔拉非常想得到那个才两岁的未婚妻，想使她将来成为他心爱的妻子，虽然他自己的年纪已在三十到三十五岁之间。他送她一些小礼物，当那小女孩自己一个人在河岸玩的时候，阿拔塔拉不知疲倦地欣赏她，而且要我一起欣赏她，看她那强壮的小手小脚：再过十年、十二年，她会是多漂亮的一个女孩子啊！他虽然已鳏居好几年，却一点儿都不因为要再等这么长的一段时间而难过——他无疑是算准了伊安诺帕莫科会填补这段等待的时间。那个小女孩在他身上所引起的那些微妙情感是以下三者的无邪混合：一种对未来的色情白日梦，一种对小孩子负有责任的类似亲长关爱之情，以及一种一个年纪不小的哥哥在年纪相当大以后才得到一个小妹妹的那种深怀爱心的同伴之情。

另外一个因素，也对这种不公平的妇女分配方式提供补偿，那就是“夫兄弟婚”——死了丈夫的女人，由丈夫的兄弟承娶。这是阿拔塔拉第一次婚姻的方式，那次婚姻是违反他自己的意愿的。他不得不娶他死去的哥哥的妻子，一方面是为了服从父亲的命令，另一方面则是出于他寡嫂的强烈要求——他寡嫂“老是跟在左右”。除了夫兄弟婚以外，图皮-卡瓦希普社会还有兄弟共妻的一妻多夫制，潘哈娜就是一例。她是一个瘦高的小女孩，刚

夫兄弟婚（Levirate，也称利未婚、转房婚。

刚进入青春期。她丈夫是卡拉穆阿，但卡拉穆阿和另外两个男人——塔克瓦里及瓦列拉——共享她。在这三个人里面，塔克瓦里是卡拉穆阿的弟弟，而瓦列拉只是在亲属分类上被视为他们两人的兄弟，也算是潘哈娜的小叔。“卡拉穆阿把妻子借给兄弟”，因为“兄弟之间不会嫉妒”。在平常，虽然一个人的妻子与这个人的兄弟之间并不故意互相回避，但他们之间会保持一种相当冷淡的态度。何时有人把妻子借给他兄弟是可以看出来的，因为在出借的那一天里，被借出去的妻子与她丈夫的兄弟会比较亲密，他们会在一起嬉笑，她丈夫的兄弟会拿食物给她吃。有一天，塔克瓦里把潘哈娜借来。塔克瓦里在我身旁进食，就在他差不多要开始进食的当口，他叫他的兄弟卡拉穆阿去“把潘哈娜找来吃点东西”。潘哈娜并不饿，因她已先和她丈夫吃过了；然而潘哈娜还是来了，吃一口然后走开。同样，阿拔塔拉会离开我的营火，带着他的食物去和伊安诺帕莫科一起吃。

因此，对于酋长在婚姻方面的特权所引起的问题，图皮-卡瓦希普人是利用一夫多妻制与一妻多夫制的结合来加以解决的。我当时离开南比夸拉人才不过几个星期，发现这两个在地理上距离这么近的族群竟然会各自发展出如此截然不同的方式来解决一个完全一样的问题，这实在很令人惊讶。南比夸拉族群的酋长，如前所述，同样享有一夫多妻制的特权，同样因此而造成族群内部年轻男人与可婚年轻女人比例失调的结果。但是，图皮-卡瓦希普人利用一妻多夫制来解决问题，而南比夸拉人则通过容许他们的青春期男子肆行同性恋来解决问题。在图皮-卡瓦希普语言里面，描述同性恋关系使用的是鄙夷性的字眼，他们显然对这种

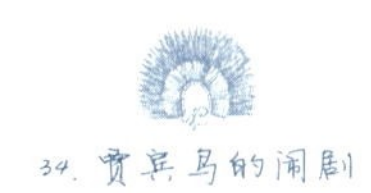

行为采取谴责态度。然而，列维却曾经不怀好意地对他们的祖先做过如下观察：“他们在吵架时，偶尔也会互骂对方为 tyvire，图皮–卡瓦希普人则用一个几乎同义的字眼——teukuruwa，意思就是鸡奸者，我们或许可以因此假设（我并不使用肯定的语气），他们之中是有人犯着这种可鄙的罪的。”

在图皮–卡瓦希普人的社会里，酋长制度是相当复杂的组织形态，塔培拉希的村落仍然象征性地与这种组织形态有关联，很像是在某些小法庭里，虽然早已失去以前的光彩，但仍然有个忠心不二的律师在全力扮演管家的角色，以求维持住庄严地位的尊严，这也正是帕廷伺候塔培拉希的模式。帕廷忠心地为主人服务，充满敬重之情；而他自己又非常受群体中其他成员的尊重，甚至到了敬畏的程度，使人误以为塔培拉希酋长像以前的阿拔塔拉酋长那样，统治着好几千人，或有好几千个家臣在听他指挥。在阿拔塔拉酋长的全盛时代，其统治集团包括四个等级：酋长、侍卫、次要官员和随从。酋长有权判人死刑。和十六世纪的时候一样，平常的处刑方式是淹死，由次要官员负责执行。不过，酋长也照顾其人民，同时，如我不久后就发现的，酋长和陌生人进行谈判时的技巧相当精明。

我当时有一只烧饭用的大型铝锅，有一天早晨，塔培拉希由阿拔塔拉陪着权充翻译，两人一起来找我要那只铝锅。他们说，交换条件是在我们停留在村内的这段时间里，酋长将保证使那只铝锅永远装满供我们享用。我试图向他说明，那只铝锅是我必不可少的用具，但在阿拔塔拉把我的话翻译给他听的整个过程中，塔培拉希酋长的脸上一直挂着笑，好像我的答案正好满足了他最最珍爱的梦想似的。果不其然，当阿拔塔拉把我拒绝出让铝锅给他的理由陈述完毕以后，塔培拉希脸上仍然堆满笑容，他伸手就拿起铝锅，一言不发地把铝锅算成是他自己的财物。就我而言，对此除了接受以外别无他法可想。塔培拉希守住了他自己的承诺，在拿走锅子以后，整个星期的时间我们都有最优质的 chicha 可喝——是用玉米和巴西坚果（tocari）混合煮成的。我在连喝了一大堆 chicha 之后一直想再多喝一点，唯一使我没有喝个不停的原因是有点怕帮我们吐唾沫来酿造饮料的那三个小女孩的唾液腺受到损伤。这个插曲令我想起埃夫勒所写的一段话："如果有人想要得到他同伴的一件什么东西，他会很坦白地说出来。除非那件东西的所有人真的是宝贝那件东西到了无以复加的地步，否则会立刻把对方所要的东西送给他。送给他东西的原因是，双方都明白，如果开口要求的那一方拥有给予的那一方所想要的任何东西的话，那么他也会在对方开口要的时候立刻就送给对方。"

图皮-卡瓦希普人对酋长功能的看法和南比夸拉人的很不一样。如果追问他们，要他们解释对酋长功能的看法的话，他们就会回答说："酋长永远快乐。"塔培拉希酋长在任何情况下所表现出的那种非常特殊的、充满活力的品质是这项定义的最好说明。然而，这种现象不能单单以他的天生才能来解释，因为图皮-卡瓦希普的酋长制度和南比夸拉的制度不同，图皮-卡瓦希普酋长是依照男性嗣裔来世袭的。普卫累札将成为塔培拉希的继任人。事实上，普卫累札看起来比他的兄弟卡米尼更年轻。此外我还注意到一些其他的迹象，较年轻的儿子可能会越过他的哥哥继承酋长的位置。在过去，酋长的职责之一是举行宴会，酋长被看作宴

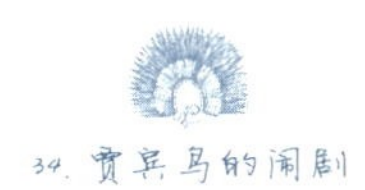

会的“老大”或“所有人”。男男女女身上涂满颜料（主要是用一种尚未被指认出来的叶子的紫色汁液来画，这种汁液也用于彩绘陶器），除了大吃大喝以外，还跳舞唱歌。提供伴奏的是四五支巨型的箫，用长达一点二米的竹管制成，顶部有一支小竹管，用纤维固定，在一边切出一只簧片。当“宴会老大”表示活动开始的时候，男人便抢着要在背上背一个吹箫者，那种争先恐后的场面令人想起波洛洛人比赛 Mariddo 舞的游戏，还有杰族的背树干赛跑。

举办宴会之前会先发出邀请，使参加者有时间去捕捉老鼠、猴子和松鼠之类的小动物来熏制，他们把这些经过熏制的小动物串起来挂在脖子上。他们还玩一种轮子游戏，把村落成员分成两队：年轻者与年长者。两队人在一个圆形区域的西边排列起来，每一队派出一个投手或掷手，分别占住北方和南方的位置。投手或掷手把一种用树干横切制成的实心圈滚向对方。这个树干圈即目标，当此目标滚过射手前方的时候，射手们便想方设法把箭射在上面，每当射中目标的时候，射手便可取得对手队的一支箭。这种比赛游戏和北美洲的一些部族所玩的几乎一模一样。

还有另外一种射箭比赛，用假人做靶，玩这种游戏有相当程度的危险性。他们相信把箭射到支撑假人的柱子上的射手一定会死于巫术；任何人敢用木头雕刻人形假人，也会遭遇相同的命运，因此通常假人要用草做，不然就做个猴形的假人。

就这样，日子一天一天过去，我收集了一个曾经令欧洲人觉得无比神奇的、在我离开马沙杜河上游右岸时正在渐渐消失的文化的一些残余碎片。时间是一九三八年十一月七日，我在这一天搭上了从乌鲁帕开回来的船，这个村落的土著也开始往皮门塔布埃努的方向迁移，去和定居在电报站附近的阿拔塔拉的家人与同伴会合。

然而，就在这个濒危文化的最后残余消失殆尽的时候，我又看到了一件令我吃惊的事情。它发生于夜晚完全降临，大地一片黑暗之后不久，那时候，每个人都正在充分利用营火的最后一点光亮，准备入睡。塔培拉希酋长已经躺在他的吊床上面。突然，他用一种断断续续的、飘渺无比的声音开始唱歌，这种声音一点儿都不像是他会发出的。两个男人（瓦列拉和卡米尼）马上跑过去蹲在酋长的脚边，整个小小的社群充满一种极度兴奋之情。瓦列拉呼叫了几声，酋长的歌声跟着变得比较明晰、比较有力。突然之间，我明白发生在眼前的是什么事情了：塔培拉希酋长是在演戏，不，更准确地说，他是在表演一场小歌剧，歌曲与台词穿插出现。他自己一个人扮演十几个角色，每个角色的音调都不一样——尖锐的声音、假嗓音、喉音或缠绵的声音；每个角色也都各有其主要的音乐主题，等于是每个人都有其主题曲。酋长所唱的曲子非常像单声部的额我略圣歌（Gregorian Chant）。南比夸拉人以笛子吹奏的音乐令我想起圣乐（Sacre），现在我觉得自己是在倾听一场具有异国情调的婚礼曲（Les Noces）。

通过阿拔塔拉的帮忙——他太专注于观看这场表演，很难分心向我多做说明——我对表演的主题有了大致的概念。酋长演出的是一场闹剧，主角是贾宾鸟（jabim，一种羽毛黄黑相间的莺鸟，其歌声很像人声），其他角色包括淡水龟、美洲狮、隼、食蚁兽、貘、蜥蜴等等动物。剧中出现的器物包括棍子、杵和弓。

最后还出现了精灵，像鬼魅马伊拉（Maira）。所有这些角色，其表现方式都非常符合这些角色原来的性质，不用多久，我自己就可辨认出此时出场的是什么角色了。故事情节以贾宾鸟的探险旅程为主线。贾宾鸟先是饱受其他动物的威胁，然后设计用各种不同的方法克服威胁，最后终于得胜。有时候，塔培拉希酋长如有神助，歌声、朗诵声争先恐后地出现，引起四周人一阵阵的笑声。有时候，他好像筋疲力尽，声音变得微弱。他尝试各种不同的主题，但无法决定到底用哪一个好。这时候，蹲在酋长脚下的两个朗诵者，或单独一人，或两个一起帮忙，重复一段诵词，使酋长可以松一口气，要不就向酋长提议某个音乐主题，或者是暂时扮演某个角色。在这种时候，整场演出就变成了一场真正的对白与对唱。因此而得以恢复精力的塔培拉希酋长便接着开始表演故事的另一段情节。

夜愈来愈深，事情变得很明显，这一场歌剧创作是在丧失意识的情况下演出的，表演者完全为他自己创造出来的角色所左右。他唱出来的各种声音都不是他本来的；每种声音的性质都如此独特，毫不混淆，让人很难相信这些声音发自同一个人。在快唱完第二段的时候，塔培拉希酋长唱着唱着突然跳下他的吊床，开始步履蹒跚地到处乱走动，要求喝 chicha——他已“被神灵附体”。突然，他抓起一把刀，奔向他的地位最高的妻子昆哈津，昆哈津马上逃进森林里才免于为酋长所伤，其他男人则抓住酋长，强迫他躺回吊床上去，然后他马上就睡着了。第二天清晨，一切如常。

亚马孙流域

在抵达乌鲁帕以后，我发现探险队的同伴住在一间宽敞的草屋里，草屋建在架子上，里面被分隔成好几个房间。从乌鲁帕开始，就可行驶机动船了。但我们得等河水水位涨高，还得等三个星期，机动船才能开到乌鲁帕。我们没有事做，只好把剩下来的装备卖给当地人，或者和他们交换鸡、蛋和牛奶——此地有一两头乳牛——然后就是懒散地过日子，恢复体力。每天早上，我们都把所剩的巧克力溶入牛奶里面，吃早餐的时候看着韦拉尔医师把耶米迪欧受伤的手上的碎片取掉一些，同时设法使那只手恢复

原状。这项手术使人觉得胆战心惊，几乎要昏倒，但同时又非常吸引人。在我的脑海里，这治手的一幕和森林的某种景象无法分开，同样充满形状与威胁。拿我自己的左手做模型，我开始画风景，全部由各式各样的手组成：手从身体里伸出来，像蔓藤植物一般扭扭曲曲、缠缠绕绕。画了一打左右这一类素描以后我感觉得到解脱，才开始又回去观察人类与事物。那些素描在第二次世界大战期间全部丢了，毫无疑问，它们目前应该放在一个被人遗忘了的德国阁楼里面。

从乌鲁帕到马代拉河这一带，电报线沿线的电报站都和采橡胶者的小村落在同一地点，这使河岸人口分布的情形具有一定的逻辑性。这些居民看起来没有高原上的居民那么荒谬，这里的居民所过的生活也不那么带着噩梦性质。或者说，至少，这儿的噩梦还依照各地不同的资源而有些变化，呈现出相当程度的多样性。在这里可以看见厨房外面的小菜园里种着西瓜，其瓜肉好像紫红色的不冷不热的雪。围在栏子里面的是一些被抓来的龟，给居住此地的人提供类似鸡肉的美食，每个星期天吃一次。在节庆时，甚至可以吃到真正的鸡肉，做成一种红烧鸡（gallinha em molho pardo），在吃完鸡肉以后，就吃“烂蛋糕”（bolo podre），喝“驴茶”（chade burro，玉米加牛奶）和“少女的唾沫”（baba de moca，一种酸奶酪浇蜂蜜）。另外，还有加了红辣椒的有毒的木薯汁，经过几个星期发酵，成为一种味道浓厚、爽口的酱汁。这是一个丰饶的地方。Aqui só falta o que não tem：这里除了我们没有的东西以外，什么都不缺。

这些食物全都是无法形容的美味，亚马孙流域的语言喜欢用夸张的语气。一般来说，一种医疗方法或一种甜点都是“见鬼一样的”好或坏，瀑布一定是“令人头昏目眩的”，一片兽肉就是“一只怪物”，一种情况必然是“无可救药的”。日常谈话里充满了农民对语意的曲解，比方说把音节颠倒：precisa 变成 percisa，perfeitamente 变成 prefeitamente，Tiburcio 变成 Tribucio。言谈之中也常会中断一段时间，其沉默无声再被严肃的突然的叫声中断，他们会突然叫 Sim Senhor 或 Disparate。这些喊叫与各种不同的想法之间的关系，就像森林一样混杂、晦暗。

一两个流动售货员——被称为 regatão 或 mascate，大都是叙利亚人或黎巴嫩人——乘独木舟到各处卖东西，把医药和报纸带到各地，报纸送到的时候已过时好几个星期，且潮湿破烂。通过被弃置于一个采橡胶者小屋里的一张旧报纸，我才知道四个月前发生的《慕尼黑协定》与全国总动员。我得附带指出，住在森林里的人，其想象力要比住在草原上的人更为丰富。举例来说，有些人颇具诗人的想象力，有个父亲名叫“山多瓦尔”（Sandoval）、母亲名叫玛丽亚（Maria）的家庭，在给他们的小孩取名字的时候，利用他们两人自己名字的音节加以重组，创造出一个新词来做小孩的名字！女孩子叫作瓦尔玛（Valma）、瓦尔玛丽亚（Valmaria）、瓦尔玛莉萨（Valmarisa），男孩子叫作山多玛（Sandomar）和玛丽瓦尔（Marival），再下一代的人则取瓦尔多玛（Valdomar）和瓦尔奇玛（Valkimar）这样的名字。好卖弄学问的人则给他们的儿子取亚里士多德或牛顿这样的名字。亚马孙森林地带的人非常喜欢吃一些名字富丽堂皇的成药，

像“宝贝药酒”“东方秘药”“郭多娜精品”“布里斯多药丸”“英国宝水”和“天堂香膏”等等。他们有时会吞食硫酸钠盐，不然就是吃二盐酸奎宁。他们吃了太多药，到了一点牙痛就得吃一整瓶阿司匹林才能止痛的地步。马沙杜河上游有一个小小的转运港，很具象征意味地只往更上游的地区运送两样货品：坟墓的栏杆和灌肠器。

除了这类“有学理根据”的药物以外，还另有一类民俗疗法，包括禁忌和祷告。在怀孕期间，孕妇无须禁食任何食物，但生产后的一个星期之内只能吃鸡肉和松鸡。产后一个星期直到第四十天这段时间，除了鸡肉与松鸡以外，还可吃鹿肉和某些鱼类（淡水白鲳、钝齿兔脂鲤和沙丁鱼）。从第四十五天开始，既可以有性关系，也可以吃野猪肉和所谓的“白鱼”。在产后整整一年的时间内，她不可吃貘、龟、红鹿、野火鸡（moutum）或“皮质”的鱼（jatuarama 和 curimata）。报道人对这些习俗的解释如下：“上帝的律法规定，从开天辟地以来，女人在第四十天才洁净。如果不这样的话，那么结果可悲。——月经后的女人不洁净，和此女人在一起的男人也就不洁净；这是上帝给女人定的律法。”最后还加上：“女人是很精致、脆弱的。”

此外，还有《干蟾蜍的祷词》（*Oração do sapo secco*），差不多已属黑巫术的范畴，可在廉价的传奇小说 *Livro de Sao Cypriano* 中读到。找一只库鲁鲁（cururu）或沙波列台洛（sapo leiteiro）种的大蟾蜍，埋在土中，一直埋到颈部为止，时间必须是星期五。然后，用艳红的火炭喂它，它会把火炭全吞进去。过一个星期，你回去埋大蟾蜍的地点，会发现它已消失不见。但在埋大蟾蜍的地方，会长出一棵有三叉枝丫的树，每一根树枝的颜色都不同。白色代表爱情，红色代表绝望，黑色代表哀悼。祷告的名称来自蟾蜍干枯掉这个事实，连秃鹰都不会想吃它。那根符合做此仪式之人的愿望的树枝会被折断，不让任何人看见。在埋大蟾蜍的时候便把《干蟾蜍的祷词》念出来：

> 我把你埋在一尺深的地下
> 我把你踩在脚下越深越好
> 你必须使我逃过任何危险
> 我把任务完成以后将把你放掉
> 我的保护者将受圣阿马洛庇护
> 海浪将是我的解救者
> 大地的灰尘将给我带来宁静
> 保护神啊，永远和我在一起
> 魔鬼就永远不会有力量抓我
> 在正午时刻
> 这祷告将被听明
> 圣阿马洛，你，和残酷动物的最高主宰们
> 将会是我的保护者玛里铁拉
> 阿门

另外还有两种祷词：《豆子的祷词》和《蝙蝠的祷词》。

在此地那几条可航行小机动船的河流附近，换句话说，在那些像马瑙斯之类的地方，文明尚未被消灭到只成为一种遥远的记

忆，仍然是可以在一生中重新与之建立两三次接触的真实事物，在这样的地方可以发现非常具有创意、个性独特得令人意想不到的人物。一个电报站的经理就是这样的人物之一。他和太太及两个孩子住在一起，经由自己的努力，在森林里开辟出一大片土地来耕种，同时还制作留声机，酿整桶整桶的白兰地。命运不停地和他作对。每天晚上，他的马都遭受鬼魅蝙蝠攻击。他用帆布给那些马做一层保护篷，但马用树枝把帆布篷扯下来；他用红辣椒涂马身，接着又用硫化铜涂马身，但那些吸血蝙蝠用翅膀把马身上所涂的东西全抹掉，继续吸马血。唯一有效的应付办法是把马扮成野猪的模样——把四张野猪皮切开再缝起来，披在马的身上。他的想象力丰富无比。有一次他去马瑙斯，该地的医生大敲他一笔，旅馆任他挨饿，他的小孩子由于生意人的鼓动，看到什么就买什么，结果花光了他的积蓄，但不久他就把这件曾使他耿耿于怀的事情忘掉了。

我很想多用些篇幅来描述这些令人感动的亚马孙森林人物，描述他们的独特性格和他们的绝望之情。其中有些人，像龙东或其同伴，是英雄和圣徒，他们把实证主义日历里面的名字带到了未被探索过的疆域。他们有的人宁可被谋杀，也不肯对印第安人的攻击大肆报复；有的人则是猴急的冒险者，跑进丛林深处，遇到只有他们自己才晓得的奇怪部族，抢夺或骗走该部族仅有的少数收成，其下场却是没多久就被该部族的箭射死；有的人则是梦想家，在遥远的河谷建造了一

实证主义日历（Positivist calendar）是由奥古斯特·孔德在一八四九年创造的，用来取代教会历法。实证主义日历的每个月都是二十八天，分成四周，每周七天。每个月比公历少掉的那几天会累积到年底作为节日，纪念所有死去的人。此外，每一天都用历史名人或是团体命名。

个一闪即逝的帝国；还有虚有其表的骗子在寂寞的移民边区浪费掉一大堆精力，如果是在以前的话，那么他还可能因此赢得副总督的职位；最后还有一些人，成为比他们更强有力的人故意制造出来的幻梦的牺牲品，这些牺牲品的古怪命运可以以马沙杜河沿岸的冒险者为代表，他们活动的范围距离图皮－卡瓦希普族与蒙蝶族所居住的森林边缘不远。

下面所引的故事，虽笔法奇怪但不失某种富丽的性质，是从亚马孙地区的一份报纸上录下来的，那份报纸名叫 *A Pena Evangelica*，时间是一九三八年：

> 在一九二〇年，橡胶价格下跌，雷穆多·培雷拉（Patrão，巴西上校）抛弃了 seringaes，在圣多美河（Igarapé São Thome）西岸的此地，仍然大致未受影响。光阴似箭。自从我离开巴西上校的庄园以后，关于那里的丰饶森林的记忆就一直深深刻印在我少年时代的灵魂中。后来我已渐渐从橡胶价格猛跌所带来的心如死灰的状态里恢复过来，变得世故，渐渐习惯于种植巴西坚果（Bertholetia Excelsa），在这时候我却突然想起在圣多美河常常看到的栗子树。有一天，我去找以前的老板巴西上校，他住在贝伦的大旅馆里面。仍然可以看出，他依旧相当富有。我请求他允许我去“他的”栗子果园工作。他大方地答应，授权让我自己去做。他开口说：“那些庄园均已被弃；那地方太远，只有逃不开的人才会仍留在那里。我不晓得他们如何过日子，对这个问题我也不

一种橡胶树的巴西土语，详见第三十六章。

感兴趣。你可以去。”

我设法弄了一点钱，要求J.Adonias公司、Adelino G. Bastos公司和Goçalves Pereira合伙公司等给我aviacao（这是指先提供东西给借贷者使用的专有名词）。我买了一张亚马孙河运公司的汽船船票，出发前往塔帕若斯。在伊泰图巴（Itaituba），我和帕尔玛（Rufino Monte Palma）及门东卡（Melentino Telles de Mendoça）会合。我们三个人都各带五十个人同行。我们共同合作努力，结果成功了。不久我们抵达了圣多美河河口。我们发现自己来到的是一个令人哀伤的、被放弃了的社群：迷糊的老人，半裸的妇女，以及四肢僵硬、满脸惊恐的小孩。在把住处建好，东西都准备妥当以后，我召集带去的人，再加上这个家庭的成员。我向他们说：“我给你们每个人一套东西——子弹、盐和面粉。”在我的小茅屋里面既没有钟也没有日历。我们在可以看清我们粗硬的双手的形状时开工，一直做到上帝把黑夜带给我们为止。不同意的人将没有东西吃，而只能吃用棕榈果做的粥和阿拿贾盐（anaja saltanaja，棕榈树的树芽煮过以后会有一些苦苦咸咸的残渣）。我们的食物可以维持六十天，我们不得不善加利用，这段宝贵的光阴一刻都浪费不得。我的合伙人也照我的样子做，六十天以后，我们收获了一千四百二十桶（每桶大约有一百三十升）栗果。我们把栗果装在独木舟上，沿河而下，到达伊泰图巴。我和帕尔玛及其他人留在那里等机动船山铁尔莫号（Santelmo），我们一等等了两个星期。后来我们终于

> 到达皮门塔尔港（Pimental），便把栗果与其他的东西装到色塔内若号（Sertanejo）商船上，在贝伦把栗果以四十七块巴西银币（合两美元三十美分）一升的价钱出售。不幸的是，有四个人在旅途中死亡。我们再也没回去过那个地方。然而目前栗果价格涨到二百二十银币一升，这是一九三六年至一九三七年那一季的最高价格，收获栗果的确是利润优厚的。栗果坚实可靠，不像土里的钻石永远无法捉摸，无从预测。我的库亚巴的朋友们，这就是在马托格罗索州靠“帕拉栗子树”（Paro chestnuts）谋生的办法。

在六十天之内，一百五十到一百七十个人一共赚了三千五百美元。然而这样的报酬，和那些采橡胶的人比起来，已经相当可观了。我在最后几个星期的那段时间内看到了这个濒死的行业所喘的最后几口气，也看到了采橡胶工人的悲惨处境。

橡胶园

产橡胶的主要的两种树是 hevea 和 castilloa，在当地方言中分别被称为 seringa 和 caucha。第一种比较重要，只长在河流附近，而河堤一带的土地划分并不很清楚，由于某些模糊的政府授权手续，其并不由其主人控制，而是归一些“老板”（bosses，即 patrões de Seringal，“橡胶雇主”）控制。每一个老板都负责一家店，卖食物及杂货。有时候他是店主，不过大多数情况下他是生意人的代理或小河运公司的代理，这些河运公司独占某一河流及其支流的所有货运。采橡胶的人是“雇工”（clint），事实上也被称为他的居所附近的那家店的“雇工”或“客户”（freguêz）。他向那家店购买一切装备，也就是他的aviacao（前一章已解释过），并把所采的橡胶全卖给那家店。作为交换条件，他所需的设备及一季的必需品，全都算在他的账上。此外，他还分配到一块采橡胶的区域，叫作collocação。一个collocação包括好几条叫作estradas的小路，以他的小屋为起始点，主要的产橡胶的树木都在那些小路附近，这些都是老板及其手下先在森林里发现的。

每天一大清早（他们一般相信在早上天未亮的时候开始工作比较好），采橡胶的人（seringnero）手上拿着弯刀（faca），帽子上安一盏灯（coronga），像矿工那样，沿着小路去采橡胶。他在seringa树上割一个缺口，割的方法被称为“旗子法”或“鱼骨法”；割的时候很小心，如果割得不好的话，橡胶汁就流不出来，或者是橡胶树从此以后不再产橡胶汁。

到早上十点左右，他就应该已割过一百五十到一百八十棵树。吃过中午饭以后，他重新沿着那些小路走一遍，把从清早起一直不停滴进挂在树上的锡杯里的橡胶汁收集起来——把锡杯中的橡胶汁倒进一个他自己用粗棉布做的、浸过橡胶汁的袋子里面。他在下午五点左右回家，开始第三阶段的工作，把“成长”中的橡胶球“养肥”：在小火上架一根竹竿，上面粘着一块已凝结的橡胶，竹竿不停地在小火上转动，此时把橡胶汁慢慢倒在那块已凝结的橡胶上，小火的烟使橡胶汁继续在那块橡胶上凝结成一层层薄薄的橡胶。当这种橡胶球达到三十到七十公斤的标准重量时，就已经是成品了——其重量标准视地点而有差别。如果橡

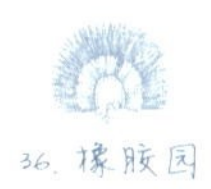

胶树已没有多少汁液，那么要弄好一个橡胶球有时需要几个星期的时间。这些球有很多种，视汁液的质量与制造方法而有差异。它们全都被存放在河流的两岸，老板每年去收运一次，把这些球带回店里面压成“橡胶皮”（peles de borracha），再串绑成筏，沿河流运到马瑙斯或贝伦。这些筏一碰到瀑布必定散开，等过了瀑布以后要再耐心地串绑起来。

通过对这种复杂的情况的简单说明，我们可以说采橡胶的人（即雇工）依赖老板，老板又依赖那些控制主要河道的河运公司。这种体系是橡胶价格猛跌的结果，时间是从一九一〇年开始，当时亚洲出产的橡胶开始与巴西产品竞争。采橡胶这种工作除了真正毫无办法的人以外，已无人对此还有兴趣，然而河流航运仍然利润颇高，特别是在采橡胶区卖的东西的价格都比外面市价贵四倍左右。最有实力的人放弃橡胶，但继续从事河运生意，这使他们可以不冒任何风险地控制整个体系，因为老板无论如何都得任河运公司摆布，河运公司既可以抬高价格，也可以拒绝供应货品。一个老板如果店里无货就会失去雇工，雇工可以逃走不还债，或者留在原地被活活饿死。

老板依赖河运公司，雇工依赖老板。到了一九三八年的时候，橡胶价格已不及价钱好时的五十分之一；虽然第二次世界大战使价格回升了一段时间，但目前的情况并没好多少。沿着马沙杜河两岸，视当年收成好坏而定，一个人一年可采得二百到一千二百公斤橡胶。用最好的价格去估计，在一九三八年，这些收成可用来买到雇工一年生活必需品——米、黑豆、干肉、盐、枪弹、石蜡和棉织品——的一半左右。另外一半的生活必需品则得靠打猎所得来供应，还有就是负更多的债。雇工都会负债，然后，绝大多数的情形是负债愈来愈多，直到死掉为止。

在这里可以介绍一下，一九三八年时一个四口之家的典型月支出账目表。每公斤稻米的价格有差异，有兴趣的读者可以把价格换算成国际黄金标准价格。

一个家庭的年度预算还得加上棉布，一九三八年一匹棉布的价格在三十到一百二十巴西银币之间，鞋子一双四十到六十巴西银币，帽子一顶五十到六十巴西银币，还有针线、纽扣和医药。如前所述，此地药物使用量很大，举例来说，一粒二盐酸奎宁（每个家庭成员每天要吃一粒）或一粒阿司匹林卖一巴西银币。还得记住的是，马沙杜河两岸最好的“季节”一季下来（采橡胶季节是从四月到九月，雨季的时候森林里寸步难行）可得两千四百巴西银币（一九三六年马瑙斯的橡胶价格是每公斤四巴西银币，其中一半归雇工）。即使雇工没有年幼的小孩，即使他只吃打猎得来的肉类，只吃自己种植、自己制造的木薯粉，单单最低食品消费也会花掉他在异常好的年景中的全年所得。

需求物资及数量	每单位巴西银币价格	总价
四公斤烧菜用的动物油	十点五	四十二
五公斤糖	四点五	二十二点五
三公斤咖啡	五	十五
一升石蜡	五	五
四块肥皂	三	十二
三公斤盐——腌兽肉用	三	九
二十颗子弹——〇点四四口径	一点二	二十四
两公斤烟草	八点五	三十四
四包卷烟纸	一点五	六

续前表

需求物资及数量	每单位巴西银币价格	总价
十包火柴	〇点五	五
一百克胡椒——腌食品用	三	三
两颗大蒜	一点五	三
四罐婴儿用浓缩炼乳	五	二十
五公斤米	三点五	十七点五
三十升木薯粉	二点五	七十五
六公斤干肉	八	四十八
总计		三百四十一

不论是否亲手处理生意上的事情，老板都永远活在破产的阴影之下。如果雇工未偿还老板所预支给他的债务就逃走的话，老板就会破产。因此，老板雇用武装人员在河上看守。在离开图皮-卡瓦希普族之后没有几天，我们就碰见了一件奇怪的事情，它将作为橡胶园的印象本身永远留在我的记忆中。以下是一九三八年十二月三日我在日记上所写下的关于这个插曲的描述：

十点左右，天气灰蒙蒙的。我们的独木舟队遇见一个瘦瘦的男人，他、他的妻子和一个十岁左右的孩子乘着一条打猎用的小舟（montaria）。妻子是个胖胖的黑白混血儿，头发鬈曲。他们全都筋疲力尽，那女人一边说话一边掉眼泪。他们已在马沙杜河上航行了六天之久，通过了十一个瀑布，其中有一个得扛着独木舟越过瀑布地带。他们是去追一个逃走的雇工和他妻子。那雇工带着一条独木舟和随身物品逃走了。他们在取得店里赊给的东西以后就跑了，只留下一张字条，上面写着："东西太贵我没有勇气偿还。"这几个人是加耶达诺（Gaetano）老大雇用的人，对他们因此要负的责任深感恐惧，于是正在设法找回那个逃走的人，要他还债，把他带回老大那里。他们带着枪。

他们带的是来复枪，通常是○点四四口径的温切斯特，平常是打猎用的，但必要时，也做其他用途。

几个星期以后，我在一家卡拉玛公司（Calama Limitada）所开的店门口看到一张布告，这家店位于马沙杜河与马代拉河交汇之处，布告内容如下：

非常上等的货物，
包括动物油、奶油和牛奶。
唯经老板特许，
才能赊账。
否则，
一律现金交易！
或以等价物品交换！

在这张布告下面，紧贴着另外一张：

顺溜溜的秀发，
不论多鬈曲的头发，

甚至黑人的头发，
都会变得顺溜溜，
只要经常使用最新出品的，
阿里商德，
在“大瓶子”店有售，
马瑙斯，乌鲁瓜雅那街。

事实上，人们虽深受疾病与贫穷之苦，但橡胶园地带的生活并非向来如此沉闷无趣。毫无疑问，那样的日子是一去不复返了：当橡胶价格一片看好时，人们在河流交汇处建造木头客栈，整夜灯火辉煌。有些雇工一夜之间就在此把几年积蓄花个精光，第二天回去向富同情心的老板借采橡胶所需的装备，再重新开始。我看过一个这类客栈的旧址，名称仍然叫作梵蒂冈——一个令人想起它过去光辉日子的名称。以前在星期天时，人们穿着条纹丝质裤子，戴着软帽，穿着皮鞋去“听”射击专家用不同口径的手枪进行射击表演，像独奏者一般。现在，在整个采橡胶地区已无法买到一条丝质裤子。但是这地方仍具有某种暧昧的魅力，这魅力来自那些和雇工同居，过着一种毫无保障的生活的年轻女人。以前用以描述这类“婚姻”关系的说法是“他们在绿色教堂结的婚”。这些女人有时候会开舞会。她们每个人拿出五巴西银币或咖啡或茶，或把她们的屋子借出来——如果那屋子比一般屋子大，或是她们的灯足够点一整个晚上的话。她们穿薄薄的衣服，脸上化妆，做个头发，走进舞会会场时吻主人的手。但她们的化妆与其说是为了造成美丽的幻象，倒不如说是为了看起来健康。在胭脂与粉底下掩藏起来的是梅毒、肺痨和疟疾。她们穿着高跟鞋从与她们的男人一起居住的地方（被称为 barracô）走来。她们一年到头穿得破破烂烂，衣衫不整，但在这天晚上看起来崭新、漂亮。不过，她们必须穿着晚礼服沿着泥泞的森林小路走两三公里路才到得了舞会会场。而且，为了打点整齐，她们得趁黑暗时在脏兮兮的溪里冒着雨洗澡，那天雨一直下个不停。在这薄薄一层的文明与门外的恶劣现实之间存在着巨大的对比。

她们所穿的剪裁不佳的服装更突出了她们印第安人的体形特征：乳房很高，几乎是在腋下，被服装的料子压得不成形状，肚皮突出；臂膀小小的，腿瘦长，形状很美，手腕和脚踝很细致。男人穿白裤子、厚鞋子、宽夹克，上前邀请舞伴共舞。她们有的是“伴侣”（companheiras），有的是“管家者”（amasiadas，即替一个男人管家），有的是“独立者”（desoccupadas，即没有特定对象）。男人牵着女人的手，走到舞池（palanque）中间。舞池用“巴巴苏”（babassu）椰子叶建成，提供照明的是一盏微微作响的叫作“法洛尔”（farol）的煤油灯。要跳舞的人会等一两分钟，以捕捉 caracachá 所发出的强烈节奏。caracachá 是一盒钉子，由暂时休息的跳舞者负责用以敲打节拍。等抓到节拍以后，一对对便起舞：一，二－三；一，二－三；等等。由于小屋建在架子上，因此地板在脚的摩擦踩踏之下摇晃不已。

他们所跳的舞属于另一个时代。特别是 desfeitera，由重复的小节组成，在重复之间的空当，手风琴伴奏——有时候还用吉他（violão）和小吉他（cavaquinho）伴奏——会暂停，让每个

男人轮流即兴表演一段对白——对白充满戏谑或性暗示，女人也得以类似的方式回应一段。对女人来说，这不是容易的事，因为她们觉得不好意思，尴尬害羞：有的红着脸逃避回应，其他的则迅速低声呢喃些令人听不懂的对白，好像小女孩在背书一样。下面是有一天晚上在乌鲁帕被不停地即兴朗诵的对白：

> 一个是医生，
> 一个是教授，
> 另一个是博物馆研究员，
> 在这三个里挑一个你想要的。

还好，被问这个问题的那个可怜女人没有回答。

如果舞会一开开好几个晚上的话，那么女人会每天晚上都换不同的服装。

南比夸拉人把我带回石器时代，图皮-卡瓦希普人带我回到十六世纪；在这里我觉得置身于十八世纪。在想象之中，我觉得西印度群岛上的小河港或沿海小港口的情形一定是这个样子的。我已走过整个大陆，但是这趟很快就要结束的旅程的终点，却首先以从时间线的末端往前走的方式进入我的意识里面。

第九部

归　返

奥古斯都封神记

旅途中有一段特别令人沮丧，那就是停留在坎普斯诺武斯的那一段。同行的人染上流行疫病，因而落后在八十公里以外的地方，动弹不得。和他们分开的结果，是我只能整天在电报站外面等待，眼看着十几个人渐渐走向死亡：有的死于疟疾、利什曼病或钩虫，但主要的死因还是饥饿。那个我在帕雷西雇来洗衣服的妇人，不但向我要肥皂，还要求食物吃，她的理由是：不然的话她没有力气洗衣服。这话是真的：这里的人已丧失一切生活能力，又弱又病而无法奋斗。他们便设法减少活动，降低需要，借

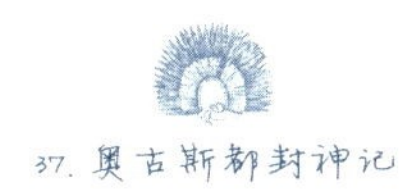

此达到一种昏沉的状态，只需使用最低程度的体力，同时又能钝化他们对自己悲惨情境的意识。

印第安人以另一种方式使这种令人沮丧的气氛雪上加霜。那两个在坎普斯诺武斯碰过面，互相敌对的印第安族群，对我并不见得友善，他们之间也经常处于随时会爆发肢体冲突的状态。我得保持高度警觉，任何人类学工作都无法进行。在正常情况下，田野工作本身就已负担沉重：必须在黎明时起床，一直保持清醒到最后一个土著去睡觉为止；得使自己不受注意，但随时都在；要什么都看见，什么都记得，什么都注意；要表现出一种颇失颜面的冒昧，向一个满脸都是鼻涕的脏鬼屈尊就教，在别人稍微表现出不得不顺你的意思，或者失去戒心的时候，设法加以最大限度的利用；不然的话，就是由于整个部族突然情绪波动，而不得不把一切好奇心压抑下去，退缩到一种保留的态度，有时一退缩就是好几天的时间。人类学者在进行本职工作时，心里充满疑虑：他放弃自己的生活环境，放弃自己的朋友和自己的生活方式，花费相当大笔的金钱和可观的精力，危害自己的健康，难道这一切的真正目的仅仅是使自己能够被十几二十个处境悲惨、很可能不久就要绝种的族群接受吗？何况那些人最主要的工作不过是互相捉虱子和睡大觉，而人类学者的成功或失败，却又完全要视这些人高兴与否而定。当土著毫无疑问地不怀好意时，就会像在坎普斯诺武斯发生过的例子，使情况变得更为糟糕。他们甚至会拒绝被人看见，会毫无预警就突然失踪好几天，去打猎或采集食物。为了能重新建立起一个难得建立起来的联系，人类学家只好在附近游荡、消磨时间、重新咀嚼已经到手的那点有限的资料。他把旧笔记重读一遍、重抄一遍、设法做出解释；不然就是给自己安排一些琐碎的、无意义的工作，譬如测量两处烧煮食物的地点之间的距离，或者计算一下那些已经被弃置的小屋到底使用了多少根树枝之类：这是一幅标题为“人类学家之功能”的讽刺画。

然而，最重要的是，他会自问：我为什么跑到这里来？我到底在期待些什么？我的目标到底是什么？人类学研究的本质到底是什么？它是不是一种跟其他正常的职业一样的职业？它和别种职业的区别，是不是仅仅在于人类学者的工作室或实验室与他们的住宅之间距离几千公里？或者说人类学工作是一种比较激进的选择，表示人类学者实际上是在怀疑他自己所生所长的整个制度？我中断学院生涯离开法国已有五年之久，在这五年里，我以前的同事中那些比较聪明的人已开始沿着学院的阶梯往上爬；那些像我以前那样对政治有兴趣的人，已经成为国会议员，不久就要当部长。而我自己呢，仍然在沙漠荒原中晃荡，追踪几个濒危的残存人类族群。到底是什么人，或什么事情，使我中断了自己存在的正常途径？这一切，会不会只是我自己所玩的一种手段？会不会只是一种聪明的旁门左道，其结果能使我重拾旧业，而且带着会受到承认的额外优势？或者，这项决定是我自己与自己的社会情境之间存在一种隐性的不适应的表现？这种隐性的不适应会使我不论做什么，都无可避免地感到与自己的社会情境愈来愈疏远？这里面有一个显著的吊诡之处：我的探险生涯并没有向我展现一个新世界，反而将我带回旧世界去。我一直在找寻的那个世界在我的指掌间消逝无踪，正如那些我原本要去征服的人和景观。一旦我有能力掌握他们，我就失去了我本来以为

他们会带给我的意义。因此，我便用在我的过去中遗留下来的其他影像，来取代至今这些令我失望但确实存在于眼前的影像。从前，当其他影像还是环绕在我四周的真实的一部分时，我并不觉得它们具有什么特别的重要性。在一个没有多少人见识过的地区中旅行，和那些数千年来没有什么变化的社会——其代价就是贫困，而他们早已付出了代价——分享其存在的经验，结果是我自己已经不再对两个不同的世界具有完整的意识。钻进脑海里来的是那个我自己割舍掉的法国乡间的一些变幻不定的景象，或者是那个我确信我已经遗弃否定掉了的文化里最平凡无奇的表现方式，像音乐或诗的片段。如果不掩饰我自己生命历程的轨迹的话，那么我确实相信过自己已经遗弃了那个文化。然而在马托格罗索西部的高原上，一连好几个星期的时间，如影随形缠绕脑际的，不是那些罗列在我四周、不会再有第二次机会看见的事物，而是一段十分老旧的，还因为我自己记忆力欠佳而更显得模糊不清的曲调——肖邦作品第十号：钢琴练习曲第三号。这支曲子经过一种我当时已深切意识到的辛酸嘲讽的扭曲，居然成为被我遗弃在背后的那一切事物的具体象征。

为什么会是肖邦呢？我自己从来都并不特别喜欢他的作品。我在成长过程中所受的教养使我仰慕瓦格纳，不久之前我自己发现了德彪西，不过在这以前我已知道斯特拉文斯基的作品《婚礼》，并曾听过其第二场或第三场的演出。那作品向我展现了一整个世界，一个在我看来似乎比巴西中部草原更为真实、更为丰富的世界，同时也击碎了我在听到那件作品以前已经形成的关于音乐的一切信念。不过在我离开法国时，提供了我所需要的精神支柱的作品是德彪西的歌剧《佩利亚斯与梅丽桑德》(*Pelleas and Melisande*)。因此，为什么会是肖邦呢？而且还是他最枯燥无味的不重要的作品，它居然在我身处一片荒野之中时，硬是跑来缠绕着我。给这个问题找答案，比从事将会使我在专业上更说得过去的人类学观察还令我关心。我想到，从肖邦到德彪西的发展过程，如果把它整个颠倒过来的话，那么可能有更多的领悟。原先德彪西给予我的乐趣、使我更喜爱德彪西的理由，现在我可以在肖邦的作品里面找到；那些理由藏在一种暧昧、不确定、不显著的形式底下，以至于刚开始的时候我根本注意不到，而直接选择亲近那些用最显而易见的方式表现出来的作品。如今我正在实践一种双向的过程：由于我理解了德彪西，因此能够更深入地了解较早期作家的作品，任何人如果不先知道德彪西的作品的话，便无法欣赏到这些隐藏起来的美。有些人喜爱肖邦是因为他们并不了解肖邦之后的音乐发展，而我是在接触了比肖邦更多的东西之后才更喜欢肖邦。与此同时，我已不需要全面性、完整性的刺激来引发某些情感；相反，一点提示，一点隐喻，一点某些形式的预兆，就已经足够。

走完一英里又一英里，同样的曲调在我的脑海中不停反复，没有办法消除。它似乎在不断地展示它的新魅力。它先是缓慢地出现，然后它似乎在捻着它的线，好像是想把即将来临的终结掩藏起来似的。捻线打结的举动变得愈来愈无法抽离开来，以致令人开始怀疑或许整首曲子就要崩溃。突然地，下一个音符带来完整的终结，整个闪躲的路线显得更为大胆，特别是前面先出现的那些危险的音符，使得这样的结束变成必要的，也使得这样的收

尾成为可能。一旦最后一个音符被听见，达至最后一个音符之前的所有音符就都被映照明白，有了新的意义：之前那些音符所追寻的，再也不会被视为随意而为了，而是一种准备工作，替那个想象不到的结束方式做准备。或许，这也就是旅行的本质吧。它探查的是我自己脑袋中的沙漠，而不是那些在我周遭的沙漠吧？有一天下午，当所有的人、所有的事物都在炎热无比的天气之中熟睡时，我蹲坐在蚊帐覆盖下的吊床上，蚊帐保护我免受“害虫”——南美洲人这样称呼蚊子——之苦，但是蚊帐的网眼太密，使里面的空气更难流通。这时候，我突然有了个主意，我觉得这些正在困扰着我的问题可以作为一出舞台剧的主题。整出戏在我脑中清晰无比，好像已经写好了一样。印第安人对我而言已不存在：整整六天的时间，我从早到晚在写满词汇表、素描和谱系表的纸张背面不停地写作。但六天过去以后，灵感已经枯竭，剧本仍未写就，而灵感也一去不复返。但把当时急忙写下的手稿重读一遍后，我不觉得有什么值得惋惜的。

我的剧本名为《奥古斯都封神记》，其形式是高乃依的《西拿》（*Cinna*）一剧的改编。剧中有两个主角，奥古斯都和西拿，他们从小就是朋友，后来各自追寻不同的事业，在两人事业的紧要关头上又重逢。其中一个人，自以为已经弃绝了文明世界，却发现自己原来在用一种相当复杂的方式重回文明世界，不过，他本来相信自己要去面对的选择的意义与价值，都被这个方式摧毁了。另外一个人，从出生开始就被挑选出来要进入高级社会生活，享有其中的种种荣耀，后来却发现他的一切努力都倾力导向

皮埃尔·高乃依（Pierre Corneille, 1606—1684），十七世纪上半叶法国剧作家。

把上述一切都化为乌有的结局。而这两个人在试图毁灭对方的时候，却都同时在寻求一种方法，想尽力使自己的过往显得仍然很有意义，即使因此而死也在所不惜。

剧本是这样开场的：罗马的贵族院想颁给奥古斯都一项比皇帝更高的荣耀，投票通过为奥古斯都举行封神的仪式，让他在有生之年就位列众神。在皇宫花园里面，两名卫士在讨论这则新闻，从各自的观点来预测将会产生什么样的结果：那样会不会使警察的工作无法进行呢？要如何去保护一个神呢？神不仅可以随心所欲地变成昆虫，或使自己隐形，也能随意使人动弹不得。他们讨论可不可能举行罢工，最后他们得出结论，无论如何都应该给他们加薪。

卫士长接着出现，向这两个卫士解释，他们的想法是如何错误。卫士并没有被赋予任何使命，可以使他们与他们要服务的对象之间有任何差别。他们不应该对最后的目标表示关心，他们与他们的主人之人身及利益是无法分开的，他们是映射了主人的光辉才具有光彩。当国家元首神化了之后，为元首服务的卫士队伍本身也就跟着神化了，就像他们的主人一样什么事情都办得到。卫士将会达成其真正的本质——以侦察机构的座右铭来说就是——在无人起疑的情况下看到、听到所有事。

在下一幕里，各种角色从贵族院走出来，对刚刚举行的院会发表评论。有几场戏用来表达对于由人转变成神的各种互相矛盾的看法：重要利益集团的代言人在想着各种新的赚钱机会；奥古斯都本人不愧是个皇帝，只关心他的权力要如何巩固的问题，最后终于可免受阴谋和内讧的困扰。对他的妻子莉薇娅（Livia）而言，封神仪式是他生涯中的最高峰："这正是他该得的！"换句话说，等于

是被选入了法兰西学术院（Académie Française）……奥古斯都的妹妹卡蜜尔（Camille）爱着西拿，西拿在外流浪十年之后回到罗马，卡蜜尔把这个消息告诉奥古斯都，希望奥古斯都召见西拿。西拿还是跟以前一样任性且具诗人气质，很可能说服奥古斯都，免得他就此倒向既成体制永不回头。莉薇娅表示反对：西拿一直都给奥古斯都的事业带来破坏性的影响，西拿是个疯子，只有在和野蛮人在一起的时候才会快乐。奥古斯都很想接受妻子的这个想法；但是，他开始因传教士、画家和诗人们所组成的一系列陈情代表的出现而感到困惑，他们都认为奥古斯都在成神以后等于被赶出了这个人间世界。传教士们认为神化了的奥古斯都会把人间的权柄转移到他们手中，因为传教士乃是诸神与人类之间法定的中间人。艺术家们则要把奥古斯都从一具血肉之躯变成一种理念：奥古斯都夫妻想象的是比真人更美、更宏伟的大理石雕像，艺术家们却建议倒不如用各种形式的漩涡和多面体来表现，这想法令这对皇家夫妻甚为惶恐。这场大混乱，更因为一群放荡女人的各种争执不下的要求而弄得无法收拾：勒达（Leda）、欧罗巴（Europa）、阿尔克墨涅（Alcmena）和达那厄（Danaé）都坚持要把她们与诸神交往的经验提供给奥古斯都。

然后，奥古斯都自己孤身一个人，和一只鹰在对话。这鹰不是普通的鸟，不是神性的徽记，而是一只野鹰——摸起来暖和，闻起来发臭的那种。不过这也正是朱庇特的鹰，那只把伽倪墨得斯

这四个女人都是希腊神话中的人物，勒达是斯巴达皇后，欧罗巴是腓尼基公主，阿尔克墨涅是大力神海克力斯的母亲，达那厄为宙斯生了一个儿子。

罗马神话中的朱庇特，就是希腊神话中的宙斯。

伽倪墨得斯是特洛伊王子，宙斯爱其年少俊美，因此派老鹰将他带到天上；有一种说法是宙斯自己化为巨鹰将他掳走。

（Ganymede）带走的鹰——经过一场流血争斗之后，年轻的男孩伽倪墨得斯挣扎无效，还是被鹰抓走了。这只鹰向满脸狐疑的奥古斯都解释道，他即将取得的神性正好会使他不再感觉到目前所感到的那种厌恶之情，现在因为他还是一个人，所以仍沉浸在那种厌恶之情之中。奥古斯都将会感到自己已经成神，但并不是经由什么神采四射的感觉，也不是由于任何可制造奇迹的能力，而是由于他将会有办法忍受野兽靠近身旁而不感到厌恶，能够忍受野兽的臭味，忍受野兽覆盖在他身上的粪便。腐尸、残败和排泄物对他而言将变得非常熟悉："蝴蝶会飞到你脖子上来做爱，任何地面对你而言都将成为可以安睡之所；你不会再像现在这样，看见到处竖着刺，布满虫子和传染病。"

由于在第二幕里和鹰对话过，奥古斯都在开始意识到存在于自然与社会之间的问题以后，决定再次和西拿见面。西拿在过去比较喜欢自然，不喜欢社会，这正好和导致奥古斯都取得皇帝式的神性所做的选择相反。西拿感到非常失望。在他十年的流浪生活中，他除了想念那个青梅竹马的朋友卡蜜尔以外，什么事也没做。那时候如果他开口的话，就早已娶得卡蜜尔为妻。奥古斯都会非常高兴地把妹妹卡蜜尔嫁给西拿。不过，必须依照社会习俗的律法才能得到卡蜜尔，对西拿来说是无法忍受的事情。西拿想要经由向整个既成秩序挑战的方式来得到卡蜜尔，而不是通过既成体制。因此他决定取得隐遁者的声望，以便他能迫使社会摊牌，使社会允许他得到社会本来就准备给他的女人。

现在西拿终于头上戴着荣耀的光环回来了。他现在是每一场社交晚宴都最欢迎的探险家，但只有他自己明白，他付出如此高

昂的代价所取得的名声，其基础只不过是个大谎言。在人们认为他亲身经历过的那些经验里面，没有一件是真实的。旅行是一场大虚幻，是一种烦死人的过程；整个过程只有那些习惯于反射的影像而对真正的现实不熟悉的人才会觉得真实不虚。西拿对奥古斯都注定要得到的那一切感到嫉妒，因此想要拥有一个更为广大的帝国："我告诉我自己，没有任何一个人类的心灵——甚至连柏拉图的都包括在内——能够想象世界上所有的花卉和叶子的无限多样性，而我就是要知道这一点；我将要收集恐惧、寒冷、饥饿和疲惫所引起的感觉，那些感觉是你们这些居住在库藏丰足的谷仓旁的精致、舒服的房屋里的人连想都无法想象得到的。我吃过蜥蜴、蛇和蝗虫；我在吃这些令你们一想到就会反胃的食物时，怀抱的是一个将要接受入教仪式的人的心情和信念，我深信我将因此而在我自己与宇宙之间建立起新的联系。"但是在经过这一切努力之后，西拿意识到他什么也没找到。"我失去了一切，"他说，"甚至连那些最人性的，对我都变成了不具人性的。为了填满那些无止无尽的空虚时日，我便背诵埃斯库罗斯或索福克勒斯的作品给自己听；我后来对其中的一些段落熟悉到无以复加的地步，以至于现在我去戏院的时候，已经无法享受剧场的美了。每一个段落都令我想起灰尘满天的道路、被烤焦的草和被沙子弄红的眼睛。"

第二幕的最后几场戏，表现奥古斯都、西拿和卡蜜尔等人深陷其中的不同的冲突情境。卡蜜

埃斯库罗斯（Aeschylus，前525—前456），古希腊悲剧诗人，与索福克勒斯和欧里庇得斯一起被称为古希腊三大悲剧作家，有"悲剧之父"的美誉。

索福克勒斯（Sophocles，前496—前405或前497—前406），古希腊剧作家，古希腊悲剧代表人物之一。

尔对她的探险家充满崇拜之情，探险家则设法让她了解旅行家的故事都充满欺骗，且都徒劳无功："即使我有办法把这些事件中每一件的茫然空虚以及不具意义表达出来，我的游记也还是不得不采取讲一个令人神往、可以吸引人们注意力的故事的方式才能说得出来。然而那经验本身根本就是空虚的；我所看到的大地和这里的大地近似，草叶也和这片草地的草叶一模一样。"卡蜜尔对此深感愤怒。卡蜜尔本来就很明白，在她的爱人眼中，卡蜜尔自己的存在本身，也深受西拿所深感痛苦的那种对一切都失去兴趣的病症所苦：西拿对卡蜜尔的兴趣已不再是一个人对另外一个人本身的兴趣，西拿只是把卡蜜尔视为自己与社会之间唯一可能残存的联系的象征。奥古斯都自己则警觉到西拿和那只鹰所说的话并无二致，不过他却下不了决心来改变已做的决定：太多政治利益和他的封神牵扯在一起，更重要的是，他要反抗那种认为没有什么绝对稳当的结局可以让行动者既能享受行动后的奖赏又能得到心灵平静的想法。

第三幕在危机四伏的气氛中开始。在封神大典的前一天晚上，罗马被神性事物淹没：皇宫的墙出现裂缝，植物和动物冲进皇宫，整座城市回到原始自然状态，好像为一场大灾变所毁那样。卡蜜尔和西拿断绝交往，使西拿得到了最后的确切证明，证明了一场他早已意识到的失败。西拿把一切不满都发泄在奥古斯都身上。目前在他眼中，和人类社会所能提供的较切实的快乐比较起来，无论那个毫无秩序的繁茂大自然如何空虚不实，他都依然要独自去品尝其滋味："它什么也不是，我晓得。但我既然选择它，那么这个空虚本身对我来说还是宝贵的。"奥古斯都可能

会成功地把自然与社会结合起来，而且取得前者作为后者的额外奖赏，而不是必须为了拥有自然而放弃社会。这种可能性对西拿而言是无法忍受的。为了证明所有人都不得不在两者之间做一选择，他决定暗杀奥古斯都。

就在这个时候，奥古斯都要求西拿帮他的忙。他如何使那些已不再依据他的意志推进的事件中止、转向，同时又能维持他的公共形象？在一种极度兴奋的心情下，他们两人认为找到了解决的方案，那就是让西拿谋杀奥吉斯都，正如西拿本来计划要做的那样。这样做可以使他们都获得各自梦想的不朽：奥古斯都将能享受以书本、雕像和公众崇拜来纪念的不朽名声；而西拿也可享受到弑君的昭彰恶名，这也是一种不朽名声。这种不朽既可使西拿重返社会，又能使他持续不断地反对社会。

我已经记不清楚这个剧本在原来的计划中到底是怎么收尾的，因为最后几场仍然没有写完。我想是卡蜜尔不甘不愿地提供了一个大结局。卡蜜尔重燃起原来的情感，说服她哥哥，是奥古斯都自己误解了整个情况，事实上西拿才是诸神的使者，而不是那只鹰。如果卡蜜尔说得没错的话，那么奥古斯都觉得也许可以使用政治方法把整个问题解决掉。他只要能欺骗西拿，就能同时欺骗诸神。他们商量好要把卫士撤走，然后奥古斯都自愿成为西拿短剑下的无助牺牲品。但实际上奥古斯都却做了安排，增加了双倍的贴身卫士，使得西拿根本就无法接近他。这正好符合他们两人一生的不同事业的方向。奥古斯都的最后一项行动还是圆满成功了：他成了神——却是人世间的神——同时他会赦免西拿。对西拿而言，这只是又一次失败。

一小杯朗姆酒

英译注：传统上，将被送上断头台的法国罪犯，都可以在行刑之前抽一根烟，喝一小杯朗姆酒。列维－斯特劳斯在这里使用这个标题，一方面是指本章所讨论的朗姆酒的重要意义，另一方面也暗指人类学家自己和整个人类的可能命运。

前一章描述的戏剧寓言，只表现出一个主旨，即说明一个在不正常的生活条件中度过很长一段时间以后的旅行者所显露出来的心理失调。但是问题仍然存在：人类学家如何克服他的选择所造成的矛盾？他眼前就有一个现成社会——他自己的社会——可以作为研究对象，那么他为何决定放弃这个社会，而把他的耐心和热诚留给另外一个，而且通常是最遥远、最陌生的社会？他选择人类学为职业，就是把他的耐心和热诚从本国同胞身上移开。人类学家对自身群体的态度很少是中立的，这并非意外。如果他

是行政官员或传教士，那么我们可以因此推论说，他选择认同一个制度，到了奉献一生来推广、宣传那个制度的地步。如果他从事的是科学性的或学院性的工作，那么我们又很可能在他过去的历史中发现一些客观因素，以显示他对他出生的社会适应不良。他选择了他的角色，或者是想找到一个实际的方法来调和他对一个群体的忠诚和有所保留之处，或者只是很单纯地把本来就已感觉到的对自己社会的疏离感变成一种长处，使他能较容易地接近其他不同的社会，因为他实际上已经在走向那些不同社会的半路上了。

但是，如果他诚实，他就面对着一个问题。他所赋予异社会的价值——那个异社会与他自己的社会愈不一样，他似乎就认为那个社会的价值愈高——并没有单独成立的基础：事实上他是由于厌恶或敌视自己原生环境的习俗风尚，而在另外一个社会里看到了价值。人类学家和自己的同胞在一起的时候，往往倾向于颠覆既有体制、反叛传统行为。但是，当他处理一个和他本身的社会截然不同的社会时，他不仅仅看起来充满尊敬之情，甚至到了采取保守主义观点的地步。这种现象，并不是单纯出于偏见；事实上，和偏见大异其趣。我就认识几位遵行自己社会的规范的人类学家。但是，这些人类学家遵奉自己社会的习俗，是走了一段迂回路以后的结果，也就是把自己本身的社会和他研究的异社会做了一种同化。他们的忠诚所在还是后者，而他们之所以放弃最初对自己的社会的反叛，是因为他们对异社会做了让步，也就是说，他们像处理所有社会那样处理自己的社会。这种两难处境，并没有任何两全其美的解脱之道：要么，人类学家遵行自己社群的规范，而其他所有社群在他心中最多只能引发一种一闪即逝、带有些许不赞同的好奇心；要么，人类学家全心全意地把自己奉献给其他社群，而使自己的客观性受损，因为，不论有心还是无意，他都不得不把自己至少从一个社会里面抽离出来，才能全心全意地把自己奉献给所有社会。这样做的结果也就是使他自己犯下一项罪过，这项罪过和他认为那些不同意人类学工作有其特殊价值的人所犯的重大罪过的性质完全一样。

我第一次为这种自我怀疑所困扰，是在这本书开头描述过的被迫停留在西印度群岛的时候。在马提尼克岛，我去看过一些锈迹斑斑、缺少保养的朗姆酒厂，其设备和造酒方法从十八世纪以来未做任何改变。在波多黎各，我则在那家几乎独占全岛蔗糖生产的工厂里看见一大堆珐琅材质酒槽和镀铬管线。但是，我在那些被一大堆废料覆盖的古老木头酒桶子前面尝到的各种马提尼克朗姆酒，都是又香又醇的；而在波多黎各现代酒厂中尝到的，则是粗糙低劣的。我们也许可以因此假定，马提尼克朗姆酒之所以香醇，是因为使用了古老过时的酿酒方法，在酿酒过程中免不了渗入各种杂质。对我而言，两地酒质的对比，正说明了文明的矛盾：文明的迷人之处主要来自沉淀于其中的各种不纯之物，然而这并不表示我们就可借此放弃清理文明溪流的责任。由于两方面都对，因此我们也就必须承认错误。要照理性办事，设法增加产量以便能降低单位生产成本，这是对的；而去赞颂那些我们正努力清除掉的各种不完美，这也是对的。社会生活就是一种毁灭掉使社会生活有味道的东西的过程，一旦我们不再考虑自己的社会而改为研究其他异社会的时候，这种矛盾似乎就消失了。我们深

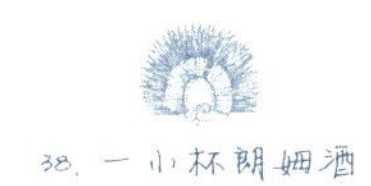

陷在自己社会的纯化过程之中，因此从某种意义上来说，我们乃是利害相关的一方。我们根本没有办法不去追求那些我们本身的处境逼着我们去追求的事物。而当我们面对的是异社会时，情形就完全改变了：在第一种立场下根本无法维持的客观性，无需任何代价就送到了我们手中。由于我们只是那个异社会正在进行中的转型的旁观者，而不是其活动的参与者，因此我们更能比较、评估其未来与过去，因为这些都只是美学沉思或知性思考的课题，而不是深深印在我们心灵上的灵魂的焦虑。

在以上讨论里，或许我已在一定程度上点明了矛盾的性质：我不仅指出了其根源，也说明了我们要如何面对它。但是我也没有解决这矛盾：是不是这种矛盾乃是恒久性的呢？有时候确实有人如此认为，而且用这种观点来谴责人类学家。由于我们的职业使我们偏好和我们自己的社会结构、文化结构大不相同的异社会，常常高估他者的价值而低估我们自己的价值，因此有人说我们犯了一项根本性的错误：我们标准不一致。我们怎么能够宣称异社会的确有价值呢？如果不以这个促使我们去做研究工作的自身社会的价值为标准，那么我们还能够依据什么做判断呢？由于我们自己永远无法逃出制约我们的社会规范，因此我们想把包括我们自己的社会在内的所有社会都拿来进行比较研究的种种努力，被认为追根究底只不过是一种欲盖弥彰的展现自己的社会比所有其他社会都更为优越的手法罢了。

在这些假装老实的批评者所做的推论的背后，除了一个不高明的双关语以外什么也没有：他们只不过是试图把神秘化（mystification，他们自己沉溺其中）装扮成神秘主义

（mysticism，他们错误地指控我们相信这一套）的反面罢了。考古学研究或人类学研究已证明，有些文明，不论是当代的还是已消失的，知道——或曾经知道——如何比我们更好地解决某些我们自己一直在致力于解决的问题。只需举一个例子：最近几年我们才发现因纽特人的衣服和住屋所根据的原料以及生理上的原则，我们才明白这些我们以前一无所知的原则，使他们能够生活于艰苦的气候条件之下，他们对那种恶劣环境的适应并非依靠或利用他们体质上的什么特别之处。在了解这些事实以后，同时我们也就明白了，为什么那些由探险家们以改进之名引介给因纽特人的服装，事实上比一无是处更为糟糕，甚至造成了与原初的想象完全相反的结果。土著的解决方法完美无缺；而我们一旦掌握了其解决方法所根据的理论以后，就可马上明白这一点。

不过真正的问题并不在此。如果我们用我们给自己定下的目标为标准去衡量其他社会群体所取得的成就的话，那么我们有时候不得不承认，别的社会群体的成就更为可观。但是在这样做的时候，我们自己就占据了评判他们的权力，也就因此鄙夷他们所有的那些并不和我们自定义的目标吻合的目标。如此一来，我们就在隐约之间自认为我们的社会、习惯与规范享有一种特殊的优越地位，因为来自另外一个社会群体的观察者会对同样的事例做出不同的评判。事实既是如此，人类学研究又怎么可以宣称是科学的研究呢？为了建立一项客观的研究，我们必须避免做这一类评判。我们必须接受下面这个事实：每一个社会都在既存人类的各种可能性范围之内做了它自己的某种选择，而那些不同的选择之间无从加以比较——所有那些选择全都同样真实有效。但这样

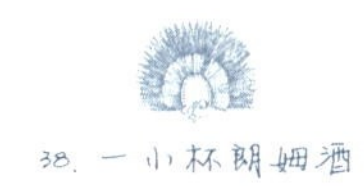

的立场又引出了一个新问题。在前述的第一种立场里面，我们有坠入蒙昧主义（obscurantism）的危险，采取的方式是对一切异国异事完全视若无睹；但采取第二种立场，我们又有接受一种折中主义（eclecticism）的危险，使我们对某个文化中的任何习俗都无法加以谴责，连残酷、不义和贫穷这些任何为之所困所苦的社会本身都会提出抗议的现象，都无法施以谴责。还有，由于这一类毛病也存在于我们自己的社会里面，如果我们竟然能把出现于别的社会里的这一类毛病视为无可避免而接受的话，那么我们又有什么权利要在我们自己的社会里对此类毛病大加攻击，欲将之消除呢？

一个人类学家的两种不同态度——在自己社会是批评者，在其他社会是拥护随俗者——背后还有另外一个矛盾，使他觉得更难以找到脱逃之路、解决之道。如果他希望对改进自己的社会有所贡献的话，他就必须谴责一切他极力反对的社会状态，不论那些社会状态存在于哪一个社会里。但这样做的话，他也就放弃了他的客观性和超然性。反过来说，在道德上应该立场一致，以及应该追求科学精确性，这两种考虑加在他身上，将他限制在一种超脱立场（detachment）之内，使他不能批判自己的社会。理由是，如果他要取得有关所有社会的知识，他就必须避免对任何一个社会做评判。在自己的社会中参与改革运动，就会使他不能了解其他的社会；要满足全面性地了解所有人类社会的渴望，就不能不放弃一切进行改革的可能性。

如果这个矛盾真是无法克服的话，人类学家就应该毫不迟疑地决定他要做什么样的选择：他是一个人类学家，或选择成为一个人类学家，他因此必须接受从事这项专业所不得不做的割舍。他宁可偏爱其他的社会，他必须接受这种偏爱所带来的后果：他的功用只是去了解那些社会，他没有能力以那些社会的名义有所行动。基于那些社会是异社会这个简单事实，他不能代替他们思考，不能代替他们做决定，否则等于是把自己完全与他们同化。更进一步来说，他还必须放弃在他自己社会之内的所有行动，因为他很怕就某些价值问题采取立场。那些价值问题可能在不同的社会中都会出现，如果他就那些问题采取立场的话，就会导致他自己的思想被偏见感染。最后剩下来的就只有最初所做的那项选择，而为了那项选择，他将不认为需要任何理由：那是一项纯粹的、无动机的行动——即使有任何动机，也只不过是一些和个性或者个人之生命史有关的外在的考虑而已。

幸而情况并没有糟到以上所讨论的那样的程度。窥视过横列在我们面前的深渊以后，我们或许能够找到一条可以避免掉入其中的道路。这样的一条道路是可以被找到的，如果我们在做评判的时候能够持平，并且把问题打散成两个不同的阶段的话。

没有一个社会是完美的。每一个社会都存在着一些和自己所宣称的规范无法并存的不纯杂质，这些杂质会具体表现为相当分量的不公不义、麻木不仁与残酷，这是社会的天性。如果我们要问：如何评估杂质的分量？则人类学研究能提供一个答案。如果只把少数几个社会拿来比较，那么容易使人觉得其间的差异实在太大；而一旦扩大比较的范围，那些差异就变得愈来愈小。然后我们就会发现，既没有一个社会从根本上就是好的，也没有一个社会是绝对坏的。所有的社会都向其成员提供某些好处，只是毫

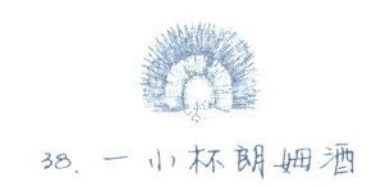

无例外地附带含有一定分量的罪恶，所含的罪恶总量似乎大致上相当稳定，没有多大差异，这或许和社会生活之中的某种特别的惰性正好吻合，任何组织上的努力都无法清除罪恶。

这样的断言会使旅游故事书的读者大吃一惊，这些读者都记得自己曾读过的某些土著社会里的各种“野蛮的”习俗，想起来就厌恶。然而这一类的肤浅反应经不起精确认知过的事实的考验，只需将之置于较广阔的视野中考察即可成功地精确认知那些事实。让我们拿食人风俗为例。在所有的野蛮习俗之中，食人无疑会引起最强烈的惧怖与厌恶。首先，我们得先把食人风俗与纯粹为了补充营养而食人区分开来，也就是要把前者和那些因为长期吃不到任何动物的肉而导致想要吃人的个别案例区别开来。在某些波利尼西亚岛屿上，就曾出现过这一类例子，没有任何一个社会的道德足以使其成员不产生这类由极端饥饿导致的残忍举动：饥荒会迫使人类什么都吃，在晚近的大屠杀集中营里发现的案例足以证明这一点。

除了上述的情形下所发生的例子以外，尚有一些确实可称之为食人风俗的例子，而其食人是基于一种神秘的、巫术的或宗教的理由。比方说，吃下父亲或母亲的身体的一部分，或是吃下敌人的身体的一部分，其目的是因此得到被吃者的美德，或因此而使被吃者的威力消失。这类食人仪式通常很隐秘地进行，而且也只食用人体的一小部分，将之磨碎或将之与其他食物混合食用。但是，即使这类行为是以一种比较公开的方式进行的，我们也还是得承认，对这类习俗施予道德谴责也就意味着相信肉体复活这种事（如果肉体可以复活的话，对尸体加以损伤就会妨碍其复活，因此该受到谴责），不然就意味着相信灵魂与肉体之间有关联，这样也就不得不相信与之有关的肉体与灵魂二元论。也就是说，无论是相信前者还是后者，其信念的性质基本上和导致仪式性食人风俗的信念的性质没有什么不同。那么，我们也就没有任何理由偏爱我们自己的灵肉二元论信仰而谴责他们的二元论信仰了。我们可能会指控有食人风俗的社会丝毫不敬重、追念逝者，但事实上他们对逝者的不敬程度，一点儿都不会超过我们自己的社会在解剖台上所忍受的对逝者的不敬。考虑到这一层的话，前面所论述的也就更见其真确了。

然而最重要的是，我们必须理解，虽然我们会觉得食人风俗必定与文明的理念格格不入，但是我们自己的某些习惯，在一个来自不同社会的观察者眼中，可能会被看成与食人风俗的性质没有什么两样。我脑中想到的例子包括我们的法律与监狱体系。如果我们站在旁观的立场去研究社会，我们就很可能会把所有的社会大体分为两类，形成明显的对比：一类社会具有食人风俗，这种社会认为，要处理那些具有危险能力的人，唯一的办法是把那一类人吃掉，只要吃掉一点，就可以把那些人的危险力量中立化、消弭于无形，甚至能把那些力量转化成有利的力量。另外一类社会或许可以被称为具有吐人肉风俗（anthropemy，这个名词来自希腊文的émein，即呕吐），我们自己的社会就属于这一类。面对相同的问题，这一类社会采取一种完全相反的解决办法，其具体内容是把危险性人物排斥出社会，把那些人永久性或暂时性地孤立起来，把他们关在为达到这种目的而特别建造的机构里，使他们失去与其同胞接触的机会。绝大多数我们称之为原始的社会都

认为这种风俗万分恐怖。具有这种风俗，使我们在他们眼中犯下了罪行，这种罪行与我们常指控他们所犯的罪行同样野蛮，因为这两种行为虽然相反，却也正是互相对称的两个极端。

那些在我们看来似乎在某些方面相当野蛮的社会，如果我们从另一个角度考虑，就可能会变得相当仁慈而且人道。让我们拿北美洲平原区的印第安人为例子。以他们为例来讨论这个问题具有双重意义，因为他们既有一些轻度的食人风俗，同时还有在原始社会中甚为少见的组织化了的警察制度。他们的警察（同时也是司法人员）永远不会想到以切断罪犯的社会关系来惩罚罪犯。如果某个土著触犯部族的法律，那么处罚他的办法是把他的一切财产，包括他的营帐和马匹在内全部毁坏。但在处罚他的过程中，执法的警察却也同时等于欠他一笔债：警察必须负责组织社会成员去集体补偿他因为犯罪而遭受的所有损失。集体补偿罪犯的一切损失，就使那个罪犯有负于整个社会，罪犯也就不得不对他们表示感激，表示感激的办法是由整个社会——包括警察在内——的所有成员帮助他累积一大堆礼物来送给补偿他的损失的人，这样也就把整个取予关系又倒转了过来。这样的一来一往接二连三继续下去，赠送礼物、归还礼物，一直到由该项犯罪行为所引起的失序状态渐渐消弭于无形，整个社会恢复到以前秩序井然的状态为止。这样的风俗远比我们自己的办法人道，这种做法的逻辑也更完整一致，即使我们把整个问题用现代欧洲心理学的名词陈述出来，也还是他们的办法更完整一致。从逻辑的观点来看，既然“施予惩罚”这样的概念表示把罪犯“孩童化”（infantilization），罪犯也就理所当然有权得到奖励。如果光有处罚而不加以奖励的话，原来的处罚程序便不会有效，甚至会产生和我们所预期的完全相反的结果。我们的制度是最高程度的荒谬，因为我们既把罪犯当作小孩，以使我们有权对罪犯施加惩罚，同时又把罪犯当作大人，目的是拒绝给他任何安慰。同时，我们却相信我们在精神上大为进步，而所依据的理由只不过是：我们不把我们的几个同胞吃掉，而是使他们饱受身体与道德上的割体断魂。

这一类分析，如果诚恳地、一步一步毫不退缩地执行下去的话，就会得到两项结果：首先，它使我们在评价和我们自己相当不同的习俗与生活方式时，带着一份不急躁的缓和性，以及一份诚恳之情，同时却也不至于绝对地溢美他们——没有一个社会具有绝对性的美德。其次，它会消除掉我们的那种自以为本来就正确的高傲的习惯，这种高傲的、自以为是的感觉常常出现在那些并不熟悉其他社会习俗的人身上，也常常出现在那些对其他社会的习俗只有片面知识与偏见的人身上。因此，事实上人类学分析的确偏向于肯定其他的社会，反对自己的社会。就这一点而言，人类学分析的确存在着自我矛盾。但是更进一步分析的话，就会发现这种矛盾的表面性大过实质性。

有时候有人说，欧洲社会是唯一产生过人类学家的社会，而且欧洲社会的伟大之处正在于此。人类学家可能会否定欧洲社会在任何其他方面的优越性，但是他们必须尊重此处提出的这一项优越性，因为如果连这一项优越性都不存在的话，人类学家自己也就不会存在了。但是，事实上，人们也可以做出正好相反的陈述：西欧之所以会产生人类学家，正是因为西欧深受强烈的自责

之苦，这种强烈的自责迫使它将自己的形象和其他不同的社会做比较，希望在比较之后，揭露那些社会也具有西欧社会的种种缺陷，或者是可以借此帮助解释西欧社会的种种缺陷是如何从自己的社会内部发展出来的。然而，如果把我们的社会和所有其他的社会加以比较——包括过去的和现在的在内——真的会动摇我们的社会基础，那么其他的社会也会遭受相同的命运。我在前面提到过大多数社会的普遍性，与此种平均的普遍性形成对比的是一些食人魔社会，而碰巧我们自己的社会即其中之一。这并非出于意外，因为如果我们自己的社会不是食人魔社会之一的话，而且如果我们的社会没有在这种不光彩的食人魔竞赛中得到第一名的话，它就不会是人类学的发现者了，因为它也就不会有发明人类学的需要了。人类学家比别人更无法忽略他自己的文明，更无法认为自己和自己社会的错误、缺点毫无关系，因为人类学家本身的存在除了是一种取得救赎的努力以外根本就无法理解，人类学家就是赎罪的象征。然而还有一些其他社会也同样沾染了这种原罪。这类社会的数量或许并不很多，而当我们把进步的标尺往下移的时候，其数量也变得愈来愈少。我只需举出阿兹特克文化来做例子。阿兹特克文化是美洲历史上一个愈合不了的伤口，因为它对血与酷刑具有一种病态的狂热嗜好（这种嗜好事实上是全人类性的，不过在阿兹特克人里面，在我们所能界定的范围之内来做比较，这种嗜好十分显著地以非常过分的方式表现出来）——即使可以用“克服对死亡的恐惧”这种需求来做出合理解释。将阿兹特克人与我们相提并论，并不是因为他们具有嗜血的恶习，而是因为我们和阿兹特克人一样“不知节制”。

然而我们这样谴责自己，并不表示我们准备把一张完美无缺证书颁给任何一个过去的或现在的、存在于特定时空之中的社会。那样做是一种货真价实的不义行为，因为我们会因此而无法了解以下事实：如果我们真是那个完美无缺社会的成员的话，我们就会觉得那个社会无法忍受，我们就会以谴责自己社会的理由来谴责那个社会。这是不是表示我们因此不得不批判任何形式的社会组织呢？是不是我们就要歌颂一种自然状态，一种免不了会遭受社会组织破坏的自然状态呢？当狄德罗（Diderot）写下“对任何跑来强加秩序的人提高警觉”时，他觉得人类“简史”可以这样写：“先是有一个自然人，然后在自然人身体里面引进一个人为的人，接着在人所住的洞穴里面就产生了永无止息的战斗，直到生命结束为止。”这是一个荒谬的想法。人无法和语言分开，有语言就表示有社会。布干维尔的波利尼西亚人［狄德罗在他的《布干维尔游记补遗》（*Supplement au Voyage de Bougainville*）中提出了这个理论］的社会化程度和我们不相上下。采取任何别的观点都违反人类学分析，而不是迈向那本书鼓励我们去探讨的、做人类学分析的方向。

对这些问题思考得越多，我越确信，对于这类问题，除了卢梭所提出的那个答案以外，别无其他答案。卢梭遭受了太多的中伤，目前受人误解的程度远甚于任何其他时候。他被荒谬地指控为曾经歌颂自然状态——狄德罗的确犯过歌颂自然状态的错误，但是卢梭并没有。事实上，卢梭所说的正好相反，他是唯一可以告诉我们如何逃出那个矛盾的思想家。到今天为止，我们仍然被反对卢梭的人牵着走，陷在那个矛盾里摸索乱撞。卢梭是所有

十八世纪哲学家里面最接近人类学的——虽然他从未到过远方的土地，但他的引证资料在他那个时代的人所能做到的程度之内是最完整的。卢梭和伏尔泰不同。卢梭让那些引证数据得到活泼的生命，因为他对农民的习俗和流行的大众思想怀有一份热情的好奇。卢梭是我们的大师和兄弟，我们却对他如此不知感恩，要不是这份敬意和他伟大的名声并不相称，我这本书的每一页都可以说是献给他的。我们从人类学家处境本身所带来的矛盾中脱离出来的唯一办法是，经由我们自己的努力，来重复卢梭所采取的步骤。卢梭的步骤使他得以从《论人类不平等的起源》(*Discours sur l'origine de l'inegalite*)所留下的一片废墟之中往前迈进，而建造出《社会契约论》(*Du Contrat Du Social*)这样宏伟的结构，其中的秘密则在《爱弥儿》(*Emile*)里面表露出来。是卢梭教导我们，在把所有的社会组织形式都拆散以后，我们仍然可以发现能让我们用来建造一个新组织形式的各项原则。

卢梭从来没犯过狄德罗所犯的错误——把自然人理想化。他从来不会有混淆了自然状态与社会状态的危险。他知道社会状态本来就存在于人类身上，但社会状态导致罪恶。唯一的问题是要弄明白，到底这些罪恶本身是否本来就存在于社会状态之中。要弄明白这一点，就得越过种种腐败与犯罪，去找出人类社会无法动摇的基础。

对于这样的追寻工作，人类学的比较研究可以在两方面有所帮助。首先，人类学指出那个无法动摇的基础无法在我们的文明中找到：在所有已知的社会里，我们的社会无疑是距离那个基础最为遥远的一个。其次，梳理出大多数人类社会所共有的特征，可以帮助我们提出一个范型，虽然没有任何一个社会是那个范型的真实体现，但是那个范型指出了我们的研究工作所应追寻的方向。卢梭认为，我们今天称之为新石器时代的生活方式，代表着最接近那个范型的一种具体实践。人们也许会，也许不会同意他的想法。我自己则倾向于相信他是对的。到新石器时代的时候，人类已经完成了安全所需的大部分发明。我们已讨论过，为什么可以把书写文字排除在那些“必需的发明”之外。将书写文字视为一柄双刃剑并不代表原始主义，当代的“控制论专家”（cyberneticians）已经再度发现这种想法的真确性。在新石器时代，人类知道如何使自己免于寒冷与饥饿，也已拥有休闲时间可用来思考。人类当时真的对疾病仍然束手无策吗？但是我们仍然不能确定，卫生进步除了把维持人口均衡的责任由流行病身上（流行病这种维持人口均衡的办法并不比任何其他办法更恐怖）转移到广泛的饥荒以及灭种战争等等现象身上以外，还产生了什么别的结果。

在那个神秘的新石器时代，人类并不比目前更自由。但是人类只不过是受到原始本性的限制。由于人类对自然的控制力仍然相当有限，他们受到了做梦这个安全垫的保护，也就在相当程度上从限制中被解放出来。当这些梦都变成知识以后，人类的力量也就增加了，变成了值得自傲的原因之一。然而，这个我们曾经引以为傲的、驱动我们走向世界的力量，其本质是什么？换句话说，这种主观意识是经由人性与物质世界逐渐融汇而来的，在这个进程里，那些强大的因果决定论不再奇特、令人生畏，而是以思想本身作为中介将我们殖民，使我们成为其代理人，形塑出一

个无声的世界。

卢梭相信，如果人类能够“在原始社会状态的懒惰与我们自尊自大所导致的无法抑制的忙忙碌碌之间维持一个快乐的调和状态”，就会对人类的幸福更为有利。他相信这种情况对人类最好，而人类之所以离开那种状态，乃是由于“某些不愉快的意外发展”。这发展当然就是指“机械化”。机械化是双重的意外现象，因为它是特殊、唯一的，同时又是晚近才出现的。毫无疑问，卢梭这个想法是正确的。然而，无论如何，这个中间状态都明显并不是一种原始状态，因为它含有并承认一定程度的进步，但是没有任何一个已知的社会可以被视为这种状态的准确、具体之呈现，即使（卢梭认为）“以野蛮人为例，已知的野蛮社会都处于此一阶段，似乎也证实人类本来就一直想要停留在这个阶段里”。

研究这些野蛮人，既不会使我们发现一种乌托邦式的自然状态，也不会让我们在丛林深处发现完美的社会。它只能帮助我们建构一个人类社会的理论模型，这个模型不会和任何可以观察得到的现实完全一致，不过借着它的帮助，我们也许可以成功区分在人类目前的天性中，哪些是原始性的，哪些是人为的。我们如果要对自己目前的状态做一个正确、有效的评判的话，就必须取得有关一种状态的知识，那种状态已不存在，可能从来没有存在过，将来也可能永远不会存在，不过仍然必须对那种状态具有正确观念，这非常重要”。我已引过这一段话来指出我研究南比夸拉社会的意义所在。卢梭的思想一直都走在他时代的前面，并不把理论社会学、实验室里的或田野中的研究分开，使其不相关联，他了解田野工作是必要的。自然人既不是先于社会而存在的，也不是在社会之外存在的。我们的任务是重新发现人类处于社会之内的那些形式，我们无法想象有人类存在于社会之外。这表示要设计出一套实验计划，为了得到关于自然人的知识，便不得不设计那些实验计划，还要确定“一些方法，以便能够在社会内部进行那些实验”。

然而那个模型——这是卢梭的解决方法——是恒久性的、普遍性的。其他社会或许并不比我们自己的社会更好，即使我们倾向于相信它们事实上确实更好，我们手边也并没有任何方法可以证明这一点。然而，如果能够增加对其他社会的了解的话，就能使我们从自己的社会中割离开来。这并不是因为我们的社会特别坏，或是其他社会比较好，而是它是唯一一个我们有责任将自己从其中解放出来的社会。依照定义，我们与其他社会之间的关系是自由的，这样我们就可以进入第二阶段，那就是借着所有的社会——但并不采取其中任何社会的任何特定性质——来说明社会生活的原则，从而改革我们自己的习俗，而非改革异社会的习俗：我们处于一个完全相反的、有优势的位置，可以改造自己所属的那个社会，而不必冒任何在改造过程中将其毁灭的危险，因为那些改变既然是我们自己所引发的，也就来自我们的社会本身。

用一个独立于时空之外的模型做灵感之源，我们当然是冒着风险的：我们可能低估了进步的真实性。这就好像我们是在宣称人类一直——而且在任何地方都一样——进行着同样的工作、想要达成同样的目标，因而在整个人类的历史过程中，不同的只是所使用的方法罢了。我承认这种看法并不使我忧虑；我认为这种

看法似乎和事实最为吻合，和历史与人类学所彰显的事实最为吻合，但最重要的是，这种看法似乎是最有结果的想法。那些热切拥抱进步概念的人，大有无法了解人类所积累的无与伦比的财富的危险。由于他们并不怎么了解，因此他们便低估了人类在他们狭隘视野所注目的那条窄窄的轨道两旁所积累的可观财富；由于他们低估过去所取得的成就，因此他们让那些仍然需要完成的价值全部贬值。如果人类所关心的一直都只有一件事——如何创造一个可以在其中生活的社会——那些启示过我们的远古祖先的力量就也存在于我们身上了。没有任何事情已成定局，一切都还可以改变。已经做过但却发现做错了的那些，可以重新来过。“我们盲目迷信地认为黄金时代只存在于过去（或在我们见不到的未来），事实上它就在我们自己里面。”如果全人类都是兄弟，这样的话就会有实际意义。如果它能使我们在最穷困的社会中找到我们自己影像的一种确证、一种经验，我们就可以汲取其中的教训，像汲取很多其他的教训一样。我们甚至可能在这些教训里发现一种原始性的清新感。既然我们知道，好几千年以来，人类只不过是成功地一再重复自己，那么我们将可达到一种思想上的尊贵，其中包括追溯到所有那些一再重复的背后，把人类在最开始时那种无法界定的华丽、伟大看作我们思考的起点。作为人类，对我们每一个个别的人而言，也就表示我们属于一个阶级、一个社会、一个国家、一块大陆和一个文明。而对我们这些欧洲土地上的居民来说，在新世界的中心所进行的冒险的意义是：首先，那个世界不是我们的，我们要对那个世界被毁灭这项罪恶负责任；其次，再也不会有另外一个新世界——既然旧世界与新世界的对立使我们因此意识到我们自己，那么让我们至少用它原本的名词把它表达出来，表达的地点则是那个地点，在那里，我们的世界失去了新世界所提供的一次机会，没能在各个不同的传教站之间做选择。

塔克西拉遗址

在克什米尔山脉的山脚下，位于拉瓦尔品第（Rawalpindi）与白沙瓦（Peshawar）之间，离铁道几公里的地方是塔克西拉（Taxila）考古遗址。我搭火车去那里，因此而成为一场不严重的戏剧性场面的非自愿的肇因者。火车上只有一个一等包厢，属于老式的那种，可睡四个人，坐六个人，既像运牛的货车，又像休闲室，还像监牢，因为窗户上都有保护用的铁窗格。我走进包厢的时候，车中已坐了一个穆斯林家庭，其成员包括丈夫、妻子和两个小孩。蒙着面纱的妻子虽然试图借着全身裹罩袍

（burkah）蹲在床上让自己与其他人隔离，很夸张、刻意地背对着我，但还是很不能接受与陌生人这么接近，因此这个家庭不得不拆散开来。妻子和小孩去“妇女专用”包厢，丈夫则留在订了座的位子上，用眼睛瞪着我。我还是勉强对这段插曲进行了哲学性的思考。这段插曲实际上远比不上我到站时所遇上的那个奇怪场面那么令人不快：候车室有扇打开的门通往另外一个房间，那房间有棕色的木板墙壁，还有一打左右的椅子排在墙边，好像是准备给肠病学会之类的组织开会用似的。在我雇的车子来到之前，我还得在候车室待上相当长一段时间。

我搭的是那种叫作 gharry 的小马车，乘客和车夫背对而坐，每次车子颠簸时均有被抛下车的危险。小马车载我到考古遗址去，走的是一条漫天尘土的道路，道路两旁是用晒干的土砖盖成的矮屋子。房子附近有尤加利树、柽树、桑树和辣椒。在一座青绿色的石头山脚下，有橘子和柠檬果园，山上有些野生橄榄树。我越过穿着色彩轻柔的衣服的农民——衣服颜色有白色、紫色、粉红色和黄色。他们头上戴着像锅饼一样的头巾。最后，我终于抵达博物馆四周的行政建筑。我出发前已谈妥会在此地停留一小段时间，只要能够去看看遗迹就行。然而，由于旁遮普闹水灾，拉合尔拍发的“官方紧急”电报在我抵达五天之后才传到此地，当初我实在大可什么也不必多说就自己闯进去。

塔克西拉考古遗址，以前的名字是梵文的“塔克夏西拉”（Takshasilâ），意即采石工人之城。这个城市位于两道弧形山坡之间，山谷纵深有十公里左右，由两条河的河谷汇集而成，两条河分别是哈罗河（Haro）和塔木拉那拉河［Tamra Nala，也就是

古代的提伯里欧波塔模斯（Tiberio Potamos）]。这两个河谷，以及河谷之间的山脊，历经十到十二个世纪之久，持续有人居住其中。被挖掘出来的最古老村落的地基，其年代可上溯至公元前六世纪，一直延续到白匈奴把佛教寺院毁坏为止。白匈奴在公元五世纪到六世纪之间侵入贵霜（Kushan）和笈多（Gupta）王国。沿着河谷往上走，也就是顺着历史发展的方向移动，位于中间山脊下方的皮尔丘古城（Bhir Mound）是年代最古老的遗址。其上游几公里的地方即锡尔卡普镇（Sirkap），这地方最繁荣的时候是帕提亚人统治的时候，而在离城墙不远的地方可看到詹迪亚拉镇（Jandiala）的琐罗亚斯德教寺庙，提亚纳的阿波罗尼乌斯曾到过这个寺庙。再往更远一点的地方走就是色苏克的贵霜城（the Kushan city of Sirsuk），在城四周的高地上则是佛教的纪念性建筑物和僧院，墨赫拉·墨拉都（Mohra Moradu）、贾乌利安（Jaulian）和达玛拉吉卡（Dharmarâjikâ）等僧院即在此地，到处都可看见塑像——本来是用未烧过的土塑成的，然而因为遭匈奴点燃的火烧过，所以意外地保存到了今天。

白匈奴（White Huns），又称嚈哒人（Hephthalites）或挹怛、挹阗。

提亚纳的阿波罗尼乌斯（Appollonius of Tyana, 15—100），希腊哲学家。

公元前五世纪左右，有一个村落被纳入阿契美尼德王朝（Achemenedean Empire）的疆域，后来成为一个大学中心。公元前三二六年，亚历山大在向亚穆纳河进军的途中，曾经在目前是皮尔丘废墟遗址的地点停留过好几个星期。再过一个世纪以后，孔雀王朝（Maurya）的皇帝们统治着塔克西拉，阿育王在这里大肆鼓励传播

阿输柯·孔雀（Ashoka Maurya，前304—前231），较为人知的名字为阿育王。

中国史籍称之为大夏王国。

佛教，建造了最雄伟的佛塔（stupa）。在他于公元前二三一年死亡以后，孔雀王朝跟着瓦解，被巴克特里亚（Bactria）的希腊国王政权取代。公元前八十年左右，塞西亚人在这一带定居下来，然后他们又被帕提亚人取代。后者所建立的帝国，在公元三十年左右的时候，从塔克西拉一直延伸到杜拉欧罗普斯（Doura-Europos）。一般认为，提亚纳的阿波罗尼乌斯差不多是在这个时候到过此地的。然而在此之前两百年左右，贵霜族群已开始从中国西北部往这个方向移动。他们在公元前一七〇年左右离开中国西北，一直移动，经过巴克特里亚省、阿姆河（Oxus）、喀布尔，最后抵达印度北部，于公元六十年左右占据该地，在帕提亚帝国附近停留过相当一段时间。早在公元三世纪的时候，贵霜王朝即开始没落，再过两百年便被入侵的白匈奴完全消灭。当玄奘在公元六世纪抵达塔克西拉的时候，这个中国朝圣者只能找到贵霜王朝那已经消失的荣耀辉煌的一点蛛丝马迹而已。

在锡尔卡普镇中心，有一座纪念性建筑充分显现出塔克西拉的重要性。锡尔卡普的城市规划是四边形的，街道绝对笔直，从目前的废墟仍可清楚地看出其痕迹。那座有重大意义的建筑物是一座神坛，一般称之为“双头鹰的神坛”，神坛底座有三个柱廊的浅浮雕：一个是有希腊罗马风格的山形墙，一个是孟加拉国风格的铃形，还有一个则接近在珀鲁德（Bharhut）大门上所见的那种古老的佛教风格。但即使如此，如果我们只把塔克西拉视为好几个世纪以来古代世界的三个最伟大的精神传统——希腊精神、印度教及佛教——曾经并存过的地方的话，我们就将低估塔

克西拉的意义。信奉琐罗亚斯德教的波斯帝国也曾存在于此地，再加上帕提亚、塞西亚这些草原地带的文明曾与希腊的灵感结合过，因而创造出珠宝商所接触过的最美丽的饰物。而有关这一切的记忆，当伊斯兰教进入此地再也不曾离开之后，仍然没有完全被人遗忘。除了基督教以外，所有曾塑造、影响过旧世界的力量均汇合于此地。相距遥远的泉源，使其水在此混合。我自己是个在废墟上沉思的欧洲访客，代表着那个不曾到过此地的传统。除了这个地点——这个提供了旧世界文化缩影的地点以外，哪里还能找到一个更合适的地点，可以让旧世界的一个居民来重新建立起他与他的过去之间的联系，来思考他的命运呢？

有一天晚上，我在皮尔丘周围逛。皮尔丘的范围是以一道乱石和废弃物堆成的墙为分界的。这个规模不大的村落，现在只剩下地基，其建筑物的高度并没有超出那些我现在走在其中的几何形街道。我觉得自己是在从很高的地方俯瞰这个村落的格局规划，而这种幻觉——由于此地缺乏植物而更为增强的幻觉——倒是给历史视野增添了深度。这些房子可能曾经被那些跟随亚历山大远征脚步而来的希腊雕塑家住过，他们是犍陀罗（Gandhara）艺术的创造者，他们引发了古代佛教徒的勇气，使他们敢于塑造他们的神的形象。有样东西在我脚边闪闪发光，令我止步：原来是个小银币，被最近下的雨冲刷出来，银币上面刻着 MENANDRU BASILEUS SÔTEROS。如果当初亚历山大把地中海世界与印度联结成一体的尝试成功地维持下来的话，那么今天的西方世界会是什么样的呢？在那种情形之下，基督教或伊斯兰教还会出现吗？困扰我的主要是伊斯兰教的出现，而这并不是因为过去几个月以来我一直身处伊斯兰教的环境之中。在此地，当我看着这些希腊式佛教艺术（Graeco-Buddhist Art）的伟大成就时，我的眼睛和我的心灵却一直牵挂着过去几个星期以来在德里、阿格拉和拉合尔等地花时间和精力拜访莫卧儿王宫（Mogul Palaces）所留下来的记忆。由于我对东方历史与典籍一无所知，因此其工艺给了我强有力的冲击（就像我到那些我不懂得他们语言的原始民族去访问时所发生过的那样）。这些工艺给我提供了唯一的一项明显特征，可以让我用以思考。

我到过加尔各答，看过那些塞满贫民的邋遢郊区，那一切似乎只是把赤道地区杂乱的繁茂丛生转化到了人类层面罢了。看过这些之后，到达德里时我曾希望可以找到历史的宁静。我想象自己安住于城堡旁边的一家老式旅馆，像在法国卡尔卡松（Carcassonne）或瑟米尔（Semur）那样，我可以在那里的月光下沉思。当被问及是要住在新城还是旧城时，我毫不迟疑地随便挑了一家位于旧城的旅馆。当出租车在一片毫无形貌特质的地区开了三十多英里路之后，可以想象我心情之惊讶。出租车驶过的地区，看起来很像是一个古战场，废墟在荒草中隐约可见，在这里突出一块，在那里窜出一团，看起来又很像是一个被弃置的建筑工地。当我们最后终于到达所谓的旧城时，我更加失望。像其他地方一样，德里旧城就像英国的一个军营要塞。在以后的几天里面，我发现德里并不像欧洲的城市那样集中于一个有限的小地区，而是像一片裸露在风中的矮树林区，城市遗迹四处散布，像丢在赌桌上的骰子那样。每个国王都把以前国王的城镇抛弃掉，或是拆毁以便取得建筑材料，试图建造一座他自己的城镇。

德里并非只有一个，而是有十二三个，每个德里之间隔着几十公里远，全部在一块散布着古坟、纪念性建筑与巨冢的平原上。伊斯兰教对待历史的态度已开始令我惊讶，那种态度和我们的完全相反，本身又自相矛盾：伊斯兰教有建立一个传统的欲望，同时却又有一种压抑不住的强烈冲动，想把先前的一切传统都毁灭。每个国王都企图创造一些永不磨灭的东西，采取的办法是把时间销毁。

因此，我像个尽责识理的观光客，开始长距离徒步，以便看遍所有的纪念性建筑物——每个建筑物都好像是建在沙漠里一样。

红堡（Red Fort）不像是纪念性建筑物，而更像皇宫，其风格受到了文艺复兴时代风格（Pietra dura 风格的镶嵌艺术即一例），还有路易十五时代初期的风格的一些影响。后面的这一种风格似乎得自莫卧儿风格的影响，其使用的材料非常富丽，装饰也非常精致，但我仍有一种没得到满足的感觉。这整座建筑物并没有任何“建筑感”，认为这是一座皇宫的印象得加以修正：这更像是一堆帐篷的集合，用坚硬的材料搭在一个花园里面，而花园本身又只不过是一个理想化的营区。所有的装饰理念似乎全来自纺织工艺：大理石的天顶像窗帘的折纹，而镂空屏幕（jali）实际上（真的是实际上，而非只是比喻）是“石头蕾丝”。悬在皇宫宝座上的大理石华盖则是原先有帷幔、可以折叠的木制华盖的翻版；这顶华盖一点儿都不像是这间接待室的一部分，就像木制华盖一样不协调。甚至连胡马雍的坟墓，在参观者心目中都会引起一种虽然很古老但似乎少了什么必要部分的双重感觉。整座

纳斯尔·乌德丁·穆罕默德·胡马雍（Humayun，1508—1556），莫卧儿帝国皇帝。

坟墓形成一个令人印象深刻的庞然大物，虽然其中每一细节都精致无比，但是在各个细节与整座坟墓建筑之间，却无法找出任何有机的关联。

那座伟大的贾玛清真寺（Jamma Masjid），年代可追溯至十七世纪，在结构与颜色上都比较令西方的访客觉得可亲，大致可以同意，这整座建筑的理念和格局都把清真寺视为一个整体。在这里，在付了四百法郎后，我可以看到最古老的一本《可兰经》（放在一块蜡片上面，蜡片放在一个有玻璃盖的盒子底部，盒子里面放满玫瑰花瓣），还有他穿过的拖鞋。我在看这些东西的时候，有个礼拜者——一个穷人——挨过来想借机窥看一下这些展览品，管理人员满脸厌恶地把那个穷人推开。或许是那个人没有付四百法郎的缘故，或许是这些遗物具有过分厉害的神力，不能让穆斯林瞧见吧。

想要感受这个文明的吸引力的话，得去阿格拉。任何赞美之词都适用于泰姬陵，都适用于其简易可亲的、彩色风景明信片似的魅力。甚至可以带着嘲讽的口吻，指出那一对对英国新婚夫妇享受特权，可以在右边那座粉红砂岩的庙里度蜜月，还有那些年纪较大的、同样是盎格鲁-撒克逊人的老处女，一直到她们死的那一天为止，都会珍爱她们记忆中在星空底下闪耀的泰姬陵在亚穆纳河中映出其白色的倒影。这是印度在一九〇〇年左右的一面；但如果仔细想一想，很快就会发现，这些现象奠基于深刻的亲缘性，而不是由历史事件与征服的事实所带来的。毫无疑问，印度从一九〇〇年左右开始欧洲化，其征象仍可从语汇和维多利亚时代的习惯看出来（糖果被称为 lozange，便桶椅被称为

commôde)。但反过来说，人们在这里也会开始了解到，二十世纪初期也正是西方的“印度期”。这段时期的特色包括：大量展现财富，对贫困漠不关心，喜欢疲软阴沉、过分繁复的形状，感性，喜欢花卉和香水，甚至是细长的小胡子、发卷和小玩意儿。

我去看加尔各答著名的耆那教（Jain）寺庙时，发现这座寺庙是十九世纪时由某个百万富翁在一个充满雕像的公园中建造的。那些雕像有的是用生铁做的，上面再铺银，其他的则是用大理石做的，表现出粗糙的意大利工匠手法。在我看来，此地的石膏阁楼，外面饰有各式各样的玻璃镜子，到处都可闻到香水味，这是我们祖父母那一代人在年轻时所想象的高级妓院最具企图心的表现。但是我这么说，倒不是责怪印度这个文明把寺庙盖得像妓院一样，而是责怪我们的文明没有提供任何其他场所让我们显示我们的自由、探索我们的感性极限——这一类功能事实上是适合由庙宇来承担的。印度人，我们的印欧弟兄，似乎映照出了我们自己的一副色情形象。他们在另一种气候条件下与不同的文明接触发展，不过他们的人性诱惑和我们的如此相同，有些时候——像一九〇〇年左右即一例——这些诱惑也会重新在欧洲社会中浮出表面。

没有任何其他地方像阿格拉这样，中古波斯与古典阿拉伯文化的影响在此同时呈现，很多人认为其表现出来的方式是相当传统的。然而，我怀疑一个仍保有清醒心智的参观者在通过时能不感到震惊：在泰姬陵内，时间和空间同时进入一千零一夜的世界里去了。毫无疑问，泰姬陵没有伊特玛乌得道拉陵（Itmad ud Daulah）那么微妙细致，后者是由白色、灰褐色和黄色所构成的杰拉尔-丁·穆罕默德·阿克巴（Jalal ud-din Muhammad Akbar, 1542—1605），莫卧儿帝国第三任皇帝。

贾汉吉尔（Jahangir, 1569—1627），莫卧儿帝国第四任皇帝。

宝藏；泰姬陵也比不上阿克巴的粉红色墓冢，该墓冢位于一片沙地景观中央，四周只能见到猴子、鹦鹉和羚羊，金合欢树的浅绿与地面的色调混而为一，晚上的时候，绿色的鹦鹉、土耳其蓝的樫鸟、飞行笨拙的孔雀和树底下的猴子的嘈杂声使整个景观活跃了起来。

但像红堡或拉合尔的贾汉吉尔墓冢那样，泰姬陵只不过是一座覆盖了帷幔的鹰架的大理石复制品，支撑那些帷幔的柱子仍然明晰可辨。在拉合尔，甚至还有镶嵌的复制品。各层建筑只不过是一层一层的重复与重叠，并没有形成结构性的整体。这种美感上的贫乏，其潜在的理由是什么，值得深思。目前伊斯兰世界对造型艺术的轻蔑，追根究底也来自同样的理由。在拉合尔大学，我认识一位嫁给了穆斯林丈夫的英格兰女士，她负责该大学的艺术系。只有女生才能听她的课，不被允许做雕塑，音乐变成一种地下活动，画画只是一种消遣。由于印度与巴基斯坦的分裂是以宗教来划分界限的，人们对清教主义和苦修的倾向更为强烈。当地的人告诉我，艺术“已走入地下”。究其原因，这恐怕并不真只是为了忠实于伊斯兰教，而是为了弃绝印度。捣毁偶像这个教条固然可以溯源于亚伯拉罕，但目前的现象带着当代的政治与民族国家的意义在内。把艺术踩在脚下是一种宣誓绝不再与印度结合的方式。

犹太教、基督教、伊斯兰教均承认的先知。

偶像崇拜的原意是指对神本身存在于偶像之中的信仰，这类崇拜在印度仍然鲜活。这种信仰存在于加尔各答郊区用强化

水泥建造的信徒集会所里。在那里，一些新兴教派的传教士，剃光头、赤足、着黄袍，在寺庙旁边很现代的办公室里接见信徒，同时坐在打字机旁边处理他们最近到加利福尼亚州传教时所得到的捐献。这种信仰也存在于卡里喀（Kali Ghat）的贫民窟里。“这是一座十七世纪的寺庙。”那些像商贾一样的传教士兼向导对我说。然而，寺庙上面盖的是十九世纪末的饰瓦。我去的时候，寺庙关闭着，不过如果我在某天早晨回去的话，那么站在某个特别的地点，我将可以从两柱之间的一扇半敞的门窥见女神一眼。在此地，就像位于恒河岸边的黑天（Krishna）神庙一样，寺庙本身就是一位活神的住所。活神只有在庆典节日才见得到。平常时日的崇拜方式是在寺庙的走廊过夜，听那些神的仆人传递几句有关活神心情如何的闲言耳语。我决定到寺庙四周走走。寺庙周围的那些小巷子里挤满乞丐，等着传教士施舍食物，这些施舍也就是传教士们以极具敲诈性的高价贩卖神像和神的彩色照片的借口。同时，我偶尔可以看见神存在的比较具体的证据：榕树干里面摆着一根红色的三叉戟和一些石头，代表湿婆神（Śiva）；全面漆红的神座，代表吉祥天女（Laksmi）；一棵树的树枝上挂满各种供品，像砾石或其他东西的断片之类，代表这棵树是罗摩克里希那神（Ramakrishna）的居所，这神祇能治不孕；一座盖满鲜花的神坛则代表黑天——爱之神。

黑天（Krishna），又名奎师那、克里希那、克利什那、哥文达……是印度教中最重要的神祇之一。

和这类既粗陋不堪又生气蓬勃的宗教艺术比较起来，伊斯兰教只有一个被正式认可的画家查格泰（Chagtai），他是英格兰

译注：拉其普特（Rajput），英国统治印度时期的文献中对原印度拉其普他那地区居民的称呼。

水彩画家，从拉其普特人的毫芒画（miniature）中吸取其创作的灵感。为什么伊斯兰艺术在达到顶峰以后衰败得如此不留余地？这艺术从宫殿直接没落到市集上去，中间丝毫没经过任何转型阶段。这个现象必定是抛弃偶像与造像的结果之一。被剥夺了与现实接触的一切机会以后，艺术家便不断重复一种毫无生气的俗套，严重到既无法新生也无法再赋予生命的地步。这种俗套只能依赖金钱为支柱，不然就会完全崩溃。在拉合尔，伴随我去的学者对于锡克教那些装饰城堡的壁画充满鄙夷态度："太夸张，毫无色彩概念，过分拥挤。"毫无疑问，那些壁画的确远比不上什希玛哈勒（Shish Mahal）那个像满天星辰闪烁的美丽无比的玻璃天花板。不过，如果把当代的印度宗教艺术与当代伊斯兰艺术做个比较，那么前者常常是庸俗、夸张、俗气而迷人的。

除了城堡以外，穆斯林在印度就只盖了些寺庙和坟墓；而城堡不过是有人居住的宫殿，坟墓与寺庙则无人居住。从这一点也可看出，要伊斯兰教去想象孤独是何等困难。伊斯兰教把生命首先——而且视之为最重要的——看作一种群体性的事物，而一个死者则被安放入一个无人得以参与的群体里。

而那些规模庞大的墓冢，其格局与华丽程度同墓冢中没花多少心思的墓碑形成明显的对比。坟墓本身很小，死者在里面应该会觉得空间不足。而环绕在坟墓四周的走廊和厅堂，除了给路人享受以外毫无用处。在欧洲，坟墓的规模与所葬的人数成正比，巨型墓冢（mausoleums）极为少见。但是对坟墓本身花不少心

力，进行不少艺术工作，目的是使其看起来华丽美观，使死者觉得安适。

伊斯兰教把坟墓划分成两部分：一部分是纪念性豪华建筑物，而死者无法从其中得到任何好处；另一部分是卑微的小停棺处（其中一半是可见到的纪念塔碑，另一半是见不到的葬身处），似乎把死者关闭其中。对死后的休憩这个问题，伊斯兰教用一种双重矛盾的方法来解决：一方面是无效果的过度舒适，另一方面是实际真正的不舒适，前者是对后者的某种补偿。这似乎象征了伊斯兰文化，这种文化收集最精美细致的事物——用宝石建的宫殿、玫瑰香水喷泉、在食物外面包上金叶片、在烟草里面掺入磨碎的珍珠粉——然后用这些精美细致的事物作为一层薄薄的掩饰，以遮盖粗陋的习俗和贯穿整个伊斯兰道德思想与宗教思想的执迷。

在美学的层面上，伊斯兰教的禁欲主义（puritanism）在放弃完全取消感性的企图以后，便满足于把感性简约到种种次要的表现方式上：香味、花边、绣花和花园。在道德层面上也可看见同样的拿不定主意、意思含混的特色：一方面表示容忍，另一方面却又同时具有一种明显的强迫性宣教冲动。这种态度背后的真相是，穆斯林与非穆斯林的任何接触，都令穆斯林充满焦虑。他们作为外来者的生活方式固然保存完整，但都不时受到更自由、更富弹性的（印度本地）生活方式的威胁，光是接近就已在冒着被改变的危险。

这种现象与其说是真正的容忍，倒不如说伊斯兰教的容忍代表的是他们不停地在克服他们自己来得更为真确。伊斯兰先知建伊万·彼得罗维奇·巴甫洛夫（Иван Петрович Павлов，1849—1936），俄国生理学家、心理学家、医师，他最著名的成就是用狗做实验，提出古典制约理论。

议他们容忍，使他们陷入一种永远处于危机之中的状态。先知的启示具有普遍性意义，与接受各种不同的宗教信仰使之并存之间造成矛盾。这种矛盾是巴甫洛夫意义上的矛盾，既导致焦虑又导致自满自足。自满自足的原因是穆斯林觉得，由于拥有伊斯兰教，所以他们可以克服上述矛盾。然而他们错了——正如某天一位印度哲学家告诉我的——穆斯林很以他们相信诸如自由、平等与容忍这些大原则的普遍意义而自豪，然而紧接着又说他们是“唯一”奉行这类大原则的人，如此一来就把他们很想算在自己头上的那些优点一下都抵消掉了。

在卡拉奇，有一天我和一群伊斯兰教领导者与学院领导者在一起。我听他们极力颂扬自身体系的优越性，当听着这些颂赞词时，我很吃惊地发现，他们一再强调一个论点：他们的体系很简易。在继承法方面，伊斯兰教法律系统比印度教法律系统好，因为比较简单；回避传统上不准放高利贷的规定的办法是，让银行家与客户建立合伙关系，这样一来，前者所拿的利息就不过是合伙所得利益的分红罢了；至于土地改革，在土地尚未被分配光的时候，可应用伊斯兰教有关可耕地的继承规定办理，等到分配完毕以后便不再应用那些法律规定，以免造成土地过分零散划分的流弊，反正那项法律规定并非基本教义的一部分：“办法非常多……”

穆斯林心中被植入各种无法克服的冲突，再加上一项附加说明：只要采取非常简单（简单到过分简单）的方法就可以解决那

些冲突。用一只手把他们推到危险边缘，再用另一只手把他们从危险边缘拉回。如果男人在外出的时候担心妻子和女儿们能否维持贞德，那么还有比给她们戴上面纱锁闭起来更简单的解决办法吗？这就可以解释现代罩袍的发展：剪裁异常复杂，两个使眼睛能看得见的有线边的眼洞，加上容易绑紧的绳带，看起来好像是整形用具；所使用的原料质地厚重，可以沿着身体轮廓精确地披下，却又把身体轮廓线条尽可能地遮掩起来。然而这样的服饰只是把焦虑的界线拉高了，因为另外一个男人只要不经意地轻轻接触到一个女人，就足以使其丈夫觉得深受侮辱，这使问题变得更为烦人。在和一些年轻穆斯林恳谈之后，有两件事相当明显：其一，他们深切关心婚前贞操及婚后贞德的问题；其二，purdah——也就是深闺制度——一方面对爱情冒险造成阻碍，另一方面由于其把女人封闭在自己的世界中，反而增加了她们对爱情冒险的兴趣，而其中的微妙之处只有女人懂得。那些在年轻的时候习惯于冲入妓院的男人，有很好的理由在婚后密切监视自己的女人。

印度的穆斯林和印度教徒都用手进食。印度教徒很精巧地用手抓食物，放在印度麦饼（Chapati）上面吃。印度麦饼是一种大的薄煎饼，其做法是把陶土制的宽口瓶埋在土里，瓶中装三分之一的热炭，再把薄饼平贴在瓶子内壁快速烤制而成。穆斯林则把整套用手进食的程序变成一种体系：不可以抓着骨头来啃上面的肉，这些只能使用右手的进食者（左手被视为不洁，因为它要用来处理方便后的卫生问题）又捏又拔，以取下骨头上的碎肉，口渴的时候便用那只油腻不堪的手抓杯子。看到这样的进食礼节，虽然不能说和其他的进食礼节有何高下之分，但以西方人的观点不免会觉得，这几乎是一种故意邋遢的进食方式，难免会怀疑这并不是古老旧习的遗留，而是先知所订下的改革结果：“不要做那些用刀子进食的人所做之事。”他可能是受到一种毫无疑问是无意识地要有系统地婴儿化（infantilization）的欲望的驱使，同时要给整个社会加上同性恋的负担。进食完毕以后要执行清净仪式，所有男人亲近地一起洗手、漱口、打嗝、吐口水到同一个痰盂里面，这种参与带着一种强烈自闭性的漠不关心，和对于与暴露有关的不洁的恐惧是一样的。这种要和别人完全不可分辨的欲望，和必须作为一个与众不同的群体的需要，是同时存在的。因此有了深闺制度：“让你们的女人戴上面纱，以使她们和其他女人有所区别。”

伊斯兰教的“兄弟友好”具有文化与宗教的基础，但不具经济或社会的性质。由于我们信的神一样，因此好穆斯林可以随时和清道夫分享其水烟斗（hookah）。乞丐的确是我的兄弟，但此兄弟之谊的主要意义是，我们对于存在于我们之间的不平等具有同样的兄弟式的认可。因此，有两个社会学上很值得注意的种属：德国化的穆斯林和伊斯兰化的德国人。如果有人要找一个最适合军营的宗教的话，伊斯兰教就是最好的答案：严格遵守规则（每天祈祷五次，每次祈祷要跪拜五十次）、仔细的检查和毫无瑕疵的洁净（仪式沐浴）、男性亲密（包括精神上的和身体有机功能上的），再加上没有女人。

这些充满焦虑的人同时也是行动者。由于被困在无法并存的情感之间，因此他们以传统的种种升华方式来补偿他们的自卑

感，这些升华方式一直都和阿拉伯人的灵魂分不开：嫉妒、自傲和英雄主义。然而，他们欲求孤立在自己世界中的决心，还有他们结合了慢性无根病的地域主义（parochialism）[乌尔都语（Urdu）被称为一种军营语言是很恰当的]，是建立巴基斯坦这个国家的基本原因，光用因宗教信仰结合成的社群和历史传统并不能做出充分的解释。巴基斯坦立国是当代的一项社会事实，必须把它当作一项社会事实来解释：它起源于一种集体的道德危机，迫使数以千计的个人做出一项无法挽回的选择——放弃他们的土地，往往包括放弃财富在内，有时还得放弃亲人、职业以及对将来的计划，放弃先人的土地、祖先的坟墓，只为了在穆斯林中间做个穆斯林，因为他们只有和自己人在一起才感到舒适。

缅甸佛寺之旅

我自己很明白为什么在接触到伊斯兰教的时候，我会如此不安，原因是我在伊斯兰世界中重新发现了自己出身的那个世界——伊斯兰教是东方的西方。或者，更明确地说，在亲身体验过伊斯兰教的世界以后，我才能了解到今日法国思想界所面临的危险。我不能轻易原谅伊斯兰教，因为它显示出我们自己的影像，因为它迫使我了解到法国已开始愈来愈像一个伊斯兰国家。穆斯林与法国人具有同样的书卷气、同样的乌托邦理想主义精神，也同样固执地相信，只要能在纸上把问题解决，就等于已经消除问题了。在一层法律与拘泥形式的理性主义的掩护下，我

们把世界与社会描绘成其中所有问题都可经由逻辑诡辩去解决，一点儿都没注意到宇宙早已不是由我们津津乐道的实体所构成的了。伊斯兰教一直把眼光停滞于七个世纪以前真实存在过的社会上——它曾为当时真实的社会问题提出过有效的解决方案；同样，我们（法国人）无法让我们的思考跳出一个半世纪以前就已消失的时代的架构之外，那个如今已不存在的时代是我们唯一和历史步调一致的时代——然而它也没能持续多久，拿破仑失败了。如同伊斯兰世界，法国社会的后革命时代遭遇了洗心革面的革命者逃避不掉的命运：他们曾经活力十足地参与眼前的事务，如今却只是某些事物状态的怀旧的保存者。

可能暗示法国人在大革命时高喊“自由、平等、博爱”等原则，却吝于让北非殖民地享受它们。

目前仍然有些民族与文化对法国有依赖关系，我们对它们所采取的态度正困在矛盾之中，伊斯兰教对待其徒众及非伊斯兰世界的态度也有矛盾，这两种矛盾完全一致。我们似乎无法理解，那些对我们自己的发展曾经发挥莫大作用的原则，其他人可能不至于崇敬到不敢拿去供他们自己使用；别人不会因为我们是最先发明那些原则的人，就对我们充满感激，因而不把那些原则拿来使用。同样，伊斯兰教首先在近东地区发明了宗教宽容的原则，他们觉得，既然穆罕默德能够尊重其他一切宗教，就证明伊斯兰教比其他宗教高明。因此他们很不能原谅非穆斯林居然不因此而放弃自己的宗教，改信伊斯兰教。最诡谲的是，以我们自

这里讨论的是法国的北非殖民地问题。一九四五年五月至六月，法国戴高乐政权一边欢庆战争胜利，一边向争取自由独立的阿尔及利亚人开火，死亡人数在一万人至四万五千人之间。到了一九五四年，就在列维－斯特劳斯撰写此书的同时，阿尔及利亚人发起独立战争，最终在一九六二年获得独立并建国。

英译注：读者应该了解，这本书是在一九五四到一九五五年之间写成的，有一些观点现在已经过时了。

列维-斯特劳斯在上一章提到塔克西拉是西方与东方的联结之地，融合了希腊精神、佛教与印度教三种文化精神传统，那是一个文明的乌托邦，但是伊斯兰文明的入侵将这个旧世界完美的原型打破，造成历史的退化。这里所说的十个至十五个世纪的精神贫困化，指的就是塔克西拉在公元五世纪遭到破坏乃至灭亡之后，直到列维-斯特劳斯写作的二十世纪这段时间。如果塔克西拉不曾毁灭的话，那么这个融合地中海、希腊、罗马、印度的文明之地，或许能阻止伊斯兰教、基督教这种单一排外宗教的出现，单一排外正是一种精神贫困化的表现。列维-斯特劳斯在撰写这本书的时候（一九五四年十月到一九五五年三月），阿尔及利亚争取独立的战争刚刚爆发，塔克西拉正好成为列维-斯特劳斯思索殖民脉络的一个范例，以它作为理想原型，法国有机会变成另一个塔克西拉。（专职法文译者陈文瑶提供）

己为例，**大部分依赖法国的人口是穆斯林**，他们和我们都有强迫别人接受自己的文化的倾向，这一点实在是太相似了，以至我们很难不互相敌视——我意指在国际层次上互相敌视，因为一切差异都来自两个资产阶级的互相对抗。政治迫害与经济剥削没有任何权利将责任归咎于受害者。然而，如果人口达四千五百万的法国能大方地给予两千五百万名穆斯林平等的公民权的话，那么即使**大部分穆斯林并不识字**，这一步也不会比美国人当年那一步大胆。当年那一步，使美国不再只是盎格鲁-撒克逊世界里一个微不足道的省份。一个世纪以前，新英格兰的公民决定允许欧洲最落后地区的人移民美国，允许欧洲社会中最穷困的阶层移民美国，任由自己被移民的狂潮淹没。他们大胆一赌，赌赢了，其赌注之庞大和我们手中的筹码相当。

我们永远做不到吗？把两股倒退的力量结合起来，能否扭转倒退的趋势？或许我们将得以自救。还是说我们倾向于不计损失，让一个性质相近的错误更加强化我们本有的错误，任由自己把旧世界的遗产窄化成十个至十五个世纪的精神贫困化（**旧世界的西半部正是这种精神贫困化的背景和媒介**）？在

塔克西拉遗址，在那些由于希腊的影响而四处充斥着塑像的佛殿中，我体认到我们的旧世界还有一线机会可以联合起来——旧世界的裂痕还未到完全无法弥补的地步。这另一种未来是可能的。这是伊斯兰教所反对的未来。伊斯兰教在东方与西方之间筑起了一道障碍，如果这道障碍不存在的话，西方和东方就可能不会丧失其对同根源所在的那块土地的依恋。

毫无疑问，伊斯兰教与佛教，各自以其不同的方式与东方这个背景形成对立，同时它们之间也对立。然而，当两者相互接触时，伊斯兰教已存在了五个世纪，而佛教已存在了将近二十个世纪。由于两者之间存在着这种差距，因此如果我们要了解两者之间的关系，就不能拿它们互相接触时各自的历史状态来比较，而要拿两者在各自的历史上最辉煌的时刻来比较。以佛教而言，我们在它最早的遗迹里所感受到的清新气息，与在它今日较简陋的崇拜场所中所感受到的是一样的。

在我的记忆里，缅甸边境的乡下简陋佛寺与珀鲁德的那些可上溯到公元前两世纪以前的石柱无法分开，在加尔各答和德里都可见到这些古老的石柱残迹。这些石柱被雕成的年代与地点，尚未受任何希腊文化的影响，我一见称奇。对一个从欧洲来的观察者而言，这些石柱似乎存在于时空之外，好像其雕刻者曾拥有一架能抹消时间的机器，把三千年的艺术史汇集于他们的作品里面。他们的作品完成于古埃及到欧洲文艺复兴时期的中点，居然将这整段艺术史的发展过程融聚于创作的一刹那——这些雕刻者不可能拥有任何关于古埃及艺术的知识，而在文艺复兴时期开始之前很久，这些石柱就已完成了——如果有何艺术可以称为永恒，这就是了，它既可能是五千年以前制作的，也可能是昨天才完成的，没有任何方法可以确定何者为是。它既和金字塔类似，也和我们的家屋建筑类似。那些雕刻在粉红色、带有细颗粒的石块上的人体形象可以从石块上走下来，混入活生生的人群之中。没有任何雕塑艺术能够像它一样引发这样深沉的情感与亲切感。这些女体雕塑既纯洁又充满情欲，这种母性的性感介于母亲-爱人与纯洁少女的对比之间，而这两者都与非佛教的印度中的蒙面爱人（指穆斯林女性）对立。佛教这种沉着的女性特质，超脱了性别所引起的冲突。这种女性特质也可在佛教僧侣身上见到，那些男僧剃光头，和女尼简直难以区分，两者似乎形成了一种第三性别——一半是寄生性的，一半是不得自由的。

如果佛教曾经像伊斯兰教一样试图控制过度激烈的信仰的话，那么佛教采取的办法是承诺返回母性乳房所隐含的信心保证。通过这种办法，佛教把性欲的狂潮与焦虑消除后，会重整于人体本身。伊斯兰教所采取的是相反的步骤，顺着男性取向发展。伊斯兰教把女人隔绝在一旁，不使人接触母性乳房：男人把女人世界转变成一个封闭的存在。毫无疑问，伊斯兰教这样做的目的，也是希望得到宁静，但这种宁静的基础是隔离：把女人隔离出社会生活之外，把不信者隔离出精神共同体之外。佛教则完全相反。佛教把宁静看作一种融合——与女人融合，与全人类融合，同时把神性表现成一种无性的面貌。

圣人（Sage）与先知（Prophet）的对比是最强烈的。两者之间唯一的共同点是“两者都不是神”，而在所有其他方面都形成明显对照：前者贞洁，后者强欲（娶四个太太）；前者女性

化，后者有大胡子；前者是祥和的，后者是好战的；前者是以身作则的模范，后者要当弥赛亚式的救世主。然而，两者之间有一千二百年的时代落差；对西方世界的思想发展过程来说，很不幸的是基督教没有能晚一点出现。如果基督教出现得更晚的话，就能在佛教与伊斯兰教之间达成一种综合。可是基督教出现得太早，没有能成为前两者之间的调和者，而事实上成为两者之间的转型过渡者！基督教成为两者之间的中途点，基于其内部逻辑性，还有地理的与历史的因素，注定要朝着伊斯兰教的方向发展。伊斯兰教代表着——穆斯林总是以此为傲——宗教思想最高层次的发展，虽然不见得是最好的发展。我甚至要主张，由于它是宗教思想最高层次的发展，因此它成为三大宗教里面最令人不安的一个。

人类为了免受死者的迫害，免受死后世界的恶意侵袭，免受巫术带来的焦虑，创造并发展了三大宗教。大致是每隔五百年左右，人类依次发展了佛教、基督教与伊斯兰教。令人惊讶的一项事实是，每个不同阶段发展出来的宗教，非但不算是比前一阶段更往前进步，反而应该看作往后倒退。佛教里面并没有死后世界的存在。佛教的所有教义可归纳为对生命的严格批判，这种批判的严格程度，人类再也无法达到。释迦牟尼认为一切生物与事物都不具任何意义：佛教是一种取消整个宇宙的学问，它同时也取消自己作为一种宗教的身份。基督教再次受到恐惧的威胁，重建起死后世界，包括其中所含的希望、威胁还有最后的审判。伊斯兰教所做的，只不过是把生前世界与死后世界结合起来：现世的与精神的合而为一，在伊斯兰世界里，社会秩序取得了超自然秩序的尊贵地位，使政治变成神学。最后的结果是，精灵与鬼魅这些所有迷信都无法真正赋予生命的东西，全都被用真实无比的老爷大人来取代，这些老爷大人还更进一步被容许独占死后世界的一切，使他们在原本就负荷过重的今生今世的担子上面，又添加了来世的重担。

这个例子充分支持了人类学家老是想追溯事物制度之源头的野心。人类除了在最开始的时期之外，从来没能创造出任何真正伟大的东西。不论哪一个行业或哪一门学问，都只有在最开始才是完全正确有效的，其后的所有作为，都踌躇迟疑，多有遗憾，都是试图一步步、一片片地再掌握那些早已被抛在脑后的事物。我先去过纽约，然后才去佛罗伦萨，在佛罗伦萨所看到的，没有任何东西令我大吃一惊：其建筑、其造型艺术，都使我觉得这是一条十五世纪的华尔街。当我拿原始派画家的作品与文艺复兴时代的大师们做比较，或者把锡耶纳（Siena，位于意大利中部）画家与佛罗伦萨画家做比较的时候，我觉得两个后者都代表一种没落，两个后者做的全是些不应该做的事。然而两个后者的作品还是值得敬佩的。创始者的作品是如此辉煌，如此无可否认，以至于后来者即使犯了各种错误，只要其错误仍然是创新的结果，就依然会美得让我们没有话说。

现在我能越过伊斯兰，看见印度，不过是佛陀的印度，是穆罕默德以前的印度。当某些人自称基督徒与西方人，并在他们的东边设下边界阻隔穆斯林，形成两个世界之后，我们将会犯下什么样的错误呢？事实上，东方世界与西方世界互相接近的程度，远超过两者与伊斯兰教之间的接近程度。理性的演化过程应该和

历史上实际发生的过程相反：伊斯兰教把一个比较文明的世界一分为二，穆斯林眼里的现代事物，事实上属于一个早已消逝的时代，他们落后了长达一千年。伊斯兰教得以完成一项使命，然而这项使命所影响到的是人类中比较落后的一部分，因此它育成了现实，却遏阻了潜力：它确实完成了的事情，与它的计划恰好相反。

如果西方将其内部张力追溯到原始根源的话，就会发现，伊斯兰教出现于佛教与基督教之间，使大家都伊斯兰化了。而其发生的时代，又正好是西方世界反对伊斯兰教，却变得愈来愈接近伊斯兰教的时代。如果伊斯兰教没有出现的话，西方世界就有可能与佛教世界发生一种缓慢的互相渗透影响，会使我们的基督教化程度更为深化，使我们能够超越基督教本身而变得更加基督教化。丧失这样的机会，也就使西方世界丧失了保持其女性特质的机会。

基于上述省思，我更能了解莫卧儿艺术的那种暧昧性。莫卧儿艺术所激起的感情根本不是建筑性的，而是诗和音乐的。也正因为这些理由，伊斯兰教艺术永远停留于阴影梦幻的层次。导游手册描述泰姬陵是“大理石的梦”，这个形容含有一项深刻的真理。莫卧儿人梦出艺术，他们确确实实创造出了梦中的宫殿，他们并不是在建筑宫殿，而是把梦境一点一点地实现出来。因此，他们所留下的巨型建筑物令人不安，并不是由于其田园诗的风味，而是由于其外表令人觉得不实在，好像是由纸牌或贝壳叠起来的城堡。这些建筑物并不是坚实矗立于地面的宫殿，而只是一些模型，想方设法要利用珍贵且坚硬的材料来取得真实存在的地位，但终究无法达成。

在印度教的庙宇里，偶像即神自身，庙宇即神的住所。神是真实存在的，庙宇因此珍贵且令人敬畏，而信徒遵循的种种禁忌也就有其道理，例如只有在神接见其崇拜者的日子才打开庙门，其他日子则大门紧锁等等。

伊斯兰教与佛教的构想和印度教不同，分别创造出截然不同的反应。前者严禁偶像、毁灭偶像，清真寺内部空无一物，只由聚集于寺内的崇拜者们赋予它生命。印度教每座神殿只供奉一座偶像，伊斯兰教的神殿什么都不供奉，佛教的神殿则供奉一大堆神的模拟像。佛教用神像（images）来取代偶像，并且不限制神像的数量，因为佛教的神像并不是神自身，而只是神的象征，让人想起神，神像数目愈多，人的想象力就愈受到刺激。希腊化佛教中心的雕塑、神殿和佛塔数目繁多，多到使人寸步难行的地步，这样的经验使我得以做了充分的心理准备，以迎接缅甸边境简陋的佛寺（Kyong）里面那些一排一排大量制造出来的神像雕塑。

一九五〇年九月，我到吉大港山地的一个莫格族（Mog）村落去住了一段时间。每天早上我都能看见妇女带食物去给庙宇中的僧侣吃。午睡的时候，我听见敲锣的声音，这些锣声使祈祷和儿童诵读缅文字母的声音维持一定的节奏。那间小寺庙位于村子外面不远处，建在一座小山顶上，当地画家特别喜欢用这座小山作为画面背景。山脚下是一座佛塔（jedi）——这个村子很穷，佛塔只不过是一座圆形的土造建筑物，有七层，位于竹围圈成的一片正方形空地里面。开始爬山之前我们把鞋子脱掉，赤着脚接触到质地细致的潮湿地面，给人一种柔软的感觉。坡路两旁

种着菠萝，但那些菠萝在前一天已被村民摘走了。村民觉得僧侣的生计已由村民供给，僧侣不应该再自己种水果。山顶的形状接近正方形，其中三边有茅草建筑物，都没有墙壁，建筑物里面放着巨大的竹器，上面覆盖着五颜六色像风筝一样的纸制品，这是游行用的装饰物。寺庙就在剩下的那一边，建在高架子上，跟村子里的房子一样，建筑式样也几乎相同，只是规模稍大一点，屋顶上面还另外盖一层正方形的茅草顶建筑。沿着泥巴山坡爬上来以后，入庙前的洗净仪式变得非常自然而不具有什么宗教意义。我们进入庙内，里面的光线，除了茅草墙自然透进来的天光以外，就只来自一盏灯笼，位于神坛上方，用布条或草绳悬挂着。神坛上面堆了五十多个铜制神像，神像旁边挂着一面锣。墙上挂着几张彩色的宗教版画和一具鹿头。地板是用剖开的竹子编制而成的，比地毯更有弹性，被信徒的光脚磨得很亮。整个室内有干草的味道，气氛很平和安详，像谷仓一样。这个简单宽敞的房间很像是一垛中空的草堆，两名僧侣站在铺着草席的床边，举止彬彬有礼。他们两人把崇拜所需的对象摆放在一起时，或者是制作崇拜所用对象时所表现出来的那份令人感念的诚意——所有这一切——使我觉得，这里的一切最接近我想象中的敬神场所该有的样子，这一切使我觉得这间简陋的寺庙比我体验过的任何其他地方都更接近真正礼敬神明的场所。“你不必跟着我做。”陪伴我的人对我说，同时跪在地上，向神坛拜了四次。我照他的话做，没有跟他一起跪拜。然而，我没有跪拜的原因，倒并不是我自觉无须那样做，而是为了礼貌！他知道我并没有和他一样的信仰，如果我跟着跪拜的话，就可能会对他的宗教仪式构成侮辱，因为他会觉得我把他的崇拜仪式看作只不过是一种习俗罢了。然而，我当时即使俯身跪拜，心中也不会存有任何尴尬之感，这是一次很少有的经验。在我自己与这种形态的宗教之间，不可能产生任何误解，这既不是在向偶像俯身跪拜，也不是崇拜假想中的超自然秩序，而只是向一位思想家的决定性智慧表示敬意，或者是向创造出那位思想家的故事传说的社会致敬。那位思想家和这个社会在二十五个世纪前就已出现，而我自己所属的文明对那位思想家及其社会所能做的唯一贡献是肯定其智慧与成就。

那些教导过我的大师们传授的知识、我读过的哲学家的著作、我访问研究过的那些社会，甚至是西方最引以为傲的科学本身，我从以上这一切所学到的，除了一点点智能以外，可以说什么也没有；而那些智慧，如果一一摊开来看，难道不是和圣人佛陀在树下沉思所得的结论吻合吗？每一项志在了解的举动，都会毁掉被了解的对象本身，同时对第二种性质不同的事物有利；而这第二种事物又要我们再努力去了解它，又再将之毁掉，又再对第三种事物有利。这种过程反反复复永无休止，直到我们面对最后的存在。到那个时候，意义的存在与毫无意义之间的区别完全消失——那也就是我们的出发之处。人类最早发现并提出这些真理已经两千五百年了。在这两千五百年之间，我们没有发现任何新东西。我们所发现的，就像我们一个一个地试尽一切可能逃出此两难情境的方法那样，只不过是累积下更多的证明，证实了那个我们希望能回避的结论。

这并不表示我不清楚过分匆促的放弃及无所事事可能带来的种种危险。这个非智（non-knowledge）的伟大宗教并非奠基于

"我们没有能力了解事物"。这个伟大宗教本身就是我们有能力了解的明证，并提升我们，使我们可以发现种种真理，这些真理以"实存（being）与知识（knowledge）互不兼容"的方式存在。经过一种特别大胆的行动，它把形而上学问题化约到人类行为的层面，在思想史上只有马克思主义也曾做到这一点。佛教宗派分别只存在于社会学的层面，大乘与小乘的区别，在于个人的救赎到底是不是奠基于全人类的救赎。

然而，佛教的道德观在历史上所提出的解决方式，使我们必须面对两个同样令人不安的选择：任何人如果觉得个人救赎必须奠基于全人类的救赎的话，就会把自己封闭在修道院里面；任何对此问题提出否定答案的人（即认为个人救赎不必和全人类均得到救赎有关），则在唯我主义的美德中得到廉价的满足自得。

然而不公不义、贫穷困顿和痛苦确实存在于人间，佛教在以上两类选择之间提供了一项居中调和的手段。即使我们对人类的处境装聋作哑，或者只相信我们自己拥有的人性，我们也不是独立存在的。佛教可以在跟外面的世界有所互动的同时维持住自身的完整性，甚至可能已经发现了两者之间在世界上的许多地方已失去的联结。如果达到大彻大悟的辩证法的最后一步是合理的话，那么，此前的一切辩证思维，还有一切与之雷同的思维，也就是合理的。最后完全否认意义，乃是一连串步骤的最后一步。那些步骤一步步地从较有限的意义走向较广泛的意义，没有经过先前的那些步骤，便无法达到最后一步，而最后一步的完成本身，就使前面的所有步骤都在事后被认定其有效性——每一步骤本身都以自己的方式和一种真理吻合。马克思主义的批判使人类从原始奴役状态中解放出来，教导人类，只要能把事物放在较宏观的脉络中思考，那些只从人类的立场看来似乎很明显的意义便会消弭于无形；佛教的批判使人类得到完全的解放。在此两种批判之间既不存在对立，更不存在任何矛盾。两种批判所做的是同一件事情，只是运作的层次不同罢了。过去两千年来人类知识不断增进，就无可避免地从一个极端走向另一个极端，而这些知识能增进，得归功于思想由东方往西方不断地移动，然后再由西方往东方移动——后面这种移动的唯一理由或许只是回头去证实知识的起点罢了。一旦人们开始以人与人之间的现实关系去思考，信念与迷信就消散于无形，伦理学就融化于历史过程中，变易不居的形式就为结构所取代，创世就为空无所取代。只要把最原始的过程折叠起来，就能发现整个过程的均质性，整个过程的各个部分都可互相重合。每一个完成了的阶段都没有摧毁先前阶段所具有的意义，而只是证实了其意义。

人类在自身的心理思想与历史的脉络中行动。在我们身上不但存在着我们以前曾采取过的种种立场，还带有一切我们将来会采取的种种立场。我们同时存在于一切地点，我们是往前冲的群众之一，不断重现以前出现过的一切阶段。因为我们存在于一层层包裹着的世界里面，每层世界都比包含于其中的世界更真实，但又比将之包含在内的外层世界更不真实一些。有些世界能经由行动而被我们认知，有些我们只在思想中经历过。然而要如何解释不同的世界并存时在表面上显示出的矛盾呢？那是由于我们都觉得有责任为最亲近的世界赋予意义，而拒绝承认较疏远的世界有任何意义。实际上，真理存在于一步步让意义扩大的过程中，

这个过程与我们的感觉正好相反，一直到意义本身涨大到爆裂为止。

情形既如上述，我作为一个人类学家，和其他一些人类学家一样，已深深为影响到全人类的一个矛盾所困扰，这个矛盾有自身存在的内在理由。只有在把两个极端孤立起来的时候，矛盾才存在：如果引导行动的思想会导致发现意义不存在的话，那么行动又有何用？然而，并不是马上就可以发现意义不存在——我必须经过思想过程才能得到那个结论，而且我无法一步就完成整个过程。不管整个过程是像释迦牟尼所说的有十二个步骤，还是有更多或更少的步骤，这些步骤均同时存在。为了得到上述结论，我便要不停地生活在各种不同的情境里面，而每一种情境都对我有所要求：我对其他人类负有责任，正如我对知识负有责任一样。历史、政治、经济世界、社会世界、物理世界，包括围绕着我的一圈一环的天空，所有这一切对我而言，都是无可逃避的；要在思想上脱离它们，就不得不把我自身的一部分割让给它们中的每一个。像一块击中水面形成一圈圈涟漪的圆石一样，为了到达水底，我不得不跳入水中。

当这个世界开始的时候，人类并不存在，当这个世界结束的时候，人类也不会存在。我将用一生去设法了解、描述的人类制度、道德和习俗，只不过是一闪即逝的烟花，对整个世界而言，这些烟花不具任何意义；即使有意义，也只不过是整个世界在它的生灭过程中，允许人类去扮演人类所能扮演的那个角色罢了。然而人类的角色并没有使人类具有一个独立于整个衰败过程之外的特殊地位，人类的一切作为，即使都避免不了失败的命运，也并没有能力扭转全宇宙性的衰亡程序。相反，人类自己似乎成为整个世界事物秩序瓦解过程里最强有力的催化剂，急速地促使愈来愈强有力的事物进入惰性状态——一种有一天将会导致终极的惰性状态。从人类开始呼吸、开始进食的时候起，经过发现火和使用火，一直到目前原子与热核的装置被发明出来为止，除了生儿育女以外，人类所做的一切事情，都不过是不断地破坏数以亿万计的结构，把那些结构肢解分裂到无法重新整合的地步。没错，人类建造城镇、垦殖土地。然而，仔细想想，我们会发现城市化与农业本身就是创造惰性的工具，城市化与农业所引导创造出的种种组织，其速度与规模远比不上两者所导致的惰性与静止不动。至于人类心灵所创造出来的一切，其意义只有在人类心灵还存在的时候才能存在，一旦人类心灵本身消失，便会陷入普遍性的混乱、混沌里。因此，将整个人类文明作为一个整体去考虑的话，可以说它是一种异常繁复的架构和过程，其功用如果不是为了创造、产生物理学家称之为熵（entropy），也就是惰性这种东西的话，那么我们可能会很想认为它给人类世界提供了可以继续存在下去的机会。每一句对话，每一句印出来的文字，都使人与人之间得以沟通，沟通的结果就是创造出平等的层次。而在得以沟通以前，有信息隔阂存在，因为隔阂的存在而同时存在着较大程度的组织性。人类学实际上可以改称“熵类学”（entropology），改为研究最高层次的解体过程的学问。

然而我存在。我当然不是以一个个体的身份存在的，因为就这方面而言，我只不过是一个赌注与战场，一个永远处于危险之中的赌注与战场；只不过是一个由我脑壳中数以亿万计的神经细

胞所组成的社会，与我的身体这具机械两者之间斗争的赌注与战场。心理学、形而上学和艺术都无法给我提供任何庇护所，那些全都是神话，只是一种即将出现的新社会学的研究标的，这种新社会学处理以上种种神话的方式不会比传统社会学更客气。自我不仅仅可厌：在“我们”与“空无”之间，根本没有自我得以容身的处所。如果我在最后选择了“我们”（us）的话——虽然这个“我们”也只不过是一种表象的雷同——那么我还是会投入其中，其理由不外是，除非我毁灭我自己——这样做就不用再做选择了——否则我在表象的雷同与空无之间只能做一选择。我只能有一种选择，这选择代表我毫无保留地接受人类的处境，使我从知识的傲慢之中解脱出来。知识的傲慢毫无用处，这一点我可由其目标的毫无结果看出来。在做出选择的同时，我就会同意顺从于可以让大多数人获得解放的种种真实需求，而他们连做出选择的机会都无法获得。

就像个人并非单独存在于群体里面一样，就像一个社会并非单独存在于其他社会之中一样，人类并不是单独存在于宇宙之中的。当有一天人类所有文化所形成的光谱或彩虹终于被我们的狂热推入一片空无之中时，只要我们仍然存在，只要世界仍然存在，那条纤细的弧形，那条使我们与无法达致之点联系起来的弧形就会存在，就会向我们展示一条远离奴役的道路。人类或许无法遵循那条道路前行，但光是思考那条道路，就会使人类获得特权，就会使自身的存在有了价值。至于中止整个过程本身，控制那些驱动力——那些逼迫人类把需要之墙的裂缝一块块地堵塞起来，把自己关在自己的牢笼里面，耽溺于自己的工作成绩的驱动力——这是每个社会都想取得的特权，不论其信仰是什么，不论其政治体系如何，也不论其文明程度高低，每个社会都把它的闲暇、它的快乐、它的心安自得以及它的自由与这种特权联系在一起。这种对生命来说不可或缺的、可以解开联系的可能性（哦！对野蛮人说声亲爱的再见了，告别探险！）就是去掌握住，在我们人类这个种属可以暂时脱离如蚂蚁般庸碌重复的活动时——在思想的世界之中、在社会的界限之外——想一想存在以及继续存在的意义：对着一块远比任何人类创造物更美丽的石头沉思一会儿；闻闻水仙花深处散发出来的味道，这香味里隐藏的学问比我们的所有书本的学问加起来还要多；或者是并非刻意为了了解对方，而仅仅是充满耐心、宁静与互谅地短暂凝视对方——有时候，一个人与一只猫对望，就像那样。

一九五四年十月十二日—一九五五年三月五日

列维 - 斯特劳斯年表

一九○七年　坎迪多・龙东上校探索巴西马托格罗索州及亚马孙流域西部，架设电报线。

一九○八年　十一月二十八日，列维-斯特劳斯出生于比利时布鲁塞尔。

一九一四年　第一次世界大战爆发，父亲被征召入伍，母亲带着列维 - 斯特劳斯离开巴黎避难。

一九一五年　瑞士语言学家索绪尔的学生集结授课内容出版《普通语言学教程》。

一九一七年　俄国十月革命成功。

一九二○年　进入巴黎冉松德萨耶中学就读。

一九二三年　观赏施特拉文斯基的芭蕾舞剧《婚礼》，深受震撼。

一九二五年　开始接触马克思主义经典作品。前往位于比利时的工人党党部参观做客，返回巴黎后开始阅读《资本论》。

通过中学毕业会考，进入孔多赛中学预科，准备毕业后投考巴黎高等师范学院。

一九二六年　接受哲学科教师克雷松的建议，同时在巴黎法学院及索邦大学哲学系注册，计划攻读双学位。

在索邦大学结识第一任妻子迪娜・德雷富斯（Dina Dreyfus）。

一九二八年　担任“社会主义大学生联盟”总书记，筹办“法国社会主义大学生第三届大会”，为左派刊物《社会主义大学生》撰稿。

一九二九年　担任国会议员乔治·莫内（Georges Monnet）的助理。

全球经济大萧条爆发。

一九三〇年　成立左派智库“十一人小组”。主编《社会主义大学生》的书评专栏。

受到全球不景气影响，巴西农产品价格暴跌，经济困顿。热图利奥·瓦加斯（Getúlio Vargas）发动政变，推翻代表大庄园主和大资产阶级利益的军人专制政府，成为巴西总统。

受到法国前卫思想的影响，巴西艺术家开始以本土素材为创作主题，持续了整个二十世纪三十年代。

一九三一年　法国举办“万国殖民地博览会”，列维－斯特劳斯协助画家父亲负责装饰“马达加斯加馆”。

取得哲学科中学教师资格。

阅读美国人类学家罗伯特·哈利·罗维的《原始社会》。

一九三二年　与迪娜·德雷富斯结婚。

九月前往蒙德马桑的维克托·杜卢伊公学（Lycee Victor-Duruy）任教。

一九三三年　转往拉昂的学校任教。

一九三四年　离开“十一人小组”，结束了政治生涯。

秋天，布格莱邀请列维－斯特劳斯前往巴西圣保罗

大学任教。

开始大量阅读关于美洲印第安人的研究作品。印象最深刻的是十六世纪法国牧师暨探险家让·德·列维撰写的《巴西游记》。

瓦加斯颁布新宪法，第一次规定妇女享有选举权。

一九三五年　二月与妻子一起搭乘门多萨号轮船前往巴西，同伴中有尚未成名的历史学家布罗代尔。

前往桑吉罗尼莫保留区初次见识印第安人的生活形态。

十一月展开第一次田野调查，持续到一九三六年年初。

一九三六年　将从前一年年底开始的第一次田野调查过程写入《忧郁的热带》。列维-斯特劳斯在这趟旅行中观察了卡都卫欧族（第五部）、波洛洛族（第六部）。

十一月，与妻子返回法国度假，携带田野调查所得的文物，以人类博物馆名义举办“马托格罗索州印第安人”展览会。在《美洲印第安人研究学会期刊》上发表第一篇论文《试论波洛洛印第安人的社会组织》，正式进入人类学领域。

一九三七年　三月，返回圣保罗。

七月，列维-斯特劳斯与经济学家勒内·库尔坦、哲学家让·莫局埃前往戈亚尼亚州旅行。

瓦加斯以社会动荡为借口，解散国会，取缔政党，废除一九三四年宪法，形成独裁局面。

十一月，返回巴黎度假。

一九三八年　六月六日，进行第二次田野调查“北山考察行动”，成员包括迪娜·德雷富斯，里约热内卢博物馆的法利阿、医生韦拉尔。这次调查构成了《忧郁的热带》后半部分主要内容。列维-斯特劳斯遇见了南比夸拉族（第七部）、图皮-卡瓦希普族与蒙蝶族（第八部）。

法国成立人类研究所，位于巴黎的夏悠宫内。

一九三九年　巴西独裁情势愈来愈严峻，列维-斯特劳斯返回巴黎，在人类博物馆整理标本。

与迪娜·德雷富斯离婚。

欧洲战事爆发，列维-斯特劳斯被征召入伍，驻守于马奇诺防线接近卢森堡边界处。

一九四〇年　五月，在卢森堡边界健行时初次获得关于结构主义的灵感。

法国战败，列维-斯特劳斯离开部队，先后在佩皮尼昂（Perpignan）和蒙彼利埃（Montpellier）任教。

阅读葛兰言（Marcel Granet）的《古代中国的婚姻制度和亲缘关系》，深受启发。

十月，因犹太人身份被学校解雇。设法寻求离开法国的机会。

一九四一年　获得美国社会研究新学院邀请，前往纽约。

三月二十五日乘船离开法国，经马提尼克岛、多米

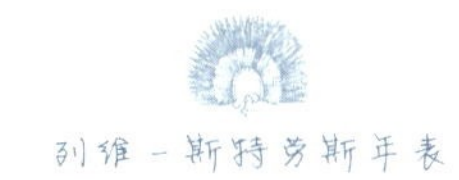

尼加，五月抵达纽约。

一九四二年　法国戴高乐流亡政权在纽约创办“高等研究自由学院”，列维-斯特劳斯获聘讲授人类学。

结识苏联流亡语言学家雅各布森，共同发展结构主义基础理论。

一九四五年　第二次世界大战结束。列维-斯特劳斯短暂返回法国，再度赴美。

于《文字：纽约语言学圈期刊》发表结构主义论文《语言学与人类学中的结构分析》，确立理论方向。

年底开始担任法国驻美大使馆文化参事。

巴西发生军事政变，瓦加斯下台。

一九四六年　与罗斯-玛丽·于尔莫（Rose-Marie Ullmo）结婚。

一九四八年　返回巴黎，担任巴黎人类博物馆副馆长。

向索邦大学提交两篇论文：《南比夸拉印第安人的家庭与社会生活》与《亲属关系的基本结构》，六月获颁博士学位。

一九四九年　出版《亲属关系的基本结构》，立刻获得各界重视。

一九五〇年　担任巴黎高等研究实践学院第五组主任，研究方向由亲属关系扩展到宗教思想。

一九五二年　出版《种族和历史》。

开始涉足神话学领域。

兼任联合国教科文组织社会科学委员会秘书长。

一九五五年　出版《忧郁的热带》。

一九五六年　当选为荷兰皇家科学院外籍院士。

一九五八年　出版《结构人类学》。
一九五九年　担任法兰西学院社会人类科主任。
一九六〇年　创立社会人类学实验室，位于巴黎第五区。
一九六二年　出版《野性的思维》《图腾制度》。前者引发了列维-斯特劳斯与存在主义思想家萨特的论战。
一九六四年　出版《神话学：生食和熟食》。
一九六六年　出版《神话学：从蜂蜜到烟灰》。
一九六八年　出版《神话学：餐桌礼仪的起源》。
巴黎五月学潮爆发。
一九七一年　出版《神话学：裸人》《种族和文化》。
一九七二年　出版《面具之道》。
一九七三年　出版《结构人类学（第二卷）》。
一九七三年　五月十四日当选法兰西学院院士。
一九七八年　出版演讲集《神话与意义》，收录了五篇广播对谈。
一九八一年　首度访问韩国。
一九八二年　从法兰西学院退休。
一九八三年　出版《遥远的目光》，收录一九七一年以来的短文。
一九八四年　出版《人类学讲演集》。
一九八五年　出版《嫉妒的制陶女》，此书为《神话学》补遗。
一九八七年　出版《日本民俗学中的三个意象》。
一九八八年　第五次访问日本，发表《告东京人民书》、访谈集《咫尺天涯》。
一九八九年　巴黎人类博物馆举办“列维-斯特劳斯美洲回顾展”。出版《象征和替代物》。

一九九一年　出版《猞猁的故事》。

一九九三年　出版《看・听・读》。

一九九四年　出版《怀念巴西》。

一九九六年　出版《被处决的圣诞老人》。

二〇〇五年　接受传记作家帕特里克・威肯访问，日后写成《实验室里的诗人》。

二〇〇九年　十一月一日过世。

二〇一一年　身后出版文集《月亮的另一面》，收录一九七〇年至二〇〇一年的文章、《面对现代世界问题的人类学》。

二〇一三年　身后出版文集《我们都是食人族》，收录一九八九年至二〇〇〇年登载于意大利《共和报》的十六篇文章。

图书在版编目（CIP）数据

忧郁的热带 /（法）克洛德·列维-斯特劳斯著；王志明译. -- 北京：中国人民大学出版社，2023.8
ISBN 978-7-300-31815-8

Ⅰ. ①忧…　Ⅱ. ①克… ②王…　Ⅲ. ①克洛德·列维-斯特劳斯-自传　Ⅳ. ①K835.656.15

中国国家版本馆CIP数据核字（2023）第109277号

忧郁的热带
[法] 克洛德·列维 - 斯特劳斯　著
王志明　译
Youyu de Redai

出版发行	中国人民大学出版社		
社　　址	北京中关村大街31号	邮政编码	100080
电　　话	010－62511242（总编室）		010－62511770（质管部）
	010－82501766（邮购部）		010－62514148（门市部）
	010－62515195（发行公司）		010－62515275（盗版举报）
网　　址	http://www.crup.com.cn		
经　　销	新华书店		
印　　刷	涿州市星河印刷有限公司		
开　　本	890 mm × 1240 mm　1/32	版　　次	2023年8月第1版
印　　张	17.625　插页4	印　　次	2024年11月第2次印刷
字　　数	371 000	定　　价	129.00元